Giovanni Reale

da F
Grega e Romana

Giovanni Reale

Léxico da Filosofia Grega e Romana

História da Filosofia Grega e Romana
Vol. IX

Com a colaboração de

Roberto Radice

Tradução

Henrique Cláudio de Lima Vaz
Marcelo Perine

Edições Loyola

Título original:
Storia della filosofia antica, in cinque volumi
1ª edição da obra completa: 1975-1980
10ª edição: março de 1992

Largo Gemelli, 1 – 20123 Milano
ISBN 88-343-2454-4

Dados Internacionais de Catalogação na Publicação (CIP)
(Câmara Brasileira do Livro, SP, Brasil)

Reale, Giovanni
História da filosofia grega e romana, vol. IX : Léxico da filosofia grega e romana / Giovanni Reale ; com a colaboração de Roberto Radice ; tradução Henrique Cláudio de Lima Vaz, Marcelo Perine. -- São Paulo : Edições Loyola, 2014.

Título original: Storia della filosofia antica.
ISBN 978-85-15-04095-7

1. Filosofia antiga - História 2. Filosofia grega 3. Filosofia romana I. Radice, Roberto. II. Título.

13-13751 CDD-180

Índices para catálogo sistemático:
1. Filosofia antiga 180

Edição de texto: Marcelo Perine
Capa: Mauro C. Naxara
Obra *A Escola de Atenas* (detalhe),
Rafael Sanzio
Revisão: Renato da Rocha

Edições Loyola Jesuítas
Rua 1822, 341 – Ipiranga
04216-000 São Paulo, SP
T 55 11 3385 8500/8501 • 2063 4275
editorial@loyola.com.br
vendas@loyola.com.br
www.loyola.com.br

ISBN 978-85-15-04095-7

Nova edição corrigida: 2014

108820

SUMÁRIO

A Mario, Carla,
Paolo e Manuela Reale

Esse é o famoso sarcófago romano conservado no Museu Lateranense, que representa, segundo um esquema difundido, filósofos com Musas. Os traços do filósofo podem ser, verossimilmente, identificados com os de Plotino. Ver a imagem ampliada que reproduzimos no vol. VI, p. XIV, e os outros retratos de Plotino que aí reproduzimos, pp. 2 e 3.

ADVERTÊNCIA

A ideia deste nono volume, que conclui nossa História da filosofia grega e romana, *nasceu e cresceu durante a composição dos volumes anteriores e, sobretudo, na sequência do trabalho de revisão feito para a reedição dos mesmos. Pareceu-nos necessário, ou pelo menos muito útil — depois de um tratamento que tem a extensão complexiva de cerca de duas mil e quinhentas páginas, tornada ulteriormente complexa pelos numerosos textos e documentos apresentados — oferecer ao leitor algumas perspectivas de síntese, alguns pontos de referência para organizar sob um único tema e sob um mesmo problema as contribuições de numerosos pensadores e escolas, breves traços e linhas de força segundo os quais reler retrospectivamente a obra, ou ainda algumas anotações que oferecessem os desdobramentos teoréticos de alguns conceitos centrais do pensamento antigo.*

Dessa exigência nasceu este volume, que apresenta um léxico, concebido em forma de índice-repertório dos principais conceitos amadurecidos na história da filosofia antiga. Ao lado do termo em vernáculo, o leitor encontrará indicado, quando ocorrer, o termo grego e, nalguns casos, também o latino, e em seguida a explicação do seu significado. Às vezes trata-se de simples remissões ao texto; às vezes, de sintéticas exposições sobre a história e a evolução do conceito ou dos conceitos expressos por aquele termo; às vezes, também, como se disse, de um verdadeiro balanço sistemático, quando o termo indica um conceito ou conceitos de implicações particularmente complexas e importantes. Nalguns casos, enfim, encontram-se também aprofundamentos ou complementos de pontos apenas acenados no corpo da obra, com eventuais suplementos de documentação.

Para a elaboração deste volume colaborou o doutor Roberto Radice, em medida determinante, e por isso quisemos pôr o seu nome no frontispício. Ele leu e releu os quatro primeiros volumes a ponto de conhecer o seu conteúdo até nos mínimos pormenores, e soube situar-se na ótica exata, ao mesmo tempo do leitor e do autor, sugerindo uma quantidade de melhoramentos, seja em geral, seja em particular. Muitos verbetes foram refeitos e integrados com base nas suas precisas observações ou sugestões. De sua autoria, particularmente, é o complexo jogo das remissões, seja ao próprio índice, seja aos precedentes volumes. Foi uma colaboração verdadeiramente ideal que — entre outras coisas — reduziu em mais da metade o tempo de trabalho.

Enfim, uma palavra de conclusão. O volume, mais que um texto de leitura, é um instrumento de consulta. De qualquer modo que se o aborde, o leitor terá a estranha sensação de encontrar-se diante de um jogo da caixas chinesas: cada conceito flui, se ramifica, remete a outro, com os quais ulteriormente se cruza de vários modos, quase sem descanso. Pois bem, é justamente essa a característica específica do conceito filosófico, o qual, por sua natureza, quando se trata de um conceito de fundo, abre-se a todos os conceitos. Por isso, como epígrafe da obra, pusemos a bela máxima de Plotino, segundo a qual tudo está em tudo e cada coisa é tudo, e cada indivíduo é universo. Plotino dizia isso sobretudo para os entes do mundo do Espírito, mas a máxima vale de modo perfeito para o conceito e o fenômeno filosófico em geral, assim como vale para cada um e para todos os pensadores. No fundo, em filosofia, a compreensão de um conceito supõe, de algum modo, a abertura ao cosmo filosófico, e também a compreensão de um único filósofo supõe — pelo menos em nível de exigência — a compreensão de todos os outros.

GIOVANNI REALE

LÉXICO DA FILOSOFIA GREGA E ROMANA

"[...] πανταχοῦ πάντα καὶ πᾶν πᾶν καὶ ἕκαστον πᾶν [...]"

"*... tudo está em todas as partes e cada coisa é tudo, e cada indivíduo é universo...*"

Plotino, *Enéadas*, V, 8, 4

Detalhe de outro famoso sarcófago romano representando filósofos com Musas. É conservado em Roma, no Museu Torlônia.

LÉXICO DA FILOSOFIA GREGA E ROMANA

"ὁ μὲν γὰρ συνοπτικὸς διαλεκτικός, ὁ δὲ μή, οὔ".

"Quem é capaz de captar o todo com um único olhar é dialético (= filósofo), quem não, não o é".

Platão, *República*, VII, 537 c

Este Léxico *responde a algumas exigências bem determinadas já assinaladas na* Advertência, *à qual remetemos. O leitor tenha presente que o objetivo principal que se quer alcançar é o de restituir o sentido da polivalência dos termos usados pelos filósofos gregos, e da correspondente estrutura poliédrica dos conceitos por eles expressos. Aristóteles redigiu para os cultores da filosofia no seu tempo um escrito com o título* Em torno às coisas que se dizem em múltiplos sentidos, *que é uma espécie de léxico filosófico que ainda hoje lemos como livro* Δ (quinto) *da* Metafísica *e que é verdadeiramente paradigmático (a ele nos referiremos muitas vezes). Com efeito, a ponderação crítica dos termos e dos conceitos é uma das tarefas essenciais da pesquisa filosófica e é, em qualquer caso, uma pesquisa sem a qual o discurso filosófico não se sustenta.*

Para alcançar esse objetivo apresentamos aqui "verbetes" de estrutura diversa. a) *Alguns (os relativos a conceitos mais restritos e mais técnicos) limitam-se a sintetizar a significação ou significações do termo, indicando as referências aos volumes precedentes, nos quais se encontram explicadas.* b) *Outros restituem o arco histórico das significações posteriormente incluídas na área semântica do termo, sempre com as relativas referências.* c) *Outros ainda tentam recompor um quadro sistemático da problemática, segundo linhas de força tanto teóricas como históricas.* d) *Outros enfim, aprofundam a significação de alguns termos, adquirindo novos elementos com relação à explicação já oferecida acerca deles.*

Todos os verbetes se fundamentam em textos de autores e, portanto, em documentos precisos, que são citados expressamente ou indicados e que, em todo o caso, o leitor encontra nas páginas dos volumes precedentes aos quais se remete.

O termo de referência é o português, ou então o grego transliterado, nos casos em que o termo português respectivo não tenha sido cunhado. Segue-se a indicação do termo grego (algumas vezes também a do termo português correspondente) que é em seguida transliterado.

Muitas vezes imprimimos em itálico alguns termos gregos (que se tornaram patrimônio da linguagem filosófica e, portanto, comuns) para recordar ao leitor a necessidade de ter presentes as valências conceptuais gregas e, portanto, a especificidade do uso desses termos.

Algumas vezes oferecemos indicações bibliográficas, mas somente em casos particulares e como indicação de complemento, preferindo, via de regra, remeter aos documentos originais.

A

ABSOLUTO

Absoluto deriva do latim *absolutus* e significa *independente de outro*. Tornou-se de uso corrente a partir do século passado, sobretudo por obra da filosofia do idealismo. Todavia, mesmo prescindindo do contexto filosófico que o celebrizou, presta-se bastante bem para indicar aquilo que os gregos denominaram *Arché* e *Causa primeira*. Para alguns estudiosos, a expressão que melhor lhe corresponde em grego é καθ'αὑτό ou ἀυτό καθ'αὑτό, em si, em si e por si, ou seja, as expressões com que Platão indica as Ideias. Talvez corresponda ainda melhor a *absoluto* o ἀνυπόθετος, a saber, o *incondicionado* (a condição incondicionada), expressão com a qual se designa o Bem na *República* (VI, 510 b). O Uno dos neoplatônicos é o conceito que, no pensamento antigo, corresponde melhor ao Absoluto das filosofias modernas. Em geral, é correto denominar absoluto o *primeiro princípio*, independentemente das suas conotações específicas.

ABSTRAÇÃO (ἀφαίρεσις)

É a operação pela qual se extraem os universais dos particulares, *separando com a mente algumas propriedades das coisas que, por si, não são separadas*. De alguma maneira, já os sentidos abstraem, acolhendo as formas sensíveis sem a matéria; mas a abstração é, sobretudo, prerrogativa da inteligência: "Mas as chamadas abstrações, a inteligência as pensa da mesma maneira que o *nariz recurvo*: enquanto nariz recurvo não pode ser pensado sem a carne, enquanto curvo, se o pensarmos em ato, podemos pensá-lo sem a carne na qual está o curvo. Como também os objetos matemáticos, embora não estejam separados da matéria, são pensados como se fossem separados" (Aristóteles, *De Anima*, Γ, 7, 431 b 12 ss.). — A abstração é estreitamente ligada à indução, como o próprio Aristóteles observa nos *Segundos Analíticos*, A, 18, 81 b 1 ss.; cf. verbete Indução. — Veja-se quanto dizemos a propósito da abstração na matemática em IV, 91 ss. e o texto que aí citamos, ibid. pp. 92 s.

ABSURDO (ἄτοπον, *absurdum*)

Em geral, absurdo é o que é ontologicamente e, portanto, também logicamente *impossível*, ou seja, *contraditório* (cf. verbetes).

ACADEMIA ('Ακαδήμεια)

Assim foi chamada a escola de Platão, do nome da localidade e do ginásio (denominados conforme o nome do herói Acádemo) nos quais teve a sua sede (III, 7 nota). No que diz respeito à organização e finalidade da escola cf. V, 75 ss. No que diz respeito à evolução da doutrina, a história da Academia foi das mais movimentadas. 1) Já na fase da assim chamada "Academia antiga" assistimos a uma *involução* do pensamento platônico, primeiramente *em sentido matematizante* (V, 86 ss.) e, depois, mesmo em *sentido antimetafísico* (V, 102 ss.). 2) A "Nova Academia" (que se subdividiu em "segunda" e "terceira" Academia) assumiu posições *cético-dialéticas* (VI, 164 ss.). 3) Com Filo de Lárissa ("quarta Academia") passa-se da posição do *probabilismo puramente dialético à de um probabilismo positivo* (VI, 187 ss.). Com Antíoco, enfim ("quinta Academia"), passa-se a um *dogmatismo eclético* (VI, 193 ss.). — Deve-se notar que em 86 a.C., em seguida às devastações sofridas pelos subúrbios de Atenas e pela própria Atenas por parte de Sila, a Academia foi gravemente danificada e provavelmente fechada (VII, 271 ss.). A história posterior do platonismo (cf. verbete) não coincide mais com a da Academia. Reaparece em Alexandria e depois se expande por todas as partes — também em Atenas —, mas não se fala mais de uma "Academia". (Ver, aliás, o testemunho que referimos em VII, 273.) — A escola neoplatônica de Atenas não é a continuação da Academia, ou o é apenas num plano ideal (VIII, 176 ss.). A "cadeia áurea de escolarcas da qual falam os neoplatônicos, que se estenderia de Platão a Damácio, não é um dado histórico.

AÇÃO (πρᾶξις, ἐνέργεια, *actio*)

Aristóteles oferece uma caracterização ontológica exata: "Uma vez que das ações que têm um termo nenhuma é fim por si mesma, mas todas tendem à consecução do fim, como, por exemplo, o emagrecer que tem como fim o emagrecimento: e já que os próprios corpos quando emagrecem estão em movimento desta maneira, a saber, não são aquilo em vista do qual o movimento acontece, segue-se que estas não são *ações* ou, ao menos, não são *ações perfeitas*, justamente porque não são fins. Ao invés, o movimento no qual o próprio fim é contido é também *ação*. Por exemplo, ao mesmo tempo alguém vê e viu, conhece e conheceu, pensa e pensou, ao passo que não pode aprender e já ter aprendido, sarar e já ter sarado. Alguém que vive bem ao mesmo tempo também viveu bem, e alguém que é feliz ao mesmo tempo também foi feliz. Se assim não fosse seria necessário que houvesse um termo de parada, como acontece quando alguém emagrece. Ao contrário, nos casos em questão não existe esse termo de parada: ao mesmo tempo alguém vive e viveu. É pois, necessário, denominar *movimentos* os primeiros desses processos, e os segundos *atividade*. Com efeito, todo movimento é imperfeito: assim por exemplo, o processo do emagrecer, do aprender, do caminhar, do construir. Estes processos são *movimentos* e são evidentemente imperfeitos: pois não é possível que alguém ao mesmo tempo caminhe e tenha caminhado, construa e tenha construído, torne-se e já se tenha tornado, receba o movimento e já o tenha recebido: essas são coisas diversas. Ao invés, um viu e vê ao mesmo tempo, e também pensa e pensou. Portanto, chamemos *atividade* esse último tipo de processo e ao outro, *movimento* (*Metafísica*, θ, 6, 1048 b 18 ss.). — No que se refere à relação entre *ação e contemplação*, veja-se quanto dissemos em II, Apêndice, *passim*. — Para a interpretação metafísica da ação como *contemplação enfraquecida* em Plotino, cf. VIII, 132 ss. Para significações ulteriores, cf. Enérgheia.

AÇÃO RETA, cf. Kathórtoma.

ACASO (αὐτόματος)

É um *acontecimento acidental, a saber, que não se verifica sempre, mas somente algumas vezes e é produzido por uma causa indeterminada*. Ligada estreitamente ao acaso é a *fortuna*, que consiste em *alguns acontecimentos particulares casuais*. Eis uma página de Aristóteles que esclarece perfeitamente esses dois conceitos e suas relações (*Física*, B 6, 197 a 36 ss.): "Fortuna e acaso diferem na medida em que o acaso tem um número maior de acepções. Com efeito, tudo o que acontece pela fortuna acontece por acaso, mas nem tudo o que acontece por acaso acontece por fortuna. De fato, a fortuna e o fortuito pertencem àquelas coisas às quais se poderia atribuir o sucesso ou, pelo menos, um resultado prático. Por isso, é necessário que a fortuna seja limitada aos fatos práticos (a prova é o fato de que parecem ser a mesma coisa, ou quase, a fortuna e a felicidade; e a felicidade é um fato prático, um ótimo fato prático) de modo que os que não podem agir não podem fazer igualmente algo fortuito. Por isso mesmo, nenhum ser carente de alma, nenhum animal, nenhuma criancinha faz qualquer coisa por fortuna, porque não tem a faculdade da escolha; para eles não há prosperidade nem infortúnio, a menos que se queira falar usando símiles, como Protarco dizia: afortunadas são as pedras com as quais se talham os altares porque são veneradas, ao passo que as suas irmãs são calcadas aos pés! Na realidade, também essas coisas estão submetidas à fortuna num certo sentido, mas somente quando alguém que faz algo que lhes diga respeito age fortuitamente. De outra maneira, não estão de modo algum sujeitas à fortuna. Ao contrário, o acaso se verifica também para os outros animais e para muitas coisas inanimadas: dizemos, por exemplo: 'Foi um acaso a vinda do cavalo' porque talvez, com a sua vinda, aquele animal se tenha salvado: sem que, porém, ele tenha vindo com a finalidade de salvar-se;

dizemos ainda, 'o tripódio caiu por acaso': com efeito, ele se encontrava ali para que nos assentássemos nele; mas não caiu para que nos assentássemos! Do que acaba de ser dito segue-se claramente que falamos de um acaso quando — entre as coisas que, em sentido absoluto, acontecem em vista de um fim — elas acontecem sem ter por fim o que aconteceu e são coisas cuja causa final é a elas exterior; ao invés, falamos de fortuna a propósito das coisas que, embora compreendidas entre as que acontecem por acaso, podem ser escolhidas por aqueles que têm a capacidade de escolher". — O acaso, do ponto de vista ontológico, tem sua raiz na matéria, na medida em que esta é potencialidade, não redutível inteiramente a forma e a ato. Observemos que, se se suprimisse o *casual*, desapareceria também o *com frequência*, e tudo se tornaria *necessário*. — É preciso ter presente, no que diz respeito à evolução histórica do conceito que, na visão dos naturalistas, predomina soberana a Necessidade. Também os antigos atomistas não fazem exceção, a não ser no sentido que indicamos em I, 156 ss. Em Epicuro, porém, com a doutrina da "declinação dos átomos", o acaso, justamente no sentido definido por Aristóteles, torna-se causa do produzir-se de todas as coisas, como explicamos em V, 180 ss. Também os céticos, mesmo se sob diverso ângulo, concebem o ser como entregue ao acaso, *na medida em que negam todo nexo causal*. Os estoicos, ao contrário, não reconhecem nenhuma realidade ao acaso, em razão da sua doutrina da *Heimarméne*. Segundo os estoicos, os homens falam de acaso simplesmente quando não são capazes de conhecer a causa das coisas (ver von Arnim, *S.V.F.*, II, fr. 965-973).

ACATALÉPTICA, Representação (ἀκατάληπτος, φαντασία)

Acataléptica se diz, na terminologia estoica, da representação que tem as características opostas à *cataléptica*, ou seja, a representação que não capta a realidade de modo claro e distinto: cf. a passagem de Diógenes Laércio citada em VI, 25.

ACIDENTE (συμβεβηκός, *accidens*)

Termo que se tornou técnico com Aristóteles, que distingue nele, fundamentalmente, dois significados principais (cf. *Metafísica*, Δ, 30, *passim*). 1) Em primeiro lugar, acidente significa *o que pertence a alguma coisa nem sempre nem frequentemente, mas somente por vezes* e, portanto, *fortuitamente e casualmente*. 2) Em segundo lugar, acidente significa *tudo o que pertence de per si a alguma coisa, mas que não entra na essência da própria coisa*, mesmo se está expressamente conexo com ela. Nesse sentido, todos aqueles atributos que não pertencem à essência da coisa podem ser ditos acidentes. — O significado mais importante é o primeiro, sobretudo em razão da sua vinculação com a problemática do ser (IV, 42 ss.). *Ser acidental* (ὄν κατὰ συμβεβηκός) indica, para Aristóteles, *o significado mais fraco do ser*, ou seja, o *ser que não é nem sempre nem na maioria dos casos, mas apenas fortuitamente e casualmente* e que, como tal, pode ser dito "algo próximo ao não-ser". Todavia o ser do acidente, mesmo se *próximo do não-ser*, é muito importante. Com efeito, se ele não existisse, tudo subsistiria necessariamente. O reconhecimento do *ser acidental* assinala uma das mais significativas respostas às instâncias do mundo empírico, inteiramente desconhecidas da ontologia eleática e, em parte, também da ontologia platônica. — O fundamento do ser acidental é a matéria (cf. verbete), já que ela, coincidindo com a pura potencialidade frequentemente, pode ser diversa de como atualmente é. — O ser acidental tem uma causa, mas não determinável, ou seja, *uma causa que é, ela mesma, inteiramente fortuita*. Deve-se observar, finalmente, que a causa do ser acidental *não pode constituir objeto de ciência*, porque a ciência é só do que é necessário, ou do que é com regularidade, mas nunca do fortuito (*Metafísica*, E, 2-4, *passim*).

ACOSMISMO

O termo (que é formado de *alfa* privativo e *kosmos*) indica a posição do pensamento que tende, no limite, a resolver o cosmo em Deus, ou seja, o mundo corpóreo no incorpóreo. Hegel usou esse termo para designar o sistema espinoziano, no qual a natureza tende, com efeito, a resolver-se em Deus. A nosso ver, o sistema plotiniano (e o neoplatonismo em geral) pode ser considerado, sob certo ponto de vista, uma forma de acosmismo, na medida em que tende a resolver o cosmo na Alma, a Alma no Espírito e o Espírito no Uno, portanto a realidade física na realidade psíquica (VIII, 97 ss.), esta na realidade espiritual (VIII, 75 ss.) e a resolver toda a realidade na potência do Uno (VIII, *passim*). — Uma forma de acosmismo pode ser considerada também a ontologia eleática, na medida em que não somente não consegue "salvar os fenômenos", mas chega mesmo a negá-los de maneira explícita, reconhecendo real somente o Ser-Uno (I, 111; 117 ss.; 124 ss.; 128 ss.).

ACROAMÁTICO (ἀκροαματικός)

São chamadas acroamáticas (de ἀκρόαμα, que significa "lição oral") as obras de Aristóteles que ele *preparou para os seus cursos* e que, portanto, *não eram destinadas à publicação, mas somente às lições orais*. Essas obras foram também chamadas *esotéricas* (cf. verbete), ou seja, destinadas somente ao círculo dos discípulos no interior da escola. Sobre a composição e a história dessas obras cf. IV, 9, nota; V, 134 ss.; VII, 12 ss.

ADIÁFORA, cf. Indiferentes.

ADIAFORIA (ἀδιαφορία)

1) Indica a *atitude moral de total indiferença* que, segundo os estoicos rigoristas e radicais (Aristo de Quio e Hérilo), o sábio deve manter em face das

coisas a meio caminho entre a virtude e o vício (cf. Indiferentes), a saber, *não ser movido para nenhum dos dois polos opostos que se podem distinguir no interior dessas coisas* (cf. VI, 82). 2) Em Egésia, filósofo da escola cirenaica, o termo indica a *atitude desapegada do viver, que permite neutralizar os males* (cf. VI, 195 ss.). 3) Numa outra acepção, o termo indica, segundo os céticos, a *indiferença ontológica* das coisas, sobre a qual cf. VI, 142 ss.

ADIVINHAÇÃO, cf. Mântica.

ADMIRAÇÃO (θαυμάζειν)

Estado espiritual do homem do qual tem origem a filosofia, segundo Platão e segundo Aristóteles (cf. II, Apêndice).

ADOXÍA (ἀδοξία)

1) Numa primeira acepção, significa a *falta de glória e de fama*. Antístenes considerava-a um bem (II, 174). A *adoxía*, segundo a mesma significação, foi retomada e radicalizada por Crates, que a estabeleceu, junto com a pobreza, como fundamento da vida do sábio (V, 36 ss.). 2) Em outra acepção, o termo significa *ausência de opinião* e exprime, segundo o cético Pirro, a atitude peculiar do sábio que deve, justamente para ser tal, *permanecer sem opinião renunciando a todo juiz* (seja afirmativo, seja negativo) em face da realidade (VI, 153 ss.). Nesse sentido, a *adoxía* coincide com a *epoché* (cf. verbete).

AFASÍA (ἀφασία)

Designa a atitude do *não-dizer-nada* e do *não-pronunciar-se-sobre-a-natureza-das-coisas*. Sexto Empírico (*Esboços pirronianos*, I, 192) explica que "afasía" quer dizer "renúncia à fase", significando por "fase" um vocábulo ou expressão que indica afirmação ou negação. O termo significa, pois, *renúncia tanto a afirmar como a negar qualquer coisa* (VI, 164 ss.). À afasía está estreitamente ligada a *epoché* (cf. verbete).

AFIRMAÇÃO (κατάφασις, *affirmatio*)

Designa o juízo e a respectiva proposição nos quais *um conceito é positivamente articulado a outro conceito* (IV, 148 s.). O contrário é a negação (cf. verbete).

AFECÇÃO (πάθος *passio*)

O quadro completo das significações deste termo nos é fornecido por Aristóteles: "(1) *Afecção* significa, em primeiro lugar, *uma qualidade segundo a qual a coisa pode alterar-se*: por exemplo, o branco e o negro, o doce e o amargo, o pesado e o leve, e todas as outras qualidades desse tipo. (2) Num outro sentido, afecção significa *a atuação dessas alterações, ou seja, a alteração já em ato*. (3) Além disso, chamam-se afecções especialmente as *alterações* e *mudanças danosas*, sobretudo os danos que produzem dor. (4) Enfim, chamam-se afecções as *grandes desgraças* e as *grandes dores* (*Metafísica*, Δ, 21). O significado que mais interessa à filosofia é, sobretudo, o de *perturbação da alma*, ou seja, o de *paixão*, do qual se ocupam principalmente o estoicismo e a filosofia da idade helenística. Cf. verbete Paixão.

AFINIDADE (συγγένεια)

O problema da *synghéneia* está presente em diferentes contextos: 1) o metafísico-ontológico, 2) o psicológico-antropológico, 3) o teológico-religioso. 1) Do ponto de vista ontológico, a intuição da realidade como profundamente con-gênere, ou seja, como *estruturalmente afim*, sustenta toda a especulação dos físicos, mesmo se o termo específico ocorre poucas vezes nos fragmentos que até nós chegaram. Já a partir do *Ménon* (81 c-d), Platão afirma expressamente o princípio de que "toda a realidade é afim (congênere)", na medida em que, como explicitará nos diálogos posteriores, *toda a realidade ou se reduz à Ideia ou se funda sobre a Ideia*. O *Timeu* contém as explicitações da doutrina mais desenvolvidas e aprofundadas do ponto de vista temático. 2) Do ponto de vista psicológico-antropológico, a tese da *afinidade da alma com o mundo do Inteligível* (Ideias) constitui o eixo sobre o qual gira a segunda prova da imortalidade da alma no *Fédon* (cf. III, 185 ss.). No *Timeu*, a afinidade da alma singular com a Alma do Mundo e com as Ideias é cuidadosamente fundada (III, 148). Em geral, a tese da afinidade da alma do homem com o Divino é própria de quase todos os filósofos, quase um lugar-comum. 3) Do ponto de vista teológico-religioso, a *synghéneia*, além de exprimir o parentesco do homem com Deus ou, melhor, da parte mais nobre do homem — a alma e a mente — com Deus, torna evidentes toda uma série de consequências, entre as quais a mais significativa é a da *possibilidade para o homem de assimilar-se ao próprio Deus*. Esta concepção está praticamente presente em toda a cultura grega: dos Órficos (cf. I, Apêndice) a Sócrates (II, 125 ss.), de Platão (II, 205-206) a todo o platonismo, do estoicismo, particularmente no seu último estágio (VII, 104 ss.), ao pitagorismo médio (VII, 330-331) e ao neopitagorismo (VII, 353 ss.), de Aristóteles (IV, 87 ss.) aos aristotélicos (cf. VII, 42 ss.). O leitor encontrará uma documentação sobre esse tema em: É. des Places, *Syngeneia: la parenté de l'homme avec Dieu d'Homère à la Patristique*, Paris, 1964.

AFORISMA (ἀφορισμός)

Significa *dito, sentença, máxima*. Geralmente o aforisma expressa uma afirmação ou tese geral sem sua justificação ou fundamentação. Um procedimento tipicamente aforístico ou sentencioso foi próprio da reflexão moral antes do nascimento da filosofia moral, como mostramos em I, 181 ss.

AGATHON, cf. Bem.

AGENTE (ποιητικός, *agens*)

Designa, em geral, a *causa eficiente* (cf. Causa). Aplicado ao *nous*, este termo indica o *intelecto em ato*, sobre o qual cf. IV, 88 ss.; VII, 38 ss., e o verbete Nous.

AGNOSÍA (ἀγνωσία)

Significa *"ausência de gnose", falta de conhecimento, ou seja, ignorância.* 1) Para os usos metodológicos e irônico-maiêuticos da ignorância em Sócrates, cf. II, 141 ss. — Em Platão (mantido o princípio de que o conhecimento é proporcional ao grau de *ser* do objeto conhecido), a *agnosía* torna-se a única atitude possível para o homem em face do não-ser (III, 161). 2) Em sentido específico, *agnosía* designa a falta da forma específica de conhecimento místico que é a *gnose* (cf. verbete).

AGNOSTICISMO

É um termo cunhado no século passado para indicar o *não querer tomar posição, sobretudo em face dos problemas religiosos*, julgados insolúveis. — Portanto, pode ser dita agnóstica a atitude de Protágoras com relação ao problema teológico, enquanto ele declara expressamente: "Não há possibilidade de afirmar a respeito dos Deuses nem que existem nem que não existem" (II, 42 ss.). Também pode ser chamada agnóstica, do ponto de vista filosófico, a atitude que Sócrates assume com respeito à "imortalidade da alma", como mostramos em II, 117.

ÁGUA (ὕδωρ)

Segundo Tales, é o princípio de todas as coisas (I, 49-50). Para Empédocles, é uma das quatro "raízes" (I, 134). Para Aristóteles é um dos quatro elementos constitutivos do mundo sublunar (IV, 76). Para a concepção da água no epicurismo e no estoicismo cf. V, 98 ss.; VI, 64 ss. Cf. Elemento.

AISTHESIS, cf. Sensação.

AITIOLOGIA

É a doutrina que procede à busca das causas. Cf. verbete Causa. O cético Enesídemo tentou uma destruição sistemática da construção teorética da pesquisa aitiológica, típica da mentalidade grega, de resto com resultados aporéticos, como mostramos em VII, 144 ss.

ALEGORESE

É o método e o sistema de interpretação alegórica dos textos. Cf. Alegoria.

ALEGORIA (ἀλληγορία)

A alegoria é uma imagem, figura ou acontecimento, apresentada ou entendida *como expressão de conceitos e ideias que jazem sob a sua aparência imediata*. Em consequência, chama-se interpretação alegórica a que se propõe extrair de modo sistemático a significação conceptual das narrações míticas, fantástico-poéticas ou mesmo históricas. Na filosofia grega, o uso da alegoria é constante, mas ele se difunde sobretudo no fim da era antiga e nos primeiros séculos da era imperial, quando a alegoria torna-se um método próprio da exegese filosófica. — *a*) No âmbito dos pré-socráticos, encontramos um uso inequívoco da alegoria no prólogo do poema de Parmênides, no qual o filósofo narra ter sido levado num carro puxado por éguas e conduzido por donzelas divinas (as filhas do Sol), da noite à luz, à presença da Deusa que lhe revela a Verdade (cf. 28, B 1, *passim*). Sem dúvida, Parmênides apresentou essas imagens como prenhes de uma significação filosófica oculta, mesmo de difícil interpretação para nós, por falta de paralelos históricos. — *b*) Os sofistas usam os mitos de maneira que pode ser chamada alegórica como se mostra, de modo paradigmático, na exegese proposta por Pródico do mito de Héracles na encruzilhada (II, 56 ss.). *c*) Todos os mitos de Platão têm uma componente que pode ser chamada alegórica, tanto é verdade que ele mesmo adverte expressamente seus leitores para não entendê-los ao pé da letra, mas justamente de acordo com a mensagem oculta sob a letra (III, 40 ss.). — *d*) Os estoicos usam a interpretação alegórica considerando as figurações poéticas que têm por objeto os Deuses como símbolos de verdades físicas (VI, 54). — *e*) Entre os filósofos, porém, é Filo de Alexandria quem desenvolve o método alegórico de maneira sistemática, a ponto de torná-lo o método próprio do seu filosofar. Com efeito, para Filo a filosofia coincide com a interpretação alegórica da Bíblia. Sob as personagens e acontecimentos narrados na Bíblia estão ocultos, segundo Filo, significados filosóficos que se dispõem em quatro níveis: 1) nível *cosmológico*, 2) nível *antropológico*, 3) nível *metafísico*, 4) nível *moral*. Deve-se observar particularmente que a narração do *Gênesis*, da criação de Adão ao advento de Moisés, simbolizaria (no plano da exegese alegórica), segundo Filo, a história da alma que primeiramente é indiferente, depois peca, logo se arrepende e, embora com várias recaídas, finalmente readquire a santidade. Cada uma das personagens bíblicas representaria um estado ou uma estação da história da alma no seu caminho para a salvação (VII, 224 ss. e, em particular, a nota 17 da p. 225). — *f*) Uma interpretação alegórica muito elaborada está contida na *Mesa de Cebes* que é um pseudoepígrafo pitagórico da era helenística (VII, 226; 353, nota 38) — *g*) Amplo usodo método alegórico se encontra no médio-platônico Plutarco, em particular no *Sobre Ísis e Osíris*, em que a mitologia egípcia é lida sob essa chave de leitura com notável sensibilidade (VII, 286; 308) — *h*) Também Numênio acolhe, de sua parte, o método filoniano ao menos parcialmente e o estende igualmente ao Novo Testamento, como resulta de fragmentos que chegaram até nós (VII, 362). — *i*) A interpretação alegórica da mitologia grega e dos poetas torna-se, enfim, canônica no neoplatonismo, primeiramente de maneira bastante discreta em Plotino, depois de modo cada vez mais difuso e abrangente em Porfírio (mostra-o a sua interpretação alegórica de Homero, em *A Gruta das Ninfas*) — *j*) Também a interpretação dos diálogos platônicos, sobretudo de Jâmblico em diante, pode ser considerada uma forma particular de interpretação alegórica (IV, 565 ss.).

ALEGRIA (χαρά, *gaudium*)

O termo *chara*, no sentido de alegria, ou seja, de um estado de espírito diferente do prazer, parece ter sido usado em sentido técnico por alguns pensadores da era helenística. — Por exemplo, o peripatético Lícon indica nela o sumo bem (VII, 7). — O cirenaico Teodoro a identifica com a sabedoria (V, 53). — Os estoicos põem a alegria entre os estados de espírito *positivos*: "Dizem que três são os estados de espírito razoáveis: *alegria*, cautela, vontade. E dizem que a *alegria* é o oposto do prazer, sendo ela uma *exaltação racional*, a cautela o oposto do medo, sendo um recuar segundo a razão; o sábio nunca temerá, mas será prudente. O oposto do desejo dizem que é a vontade, sendo uma aspiração segundo a razão. E, como às paixões fundamentais estão submetidas algumas paixões, do mesmo modo também aos principais estados de espírito positivos. Assim, à vontade são subordinadas: benevolência, bondade, afetividade, amabilidade; à cautela: pudor, religiosidade; à *alegria*: jovialidade, leveza, contentamento" (von Arnim, *S.V.F.*, III, fr. 431; cf. também Cícero, *Tusculanas*, IV, 6, 13). — Porém, o uso do termo parece indefinido em Epicuro (cf. Usener, *Epicurea*, fr. 2, p. 91 e fr. 68, p. 121).

ALEXANDRINO

Denomina-se assim o complexo movimento espiritual (e tudo o que ele produziu) *que teve origem em Alexandria no começo do período subsequente à morte de Alexandre Magno até o século VI d.C.* — Alexandria, sobretudo nos dois últimos séculos da era pagã e nos primeiros séculos da era cristã, tornou-se o que Atenas fora na época de Sócrates até inícios do século III a.C. — As características fundamentais do movimento alexandrino foram: *a*) fusão do misticismo típico do Oriente com a filosofia grega; *b*) disponibilidade notável às solicitações espirituais provenientes dos ambientes mais heterogêneos; *c*) notável impulso dado ao desenvolvimento autônomo das ciências particulares. Lembremo-nos de que em Alexandria nasceram todas as correntes filosóficas que caracterizaram a última fase do pensamento antigo: 1) o neopitagorismo, 2) o médio-platonismo, 3) o neoplatonismo, 4) a filosofia mosaica de Filo, o Hebreu, ou seja, a tentativa de mediação entre teologia hebraica e filosofia grega, 5) a escola catequética, ou seja, a primeira tentativa de elaboração filosófica do pensamento cristão, 6) enfim, os grandes comentários a Aristóteles da escola de Amônio (cf. V-VIII *passim*).

ALGO (τὸ τί)

Segundo alguns estoicos, é um gênero que está acima do ser. A tal admissão foram levados como consequência *a*) do pressuposto de que o ser é sempre e só corpo, *b*) da admissão de incorpóreos (os *exprimíveis*, o *lugar*, o *tempo* e o *vazio*), que não são ser, porque este é corpóreo, e tampouco são o nada. Cf. textos e esclarecimentos em VI, 49 ss. — O conceito de *algo* aparece também no médio-platônico Severo, com outra acepção, para indicar o gênero supremo, o Todo, incluindo o Ser (a realidade inteligível) e o devir (a realidade sensível); cf. VII, 301 ss., nota 37. — Recordamos ainda que com a expressão τὸ τί Aristóteles indica a primeira categoria. Nesse sentido a expressão é sinônimo de τὸ τί ἐστι e τὸ τί ἦν εἶναι (cf. Essência).

ALMA, cf. Psyché.

ALMA DO MUNDO, cf. Psyché.

ALÓGICO, cf. Irracional.

ALTERAÇÃO (ἀλλοίωσις)

É o termo técnico com o qual Aristóteles designa a *forma de mudança segundo a categoria da qualidade* (IV, 69).

ALTERIDADE, OUTRO (ἑτερότης, θάτερον)

O *outro* ou o *diverso* é um dos cinco gêneros supremos (Ser, Repouso, Movimento, Idêntico e Diverso) introduzidos por Platão no *Sofista*, para os quais cf. III, 113 ss. Deve-se observar, em particular, como o conceito de "outro" ou "diverso", enquanto gênero supremo, implique a *superação definitiva*, ao menos no nível do mundo inteligível, *da aporia fundamental implicada na concepção do ser eleático*, em razão dos motivos que explicamos em III, 114 ss. — Na história posterior do platonismo, os cinco gêneros tiveram grande importância. Com efeito, Plutarco estabelece uma correspondência entre eles e os cinco sólidos fundamentais e entre eles e os cinco elementos e os cinco mundos (VII, 305, nota 46). Em particular, no que diz respeito ao conceito do qual agora nos ocupamos, ele afirma que "o icosaedro participa sobretudo da ideia de Alteridade", e que ele "fornece a água que, através da mistura, assume a maior variedade de qualidades", e predomina num dos cinco mundos (*De def. or.* 428 d s.). — Plotino considera os cinco gêneros como as verdadeiras categorias do incorpóreo, contrapondo-os, como categorias supremas, às categorias aristotélicas que, para ele, valem somente para o sensível (cf. *Enéadas*, VI,

1-2 *passim*). — Ainda em Plotino, a *alteridade* em particular desempenha um papel muito importante, na medida em que *explica a possibilidade da geração das outras hipóstases a partir do Uno* (ver textos e exegese em VIII, 61 ss.). Também no processo oposto de reunificação ao Uno (o êxtase), o conceito de alteridade é central, sendo exatamente o que é superado e suprimido para realizar a *simplificação* que reconduz ao Uno (VIII, 119 ss.).

AMIZADE (φιλία, *amicitia*)

a) A primeira especulação filosófica em torno da amizade encontra-se na filosofia de Empédocles, com uma componente cosmológica e ontológica. A amizade (amor) desempenha, juntamente com a discórdia (ódio), o papel de *causa motriz dos quatro elementos* (I, 135 ss.). — *b*) Sócrates leva a problemática para o plano ético-antropológico e interpreta a amizade a partir do fundamento da sua nova concepção da essência do homem como *psyché*, conferindo-lhe uma forte marca espiritual (II, 118 s.). — *c*) O primeiro tratado sobre a amizade é, sem dúvida, o *Lisis* de Platão, que parte da posição socrática, indo muito além. A amizade difere do Eros porque, nela, *prevalece o elemento racional*, enquanto no Eros prevalece o elemento passional e alógico da "divina mania": todavia, ambas tendem ao mesmo fim. *O homem com amizade procura o bem que lhe falta, mas que sente, de alguma maneira, como próprio*. O que nós procuramos nas amizades humanas remete sempre a algo de ulterior, e *toda verdadeira amizade recebe um sentido autêntico somente em função de um "Primeiro Amigo" que é o Bem e o Absoluto*. Portanto, a amizade é sempre busca do Bem e meio para ascender ao Belo absoluto (cf. Eros), que não é outra coisa senão o próprio Bem ou uma manifestação dele (III, 216 ss.). *d*) Aprofundamentos ulteriores da concepção da amizade se encontram na *Ética a Nicômaco* de Aristóteles, que, mais do que a tensão para o transcendente da amizade platônica, põe em relevo seus aspectos mais delicadamente humanos. Particularmente interessantes são as finas análises do Estagirita com respeito *às diversas espécies de amizade*, para as quais cf. IV, 114 ss. — *e*) A amizade assume grande importância no âmbito do Jardim de Epicuro, tanto em nível teórico como em nível prático. A *philia* epicurista é um laço livre que une os que sentem, pensam e vivem de modo igual e, como tal, *é o maior bem proporcionado pela sabedoria*. Primeiramente a amizade se contrai tendo em vista fins ulteriores (vantagens, ou seja, prazeres) mas, tendo nascido, ela mesma se torna prazer e, portanto, fim (V, 225 ss.).

AMICUS PLATO, sed magis amica veritas

É um dito que exprime um pensamento tornado proverbial e citado muitas vezes nos casos em que se quer dizer que *a verdade vale mais do que as relações*, por mais estreitas que sejam, *com as pessoas. Eis o texto originário*: "[...] talvez seja melhor fazer o bem universal como objeto de investigação e discutir a fundo sobre o seu significado, mesmo que tal investigação seja desagradável pelo fato de que são nossos amigos os que introduziram a doutrina das Ideias. Pode-se porém considerar mais oportuno e, mesmo, um dever, ao menos para resguardar a verdade, deixar de lado os sentimentos pessoais, sobretudo quando se é filósofo: *com efeito, mesmo sendo ambos caros para nós, é um dever sagrado honrar mais a verdade*" (Aristóteles, *Ética a Nicômaco*, A 6, 1096 a 11-17).

AMOR, cf. Eros.

AMOR FATI

Esta expressão, celebrizada por Nietzsche, exprime de maneira perfeita a essência da liberdade segundo o estoicismo, que consiste justamente em aceitar, mais ainda, em querer a vontade do Fado, como explicamos em VI, 62 ss.

ANAÍDEIA (ἀναίδεια)

Designa a *liberdade de ação sem restrições e levada mesmo aos limites da impudência*, proclamada e levada a efeito pelos cínicos, na intenção de demonstrar a mera convencionalidade e, portanto, a não naturalidade dos costumes e das regras de viver dos gregos (cf. textos e aprofundamento em V, 27 ss.; VII, 199 ss.).

ANALÍTICA (ἀναλυτικὴ ἐπιστήμη)

Aristóteles designa com esse termo a disciplina que mais tarde foi chamada *lógica* ou, ao menos, a sua parte principal. Analítica indica, exatamente, o método com o qual, *partindo de uma conclusão dada, se faz a sua resolução, analisando-a nos elementos dos quais ela brota, vem a ser, nas premissas das quais deriva, evidenciando, assim, os nexos que ligam as premissas à conclusão*. A analítica coincide fundamentalmente com a silogística, sobre a qual cf. IV, 141 ss.; 149 ss. Provém daqui os títulos *Primeiros Analíticos* e *Segundos Analíticos* dados aos tratados que estudam o silogismo em geral e o silogismo científico.

ANALOGIA (ἀναλογία)

No seu sentido estrito, o termo designa *a identidade de relações própria das proporções*, como, por exemplo, *a* está para *b* assim como *c* está para *d*. Uma utilização especulativa da analogia é feita por Aristóteles, que se serve dela com plena consciência para fugir seja do monismo eleático seja do dedutivismo acadêmico de feição pitagorizante. Com efeito, Aristóteles se serve da analogia para caracterizar as causas e os princípios, os quais são *parte* diversos e *parte* idênticos para todas as coisas: são *numericamente e especificamente diversos*, mas são *idênticos como função* nas diversas coisas. A analogicidade dos princípios consiste, portanto, nessa *identidade de função*. — Também o ato e a potência são conceitos analógicos no sentido ora apontado (ver *Metafísica*, Λ, 4-5). — A *concepção aristotélica do Ser como polívoco* também é de tipo analógico, mesmo se esse termo não é usado expressamente. Com efeito, os muitos significados do Ser não são simples homônimos, porque todos indicam *uma referência comum e uma relação comum com um significado principal que é o da substância*. A analogicidade do ser consiste, pois, na referência comum dos significados múltiplos ao significado principal (cf. Ser) — Na lógica estoica, é um dos modos segundo os quais se realiza o processo da inferência (ver o texto de Sexto Empírico que citamos em VI, 27 s.).

ANAMNESE (ἀνάμνησις)

Com esse termo, que significa *recordação* e *reminiscência*, Platão indica a gênese e o fundamento do conhecimento. A anamnese platônica é algo bem mais profundo do que a mera recordação empírica. Poder-se-ia chamar *memória metafísica*, na medida em que *implica uma comunhão estrutural da alma humana com o mundo metaempírico* e uma *visão original do mesmo*, que se atenuam nas reencarnações periódicas, se obscurecem, mas nunca desaparecem e, portanto, vêm de novo à tona (justamente nesse sentido se fala de "recordação"). A teoria da reminiscência, longe de reduzir-se a um mito, exprime, na realidade, *a primeira concepção ocidental do a priori* (cf. textos e discussão em III, 153 ss.). — Plotino, retomando o conceito, interpreta a anamnese como tipo de recordação que conserva perenemente na alma o que é conatural à alma (enquanto realidade suprassensível) e que deriva *da sua ligação originária e estrutural como as hipóstases superiores* (VIII, 109 ss.). Diversamente da memória, a anamnese não está presa à dimensão temporal (VIII, 109). Nesse sentido, a anamnese continua presente em toda a tradição neoplatônica. — A mais completa análise da anamnese platônica se encontra em: C. E. Huber, *Anamnesis bei Plato*, Munique, 1964.

ANANKE (ἀνάγκη)

Na terminologia de Parmênides, é a *"necessidade inflexível" que conserva ligado o ser na cadeia do limite*, determinando assim seu caráter absoluto e a sua perfeição (I, 110). Deve-se observar que toda a ontologia grega permanece de alguma maneira condicionada por esta concepção parmenidiana. Apenas, aparentemente, o *clinamen* epicurista (cf. Declinação) rompe com a concepção do ser como necessidade, sendo, mais do que não liberdade, a mera casualidade. Cf. igualmente o verbete *Heimarmene*. Mesmo a "processão" de Plotino (que, por outro lado, faz coincidir o absoluto com a liberdade) é posta sob o signo da necessidade. Apenas com Filo, mas em razão de influências bíblicas, a realidade é concebida como "graça" ou "dom" e, portanto, o ser acaba posto sob o signo da liberdade. Para uma análise aprofundada da significação desse termo e do relativo conceito, cf. H. Schrekenberg, *Ananke, Untersuchungen zur Geschichte des Wortsgebrauchs*, Munique, 1964.

ANAPODÍTICO (ἀναπόδεικτος)

Diz-se do *que não é ulteriormente demonstrável*, ou melhor, *do que não tem necessidade de demonstração ulterior, sendo já evidente por si*. Os estoicos chamam anapodíticos os cinco esquemas fundamentais da dedução, que são evidentes por si e aos quais todos os raciocínios podem ser reduzidos. Esses esquemas de raciocínio são silogismos hipotéticos e disjuntivos elementares, perfeitos e evidentes (vejam-se a exposição e respectivas exemplificações em VI, 35 ss.). Note-se que, para Aristóteles, só as premissas podem ser anapodíticas, ao passo que o silogismo implica sempre inferência e mediação e, portanto, demonstração.

ANDREIA, cf. Fortaleza.

ANJOS (ἄγγελοι)

São *seres incorpóreos e inteligentes*, assim denominados por sua *função de mediação e de mensageiros* entre Deus e os homens (*Anghelos* quer dizer justamente mensageiro). Foram introduzidos na reflexão filosófico-teológica por Filo de Alexandria, que os tirou da teologia bíblica. Depois foram acolhidos, juntamente com os Demônios e os Heróis (cf. verbetes), também pelos últimos neoplatônicos. Em Filo os Anjos são *criados*, ao passo que nos neoplatônicos inserem-se como momentos na processão a partir do Uno e são, portanto, *eternos*, como eterna é a processão (VII, 255 ss.).

ANIMAL (ζῷον)

Em sentido geral, o termo designa o vivente, ou seja, o que é dotado de *vida* e, portanto, de alma (*zoé* e *psyché* coincidem, ao menos na sua acepção fundamental). Para os gregos, o conceito de animal-vivente tende a estender-se tanto quanto os de realidade e ser: cf. verbetes hilozoísmo e pampsiquismo.

ANIMAL POLÍTICO (πολιτικὸν ζῷον)

É uma das célebres definições do homem propostas por Aristóteles (*Política*, A, 2, 1253 a 3 ss.; Λ 6, 1278 b 19). Sobre seu significado cf. IV, 124 ss.

ANIMAL RACIONAL (ζῷον ἐπιστήμης δεκτικόν, ζῷον λογικόν)

É uma das mais célebres definições do homem propostas pela filosofia antiga. Já nas *Definições*, atribuídas a Platão, lê-se: "O homem é um animal implume, bípede, com unhas chatas, e é o *único dos seres capaz de conhecimento racional*" (415 a). A mesma definição se encontra em Aristóteles: "O homem é um ser vivente, capaz de conhecimento" (*Tópicos*, E 2, 130 b 8 *et alibi*); "o homem é o único dos animais que tem razão" (*Política*, A 2, 1253 a 9). O mesmo repetem os estoicos; cf. von Arnim, *S.V.F.* II, frags. 879; 1012; III, fr. 184). Referindo-se provavelmente a Aristóteles, escreve Sexto Empírico: "O homem é um animal racional, mortal, capaz de inteligência e de ciência" (*Esboços pirronianos*, II, 26).

ANOMALIA (ἀνωμαλία)

Designa o *estado de desordem no qual, segundo o ceticismo* (sobretudo na formulação proposta por Enesídemo), *encontra-se o ser*, e que comporta a *dúvida* e a *epoché* como consequências necessárias (VII, 135 ss.).

ÁNTHROPOS (ἄνθρωπος)

Significa, em geral, *homem* (cf. verbete). — Num sentido particular, na complexa hierarquia hipostática da filosofia hermética, designa o *Homem incorpóreo, derivado de Deus e imagem de Deus*. Constitui o terceiro gênito do Deus supremo e ocupa o penúltimo lugar da hierarquia (VII, 382).

ANTECIPAÇÃO, Ver Prolepse.

ANTI-HEDONISMO

É a *atitude que, na ética, desvaloriza radicalmente o prazer*, seja privilegiando os valores suprassensíveis e sobrenaturais ou, em todo caso, os valores mais puramente racionais. — É característico da primeira e segunda fases do pensamento platônico, correspondentes ao período místico, que encontra expressão sobretudo no *Górgias*, no *Fédon* e na *República* (III, 208 ss.). Na última fase, sobretudo nas *Leis* e no *Filebo*, Platão modera, mas com extrema cautela, o seu rigorismo anti-hedonístico (III, 210 ss.). — *Na ética dos cínicos, o anti-hedonismo alcança sua formulação mais radical*, já a partir de Antístenes (II, 173 ss.). O prazer, tornando o homem escravo do que o produz, compromete irreparavelmente a liberdade e a autarquia do sábio (II, 170 ss.; V, 29 ss.; 38; VII, 194). — Uma componente anti-hedonística está presente também nos estoicos, ao menos na medida em que combatem o hedonismo epicurista (VI, 101 ss.). — Influência marcante do anti-hedonismo cínico encontra-se em Filo de Alexandria (VII, 257 s.). — Também na mística neoplatônica é pressuposta uma atitude nitidamente anti-hedonística.

ANTILOGIA (ἀντιλογία)

Em sentido mais geral, significa *contradição*. Em sentido particular, indica *a técnica que, segundo Protágoras, permite aduzir de maneira metódica, argumentos pró e argumentos contra sobre qualquer questão*, até o ponto de saber tornar mais forte o argumento mais fraco (II, 36 ss.).

ANTIMETAFÍSICO

É um termo que designa sobretudo a atitude do pensamento filosófico moderno e contemporâneo que *contesta a validez de toda a tentativa de passar além dos limites da experiência e, portanto, de oferecer uma visão da totalidade do ser e, mais ainda, de levar a cabo uma inferência metaempírica*. — Se se compreende a metafísica como ontologia em sentido lato, pode-se dizer que, na antiguidade, não houve pensadores antimetafísicos, pois todos aspiram a certa visão da totalidade do ser (incluídos, em certo sentido, alguns dos céticos, mesmo se esses chegam a um resultado negativo); cf. VI, 142 ss.; VII, 131-183, sobretudo pp. 169 ss. — Se, por metafísica se compreende, num sentido estrito, a inferência metaempírica e a tentativa de transcender o mundo físico, podem ser chamados antimetafísicos: *a*) os sofistas, *b*) alguns socráticos menores, *c*) todas as filosofias da era helenística, *d*) alguns céticos, em particular os céticos empiristas — Em todo caso, convém observar que a verdadeira mentalidade antimetafísica surge somente *depois da descoberta das ciências* e da consequente tentativa de aplicar a mentalidade científica à filosofia, como também com o *praxismo* marxiano e pós-marxiano.

ANTINOMIA (ἀντινομία)

É um termo grego que significa *oposição entre duas leis*, e tornou-se técnico somente na idade moderna para indicar uma oposição estrutural. Para designar esse conceito, os antigos usavam os termos *aporia, oposição, contrariedade e contradição*.

ANTIRRESE (ἀντίρρησις)

É o termo que designa a *técnica da confutação adotada pelos céticos*. O fim que tem em vista a *antirrhesis* é o de destruir os raciocínios dos dogmáticos (cf. verbete), tornando evidente a sua insustentabilidade e, em particular, demonstrando o "peso igual" dos raciocínios contraditórios como o fim de levar à *suspensão do juízo* (VII, 177). Sexto Empírico fez dela um uso muito amplo, empregando-a sistematicamente para invalidar todo o complexo das argumentações próprias dos três ramos tradicionais (lógica, física e ética) da filosofia (VII, 178).

ANTROPOCENTRISMO

É a concepção segundo a qual o *homem* está, de alguma maneira, *no centro do universo*, e segundo a qual *todas as coisas que existem no mundo existem em função do homem*. Trata-se de uma concepção básica na mensagem bíblica, mas não no pensamento grego considerado no seu todo. Como exceção, encontramo-la, ainda que não adequadamente formulada, em Sócrates (II, 125-130) e, de modo isolado, em Aristóteles, *Política*, A, 8, 1256 b 16 ss.: "[...] as plantas existem em vista dos animais e os outros animais em vista do homem, os animais domésticos enquanto servem ao seu uso e nutrição, os selvagens, se não todos ao menos na maior parte, enquanto servem para fornecer alimento e para outros usos, como material para vestes e outros instrumentos. Se, pois, a natureza nada faz de inútil nem de imperfeito, é necessário que ela tenha produzido tais coisas em vista do homem". — Finalmente, o antropocentrismo está presente no estoicismo, sobre o qual, cf. VI, 64 ss. — Porém a marca da filosofia grega permanece prevalentemente *cosmocêntrica* e, na última fase *teocêntrica*. Com efeito, para a fundamentação do antropocentrismo é necessário supor a tese bíblica da criação e alguns corolários com ela estruturalmente conexos. A esse respeito, é bastante iluminadora uma afirmação de Platão: "O universo não existe para ti, mas tu para ele" (*Leis*, X, 903 c).

ANTROPOFAGIA

A antropofagia, que consiste *em comer carne humana*, é admitida pelos cínicos pelas motivações das quais falamos em V, 29. Também os estoicos a admitem, por influência dos cínicos. Eis dois fragmentos particularmente eloquentes (von Arnim, *S.V.F.*, III, frgs. 748 e 752): "[...] Com efeito, julgamos conveniente comer não somente os mortos, mas também as próprias carnes, se acontecesse que alguma parte do corpo fosse de nós separada". No livro *Sobre a justiça*, diz Crísipo: "E se alguma parte do corpo boa como alimento se separa, não enterrá-la nem deitá-la fora, mas consumi-la, a fim de que torne a ser outra parte dos nossos membros" (748). "Mortos os genitores, é preciso usar o sistema mais simples de sepultura como se o corpo, à semelhança das unhas e dos cabelos, não tivesse para nós importância alguma, e nós não tivéssemos necessidade de semelhante atenção e cuidado. Por isso também, se as carnes são boas para comer, nos alimentaremos delas como igualmente dos próprios membros: por exemplo, se um pé se separa, convém alimentar-se dele, e assim por diante. Se, porém, não são bons para alimento, ou se enterrarão numa sepultura, ou queimando-os se espalharão as cinzas ou, lançando-os fora, não daremos a eles nenhuma importância, como se fossem uma unha ou cabelos" (752).

ANTROPOGONIA

Com esse termo, designa-se comumente *a explicação da origem do gênero humano em nível mitológico, ou seja, em nível prevalentemente imaginário* (assim como a teogonia é a explicação mitológica da origem dos Deuses, e a cosmogonia é a explicação mitológica da origem do cosmo). Vejam-se, por exemplo, a antropogonia órfica em I, Apêndice, e a antropogonia hermética do *Poimandres* em VII, 382 ss. Nesse sentido, não podem ser consideradas antropogonias (ou o são apenas em parte) a origem platônica do homem no *Timeu* (cf. III, 144 ss.) ou a narrada por Filo (VII, 257 ss.), na medida em que buscam libertar-se do elemento imaginativo-poético.

ANTROPOLOGIA

Com esse termo, designa-se comumente em filosofia *a doutrina destinada a explicar a natureza do homem*. Ela permanece estreitamente ligada, ao menos no domínio do pensamento antigo, seja aos problemas cosmológico-ontológicos, seja aos problemas metafísicos, seja aos gnosiológicos, e constitui a premissa necessária da ética. É claro que, em sentido lato, também grande parte da ética pode ser considerada antropologia, na medida em que a ética tem por objeto de estudo *o fim que, de direito, corresponde ao homem*, e os modos e meios necessários para alcançá-lo (ver Homem).

ANTROPOMORFISMO

Com esse termo, designa-se *o tipo particular de representação que o homem tende a fazer de todas as coisas segundo a própria imagem e semelhança*. Uma das formas mais típicas do antropomorfismo é a que se manifesta no domínio teológico, especialmente na forma usada nos poemas de Homero e Hesíodo, nos quais a atribuição aos Deuses de figuras, costumes, atividades e atributos humanos assume modos que se tornaram paradigmas. — Uma tentativa de desantropomorfizar a concepção do Divino tem lugar já a partir do primeiro filósofo, Tales. Tal tentativa aparece como tema em Xenófanes, que denuncia esse erro com surpreendente clareza (I, 98 ss.). — Os filósofos posteriores, seja da era clássica, seja da era helenística, desenvolvem concordemente essa crítica, com exceção de Epicuro e dos seguidores da filosofia do Jardim, que voltam a conceber os Deuses como uma espécie de *homens ampliados* (V, 195 ss.). — A filosofia posterior, ao contrário, não segue Epicuro, mas elabora um conceito de Deus ainda mais radicalmente desantropomorfizado, não somente com Filo, que se inspira na Bíblia (VII, 238 ss.), mas também com todas as correntes de pensamento da era imperial decorrentes do platonismo, particularmente com Plotino e o neoplatonismo (cf. VIII, *passim*). A concepção do Absoluto como *infinito, indeterminável e inefável* representa, num certo sentido, o momento culminante dessa tendência.

APATIA (ἀπάθεια)

O termo significa *impassibilidade*, no sentido de *ausência de paixão*, e constitui, com diversos matizes, *o ideal moral dos estoicos, dos cínicos, dos megáricos mais radicais, e de Pirro, ou seja, de quase toda a filosofia da era helenística*. — *a*) Para os estoicos, designa a radical eliminação das paixões, entendidas como males da alma, das quais depende a sua infelicidade. As paixões podem ser erradicadas da alma porque coincidem com juízos errados ou porque são consequência dos mesmos. O juízo reto — e, portanto, o conhecimento — elimina as paixões e torna feliz o homem (VI, 101 ss.). — *b*) Para os cínicos, a apatia se reveste do significado da *indiferença em face de todas as coisas apreciadas pelos homens* (V, 31 ss.). — *c*) Para o megárico Estílpon, a apatia tem o significado de *capacidade de não sentir nem mesmo as necessidades*, e se funda sobre a matriz eleática da sua ontologia (V, 65 ss.). — *d*) Em Pirro, a apatia assume a significação mais radical de *total insensibilidade (ne sentire quidem)*, estado que se alcança "despojando completamente o homem" (VI, 156 ss.). (Observe-se que, à apatia alguns acadêmicos, os peripatéticos e mesmo os últimos céticos contrapõem a *metriopatia*; cf. verbete). — A imagem do sábio que pode ser feliz mesmo entre os mais atrozes tormentos (por exemplo, no touro ardente de Fálaris), simboliza substancialmente esse *ideal da apatia, um dos sinais que contradistinguem, como foi observado, a filosofia da era helenística*. (Note-se, porém, que em geral, mesmo na era clássica, os filósofos gregos consideraram as paixões e as emoções de modo predominantemente negativo, em razão do intelectualismo que marcou a ética de Sócrates e posteriormente tornou-se uma constante.)

APEIRON (ἄπειρον)

O termo significa *infinito, ilimitado, indefinido, indeterminado*, ou seja, *não finito no sentido da quantidade e também indeterminado no sentido da qualidade*. O conceito de *apeiron* desempenha um papel importante em vários níveis na ontologia e na metafísica gregas mesmo se, entendido no modo indicado, esse papel seja predominantemente negativo. Somente muito tarde a especulação filosófica conquista um *conceito de infinito positivo, ou seja, de infinito como potência e força inexaurível*. 1) No domínio dos físicos, já Anaximandro qualifica como *apeiron* o primeiro princípio, justamente nos dois sentidos de indeterminado e de ilimitado (I, 52 ss.). — Também Anaxímenes caracteriza como *infinito* o seu princípio, mas o concebe como ar e, portanto, mantém no infinito sobretudo a conotação de ilimitado (I, 59 ss.). — Corrigindo Parmênides, que proclamara a perfeição e o caráter absoluto do *finito*, Melisso demonstra a necessidade de entender o Ser-Uno-Todo como infinito (I, 125 ss.). — Também infinita é a Inteligência de Anaxágoras (I, 147 ss.). — Ao menos numericamente, infinitos são os átomos de Leucipo e Demócrito (I, 151-159). 2) Nos pitagóricos, o *apeiron* é, justamente com seu oposto, o limite *(peras), um constitutivo do número*, que nasce justamente em razão da determinação do ilimitado por parte do limite (I, 81 ss.) 3) Em Platão, o conceito de *apeiron* é considerado sobretudo no *Filebo*: *apeiron* e *peras* são constitutivos não só dos Números, mas de todas as coisas e, assim, toda a realidade é um "misto" de *apeiron* e *peras* (III, 118 ss.). Veja-se também o papel do *apeiron* nas "doutrinas não escritas" de Platão, das quais falamos em III, 121 ss. Com Platão, *apeiron* torna-se o caráter do elemento material, seja da *matéria inteligível* que é, justamente, uma realidade inteligível indeterminada (ver Díade), seja da *chora* que é uma realidade sensível indeterminada. 4) O conceito de infinito recebe uma exata conceituação na *Física* de Aristóteles. na qual o Estagirita (referindo-se exclusivamente à realidade corpórea) nega que possa haver um *infinito em ato* — isto é, uma realidade corpórea infinita — e admite somente a possibilidade de um infinito *em potência* (IV, 75 ss.). 5) Nos epicuristas prevalece sobretudo o conceito de infinitude do espaço, dos átomos e dos mundos (V, 171 ss.; 175; 183 ss.). 6) Nos estoicos o mundo é finito, ao passo que é infinito o vácuo circundante e, portanto, é infinito o universo, que é o conjunto do mundo e do vácuo circundante (cf. VI, 64 ss.). 7) Em Plotino, o *apeiron* recebe uma conotação positiva, indicando a potência inexaurível e a riqueza do Uno (VIII, 47 ss.) 8) Finalmente, deve-se assinalar a retomada da concepção platônica do *Filebo* por parte de Proclo, que faz do ilimitado um dos dois elementos constitutivos de toda a realidade, com a assim chamada lei do ternário, segundo a qual todas as realidades são constituídas pelo *apeiron* e pelo *peras* e são, portanto, um *misto* desses dois elementos (VIII, 183 ss.) — Sobre esse tema cf. o volume já clássico de R. Mondolfo, *L'infinito nel pensiero dell'antichità classica*, Florença, 1956.

APOCATÁSTASE (ἀποκατάστασις)

O termo significa *reconstituição* ou *restabelecimento*. Em sentido técnico, designa a doutrina segundo a qual, nos diversos ciclos cósmicos, *tudo torna a reconstituir-se ciclicamente, restabelecendo-se nos mesmos estados precedentes* (cf. von Arnim, *S.V.F.* , II, frgs. 623-632). Ver, em particular, o fragmento de Nemésio que citamos em VI, 67 s.

APODÍTICO (ἀποδεικτικός)

O termo significa *demonstrativo, de apodeixis*, que quer dizer demonstração (cf. verbete).

APOFÂNTICO (ἀποφαντικὸς λόγος)

Aristóteles assim denomina *o discurso que afirma ou nega algo de alguma coisa*. O discurso apofântico é, pois, o discurso ao qual se vinculam o verdadeiro e o falso. (Invocação, prece, ameaça não são constituídos de juízos apofânticos). O discurso apofântico é objeto da lógica (os outros tipos de discurso constituem objeto de outros tipos de investigação, como a retórica, a poética etc.) (IV, 148).

APÓFASE, APOFÁTICO (ἀπόφασις, ἀποφατικός)

1) *Apófase é a negação; apofático é o juízo negativo*, que separa o predicado de um sujeito (IV, 148 s.). — 2) Foi chamada teologia apofática ou negativa *a teologia que, pondo Deus como absolutamente transcendente, considera-o, em consequência, incognoscível e inefável* (cf. Incognoscível e Inefável). Segundo esse tipo de teologia, de Deus se pode dizer mais o que não é do que o que é. Portanto, a Deus devem ser negados todos os atributos que pertencem ao que é produzido por Ele e depende Dele. A teologia negativa tem suas origens em

Filo, o Hebreu (VII, 235 ss.) e em parte também no médio-platonismo e no neopitagorismo, ao passo que seu desenvolvimento sistemático foi levado a cabo sobretudo pelo neoplatonismo.

ÁPOIOS (ἄποιος)

Significa *sem qualidade*. 1) Nos estoicos, indica uma característica peculiar da matéria (III, 301) que é *substância sem qualidade* (*ápoios ousia*) não enquanto ela subsista absolutamente despojada de qualidade, mas enquanto pode possuí-las todas (cf. von Arnim, *S.V.F.*, I, fr. 85; II, frgs. 300; 301; 318). 2) Em Filo de Alexandria, é uma nota da natureza divina que significa a absoluta transcendência de Deus com respeito a todas as possíveis determinações qualitativas (VII, 238-244).

APOLITISMO

Consiste em *não sentir-se* ou *não julgar-se cidadão de nenhum Estado particular*. É, por assim dizer, o aspecto negativo do cosmopolitismo, cujos germes já estão presentes em alguns sofistas (I, 196 ss.) e em alguns socráticos menores (I, 354 s.), mas que encontra sua expressão plena, com manifestações exasperadas, sobretudo no cinismo (III, 32; cf. Cosmopolitismo).

APONIA (ἀπονία)

Significa *ausência de dor e de pena*, o *não sofrer no corpo e na alma*. No contexto do pensamento epicurista, a *aponia* coincide com o *prazer catastemático*, ou seja, com o prazer em repouso, que se opõe ao prazer em movimento, ao qual estão sempre ligadas a perturbação e, portanto, a dor. Assim, a aponia se identifica, para Epicuro, com o máximo do prazer, como mostramos em V, 210.

APORIA, cf. Dúvida.

A POSTERIORI

Designa *o que é dependente da experiência* e que, portanto, é posterior a ela. É o contrário de *a priori* (cf. verbete).

APARÊNCIA

Com esse termo podem ser traduzidos numerosos termos gregos, de δοκεῖν a δόξα, de φαίνεσθαι a φαινόμενον. A própria εἰκασία platônica pode ter essa acepção. Simplificando uma problemática complexa, pode-se dizer que, na filosofia grega, estão presentes três avaliações possíveis das aparências, vale dizer, todas as que são possíveis: 1) as aparências estendem um véu sobre o ser e o verdadeiro; 2) as aparências são um desvelar-se (ainda que parcial) do ser e do verdadeiro; 3) as aparências absorvem inteiramente em si o ser. 1) A primeira posição, embora formulada de maneiras diversas, é própria *a*) dos pré-socráticos e *b*) de Platão e da tradição platônica. — *a*) No âmbito dos pré-socráticos o contraste entre aparecer e ser alcança a ponta extrema do eleatismo (cf. I, 107 ss.; 120 ss.; 128 ss.). — *b*) Platão não somente confirma, mas leva às últimas consequências o discurso eleático: cf. sobretudo *Fédon* 99 d ss.; e também o que dizemos em III, 161 ss. Toda a tradição platônica alinha-se com a posição do mestre (cf. VII e VIII, *passim*). 2) A segunda posição é típica de *a*) Aristóteles e seus seguidores e, *b*) numa outra forma, dos epicuristas. — *a*) Na verdade, também em Aristóteles se encontra a contraposição fenômeno-realidade; mas se encontra igualmente, e é predominante, a convicção de que o fenômeno não está em contraste com o verdadeiro e que, portanto, a especulação filosófica não deva ser propriamente uma subversão do aparecer mas, antes, uma justificação do mesmo (cf. *Metafísica*, A 5, 986 b 31; Λ, *passim*). *b*) Epicuro constitui, talvez, o exemplo mais acabado a ilustrar essa posição, como mostra a sua teoria da sensação (ver V, 156 ss.). 3) A terceira posição é própria, ao menos segundo as interpretações mais recentes, do ceticismo pirroniano. Ver, a esse propósito, o verbete Fenômeno.

APETITE, APETIÇÃO (ὄρεξις)

Segundo Aristóteles, é a *causa do movimento nos animais*. Eis uma página paradigmática a esse respeito, tirada do tratado *Sobre a Alma*, Γ, 10, 433 a 9 ss.: "É claro, de qualquer modo, que os princípios do movimento são dois, o *apetite* e o *intelecto*, desde que consideremos a imaginação como uma espécie de intelecção — com efeito, muitos homens, abandonada a ciência, seguem as imaginações e nos outros animais não há intelecção nem raciocínio, mas apenas imaginação. Ambos, portanto, podem produzir o movimento local, o intelecto e o apetite: o intelecto, a saber, o que raciocina em vista de um fim e é, portanto, intelecto prático: em razão do fim, ele é diferente do intelecto teórico. Por sua vez, o apetite tem sempre em vista um fim porque aquilo do qual se tem apetite é, justamente por isso, princípio do intelecto prático e o que vem por último é o princípio da ação. Por conseguinte, parece razoável supor esses dois como princípios do movimento, apetite e pensamento prático, já que o apetecível move e a razão move na medida em que o seu princípio é o apetecível. Também a imaginação quando move não move sem o apetite. Portanto, o motor primeiro é um só, a faculdade apetitiva: se fossem dois a mover, intelecto e apetite, moveriam em virtude de uma característica: ora, como se vê, o intelecto não move sem o apetite (na verdade, a volição é uma forma de apetite, e quando nos movemos seguindo um raciocínio, movemo-nos também seguindo a volição). O apetite move também contra o raciocínio, porque o *desejo* é uma espécie de *apetite*. O intelecto é sempre reto; ao invés, o apetite e a imaginação podem ser retos e não retos. Portanto, o que move é sempre o apetecível, mas esse pode ser um bem real ou um bem aparente, não porém um bem qualquer, mas sempre um bem. Bem prático é aquele que admite ser também de outro modo. É, pois, evidente que a mencionada faculdade da alma denominada apetite é a que produz o movimento".

APREENSÃO, cf. Cataléptica, representação.

A PRIORI

Significa *independente da experiência*. Seu contrário é o *a posteriori*. Na sua acepção técnica, esses termos estão ligados sobretudo à problemática kantiana. A chamada "escola de Marburgo", interpretando Platão num sentido neokantiano, atribuiu-lhe a primeira descoberta ocidental do *a priori*. A nosso ver, pode-se atribuir, sem dúvida, essa descoberta a Platão, mas não num sentido kantiano ou neokantiano. A anamnese platônica designa, com efeito, *uma visão originária das Ideias independentemente da experiência sensível*. Trata-se, porém, de uma visão que não se reduz a simples estrutura do pensamento (como no kantismo), uma vez que é *visão do objeto absoluto*, constitutiva da própria natureza da alma (III, 161 ss.; cf. Anamnese).

APROCESSUALIDADE

É uma das notas mais típicas do ser eleático, *que exclui qualquer forma de fluidez, inclusive a do tempo*. O ser eleático é absolutamente imóvel. Cf. I, 108 ss.; 118 ss.; 125 ss.

AQUILES, Argumento de,

É um dos argumentos com os quais Zenão de Eleia nega a realidade do movimento (I, 119-120).

AR (ἀήρ)

É o princípio de todas as coisas segundo Anaxímenes (I, 59 ss.), Diógenes de Apolônia (I, 167) e Arquelau de Atenas (I, 170). — Segundo Empédocles, é uma das quatro "raízes" (I, 134). — Segundo Aristóteles, é um dos quatro elementos (IV, 76). — O ar, como elemento que está entre o céu e a terra, é considerado, pelos estoicos e outros pensadores, sede das almas depois da morte, e dos Demônios (cf., por ex., Possidônio, VI, 127).

ARBÍTRIO, Livre, cf. Liberdade.

ARCHÉ (ἀρχή)

Termo introduzido já, talvez, por Anaximandro para designar o Princípio, ou seja, a realidade primeira última das coisas. Para as múltiplas determinações conceptuais da *arché* (começo, o que tudo governa e dirige, aquilo do qual tudo deriva e no qual tudo se resolve) e para as suas determinações históricas, cf. I, 49 ss.; 52 ss.; 59 ss.; 67 ss.; 79 ss. e, em geral, toda a exposição sobre os físicos pré-socráticos.

ARETÉ (ἀρετή)

Este é um termo, entre os que designam um daqueles conceitos genuinamente gregos, bastante difícil de recuperar para o leitor moderno nos seus matizes originais. A tradução mais comum é *virtude*. No entanto, a *areté* grega pouco tem a ver com a *virtude* da qual falam a doutrina cristã, as éticas medievais e grande parte das éticas modernas. A melhor definição do significado grego de *areté* é talvez a que se pode inferir dos diálogos platônicos, dos quais Aristóteles a recebe. Na *República* (I, 335 b ss.; 353 b ss.), Platão explica que cada coisa possui *uma atividade específica própria*, a saber, uma atividade que somente ela (ou então ela melhor do que todas as outras) pode exercer; por exemplo, a faca tem a propriedade de cortar, o cavalo a de correr, o olho a de ver, o ouvido a de ouvir, e assim por diante. Ora, *a virtude é aquilo pelo qual cada coisa desempenha da melhor maneira a atividade que lhe é peculiar*. Existe, pois, uma virtude da faca (que é a de cortar bem), do cavalo (que é a de correr bem), do olho (que é a de ver bem), do ouvido (que é a de ouvir bem). A virtude do homem não é, pois, senão um caso particular (se se quiser, privilegiado) da virtude que todas as coisas possuem. *O homem é virtuoso quando desempenha bem e convenientemente a atividade que lhe é peculiar, isto é, a sua racionalidade* (cf. também Aristóteles, *Ética a Nicômaco*, A, 7, 1097 b 22 ss., e o texto citado em IV, 101). — Essa concepção já está formulada na filosofia dos sofistas, na qual a virtude coincide com a *habilidade racional* tal como se exerce, por exemplo, em Protágoras na técnica antilógica (II, 36 ss.), ou em Górgias na retórica, ou seja, na habilidade em saber persuadir (II, 51 ss.). — Mas a sua expressão mais notável encontra-se em Sócrates, com a célebre identificação da *areté com a ciência*: o homem, para Sócrates, *é a sua alma e o que permite à alma ser tal qual lhe convém que seja é justamente o saber* (II, 91 ss.). Esta proposição básica do intelectualismo ético (ver verbete) socrático condiciona toda a história da ética grega. Igualmente a tese socrática de que *a virtude específica do homem é a virtude da alma* configura indelével aquisição da filosofia antiga. — Em Platão, a tripartição da alma traz consigo uma primeira sistematização da virtude; à atividade perfeita que é peculiar de cada uma das partes da alma (concupiscível, irascível, racional) corresponde uma virtude específica (temperança, fortaleza, sabedoria), e mais uma quarta virtude que é como que a harmonia das precedentes: a justiça (III, 247 ss.). — Aristóteles traz aprofundamentos ulteriores a essa doutrina, embora partindo dos mesmos pressupostos. A alma vegetativa tem sua virtude (seu bom funcionamento), mas essa não é específica do homem, pois tal alma é comum a todos os viventes. Também a alma sensível tem a sua virtude que, no caso específico do homem, consiste em submeter-se convenientemente à razão que lhe impõe a medida e o *justo meio* (virtudes éticas). Temos finalmente a virtude da alma racional: a virtude racional ou teorética (IV, 105 ss.). — Também no contexto dos sistemas da era helenística a virtude permanece ligada estruturalmente ao conhecimento (V, 219 ss.; VI, 85 ss.). Em particular, deve-se notar que, para os estoicos, a virtude coincide com o *Logos* harmonizado de modo perfeito, com a ação perfeita ou *katórthoma* (VI, 346 ss.). — Finalmente, na especulação neoplatônica, a doutrina das virtudes sofre notáveis amplificações, começando já com Plotino (VIII, 115 ss.). Porfírio distingue quatro níveis de virtude, culminando nas virtudes do Espírito (VIII, 150 ss.), e os últimos neoplatônicos falam de uma virtude teúrgica que é o ápice da hierarquia das virtudes (VIII, 192 s.). Mas essa virtude corre o risco de ser a negação do antigo racionalismo dos gregos (cf. Teurgia).

ARGUMENTAÇÃO, cf. Confutação, Dialética, Silogismo.

ARISTOCRACIA, cf. Governo, formas de.

ARISTOTELISMO

Pode-se falar de duas fases bem distintas do aristotelismo na antiguidade: 1) a primeira coincide com a história da escola de Aristóteles propriamente dita, ou seja, com a escola do Perípato: 2) a outra com a recuperação da filosofia do Estagirita por parte dos neoplatônicos, depois do desaparecimento dos peripatéticos. 1) A história do Perípato é muito menos variada do que a da Academia. Já com Teofrasto, primeiro sucessor de Aristóteles, predomina um interesse científico que, com Estraton, torna-se um verdadeiro materialismo (V, 111 ss.). Além disso, por disposição testamentária de Teofrasto, os escritos de Aristóteles e Teofrasto foram herdados por Neleu de Esquépsis, que os transportou para a Ásia, deixando assim a escola privada do seu mais precioso patrimônio (VII, 12 ss.). No ano de 86 a.C., o Perípato foi saqueado por Silas (cf. VII, 14, nota 5). Os escritos aristotélicos, depois de uma longa odisseia (por nós narrada em VII, 12 ss.), vêm finalmente à luz, publicados de modo sistemático por obra de Andrônico, na vintena subsequente à morte de Cícero. Nos primeiros dois séculos da era cristã, o aristotelismo renasce e se difunde sobretudo como trabalho de comentário aos livros esotéricos, que culmina com o repensamento (embora parcial) de Alexandre de Afrodísia (VII, 34 ss.). 2) Com o advento do neoplatonismo, a partir do século III d.C., o aristotelismo desaparece como escola autônoma, mas já a partir de Porfírio e sobretudo com Jâmblico e os neoplatônicos das escolas de Atenas e Alexandria, *renasce como propedêutica ao platonismo*, e os escritos do Estagirita são considerados como uma espécie de "pequenos mistérios", que têm como finalidade introduzir nos "grandes mistérios" de Platão.

ARITMÉTICA, cf. Matemática.

ARITMOLOGIA

Com esse termo alguns estudiosos modernos designam *o complexo de deduções (estendendo-se amplamente pelo imaginário) acerca das propriedades ocultas dos números e as relações desses com a Divindade, que é cultivado pelos pitagóricos e neopitagóricos* (I, 79; VII, 347 ss.). Para melhor explicar a característica não científica ou paracientífica da aritmologia, poderemos dizer que ela está para a aritmética como a astrologia está para a astronomia e a alquimia está para a química. É um sinônimo de aritmosofia.

ARITMOSOFIA, cf. Aritmologia.

ARRACIONAL (ἄλογος)

Arracional ou alógico significa *algo privado de razão e de racionalidade*. Arracionais são, portanto, as forças da alma que não podem ser reduzidas à razão e que, de alguma maneira, se contrapõem a ela. A esse respeito servem de paradigma as análises platônicas sobre as duas partes inferiores da alma (III, 249 ss.). Arracionais são os instintos, os impulsos e as paixões. Os estoicos consideravam as paixões um erro de juízo ou o consequência de tal erro (VI, 101 ss.). Em geral, quase todo o pensamento grego (tanto o arcaico como o clássico e o helenístico) constitui *uma tentativa contínua de reduzir o arracional ao racional ou, em todo caso, de submeter inteiramente ao controle do Logos o que é alógico*. A valorização da "divina mania" do Eros por parte de Platão não é senão a exceção que confirma a regra. — Somente na era imperial o arracional invade a filosofia, e algumas correntes do neoplatonismo tardio acabam mesmo por apontar nas práticas teúrgicas, de caráter mágico e, portanto, totalmente arracional, a coroa da filosofia, e na virtude teúrgica a virtude mais alta. O êxtase plotiniano é igualmente entendido como algo de arracional, na medida em que é uma *unio mystica* com o Absoluto, realizando-se numa forma de experiência espiritual que transcende a razão (VIII, 124 ss.). — A esse respeito deve-se mencionar ainda a posição de Filo que, com a valorização da fé (mais do que com a sua doutrina do êxtase), introduz uma problemática destinada a introduzir a ruptura no racionalismo grego anterior (VIII, 261 ss.). — Sobre a presença do irracional nos gregos veja-se o volume muito estimulante, mesmo se frequentemente unilateral, de E. Dodds, *The Greeks and the Irrational*, Berkeley-Los Angeles, 1951: tr. it. de V. Vacca de Bosis, Florença, 1959.

ARTE, cf. Techné.

ASCESE, cf. Askesis.

ASKESIS (ἄσκησις)

Propriamente, significa *exercício*. Trata-se de um conceito fundamental sobretudo no cinismo e nos pensadores influenciados pelo cinismo. Para os cínicos, o exercício consiste *numa prática de vida apta a adaptar seja o corpo seja a alma às fadigas impostas pela natureza*. É, portanto, o fundamento da virtude e da possibilidade de alcançar a felicidade (V, 29 ss.). — Desta sorte, também no neoestoico Musônio Rufo, que sofreu profundamente a influência cínica, o exercício é a essência da virtude (VII, 85 ss.).

ASOMATOS, cf. Incorpóreo.

ASSENTIMENTO (συγκατάθεσις, *adsensio*)

Segundo os estoicos, exprime uma atividade própria da parte hegemônica da alma e consiste na *adesão que a alma humana dá (ou então nega) às representações sensíveis provindas dos objetos*. Desse assentimento nascem a apreensão ou compreensão dos objetos e a representação compreensiva ou cataléptica (cf. Representação, cataléptica). Os estoicos acentuam a "liberdade de assentimento"; mas, em última análise, essa liberdade mostra-se bastante problemática, enquanto reduz-se simplesmente em poder dizer sim à evidência e dizer não à não evidência, como demonstramos em VI, 21 ss. Para um aprofundamento do conceito, cf. M. Pohlenz, *La Stoa*, I, pp. 176 ss.

ASSIMILAÇÃO A DEUS (ὁμοίωσις τῷ θεῷ)

É o ideal moral no qual culmina a ética platônica e do qual discorremos em III, 205 ss.; 257 ss. Esse ideal é retomado posteriormente pelos médio-platônicos, em polêmica com a concepção imanentista da era helenística (VII, 278; 310 ss.), e tornou-se um mínimo denominador comum da maior parte das filosofias da era imperial: do neoestoicismo (VII, 65 ss.; 88 ss.; 115 ss.), ao neopitagorismo (VII, 353 ss.), do neoaristotelismo (VII, 42 ss.) ao neoplatonismo (VIII, 97 ss.; 124 ss.; cf. Mística, misticismo).

ASTROLOGIA (ἀστρολογία)

É a *doutrina paracientífica, fundada na crença na influência dos astros e dos seus movimentos sobre o homem, seu caráter e destino*. Nasceu entre os caldeus e obteve larga difusão, sobretudo por causa da prática dos horóscopos, que é um momento essencial da astrologia. Os filósofos gregos foram levados a desenvolver de preferência a componente científica da astrologia, criando a astronomia (I, 17 ss.). — Não obstante, os estoicos acreditaram poder dar um fundamento científico à astrologia na sua significação acima descrita, apoiando-se no conceito de *Heimarmene* e, sobretudo, no conceito de *simpatia* universal. No âmbito da escola estoica, somente Panécio (VI, 109 ss.) se opôs a tal doutrina. As críticas mais cerradas, provieram, porém da Academia cética de Carnéades (ver Pohlenz, *La Stoa*, I, p. 354, nota 30), e sobretudo de Sexto Empírico, que dedica todo um livro à refutação da astrologia. Ele considera a crença na astrologia um verdadeiro ultraje à humanidade, "elevando, para nosso dano, um amontoado de superstições, e levando a não fazer nada segundo a reta razão" (*Contra os Matemáticos*, V, 2). A astrologia se difundiu largamente na antiguidade tardia.

ASTRONOMIA (ἀστρονομία)

Aristóteles diz na *Metafísica*, Λ 8, 1073 ss., que a astronomia é *a ciência mais afim à filosofia primeira* (à metafísica) porque indaga sobre entes que são *sensíveis*, mas *eternos*, assim como eternos são os objetos da metafísica. O objeto da astronomia é o mundo físico supralunar, ou seja, os céus e tudo o que faz parte dos céus que, para Aristóteles, são constituídos pelo éter incorruptível (cf. verbete; cf. também o final de Λ 8). Já em Platão, em particular nas *Leis*, a astronomia aproxima-se da metafísica. Cf. igualmente *Epínomis, passim*.

ASSUNÇÃO, cf. Postulado.

ATARAXÍA (ἀταραξία, *tranquilitas animi, securitas*)

Designa a atitude de *tranquilidade da alma*, e de *imperturbabilidade* que caracteriza o sábio, segundo a maior parte das escolas da era helenística. Porém, as diversas escolas dão a esse conceito matizes próprios. — *a*) Para os epicuristas, a *ataraxía* coincide sobretudo com o *prazer catastemático* e com a *aponia* ou ausência de dor (V, 210 ss.). — *b*) Para os pensadores seguidores da mensagem estoica ou por ela influenciados, a *ataraxía* coincide com a *apatia*, no sentido de ausência de paixões (deve-se notar que o termo *ataraxía* é usado pelos estoicos apenas num segundo momento, mas certamente antes de Cícero) — *c*) Para Pirro, a *ataraxía* consiste no *ne sentire quidem* (VI, 156 ss.). — *d*) Para muitos acadêmicos, peripatéticos e para os últimos céticos, a *ataraxía* se alcança por meio da *metriopatia* (cf. verbete) ou *moderação das paixões* e com ela coincide.

ATEÍSMO (ἀθεότης, ἄθεος)

Pode-se entender (e, de fato, se entendeu) o termo *ateísmo* em muitas acepções: 1) como *absoluta negação da existência de Deus e do divino*, entendida essa de qualquer maneira; 2) como *concepção inadequada e errada de Deus e do Divino*; 3) como um *não querer pronunciar-se sobre a existência de Deus*; 4) como *indiferença com respeito a Deus* (ou seja, viver como se Deus não existisse). Dessas acepções que, internamente, são suscetíveis de numerosas subdivisões ulteriores, somente a primeira, segundo nos parece, é rigorosa do ponto de vista especulativo: com efeito, com base na segunda definição, qualquer um poderia acusar de ateísmo quem não adota a sua ideia de Deus. *A terceira posição é agnosticismo* e não ateísmo, ao passo que a quarta leva a questão do plano teórico para o prático, que não nos interessa para a presente explicação. Levando em conta a primeira acepção, podemos dizer que o ateísmo foi muito raro entre os filósofos gregos. Ateus são alguns dos sofistas. Talvez o tenha sido Górgias em razão do seu niilismo ontológico; em certa medida também foi ateu Pródico pelas razões que explicamos em II, 60 s. Decididamente ateu foi Crítias, como mostram os textos que referimos em II, 70 ss. Entre os ateus deve-se contar igualmente Diágoras de Melo, que, no entanto, foi mais poeta que filósofo, e não fundamentou teoricamente a sua posição. Já o cirenaísmo desembocou no ateísmo com Teodoro, justamente denominado o Ateu (V, 54). Quanto a Evêmero de Messina, cf. verbete Evemerismo. Alguns pensadores que a tradição considerou ateus, na realidade não o são ou podem ser ditos tais apenas se dermos ao termo uma acepção imprópria. Por exemplo, Protágoras foi mais propriamente agnóstico do que ateu (II, 42 ss.). Alguns naturalistas foram considerados ateus (Anaxágoras, Diógenes de Apolônia) em razão das suas ideias contrárias à religião pública; do mesmo modo Sócrates. O próprio Platão (*Leis*, X, *passim*) considera ateus os naturalistas, partindo dos pressupostos do seu idealismo. Epicuro e os epicuristas foram considerados ateus porque sustentavam que os Deuses não se ocupavam do mundo e dos homens; mas veja-se o que a propósito dizemos em V, 195 ss. e VII, 58. Os próprios céticos, ao menos alguns deles, fazem frequentemente afirmações que soam em sentido antiateístico (ver VI, 147 ss.). Sobre o ateísmo cf. também o que dizem Filo (VII, 238) e Salústio Neoplatônico (VIII, 174).

ATEMPORALIDADE

É a concepção determinada da eternidade na qual *o tempo é totalmente negado e considerado como contraído no instante presente*, e que se encontra pela primeira vez em Parmênides (I, 109 ss.). Essa concepção foi retomada por Platão que, apoiando-se nos resultados da sua "segunda navegação", a referiu ao ser inteligível. Mas, enquanto a concepção atemporal do ser própria do eleatismo é *negação do tempo*, a concepção de Platão se apresenta como capaz de justificar também a temporalidade, que se configura como *imagem móvel da eternidade imóvel* (III, 146 ss.). O atemporal torna-se, de tal maneira, a dimensão da transcendência; a temporalidade, a dimensão do sensível.

ATOMISMO

Na filosofia antiga, é a *doutrina ontológica segundo a qual toda a realidade, sem exceção, é ou deriva dos átomos* (cf. verbete). Há duas versões dessa teoria: a de Leucipo e Demócrito e a epicurista. Sobre a diversidade das formulações, cf. I, 151 ss.; e III, 170 ss.; 174 ss.; 180 ss. — Para a influência do atomismo sobre o peripatético Estraton, cf. V, 130 ss.

ÁTOMO (τὸ ἄτομον)

O conceito de átomo é uma das criações mais significativas da filosofia pré-socrática, em particular de Leucipo e Demócrito. O antecedente desse conceito foi apontado na concepção aritmogeométrica dos números pitagóricos, em particular do Uno que respira o vazio infinito (I, 84 ss.); mas o antecedente teórico mais significativo é o conceito do Uno de Melisso (cf. I, 126), juntamente com a complexa temática eleática, da qual o atomismo representa talvez a mais notável das tentativas de superação (I, 151 ss.). Com efeito, justamente o conceito de átomo como realidade *in-divisível* supõe a negação eleática do nada: pois a divisibilidade infinita implicaria, no limite, a passagem ao nada (o que é absurdo), donde a necessidade estrutural de pôr limite à divisibilidade. Sobre as características dos átomos dos abderitas (que são forma, ordem e posição) cf. I, 154 ss. — Sobre as características do átomo na reelaboração epicurista da doutrina (que são forma, grandeza e peso) cf. V, 173 ss. — Sobre o número infinito dos átomos e sobre as diferenças entre a concepção dos abderitas e a de Epicuro cf. I, 149 s. e V, 174 ss.; 176 ss. — Sobre os movimentos dos átomos cf. I, 156 ss.; V, 180 ss. — Para a reforma epicurista do *clinamen* cf. Declinação, tendo presente que o *clinamen* modifica estruturalmente a concepção originária dos abderitas.

ATIVIDADE, cf. Enérgheia.

ATO, cf. Enérgheia.

ATRIBUTO (τὰ ὑπάρχοντα, *attributum*)

É o que está inerente a um objeto de maneira não fortuita e, portanto, enquanto tal se predica desse objeto. Para Aristóteles o atributo é um dos significados do acidente; o significado do acidente que não exprime algo meramente fortuito, mas algo que consegue, sendo inerente à coisa em virtude da sua própria essência. Eis a definição aristotélica: "Acidente se diz também num outro sentido. Tais são todos *os atributos que pertencem a uma coisa de per si, mas que não entram na própria substância da coisa*. Por exemplo, acidente nesse sentido é a propriedade de um triângulo de ter a soma dos ângulos igual a dois retos. Os acidentes desse tipo podem ser eternos [...]". *Metafísica*, Δ, 30, 1025 a 30 ss. (Junto a esse significado específico de atributo pode haver outros dois, por analogia: *a*) o de *atributo essencial*, isto é, que exprime uma parte da essência da coisa; *b*) *o de atributo acidental*, que exprime o acidente no seu sentido propriamente tal. Trata-se, pois, de dois significados impróprios).

ATYPHÍA (ἀτυφία)

Significa *ausência de ilusões* e, em particular, das falácias que provêm do viver em sociedade. Foi propugnada eficazmente por Antístenes (II, 174).

AUMENTO (αὔξησις)

É, para Aristóteles, uma das formas que assume a mudança quando se refere à categoria de quantidade.

AUTARQUIA (αὐτάρχεια)

Significa *autossuficiência, autonomia.* — *a*) Em Hípias, o termo designa *a capacidade de fazer por si mesmo tudo o que é necessário à vida* (II, 62 ss.). *b*) Em Sócrates, assume a dupla significação de *autonomia da virtude* e, portanto, do *homem virtuoso*. A virtude é autárquica porque basta, por si mesma, para alcançar a felicidade, e o sábio, consequentemente, é autárquico (II, 109 ss.). — *c*) Os cínicos e, em particular, Antístenes e Diógenes, radicalizam o conceito e o levam "às suas consequências extremas (II, 167 ss.; V, 31 ss.). — *d*) O ideal da autarquia inspira toda a filosofia helenística em geral: quem segue a natureza — diz Epicuro — alcança a autarquia (V, 213 ss.). Da mesma maneira, a autarquia é característica peculiar da virtude para os estoicos, porque é fim a si mesma (VI, 82 ss.).

AUTOCONSCIÊNCIA

Em acepção moderna, é o termo que designa a *consciência que o absoluto tem de si mesmo*, e não tem um correspondente exato em grego. Apenas aproximativamente se pode indicar um antecedente no "pensamento do pensamento" aristotélico (IV, 60 ss.) e, posteriormente, na retomada dessa concepção pelos médio-platônicos. Mas talvez o Uno plotiniano, não obstante as aparências, enquanto não é consciência mas *metaconsciência* (VIII, 49 s.) e "em si mesmo absoluto" (VIII, 51 ss.) antecipa ainda melhor, justamente num nível de absolutidade, tal concepção. Ver verbete Consciência.

AUTODOMINIO, cf. Enkráteia.

AUTOGERADOR (αὐτογένεθλος)

Nos *Oráculos caldaicos*, é a nota caraterística do Pai, o Intelecto paterno, definido justamente como "nascido de si mesmo" (VII, 391).

AUTONOMIA, cf. Autarquia.

AUTOPRODUTOR (Atividade autoprodutora)

Assim pode ser definido o Uno plotiniano, tal qual apresentado no oitavo tratado da VI *Enéada*. Mais ainda, Plotino fala mesmo de livre atividade autoprodutora. Vejam-se os textos citados em VIII, 51 ss.

AUTÓPSIA (αὐτοψία)

Literalmente, significa *olhar com os próprios olhos*. Na terminologia da medicina empírica, significa a técnica particular de observação do caso patológico, que deve ser estendida aos fenômenos precedentes, contemporâneos e subsequentes ao curso da enfermidade (VIII, 164 s.).

AUTOSSUFICIÊNCIA, cf. Autarquia.

AXIOLOGIA

É termo moderno (porém derivado do grego αχιος) com o qual se designa a *doutrina dos valores*.

AXIOMA (ἀξίωμα)

Axioma é a proposição verdadeira, cuja verdade é intuitiva, e em força da qual a demonstração tem lugar. Nas *Analíticas Segundas* Aristóteles dá a seguinte definição: "Chamo de axioma a proposição verdadeira, dotada de verdade intuitiva, que quem quer demonstrar alguma coisa deve necessariamente possuir. Existem, com efeito, tais princípios; a esses costumamos reservar tal nome" (A 2, 72 a 16 ss.). O axioma principal é o princípio de não contradição (cf. verbete). Cf. também o texto citado no verbete Postulado.

B

BEATITUDE, cf. Eudaimonia.

BELO (τὸ καλόν, *pulchrum*)

A doutrina grega do Belo está ligada aos seguintes conceitos fundamentais: 1) os de *medida, ordem, proporção, definido*; 2) o de *bem*; 3) o de *inteligível privilegiado*, de *"extraordinariamente evidente"*; 4) o de *Eros*; 5) o de *verdadeiro*. 1) No que diz respeito ao primeiro ponto, já Platão escrevia com clareza: "[...] não há dúvida de que a medida e a proporção são beleza [...] em qualquer lugar" (*Filebo*, 64 e). E é sobre esse aspecto que Aristóteles insiste, como se pode ler nas passagens que citamos em IV, 181 ss. Plotino desenvolve esse conceito, levando-o às suas extremas consequências (VIII, 72 ss.). 2) A conexão do Belo e do Bem é típica da mentalidade grega, e os filósofos clássicos apenas ratificaram essa conexão. Que a Ideia do Belo, que constitui o vértice da subida através da escada do Amor, seja o princípio absoluto e, portanto, o Bem, é evidente segundo a passagem do *Banquete* que citamos em III, 219 ss. No *Filebo*, 64 e, claramente se diz: "[...] o Bem veio refugiar-se na natureza do Belo, pois não há dúvida de que em toda parte medida e proporção são beleza e virtude". Ver também Aristóteles, *Metafísica*, Λ, 7. O próprio Plotino, que faz coincidir a beleza com a segunda hipóstase, o Espírito (VIII, 72), e que acima dele coloca o Uno, não obstante diz que o Uno "é beleza que transcende toda beleza e fonte de toda beleza" (ver VIII, 73, nota 25). 3) Em que sentido a beleza seja um inteligível privilegiado, explicamos em II, 222. 4) Mais do que o laço que o Belo tem com a arte, os filósofos gregos (sobretudo Platão e Plotino) puseram em evidência os laços do Belo com o Eros, fazendo da erótica o caminho que, através da beleza, conduz ao Absoluto (II, 217 ss.; VIII, 116 s.). 5) Também o laço do Belo com o Verdadeiro foi claramente posto em relevo, embora não desenvolvido, a exemplo de Platão (*Filebo*, 64 e-65 a). Depois das afirmações já aduzidas no segundo ponto, isto é, que a natureza do Bem se refugia na natureza do Belo, Platão acrescenta: "Além disso, se diz que juntamente com eles (*i. é*, com o Belo e o Bem) também a Verdade entrava na missão [...]. Assim pois, se não podemos captar o Bem numa só Ideia, apreendamo-lo em três, na beleza, na simetria e na verdade [...]". De resto, esta conclusão se impõe necessariamente, dado que, para o grego, Ser e Verdade são sinônimos (na acepção ontológica), e o Ser perfeito não pode deixar de ser, ao mesmo tempo, Belo, Bem e Verdade.

BEM (τὸ ἀγαθόν, *bonum*)

O conceito tem duas acepções fundamentais: uma ontológico-metafísica e uma ética; essa última pode igualmente desdobrar-se em acepções ulteriores, místico-religiosas e também políticas. 1) Nos pré-socráticos, o conceito do Bem não é tematizado e também em Sócrates não tem ainda fundamento ontológico. No entanto, já com Euclides, o Bem socrático é identificado com o Ser-uno parmenidiano (II, 190 ss.). Em Platão, o Bem é a Ideia suprema da qual todas as coisas recebem realidade e cognoscibilidade (III, 100 ss.), enquanto o Demiurgo recebe o atributo essencial de *bom* (III, 150 ss.). Desta sorte, não somente o mundo inteligível depende da Ideia do Bem, mas o próprio mundo sensível depende da *bondade* do Demiurgo, de modo que toda a realidade, seja na dimensão do ser, seja na dimensão do vir-a-ser se funda sobre o Bem (III, 150 ss.). Concepção análoga encontramos em Aristóteles, embora ordenada segundo um ângulo diferente. O Motor primeiro, ou seja, a Substância primeira, a Inteligência suprema, é o Belo, o Bem e o ótimo, e justamente por isso atrai todo o universo e o move *como objeto de desejo e de amor* (IV, 58 ss.). De resto, é justamente o conceito de Bem que está na base do finalismo do Estagirita, como se depreende particularmente do duodécimo livro da *Metafísica*, caps. 7 e 10, *passim*. A doutrina do Bem alcança seu vértice em Plotino, que o identifica com o Uno e o concebe como transcendente ao próprio Ser e ao Pensamento. A intuição platônica do Bem como fonte do ser e do pensar (III, 104 ss.) é assim desenvolvida e levada às suas consequências últimas (ver textos e exegese em VIII, 49 ss.). 2 *a*) No significado ético, o conceito de Bem emerge em primeiro plano a partir da sofística e sobretudo de Sócrates, que o identifica com a virtude-ciência, no sentido que explicamos em II, 100 ss. *b*) Em Platão, o bem moral se identifica com a imitação do

Divino e, portanto, do Bem metafísico, e consiste em tornar a alma ordenada e plasmada segundo a ordem do mundo ideal, como se diz de maneira exemplar no texto da *República* que citamos em III, 258 ss. *c*) Aristóteles traz notáveis aprofundamentos ao conceito de Bem, interpretando-o segundo o esquema da sua concepção do ser (ver IV, 33 ss.), como conceito *polívoco*, como se diz exemplarmente nesta passagem da *Ética a Nicômaco*, A 4, 1096 a 19 ss.: "Mas o termo 'bem' se usa seja no sentido da *substância*, seja no da *qualidade*, seja no da *relação*, e o que é por si, isto é, a substância, é anterior por natureza ao que é relativo (com efeito, este se considera acessório e acidental com respeito ao ser), de sorte que não pode haver nenhuma ideia comum a essas categorias. Além disso, já que *bem* tem tantos significados quantos tem *ser*, (com efeito, *se predica na categoria de substância como, por exemplo, Deus e o intelecto*; e na da *qualidade*: as virtudes; na da *quantidade*: *a medida*; na da *relação*: *o útil*; na do *tempo*: *o momento oportuno*; na do *lugar*: *o ambiente próprio*, e assim por diante) é claro que não pode haver algo comum, universal e uno: com efeito, não seria predicável em todas as categorias, mas somente em uma". É justamente essa *concepção polívoca do bem* que permite a Aristóteles uma estruturação mais adequada da ética. Sobre o conceito aristotélico do bem (ético) supremo como felicidade, cf. IV, 98 ss. *d*) A dimensão ética do Bem emerge em primeiro plano nos sistemas da era helenística, dados os interesses morais predominantes dos mesmos, sobre o quais veja-se o vol. III, *passim*. As duas interpretações mais radicais são a epicurista, que identifica o bem supremo com o prazer (V, 203 ss.) e a dos estoicos, que o identifica com a virtude, mediante o conceito de *oikeiosis*, cf. VI, 77 ss. Poder-se-á encontrar uma panorâmica excelente do bem moral na ótica helenística no *De finibus bonorum et malorum* de Cícero. 3) Nos sistemas da era imperial, o bem moral se realiza na assimilação ao Divino e, sobretudo, na união mística e no êxtase e, portanto, assume matizes claramente místico-religiosos. Ver, por exemplo, VII, 264 ss.; 310 ss.; 353 ss.; VIII, 119-126; 150 s.; 165 ss.; 172 ss.; 193 ss. 4) A dimensão política do Bem emerge em primeiro plano sobretudo em Platão, em muitos dos seus escritos e particularmene na *República* (ver III, 240 ss.). 5) Para as relações entre Bem e Belo cf. o verbete Belo.

BOULESIS, cf. Liberdade; Vontade.

C

CALOR, QUENTE (τὸ θερμόν)

O calor desempenha uma função importante na cosmologia de Anaximandro (I, 56). — Possui também um papel predominante na cosmologia e na ontologia de Estraton de Lâmpsaco que o introduz (juntamente com o seu contrário) como princípio de todas as diferenças qualitativas (V, 131). — Uma função não menos importante tem o calor na física estoica (VI, 51 ss.) e isto se explica bem em virtude do princípio-artífice que é identificado com o fogo e com o pneuma aquecido: o calor torna-se, assim, a força criadora que penetra toda a natureza (ver o texto citado em VI, 52). — Influxos dessa concepção estoica encontram-se igualmente em alguns documentos do médio-pitagorismo (ver IV, 330).

CALVO, Argumento do,

Assim é chamado um dos célebres paradoxos de Eubúlides dirigido contra a possibilidade de admitir e justificar o múltiplo (ver exposição em V, 68 ss.).

CÂMBIO, cf. Mudança.

CÂNON (κανών)

Significa *critério* ou *norma*. O termo torna-se técnico na filosofia do Jardim. Epicuro chama de *Cânon* o livro no qual elabora *o critério da verdade e a norma do bem e do mal* (V, 155 ss.).

CANÔNICA (τὸ κανονικόν)

É a doutrina que elabora o cânone da verdade. Assim é denominada, em particular, a *lógica epicurista* (V, 177 ss.).

CAOS (χάος)

É o princípio do qual as antigas teogonias, em particular a de Hesíodo, faziam proceder os Deuses e, portanto, todas as coisas. Caos tem, fundamentalmente, duas significações: *a*) a de *desordem* e de confusão e *b*) a do imenso abrir-se do espaço vazio. Essas duas significações exprimem, sem dúvida, no nível imaginativo-poético, o que, no nível do *Logos*, é expresso pela *arché* (cf. verbete) dos filósofos naturalistas, ou seja, aquilo *do qual* tudo deriva e *no qual* tudo subsiste (I, 41 ss.). Sobre as diferenças específicas entre a figuração mítica do *caos* e o conceito de *arché*, cf. I, 42 ss.

CARÁTER (χαρακτήρ, ἦθος)

É o traço específico que indica o comportamento de um homem e seu modo habitual de agir: portanto, é o sinal que contradistingue a índole de um homem. Ficou famosa (e não somente na antiguidade) a descrição fenomenológica dos caracteres feita por Teofrasto (V, 124 ss.).

CARDEAIS, Virtudes

Foram assim chamadas, a partir da patrística, as quatro virtudes fundamentais da *justiça, fortaleza, temperança, prudência/sabedoria* (cf. os respectivos verbetes). Essas virtudes foram tematizadas e rigorosamente justificadas em nível filosófico, pela primeira vez, por Platão na *República*. Em Platão podem ser chamadas, sem dúvida, virtudes civis ou *políticas* (no sentido grego do termo). — Aristóteles considera as três primeiras como virtudes éticas, a quarta como dianoética (IV, 105 ss.; 109 ss.). — Plotino e os neoplatônicos consideraram, ao invés, essas quatro virtudes como *atuando em níveis diferentes*: somente no primeiro desses níveis chamam-se virtudes cívicas ou políticas (VIII, 116 s.; 151 ss.), enquanto no nível mais alto chamam-se virtudes *paradigmáticas* (VIII, 116; 152). — Ver também a distinção dos níveis intermediários e a relativa denominação em Porfírio (VIII, 151 ss., e o texto que citamos na p. 152 s.).

CARIDADE (χάρις, ἀγάπη, *charitas*)

O conceito de amor como dom gratuito está ausente do pensamento grego (cf. verbete Eros). A temática da *cháris* encontra-se pela primeira vez em Filo de Alexandria, que a toma da Bíblia, e justamente sobre o fundamento da teologia bíblica, delineia já a doutrina da criação como “dom” (ver VII, 247 s. e a passagem aí citada).

CATALÉPTICA, Representação (καταληπτικὴ φαντασία, *comprehensio*)

Na lógica estoica, é assim chamada a *representação veritativa*. Ela é constituída como que de *uma síntese entre a sensação* (que é uma impressão proveniente do mundo exterior e recebida na alma de maneira passiva) e *o assentimento livre* (cf. verbete) do sujeito (cf. textos e exegese em VI, 22 ss.).

CATARSE (κάθαρσις)

Catarse significa *purificação* ao menos em três sentidos: 1) no nível mágico-religioso, 2) no nível filosófico-racional, 3) no nível poético-estético. 1) A catarse mágico-religiosa é própria dos mistérios, entregue às práticas das *teletai* órficas ou às práticas teúrgicas dos *Oráculos* (VII, 395 ss.), e das quais os últimos neoplatônicos se apropriaram (VIII, 165 ss.; 172 s.; 192 s.). O alvo é a libertação do mal entendido como impureza, e a salvação no além. 2) A segunda forma de catarse, ao contrário, apoia-se sobre o conhecimento e sobre o *nous* do homem. Já os pitagóricos começaram a mover-se nesse plano, mas a fundamentação especulativa dessa forma de catarse se encontra em Platão, ao explicar que, se a purificação total da alma acontece com a morte, ou seja, com a separação radical do corpo, é possível no entanto, permanecendo na vida, desprender-se do corpo e refugiar-se na alma e, justamente através da alma, conhecer o ser puro. A verdadeira purificação consiste no *saber*, os verdadeiros iniciados nos mistérios são os *filósofos* verdadeiros, como se diz numa passagem célebre do *Fédon* que citamos em III, 215. Cf. também os desenvolvimentos ulteriores dessa problemática em Plotino (VIII, 112 ss.; 119 ss.). 3) A catarse poético-estética é, de acordo com Aristóteles, a produzida pela arte, e é uma purificação *das* paixões e *nas* paixões e, portanto, em última análise, o efeito produzido pelo que hoje denominamos prazer estético (IV, 182 ss.).

CATASTEMÁTICO, cf. Prazer.

CATEGORIA (κατηγορία)

1) A gênese da problemática das categorias deve ser procurada, sem dúvida, na ontologia e na dialética de Platão, de modo particular na doutrina do *Sofista*, que introduz os cinco gêneros supremos do Ser, do Movimento, do Repouso, do Idêntico e do Diferente, com as funções que indicamos em III, 113 ss. 2) Porém o criador do termo e do conceito deve ser considerado Aristóteles, embora ele se beneficie amplamente com as contribuições platônicas e acadêmicas. As categorias possuem três níveis de validez: *a*) *um ontológico*, *b*) *um lógico*, *c*) *um linguístico-gramatical*. Os primeiros dois níveis são claramente tematizados pelo próprio Aristóteles; o terceiro, porém, foi posto em relevo pelos estudiosos modernos. *a*) No nível ontológico, as categorias são *as divisões originárias do ser* (aquilo pelo qual o ser originariamente se distingue) ou, como diz o Estagirita, são *as "figuras" do ser*, como explicamos em IV, 39 ss. — *b*) Do ponto de vista lógico, são as *noções supremas* e os *gêneros supremos*, aos quais devem ser referidos os termos nos quais se decompõem o juízo e a proposição, como explicamos em IV, 145 ss. — *c*) Trendelenburg observou que as categorias correspondem às *partes do discurso*: a primeira ao substantivo; a *quantidade* e o *qual* ao adjetivo: o *onde* e o *quando* aos advérbios de lugar e tempo; o *agir* e o *sofrer* à voz ativa e à voz passiva do verbo. — A tradução de "categoria" por "predicamento" é inadequada pelas razões que explicamos em IV, 145. — No grego comum, o vocábulo significa *acusação, imputação*. O significado filosófico não tem um correspondente nas línguas modernas e, por isso, se mantém o vocábulo original. 3) Os estoicos reduzem as categorias a quatro: a *substância* ou *substrato material*, a *qualidade*, os *modos*, e os *modos relativos*, sem no entanto explicitar a nova temática ontológica que está no fundamento dessa reforma (VII, 306). 4) Plotino reduz drasticamente a validez ontológica das categorias aristotélicas à esfera do sensível, ao passo que propõe como tábua das categorias do incorpóreo as cinco Ideias generalíssimas do *Sofista* de Platão (VIII, 73 s.). 5) Porém, já a partir de Porfírio tem lugar uma recuperação da tábua aristotélica das categorias e da relativa problemática, sobretudo na sua validez lógico-gnosiológica, o que atrai a atenção da maior parte dos filósofos da antiguidade tardia (VIII, 153). 6) É sobretudo no plano da sua acepção lógica que Boécio transmite a doutrina das categorias à Idade Média (VIII, 205).

CADEIA HERMÉTICA (ἑρμαϊκὴ σειρά)

Segundo a crença da antiguidade tardia é a *cadeia de vidas, constituída pelas sucessivas reencarnações, à qual estão ligados os que vivem a vida filosófica* e à qual, por exemplo, Proclo pensava pertencer (VIII, 193).

CAUSA (αἰτία, αἴτιον)

O termo causa (que traduz o grego *aitia* e *aítion*) soa aos ouvidos do leitor de hoje com um sentido fortemente equívoco, em razão das discussões seculares que sobre ele pesam. No contexto do pensamento grego, causa não tem a significação que adquiriu na ciência a partir de Galileu; nem o sentido empirístico, nem o kantiano nem o idealista. Causa é sinônimo de *princípio* (*arché*) e significa, propriamente, *aquilo sem o qual não é possível o advir ao ser da realidade*, ou seja, *a condição e o fundamento ontológico das coisas.* Aristóteles diz também que a causa é τὸ διὰ τί, *a razão pela qual,* o *porquê* último das coisas. No seu conjunto, a especulação grega é toda uma busca da causa entendida nesse sentido, mas quem sistematizou a doutrina foi Aristóteles, que estabelece quatro tipos de causa: nem mais nem menos. Para complemento do que dissemos em IV, 32 s., eis uma página da *Metafísica* (Δ 2, 1013 a 24 ss.) muito clara: "(1) *Causa*, num sentido, significa *a matéria da qual são feitas as coisas*: por exemplo, o bronze da estátua, a prata da taça e o mais do mesmo gênero. (2) Num outro sentido, causa significa *a forma e o modelo*, ou seja, *a noção de essência* e os gêneros dela: por exemplo, na oitava, a causa formal é a proporção de dois a um e, em geral, o número. Nesse sentido também são causa as partes que entram na noção de essência. (3) Além disso, causa significa *o princípio primeiro do movimento e do repouso*; por exemplo, é causa quem tomou uma decisão, o pai é causa do filho e, em geral, quem faz é causa do que é feito e o que é capaz de produzir uma mudança é causa do que sofre a mudança. (4) Além disso, causa significa o *fim*, a saber, *o alvo que as coisas têm em vista*: por exemplo, o escopo do passear é a saúde. Com efeito, por que razão alguém passeia? Respondemos: para ser sadio. Assim falando, julgamos ter apontado a causa do seu passeio. E o mesmo se diga das coisas que são movidas por outro e são intermediárias entre o motor e o fim: por exemplo, o emagrecer, o purgar-se, os remédios, os instrumentos médicos são todos causas da saúde: de fato, todos estão em função do fim e diferem na medida em que uns são instrumentos, outros ações." — Para Aristóteles essas causas são indispensáveis todas elas, mas a causa formal é proeminente. Ademais, devem ser recordadas (além das análises sobre cada uma das causas e sobre o papel desempenhado pelos predecessores na descoberta das mesmas, feitas por Aristóteles no livro B da *Física* e no livro A da *Metafísica,* que se tornaram muito famosas), as importantes explicações que se podem ler na *Metafísica* Λ 4-5, sobre a *analogicidade* das causas: as causas de cada uma das coisas são *individualmente* diversas, mas *analogicamente* as mesmas. — Dissemos que a filosofia grega é, toda ela, uma busca de causas e que o conhecimento e a ciência são sempre e somente busca e individuação das causas. Entende-se, pois, que o ceticismo, sobretudo na versão mais apurada de Enesídemo, tenha buscado contestar exatamente a existência de causas para tornar vã qualquer pretensão do conhecimento e da ciência; cf. o que dissemos a esse respeito em VII, 144 ss.

CAUSA SUI

Com essa expressão pode ser caracterizado o Uno de Plotino, na medida em que põe e se cria a si mesmo. Ver, por exemplo, o texto referido em VIII, 59 s.

CAVERNA, Mito da

É o mais famoso e o mais rico de significado entre os mitos de Platão, pois resume todos os aspectos da sua filosofia, como mostramos em III, 213 ss.

CELATO, Argumento do

É um dos paradoxos de Eubúlides, que representa um exemplo típico da dialética megárica (V, 59).

CERTEZA (βέβαιος, βεβαίωσις, βεβαιώτης)

Para a maior parte dos pensadores gregos, a certeza tem, fundamentalmente, um valor objetivo, na medida em que é considerada prerrogativa do próprio ser. — A objetividade da certeza está já implicada no célebre fr. 3 de Parmênides, que afirma a identidade do pensar e do ser. Citemos outros dois exemplos significativos. — Para Platão, a certeza é a própria *estabilidade no ser*, própria das Ideias; é o caráter absoluto das Ideias (ver as passagens do *Crátilo* referidas em III, 71 s.). — Para Aristóteles, a certeza absoluta coincide com a *própria lei do ser*; isto é, com o princípio de não contradição que é justamente, para ele, o princípio mais certo entre todos, enquanto lei do ser, não é possível cair estruturalmente em erro. Cf. a passagem da *Metafísica* que citamos no verbete Contradição, princípio de. — O problema da certeza acaba, pois, por coincidir com o problema do *critério*.

CETICISMO

Com esse termo se indica o movimento filosófico iniciado por Pirro e desenvolvido, com diferente sucesso, do final do século IV a.C. aos inícios do século III d.C. Eis como já os antigos denominaram os expoentes desse movimento: "São chamados Zetéticos ou pesquisadores porque pesquisam (ζητεῖν) sempre e sobretudo a verdade, são chamados céticos ou indagadores porque indagam (σκέπτεσθαι) e nunca encontram, suspendedores do juízo por causa do estado mental que se segue à pesquisa, isto é, a suspensão do juízo (ἐποκή), aporéticos ou duvidantes, porque não só eles, mas os próprios filósofos dogmáticos encontram-se na dificuldade da dúvida (ἀπορεῖν). Pirronianos, obviamente, por causa de Pirro" (Diógenes Laércio, IX, 70). Na história do ceticismo devemos distinguir as seguintes fases: 1) a primeira é caracterizada pelo ceticismo de Pirro e do seu discípulo Tímon, na qual predomina o interesse e a problemática moral (VI, 135 ss.); 2) a segunda é caracterizada pelo predomínio da dialética antidogmática e coincide com a fase cética da Academia (VI, 164 ss.); 3) a terceira fase, que se pode denominar neocética ou neopirroniana, procede a uma recuperação do espírito pirroniano contra as involuções ecléticas da Academia de Antíoco (VII, 131 ss.), e, posteriormente, chega a um conúbio com o espírito e as instâncias da medicina empírica (VII, 163 ss.).

CÉU (οὐρανός)

Céu foi entendido pelos antigos com diferentes significados, que Aristóteles resume nos três seguintes: "Num primeiro sentido, a substância da extrema periferia do Todo, ou o corpo natural que se encontra na extrema periferia do Todo; de fato, costumamos chamar, por excelência, céu o lugar extremo e mais elevado, no qual dizemos que tem a sua sede tudo o que há de divino. Em segundo sentido, chamamos céu o corpo que segue imediatamente a extrema periferia do Todo, no qual se encontram a lua, o sol e alguns dos astros; também estes, de fato, dizemos que estão no céu. Em outro sentido ainda, chamamos céu o corpo circunscrito e contudo na extrema periferia; costumamos, de fato, chamar céu o universo no seu conjunto" (*De Caelo*, A 9, 278 b 11 ss.). Os significados verdadeiros e próprios de céu são os dois primeiros, sendo o terceiro sinônimo de *cosmo* (cf. o respectivo verbete). A concepção mais típica do céu foi a de Aristóteles, o qual sustentou a sua incorruptibilidade e introduziu a doutrina do éter (cf. verbete) para explicá-la. Provavelmente, na última fase do seu pensamento, ele concebeu (como consequência de um repensamento das doutrinas astronômicas de Calipo e de Eudoxo) aquilo que na passagem lida é apresentado como segundo significado de céu, como subdividido em 55 esferas (cf. *Metafísica*, Λ 8, *passim*), movidas por Inteligências imateriais, hierarquicamente inferiores ao Primeiro Motor (IV, 61 ss.). De um ponto de vista ontológico, o céu aristotélico constitui uma *substância intermediária* entre a imaterial, imóvel e eterna (Deus e as Inteligências) e a sensível, móvel e corruptível, sendo, como esta última, sensível (visível), mas móvel apenas pelo movimento circular e privada de outras mudanças, e, portanto, incorruptível. — Ver como Xenócrates explora a doutrina aristotélica, combinando-a com doutrinas platônicas, em V, 95 ss. — Na era helenística, cai a concepção aristotélica do céu feito de éter. Para a concepção epicurista, cf. V, 183 ss. Para os estoicos, o céu é a esfera que circunda e encerra o cosmo, fora da qual existe o vazio. O céu, junto com o cosmo, é considerado panteisticamente "substância de Deus" (VI, 47 s.). — Cf. a posição assumida por Possidônio em VI, 123 — Também Plotino não admite a existência do éter em sentido aristotélico, mas reafirma a eternidade do céu, explicando-a com a potência da alma (*Enéadas*, II, 1, *passim*). — Enfim, recordamos que a concepção do céu como lugar no qual as almas permanecem depois da morte é muito difundida na antiguidade (cf. V, 98; VIII, 99, n. 32).

CHORA (χώρα)

Platão usa esse termo, que significa *espacialidade*, em razão do papel peculiar que ele atribui a esse princípio, e que consiste justamente em ser sede e receptáculo de todas as coisas que nascem. Como complemento do que dissemos em III, 135 ss., tenham-se presentes os pontos seguintes: a *chora*, além *a*) da função de *"aquilo no qual"* todas as coisas nascem, tem igualmente *b*) a função de ser *"aquilo do qual"* as coisas são extraídas e *"do qual"* são feitas (componente material das coisas). — *c*) A *chora*, além disso, não se identifica com os quatro elementos (água, ar, terra e fogo), embora trazendo em si, de maneira confusa e desordenada, os vestígios deles (*Timeu*, 53 b). Os quatro elementos nascem somente depois da primeira intervenção do Demiurgo. "Não havia [na origem] nada que merecesse ser chamado com os nomes que as coisas agora têm, como fogo, água ou qualquer outro, mas Deus primeiramente ordenou todas essas coisas e, depois, com elas, compôs este universo [...] 69 b-c; cf. também 52 d ss.). — *d*) A *chora* é chamada *necessidade* enquanto é desordem oposta à inteligência (47 e-48 a); todavia, ela não é a negação absoluta do inteligível, não somente na medida em que está plena de traços e formas decompostas dos quatro elementos e das respectivas afecções, mas, em geral, "é participante do inteligível de maneira obscura" (51 b), ou seja, do mundo das Ideias, e é, portanto, *capacidade positiva de acolher o inteligível*. — *e*) A *chora* é um princípio eterno (52 b ss.), preexistente ao cosmo (52 a-b). Essa concepção representa, indubitavelmente, uma forma de dualismo ontológico (cf. Dualismo), mas bastante diverso do dualismo oriental, uma vez que a *chora* não é, como dissemos no ponto precedente, a antítese absoluta do inteligível, mas somente a antítese relativa, na medida em que participa dele obscuramente e, portanto, pode acolhê-lo: nesse sentido ela não é, de modo algum, o princípio do Mal que se opõe eternamente ao princípio do Bem. Cf. Matéria.

CIÊNCIA (ἐπιστήμη)

Indica, para os filósofos gregos, *o tipo de saber racional* (*fundado sobre o Logos*) *caracterizado pela incontrovertibilidade e pela certeza absoluta*. Tal é o tipo de saber que alcança o fundamento, as causas e os princípios. Ciência é, portanto, *o saber que tem um fundamento último*. A ciência se opõe à opinião, baseada sobre os sentidos e sobre a experiência sensorial, e que, enquanto tal, jamais alcança os fundamentos. 1) Nesse sentido, já é ciência a doutrina dos naturalistas (ainda que eles raramente usem a palavra *epistéme*), ou seja, a doutrina da *arché* dos jônicos e dos pluralistas e a doutrina do ser de

Parmênides e dos eleatas. Muito significativos, a este respeito, são os fragmentos de Heráclito, segundo os quais o verdadeiro saber se configura como o que se funda sobre o *Logos* universal, e que como tal se opõe à *doxa*, que se baseia sobre os sentidos e é particular, ou seja, própria dos indivíduos isolados (I, 69). Eis, por exemplo, o fragmento 1: "Esse *Logos*, ainda que verdade eterna, os homens jamais o entenderam; nem antes de ouvi-lo, nem depois de tê-lo ouvido; e embora tudo ocorra segundo tal *Logos*, que é a lei do mundo, parecem inexperientes, quando se provam com palavras e com ações como as que eu explico, distinguindo cada coisa segundo a sua natureza interior e dizendo como é. Mas os outros homens ignoram o que fazem enquanto despertos; assim como não sabem o que fazem enquanto dormem". O fr. 114 explica: "Os que querem falar com entendimento devem fundar-se sobre o que é comum a todos, como a cidade sobre as leis e com maior força ainda". E o fr. 2 reafirma: "Deve-se, portanto, seguir o que é comum. Embora seja comum esse *Logos*, a multidão vive como se tivessem um pensamento próprio". Heráclito julgava, consequentemente, as opiniões dos homens como "jogos de crianças" (fr. 70). Não menos interessantes são as afirmações de Parmênides: cf. os fragmentos reportados em I, 107 ss. e 112 ss. 2) Ciência era chamada, por Sócrates, a sua "sapiência humana", e por boas razões; de fato, se ele negava conhecer a *physis* e os princípios dos seres, considerava em todo caso poder captar a essência do homem, ou seja, a *psyché*, e, portanto, o fundo da natureza humana (II, 88 ss.). 3) *Epistéme* é expressamente chamada por Platão o conhecimento último do ser, ou seja, das Ideias: "A ciência é feita para o ser, para conhecer como é o ser" (*República*, V, 477 b). Para Platão, a ciência coincide com a dialética, e diz respeito ao mundo inteligível, enquanto a opinião refere-se ao mundo sensível (III, 161 ss.). Além da passagem da *República*, que reportamos em III, 162, é fundamental a passagem do *Ménon*, 97 ss., na qual as opiniões (mesmo verdadeiras) são comparadas a estátuas de Dédalo, que nunca estão paradas e que não têm nenhum valor se não estão presas: "Possuir uma das suas (de Dédalo) obras soltas, não é de grande valor, como um escravo que escapa — de fato, não ficaria —; presa, ao invés, é de muito valor. Aquelas obras, com efeito, são muito belas. Mas com que finalidade digo essas coisas? Refiro-me às opiniões verdadeiras. De fato, também as opiniões verdadeiras, por todo o tempo em que permanecem, são uma bela coisa e produzem todo bem; mas não ficam por muito tempo e fogem da alma do homem: assim não são de grande valor, enquanto não se as prenda com o conhecimento da causa. Essa é, caro Ménon, a reminiscência, como concordamos nos raciocínios precedentes. Depois de terem sido presas, tornam-se *em primeiro lugar conhecimento e, ademais, tornam-se estáveis*. Por essas razões, a ciência é coisa mais preciosa que a reta opinião, e, também, *a ciência difere da reta opinião por aquele laço*". A causa e o laço do qual se fala é, justamente, a Ideia, o Ser. 4) Aristóteles aprofunda o conceito de ciência, seja do ponto de vista ontológico, seja do metodológico. Eis como o Estairita reúne, na *Ética a Nicômaco*, Z 3, esses dois pontos de vista: "Que é, pois, a ciência, se devemos falar rigorosamente e não permanecer nas semelhanças, fica claro a partir do seguinte. Todos admitimos que aquilo do qual temos ciência não pode ser diferente do que é. Aquilo, ao invés, que pode ser também diferente, quando está fora do campo da nossa observação, não se sabe mais se existe ou não. Em conclusão, o objeto da ciência existe necessariamente. Portanto é eterno: os entes, de fato, que existem por necessidade absoluta são eternos, e os entes eternos são ingênitos e incorruptíveis. Ademais, considera-se que toda ciência seja ensinável e que o que é objeto de ciência pode ser aprendido. Todo ensinamento procede de conhecimentos precedentes, como dizemos também nos *Analíticos*: procede, com efeito, ou mediante a indução ou mediante o silogismo. Ora, a indução é princípio de conhecimento também do universal, enquanto o silogismo procede dos universais. Existem, portanto, princípios dos quais o silogismo procede, mas dos quais não é possível fazer silogismo: portanto, são obtidos por indução. Em conclusão, a ciência é uma disposição à demonstração, juntamente com todas as outras características que definimos nos *Analíticos*, já que, quando se chega a determinada convicção e quando os princípios nos são conhecidos, temos ciência. De fato, se os princípios não são mais conhecidos que a conclusão, só teremos ciência por acidente" (1139 b 18ss.). Para um aprofundamento desses problemas cf. IV, 47 ss. e 149 ss. Recordamos ainda que, para Aristóteles, a ciência é sempre e só do *universal* nos sentidos (ontológico e lógico) segundo os quais se o entende (cf. verbete Universal). 5) Em Epicuro, embora com outra terminologia (o termo *epistéme* ocorre poucas vezes nos fragmentos que nos chegaram), os dois momentos que distinguimos em Aristóteles correspondem à sua *física* e a sua *canônica* (cf. V, 170 ss.; 155 ss.). Muito interessante é a posição de Epicuro diante das ciências particulares, que, para ele, contrariamente à física (= ontologia), admitem múltiplas explicações causais do mesmo fenômeno. Para Epicuro, *o verdadeiro saber incontrovertível é o saber último* (físico-ontológico) (cf. V, 186 ss.). 6) Também a respeito da física e da lógica estoica deve-se dizer o mesmo. Mas os estoicos insistiram, também no nível formal, de modo particular sobre a temática da ciência e sobre a certeza de poder alcançá-la: foi sobretudo por isso que se desencadearam contra eles as polêmicas dos céticos. A definição estoica de ciência é a seguinte: "A ciência é compreensiva, estável e imutável" (von Arnim, *S.V.F.*, I, fr. 68). Leia-se a passagem de Cícero que reportamos em III, 280. Pohlenz explica o seguinte: "Para os estoicos [...] só se pode falar de verdadeiro saber quando a *katálepsis* tenha-se tornado uma posse espiritual inabalável e inamovível por qualquer consideração racional. E o termo *ciência* em sentido próprio fica reservado ao saber concernente aos fins últimos, ao comportamento psíquico do sábio, comportamento que na prática se manifesta em não se deixar distrair na sua atividade cognoscitiva pelo surgimento de alguma representação" (*La Stoa*, I,

p. 116). A ciência é patrimônio exclusivo do sábio (cf. von Arnim, *S.V.F.*, II, fr. 294; III, frs. 213 e 552). 7) A doutrina cética, especialmente a neocética, não é mais que uma grande tentativa de demonstrar a impossibilidade da ciência, em qualquer sentido que se a entenda, especialmente no sentido até aqui definido (VI, 135 ss. e VII, 144 ss.). 8) Mas o ceticismo não é a última palavra da filosofia grega. Particularmente com Plotino, a tangência com o Divino e com o Absoluto, que nas precedentes concepções da ciência estava implícita e em Aristóteles até mesmo explícita, é levada às extremas consequências. *A ciência torna-se a viva unificação de pensamento e ser no Espírito*: "A ciência das coisas imateriais, tomada no seu conjunto, identifica-se com o seu conteúdo real" (*Enéadas*, V, 4, 2; cf. V, 5, 5). A ciência contém em si estruturalmente a totalidade dos conteúdos: "Devemos conceber um Espírito que não tenha qualquer contato com as coisas particulares, nem exerça sua atividade sobre tais coisas, a fim de não se tornar um espírito determinado; devemos concebê-lo sob o modelo de uma ciência genérica anterior às espécies particulares, ou mesmo de uma ciência específica anterior às seções que nela existem; a ciência no seu conjunto não é nenhum dos seus conteúdos particulares, mas o seu poder domina a todos eles; ao invés, o conteúdo singular parcial é o que é em ato, mas em potência é tudo; o mesmo se diga da ciência no seu conjunto; as ciências específicas são as que se apoiam, potencialmente, na ciência universal, as que captam propriamente o objeto específico parcial, mas são potencialmente a própria ciência universal; pois delas é predicada a ciência total, não a seção da ciência total; e essa quer permanecer intacta em si mesma" (*Enéadas*, VI, 2, 20). E a essa, que é ciência do no Espírito, o homem está ligado pela anamnese e a ela retorna com a dialética. Para Plotino, porém, acima da ciência, por mais elevada que seja, está o *êxtase*, a unificação com o Absoluto (o Uno), que, por estar além do ser e do pensar, está além da ciência: acima — note-se — não contra (VIII, 124 ss.). 9) A ruína da mentalidade que está na base das concepções aqui indicadas só acontece quando se assume na filosofia a *teurgia* (cf. verbete), que é uma forma de magia e, portanto, de puro irracional, e com a sua hegemonia nos últimos neoplatônicos (VIII, 142 ss.).

CIÊNCIA OCULTA

A expressão designa *o tipo de explicação das coisas fundado na mentalidade mágica*, tal como se encontra, por exemplo, na literatura hermética. As ciências ocultas interessavam-se sobretudo pelo particular e pelo maravilhoso, e pretendiam descobrir as leis naturais não através de metódica pesquisa racional, *mas através de práticas que constrangessem a divindade a revelar os secretos poderes dos fenômenos e das relações de simpatia e de antipatia entre as coisas*, consideradas verdadeiros "segredos" da natureza (VII, 377 ss.). É, portanto, a exata antítese da ciência dos filósofos gregos e chama-se ciência por mera homonímia.

CINISMO

É o movimento espiritual que começa com Antístenes, discípulo de Sócrates, no século IV a.C. (cf. II, 167 ss.), e que, com sucesso diverso, se estende até o século VI d.C. Sobre a gênese do termo (que deriva de κύων, cão) cf. II, 175 s. — A fase mais característica do cinismo é a helenística, e Diógenes de Sinope é a encarnação mais significativa do cinismo (V, 23 ss.). — As revivescências do cinismo na era imperial não alcançam significativas conquistas doutrinais; cf. VII, 187 ss. — O cinismo encontrou expressão em três níveis diferentes: 1) através da *doutrina cínica*, 2) através da *vida cínica*, 3) através do *tropos cínico* (o modo particular de exprimir o pensamento e o gênero literário que dele se originou). A doutrina e o *tropos* chegaram à maturidade na era helenística, enquanto o "*bios kynikos*" exerceu um particular fascínio sobretudo na era imperial, produzindo um imponente fenômeno de massa. — Para os pontos fundamentais do cinismo, cf. sobretudo V, 23 ss.

CÍRCULO VICIOSO (ἡ κύκλῳ καὶ ἐξ ἀλλήλων ἀπόδειξις)

É uma forma de paralogismo que consiste em *usar como premissa a proposição que se pretende provar*, ou seja, usar o *demonstrandum* na própria demonstração.

CIRENAÍSMO

É a doutrina característica da escola fundada por Aristipo de Cirene, discípulo de Sócrates (II, 178 ss.), cuja característica principal foi o *hedonismo* (cf. verbete). O cirenaísmo teve sorte escassa, declinando rapidamente na era helenística (V, 48 ss.). Sua mensagem fundamental, retornada pelo hedonismo, encontrou nessa época formulação bem mais profunda e original em Epicuro.

CLÍNAMEN, cf. Declinação.

COESÃO, cf. Hexis.

COMEÇO, cf. Arché.

COMISTÃO TOTAL (κρᾶσις δι' ὅλων)

A concepção da comistão total dos corpos é típica da física estoica, e depende estreitamente da tese da divisibilidade infinita dos próprios corpos, afirmada contra o atomismo dos epicuristas. Intimamente ligada a essa concepção (ou mesmo, num certo sentido, equivalente a ela), é a concepção da penetrabilidade dos corpos (σῶμα διὰ σώματος χωρεῖ). Sobre a importância e o papel de tal doutrina, cf. VI, 46.

COMPAIXÃO (ἔλεος)

A compaixão, ou *misericórdia* ou *piedade*, é definida por Aristóteles como "uma dor causada por um mal destrutivo e doloroso que vemos acontecer a uma pessoa que o não merece, e que podemos esperar aconteça a nós mesmos ou a um dos nossos" (*Retórica*, B 8, 1385 b 13 ss.). — É considerada pelos estoicos de maneira nitidamente negativa. Para eles, enquanto é uma paixão, deve ser eliminada da alma (como todas as outras paixões); cf. textos em VI, 104 s.

COMPENETRAÇÃO, cf. Penetrabilidade.

COMPREENSÃO, cf. Cataléptica, representação.

COMUNHÃO, cf. Koinonia.

COMUNISMO

Com esse termo designa-se a doutrina da comunidade de mulheres, de filhos e de bens, sustentada por Platão como necessária para duas classes superiores do Estado. Os fundamentos, a natureza e o significado dessa doutrina são discutidos em III, 251 ss. cf. Koinonia.

CONCAUSA (συναίτιον)

Conceito com o qual Platão exprime o papel da causa material com relação à causa ideal. Significa *causa secundária* ou, mais exatamente, *causa que age juntamente com uma outra e subordinadamente com respeito a ela* (ver III, 50 ss.). — Na antiguidade tardia, numa perspectiva diversa, é dada a seguinte definição rigorosa: "[...] a causa é aquilo em virtude de cujo agir procede um efeito. A maioria considera que, dessas causas, algumas são *sintéticas*, outras *concausais*, outras *cooperantes*. As *sintéticas* são as que, estando presentes, está presente o efeito, suprimidas ou diminuídas, também o efeito é suprimido ou diminuído (assim, colocar o laço em torno do pescoço se diz que é causa de sufocação); a *concausal* é a que concorre com igual força com a outra concausal para produção do efeito (assim cada um dos bois que puxa o arado é dito concausal para a tração do arado); a *cooperante* é aquela que concorre com uma força pequena e em seguida o efeito se produz com facilidade (como quando dois se afadigam a carregar um peso, sobrevém um terceiro que ajuda a sustentar o tal peso)", Sexto Empírico, *Esboços Pirronianos*, III, 14 ss.).

CONCEITO (λόγος, νόημα)

Sobre a noção de conceito pesam numerosos equívocos, seja de caráter teórico seja de caráter histórico. Para poder orientar-nos na questão, é preciso distinguir preliminarmente duas coisas: *a*) uma coisa é usar conceitos e *b*) outra coisa é estabelecer, de modo metódico, o que seja o conceito e qual o processo que a ele conduz. Ora, se é verdade *a*) que os filósofos fizeram uso de conceitos desde a origem e sempre com maior habilidade, não é menos verdade que *b*) somente num certo ponto refletiram sobre o próprio conceito e determinaram a sua gênese e natureza. — Os pré-socráticos e, sobretudo, Sócrates e Platão contribuíram de modo muito amplo para a descoberta do conceito, mas somente Aristóteles o teorizou, *determinando a natureza do universal e o procedimento que a ele conduz*. O conceito é, exatamente, o *universal*, que o pensamento extrai, *por abstração*, das coisas particulares. O conceito é, portanto, a *expressão mental da essência* das coisas e das suas determinações estruturais. Em outras palavras: a essência, enquanto é nas coisas, é a sua forma ontológica; enquanto é presente na mente que a pensa retirando-a das coisas, é conceito. A pergunta socrática "o que é?" não tinha em vista de início o conceito no sentido ora explicado, mas algo que era, juntamente, a essência e o conceito não ainda distintos, pelo simples motivo de que ainda não tinham sido distinguidos o plano ontológico e o plano lógico: vejam-se as explicações a respeito em II, 150 ss. O mesmo se pode dizer, analogamente, a propósito da Ideia platônica, que é ser e não pensamento, como explicamos em III, 64 ss. — Para a posição aristotélica, cf. IV, 51 ss. e 87 ss. — Para a problemática do conceito em Epicuro, que coincide em grande parte com a prolepse, cf. V, 161 ss. e, em particular, 161 s., nota 16. — Para os estoicos, a problemática do conceito coincide com a dos exprimíveis (VI, 29 ss.; cf. também 38 ss.).

CONCILIATIO, cf. Oikeiosis.

CONCLUSÃO (συμπέρασμα, *conclusio*)

Comumente o termo *sympérasma* é traduzido por *conclusão*, isto é, o *consequente silogístico* (IV, 151). No entanto, M. Mignucci observa o seguinte: "Deve-se notar que a tradução de *sympérasma* por *conclusão* é inexata: esse último termo denomina seja a consequência ou sequela, isto é, o seguir de um consequente de um antecedente, seja o próprio consequente, isto é, o conteúdo da sequela, ao passo que *sympérasma* é propriamente apenas o consequente silogístico (*La teoria aristotelica della scienza*, Florença, 1965, p. 149).

CONCRETO

É o termo comumente usado para designar o oposto de abstrato (cf. Abstração). Em Aristóteles, *concreto* e *abstrato* são designados com as expressões (τὰ ἐκ προθέσεως) e (τὰ ἐξ ἀφαιρέσεως). No entanto, a primeira expressão tem, em Aristóteles, um sentido muito mais circunscrito do que o moderno *concreto*. Sobre o tema cf. A. Mansion, *Introduction à la physique aristotélicienne*, Lovaina, 1945, 2 ed., p. 147 ss. Talvez o que nós hoje chamamos *concreto* se possa exprimir com o termo *sínolo* (cf. verbete) e *kath'hékaston*, individual (cf. Indivíduo).

CONCUPISCÍVEL (τὸ ἐπιθυμητικόν)

Na psicologia platônica, é a *faculdade da alma* que "pela sua natureza é insaciável no possuir". Dela depende a maior parte das cobiças e das paixões. Sobre o papel da alma concupiscível, sobre a virtude que lhe é própria e sobre as consequências ético-políticas que Platão dela deduz, cf. III, 248 ss.

CONDICIONAL (συνημμένον)

É a estrutura lógica hipotética. Portanto, *condicional* é a *proposição complexa formada pela preposição conectiva "se"*, como, por exemplo, "se é dia, há luz" (ver Diógenes Laércio, VII, 71: Sexto Empírico, *Contra os Matemáticos*, VIII, 109 ss.). Parece que a natureza dessa estrutura lógica foi estudada pela primeira vez, ao menos em parte, por Teofrasto, depois pelo megárico Filo (identificado durante algum tempo com Filo de Lárissa, mas hoje identificado exatamente com um expoente do megarismo), por Diodoro Crono (Sexto Empírico, *Contra os Matemáticos*, VIII, 113 ss.) e pelos estoicos que, na lógica, dependem em larga medida dos megáricos (VI, 35 ss.).

CONFLAGRAÇÃO cósmica (ἐκπύρωσις)

É a combustão geral na qual, segundo os estoicos, ao termo do grande ano, ou seja, do período em que o cosmo se mantém em estado de substancial equilíbrio entre a geração e a corrupção, o fogo reabsorve em si toda a realidade (VI, 67 ss.). O cosmo se regenera sucessivamente, em formas sempre idênticas (cf. Palingênese, Apocatástase). Essa opinião, em consequência das refutações céticas, foi criticada no âmbito da própria escola estoica, por Panécio (VI, 111 s.).

CONFUSÃO (ταραχή)

É o estado de *desordem estrutural* na qual, segundo os céticos, a realidade se encontra, tornando-se, por isso mesmo, incognoscível (ver VII, 135).

CONFUTAÇÃO (ἔλεγχος)

Trata-se de um momento metodológico essencial da filosofia antiga (e da filosofia em geral), que consiste em mostrar *o caráter contraditório das teses do adversário* — *a*) O método da confutação veio a primeiro plano já com os eleatas, em particular com Zenão, com a criação dos seus célebres argumentos contra o movimento e contra a multiplicidade (I, 115 ss.). — *b*) No âmbito da sofística, foi utilizado largamente por Protágoras (cf. Antilogia; II, 36 ss.), e sobretudo por Górgias na grande polêmica contra a filosofia da *physis* (II, 44 ss.), bem como pelos erísticos (II, 68 ss.). — *c*) Em seguida, a confutação tornou-se um momento essencial do método socrático (II, 144 ss.) e dos socráticos, particularmente dos megáricos (V, 56 ss.), e do próprio Platão. — *d*) Mas a determinação conceitual, ou seja, a definição do estatuto lógico do *élenchos* remonta a Aristóteles, nas célebres *Refutações sofísticas* ou *Elenchos*

Sofísticos, e, sobretudo, no quarto livro da *Metafísica*. Na primeira das obras mencionadas, o *élenchos* é assim definido: "A confutação é um silogismo que deduz uma proposição contraditória de uma certa conclusão" (1, 165 a 2 ss.). No quarto livro da *Metafísica*, o *elenchos*, além de definido, é utilizado em grande estilo contra os negadores do princípio de não contradição (cf. verbete). *e*) O *élenchos* foi utilizado em grande escala pelas filosofias pós-aristotélicas, de modo particular pelos acadêmicos céticos e pelos neocéticos, nos quais se torna a *pars potior* do filosofar (VI, 166 ss.; VII, 131 ss.).

CONHECIMENTO (γνῶσις)

O conhecimento constitui um problema sobre o qual os antigos muito refletiram, ainda que em menor medida do que sobre os problemas ontológicos e morais. Em todo caso, é necessário salientar que, diferentemente da filosofia moderna, o conhecimento não é o problema central da filosofia antiga. Para circunscrever adequadamente as doutrinas dos gregos a esse respeito, é oportuno distinguir os três problemas seguintes: 1) o da *gênese* do conhecimento, 2) o da *natureza* ou *essência* do conhecimento, 3) o do valor do conhecimento. 1) Estudar a gênese do conhecimento significa determinar a fenomenologia do processo cognoscitivo, ou seja, *como nasça e através de que estágios o conhecimento se desenvolva*. — *a*) Os naturalistas e, em particular, Empédocles e os atomistas falam de eflúvios (cf. verbete) que das coisas chegam aos sentidos — *b*) Platão, que distingue dois planos do conhecimento, faz coincidir a gênese do verdadeiro conhecimento com o processo da reminiscência das Ideias, da qual a alma é capaz porque originariamente contemplou as mesmas Ideias tendo, ao nascer, perdido a sua lembrança (cf. Anamnese). — *c*) Aristóteles, no tratado *Sobre a alma*, apresenta o mais minucioso exame dessa problemática, mostrando como o processo cognoscitivo tenha início nos sentidos e na sensação, como dessa derive a imaginação, a memória e a experiência e como, por obra do intelecto, se chegue ao conhecimento intelectivo, que é um acolher a forma inteligível. Todo o processo cognoscitivo, por sua vez, é interpretado pelo Estagirita a partir dos conceitos-chave de *potência* e *ato* (IV, 84 ss.). — *d*) Epicuro volta a explicar a gênese do conhecimento, tanto sensível como inteligível, segundo um modelo materialista com a doutrina dos simulacros, a saber, dos eflúvios atômicos que se difundem de todas as coisas tão velozmente quanto o pensamento e, penetrando em nós, produzem tanto o sentir como o pensar (V, 194 ss.). — *e*) A escola estoica explica a gênese do conhecimento, de um lado, com os conceitos de *impressão*, ou seja, de *alteração* (física) que as coisas produzem na alma e, de outro, com o conceito de *assentimento que depende da razão e que se soma à impressão sensorial*, como explicamos em VI, 21 ss. — *f*) Uma interpretação bem interessante, de natureza espiritualista, da gênese de todo o conhecimento, incluindo-se o sensível, é proposta por Plotino. A sensação, como afecção corpórea, é explicada com o conceito de *simpatia*; porém como momento cognoscitivo é explicada como *atividade da alma*, que capta as formas sensíveis ativamente *irradiando-as*, como explicamos em VIII, 107 ss. Para Plotino, todas as fases do conhecimento são *atividade da alma*, e anamnese é o emergir na consciência do vínculo que toda alma tem estruturalmente com o Espírito (VIII, 109 ss.). Finalmente, o processo cognoscitivo é, ao mesmo tempo, levado a termo e transcendido no êxtase (cf. verbete). 2) No que concerne ao segundo problema entre os acima indicados, deve-se observar que o interrogar-se sobre qual seja a natureza ou a essência da atividade cognoscitiva significa interrogar-se sobre o que a distingue exatamente de todo outro tipo de atividade. A resposta a esse problema permanece idêntica, em última análise, em todo o arco do pensamento antigo, conquanto formulada e proposta de modo diverso. A essência do conhecimento consiste numa *espécie de encontro e conjunção do semelhante* (que está em nós) *com o semelhante* (que está fora de nós) ou, mesmo, de *identificação ou de assimilação do pensamento e da realidade*. — *a*) Já Empédocles (I, 138 ss.) e, antes dele, Parmênides ao dizer que o cadáver sente o que, como ele, é frio e trevas (I, 115) afirmaram que o conhecimento é um encontro do semelhante com o semelhante. — *b*) O axioma da identidade entre pensar e ser foi formulado por Parmênides nos fragmentos 3 e 8 (I, 108) e foi depois desenvolvido, de maneira paradigmática, por Platão na *República*, onde se propõe a correspondência perfeita entre os graus do conhecimento e os graus do ser (cf. texto e exegese em III, 161 ss.). — *c*) É, porém, em Aristóteles que se encontram as reflexões mais aprofundadas sobre a natureza do processo cognoscitivo. A essência do conhecer consiste no *fazer-se semelhante*, na *assimilação*. O conhecimento sensível é uma assimilação da forma sensível sem a matéria; o conhecimento intelectivo, analogamente, é uma assimilação das formas inteligíveis por obra do *nous* (IV, 84 s. e 87 s.). — *d*) Também no contexto da gnosiologia epicurista a mesma tese aparece, embora num contexto materialista-sensista. As representações são semelhantes às coisas, porque são produzidas pelos eflúvios que são semelhantes às coisas (V, 194 ss.; leia-se a *Carta a Heródoto*, 48 ss.). — *e*) O Pórtico também se distancia dessa posição, dado que o conhecimento é a ação que as coisas produzem na alma, imprimindo-lhe uma marca (similar a elas) ou alterações do *todo correspondente*, e o assentimento é um dizer sim à evidência que é a própria impressão das coisas em nós (VI, 21 ss.). — *f*) Na era imperial, a assimilação cognoscitiva se desenvolve mais ainda no sentido da assimilação mística (cf. Êxtase). 3) Finalmente, no que diz respeito à validez do conhecimento, os filósofos gregos, com exceção de alguns sofistas e, sobretudo, dos céticos, estão de acordo em responder de maneira decididamente positiva. *O conhecimento humano é objetivo e capta as coisas tais como são*. Mais ainda, os gregos foram até acusados de objetivismo, ou seja, de confiança acrítica na possiblidade de o homem conhecer a realidade *objetivamente*. Mas essas críticas estão condicionadas pela ótica oposta do gnosiologismo, próprio da filosofia moderna. É, porém, necessário observar que os filósofos gregos atribuem o valor de objetividade, ou seja, de verdade, não do mesmo modo a todas as formas do conhecimento. Já os filósofos pré-socráticos atribuem menor valor à *doxa* a ao *conhecimento dos sentidos* (I, 69; 124; 128). Platão estabelece a célebre tabela das formas do conhecimento e dos graus relativos de validez (III, 164). Aristóteles, além do conhecimento intelectivo, sustenta a validez objetiva do conhecimento sensível, afirmando a infalibilidade da sensação no sentido por nós indicado em IV, 88 ss. Uma defesa decididamente dogmática da validez do conhecimento é feita pelos epicuristas e pelos estoicos, em razão dos motivos que explicamos em V, 156 ss.; VI, 21 ss. Para as críticas céticas, cf. VI, 147 ss.; 153 ss.; 166 ss.; VII, 135 ss.; 148 ss.; 159 ss.; 169 ss. O nascimento da perspectiva fenomenística não coincide com o nascimento do ceticismo primitivo, que pode ser reinterpretado como uma forma de fenomenismo absoluto, a saber, ontológico e metafísico (cf. VI, 147 ss. e verbete Fenomenismo), mas sobretudo com o ceticismo empírico, segundo o qual não conhecemos o objeto *e sim nossas afecções e modificações*, e entre aquele e essas se pressupõe uma alteridade estrutural (VII, 169 ss.). Mas deve-se observar que a tese segundo a qual conhecemos apenas nossas afecções e não as coisas em si e que entre umas e outras existe uma separação não eliminável permanece fundamentalmente uma prerrogativa da escola cética (ver, de resto, uma curiosa antecipação nos cirenaicos, II, 183) e, portanto, uma notável exceção na história do pensamento grego.

CONJETURA (εἰκασία)

Na gnosiologia platônica, a conjetura corresponde ao nível mais baixo da *dóxa* (cf. verbete, e III, 163 ss.).

CONSCIÊNCIA (σύνεσις, συνείδησις, *sensus sui, conscientia*)

Torna-se particularmente difícil falar do conceito de consciência no pensamento grego. No entanto, o termo deriva do latim *conscientia*, usado já por Cícero, que se eleva a um nível temático sobretudo em Sêneca (VII, 76 ss.). Os termos gregos que, de alguma maneira, exprimem a consciência são *synesis e syneidesis*. Mas em geral se observa que, na realidade, o grego não chegou senão muito tardiamente, e exatamente com Plotino, a elaborar um conceito de consciência como autoconhecimento simultaneamente moral e intelectual, como autoconhecimento da própria unicidade em face das coisas e da própria superioridade sobre elas, como capacidade de recolher-se em si e encontrar, a partir daí, o acesso ao divino como pura interioridade. Sem dúvida, isto é verdade, mas deve-se observar ao mesmo tempo que, na filosofia clássica, foram percorridos os estágios essenciais sem os quais dificilmente se chegaria ao estabelecimento dessa noção. Eis os principais. 1) A descoberta socrática do homem como *psyché* é o primeiro momento essencial (II, 91 ss.). 2) O conceito platônico de "homem interior" (ὁ ἐντὸς ἄνθρωπος) e da Cidade verdadeira que se realiza justamente no homem interior, desenvolvido na *República* IX, 589 a ss. (ver III, 272 ss.) 3) O conceito do Eu como *nous*, proposto por Aristóteles

(IV, 102). 4) Já o estoicismo antigo fala de *synesis* e *syneidesis*; mas é sobretudo no âmbito do neoestoicismo que emerge o conceito de consciência, não apenas em Sêneca, como dissemos, mas também em Epicteto e Marco Aurélio (VII, 115 ss.). Para Plotino cf. VIII, 119 ss. e a clara síntese de P. Prini, *Plotino e la genesi dell'umanesimo interiore*, Roma, 1968.

CONSELHO, Bom, cf. Euboulia.

CONSENSO UNIVERSAL (*consensus gentium*)

O consenso de todos os homens como critério de verdade encontra-se pela primeira vez explicitamente tematizado e sistematicamente expresso em Aristóteles. A filosofia naturalista dos pré-socráticos, em geral, não somente não apreciou o consenso dos homens, mas esvaziou-o de qualquer validez quanto à verdade, declarando as opiniões dos homens estruturalmente falazes, assim como se lê, de forma paradigmática, no poema parmenidiano e no escrito de Melisso (I, 107; 128 ss.). Igualmente Sócrates e Platão, contrapondo à opinião da maioria o conhecimento *daquele único* que sabe (ou *dos poucos* que sabem), mantém a atitude paradoxal tão drasticamente expressa pelos eleatas. No entanto, a maiêutica socrática e a anamnese platônica supondo, numa certa medida, a presença da verdade ou de um vestígio dela na alma dos homens, lançam as bases para uma revalorização do argumento do consenso dos homens, ainda que de modo implícito. Aristóteles, ao invés, partindo da convicção de que os homens sempre existiram e que, ciclicamente, perdem todo o seu saber em consequência de catástrofes naturais de grandes proporções, mas que, no entanto, não o perdem completamente e conservam sempre alguma relíquia da verdade, *entende o consenso dos homens como o permanecer de alguns dos fragmentos de verdade* (cf. os documentos na nossa edição do *Trattato sul Cosmo*, pp. 247-249). Na *Ética a Nicômaco*, ele escreve expressamente: "Aquilo no qual todos consentem dizemos ser verdadeiro" (K 2, 1172 b 36 ss.). Das ὑπολήψεις, que são as opiniões comumente partilhadas, Aristóteles deduz o próprio conceito de metafísica (ver A 2). Veja-se também Λ 8, 1074 b 1 ss., em que a convicção da existência de Deus é confirmada também a partir dessa perspectiva. Depois, os estoicos aprofundam essa doutrina tendo como base o conceito das *noções comuns* (VI, 28 ss.). Finalmente, no ecletismo e, em particular, em Cícero, o princípio do consenso universal é elevado a critério da verdade (VI, 201 ss.).

CONSEQUENTE, cf. as explicações do verbete Conclusão.

CONSTITUIÇÃO, cf. Governo, formas de.

CONTEMPLAÇÃO (θεωρία)

Dedicamos grande parte do Apêndice do volume I ao estudo desse conceito que constitui um dos alicerces do pensamento antigo e, mais ainda, o seu emblema mais típico. Ali mostramos como, de atitude cognoscitiva e moral do homem, a contemplação torne-se, pouco a pouco, até mesmo força e energia ontogônica no neoplatonismo (ver também VIII, 132 ss.).

CONTINGENTE, CONTINGÊNCIA

Contingente é o que não é necessário. O termo grego correspondente é ἐνδεχόμενον, que significa, propriamente, o que pode ser, mas também não ser. No entanto, o termo contingente, sobretudo no contexto da filosofia medieval, acabou assumindo uma conotação específica que, ligando-o ao teorema da criação, conduz decididamente para além dos horizontes da filosofia grega. Nesse sentido forte, contingente é toda criatura com respeito ao criador, ou seja, tudo o que *tem o ser por participação* e que, portanto, *estruturalmente pode não ser.* Não possuindo o conceito de criação como fruto de um ato de liberdade e como *dom gratuito*, os gregos pensaram o ser sob o signo da necessidade, tanto o ser enquanto princípio, como o derivar das coisas do princípio (cf. Ananke) e, portanto, deixaram ao contingente um espaço mínimo. Para Aristóteles, o contingente se reduz, em última análise, ao *acidental* (cf. *Metafísica*, E, 2-3). Já no sistema dos estoicos, todo espaço efetivo é subtraído à contingência, já que tudo é posto sob o signo da Heimarmene, vem a ser, do Fado. Também na filosofia de Plotino não há lugar para o contingente porque, se é verdade que em tal filosofia, pela primeira vez, o *Absoluto como tal* é posto sob o signo da liberdade, não é menos verdade que *a processão de todas as coisas a partir do Uno* é posta sob o signo da necessidade (cf. Processão).

CONTÍNUO (συνεχής)

Aristóteles assim o define: "Contínuo é *um certo tipo de contiguidade.* Fala-se de contínuo quando os termos com os quais as coisas se tocam e se continuam uma na outra tornam-se um mesmo e único termo: é evidente, portanto, que o contínuo acontece naquelas coisas que, por meio do contato, podem produzir uma unidade natural" (*Metafísica*, K, 12, 1069 a 5 ss.; cf. *Física*, E, 3, 227 a 20 ss.; veja-se também o que diz Aristóteles em *Física* Z 1, *passim*). Em particular, atenda-se à seguinte observação que serve de complemento à definição acima citada: "É claro que todo contínuo é divisível em partes que sejam sempre divisíveis; já que, se fosse divisível em partes indivisíveis, teria lugar o contato de um indivisível com um indivisível [...]" (*Física*, Z, 1, 231 b 15 ss.). — Assim entendida, a doutrina do contínuo é o fundamento da física estoica. Além disso, a doutrina da *comistão total* e a do *tonos* (cf. verbetes) são as duas doutrinas mais significativas ligadas à problemática do contínuo própria do Pórtico (ver VI, 45 ss.; 64 ss.).

CONTRADIÇÃO (ἀντίφασις, *contradictio*)

É uma forma de oposição, exatamente a primeira, a mais acentuada e extrema, caracterizada pelo fato de não admitir termos intermediários. Escreve

Aristóteles: "Entre os dois opostos da *contradição*, não há um termo intermediário; com efeito, a contradição consiste numa oposição na qual um ou outro dos dois membros deve necessariamente estar presente em alguma coisa, sem que haja qualquer termo intermédio" (*Metafísica*, I 7, 1057 a 33 ss.). Exemplo típico de contradição é a que vigora entre ser e não-ser; com efeito, entre ser e não-ser não é estruturalmente possível nenhum termo intermédio. Ao invés, na oposição de *contrariedade* (cf. verbete), são possíveis termos intermédios.

CONTRADIÇÃO, princípio de contradição, Princípio de não contradição

É um princípio já implicitamente atuante na filosofia jônica e levado a um nível quase explícito no poema de Parmênides, em particular nos vv. 15 ss. do fr. 8: "Em torno a essas coisas o juízo se resume em *é* ou *não é*" (I, 109 ss.). Em Parmênides, esse princípio, embora aplicado de preferência na sua validez ontológica, acaba por condicionar claramente o pensamento e o discurso, como se vê no seguinte fragmento: "Se, portanto, se estabeleceu por força de necessidade que um daqueles caminhos (o do não-ser) deve ser abandonado porque *impensável* e *inexprimível* (não é, com efeito, o caminho do verdadeiro), o outro (o do ser) é e é verdadeiro (vv. 16 ss.). Aristóteles, além das implicações ontológicas, desenvolve e aprofunda igualmente todas as implicações lógicas e gnosiológicas, de modo particular no livro Γ da *Metafísica* (caps. 3-6). O princípio pode ser formulado assim: "*É impossível que a mesma coisa* (um mesmo atributo) *pertença e não pertença ao mesmo sujeito no mesmo tempo e sob o mesmo aspecto*" (ver Γ 3). A respeito desse princípio, Aristóteles explica que é o mais seguro, o mais conhecido e o mais verdadeiro, a saber, verdadeiro, de uma verdade intuitiva: "O princípio entre todos o mais seguro é aquele a respeito do qual é impossível cair em erro: esse princípio deve ser o mais conhecido (com efeito, todos caem em erro a respeito das coisas que não são conhecidas) e deve ser um princípio não hipotético, uma vez que o princípio que quem quer conhecer alguma coisa deve necessariamente possuir não pode ser uma pura hipótese, e o que deve necessariamente conhecer quem queira conhecer qualquer outra coisa deve já ser possuído antes que se aprenda qualquer coisa. Portanto, é evidente que esse princípio é o mais evidente de todos" (Γ 3, 1005 b 11-18). Desse princípio não é possível *demonstração*, uma vez que toda demonstração o pressupõe, mas apenas uma espécie de *declaração dialética*, o *élenchos*, que é uma espécie de *confutação* de quem tentasse negar o princípio. Aristóteles considera que no heraclitismo e na sofística esteja implícita a negação do princípio de não contradição, e o seu *élenchos* se dirige, em consequência, contra os defensores de tais doutrinas. Porém, deve-se observar que somente os céticos podem ser considerados negadores verdadeiros do princípio, ao sustentarem que o ser é indeterminado, indiferenciado e confuso, e que, por conseguinte, de qualquer coisa se pode dizer *é e não é*, ou então, *nem é nem não é*, ou ainda *não é mais ser do que não ser* (ver VI, 142 ss.; VII, 151 ss.).

CONTRARIEDADE (ἐναντιότης, *contrarietas*)

Para Aristóteles, a contrariedade é *uma das formas de oposição*, menos radical do que a contradição na medida em que admite termos intermédios. (Os termos intermédios entre os contrários são do mesmo gênero dos contrários e compostos pelos próprios contrários, como o cinzento é intermédio entre os contrários branco e negro e, como eles, é uma cor sendo, além do mais, composto por um e outro dos contrários.) Cf. Oposição e Contradição.

CONVERSÃO

Segundo Platão, designa *o ato do voltar-se da alma, do mundo sensível para o mundo inteligível* e, em particular, para a Ideia do Bem. O *conhecimento* (a dialética) para Platão, assim como a educação filosófica, tem a exata validez ética de *conversão*, como se explica na *República* VII, 518 c-d (ver III, 298). Eis o que observa Jaeger a esse respeito: "Nessa passagem [*Rep.* 518 c-d] a palavra usada por Platão é περιαγωγή, mas não é uma expressão fixa. Encontram-se também μεταστροφή e os verbos περιστρεφεσθαι e μεταστρεφεσθαι. Todas essas expressões tendem a sugerir a mesma imagem sensível de quem volta a cabeça e eleva os olhos para o bem divino. Ver A. Nock, *Conversion*, Oxford, 1933. Nock investigou na antiguidade clássica os antecedentes do fenômeno religioso cristão da conversão e, nessa pesquisa, mencionou também o *locus* platônico que aqui nos interessa. Quando se põe o problema não já do fenômeno conversão como tal, mas da origem do *conceito* cristão de conversão, deve-se reconhecer em Platão o primeiro autor desse conceito. A transferência do vocábulo para a experiência religiosa cristã teve lugar no terreno do platonismo cristão primitivo" (*Paideia*, II, p. 512, nota 82). — Para o significado metafísico da conversão, cf. Processão.

CORAÇÃO (καρδία)

O conceito de coração tem, na filosofia antiga, uma importância de caráter fisiológico e não filosófico. Por exemplo, em Empédocles é identificado, juntamente com o sangue, com o órgão do pensamento (I, 138); Em Aristóteles, com o órgão do sentir (*De partibus animalium*, B 10, 656 a 27 ss.). O conceito de coração tem uma importância muito maior não somente na antropologia bíblica, na qual desempenha um papel central, mas também na concepção grega pré-filosófica, por exemplo em Homero (ver J. Boehme, *Die Seele und das Ich im homerischen Epos*, Berlim-Leipzig 1929, pp. 63 ss.).

CORAGEM, cf. Fortaleza.

CORNUDO, Argumento do

É um argumento dialético do megárico Eubúlides, bastante famoso na antiguidade (ver V, 59).

CORPO (σῶμα)

Corpo traduz o grego *soma*, conservando algumas das suas acepções fundamentais. Originariamente, *soma* significa o cadáver. Depois passa a designar o corpo do vivente em geral (em Homero esse significado ainda está ausente). Finalmente acaba sendo usado para designar também os corpos inanimados, segundo as caraterísticas que eles têm em comum com os corpos vivos (ser determinado dentro de certos limites, consistência física, espessura e outras semelhantes). Na linguagem filosófica, conserva as duas acepções fundamentais que poderemos chamar, respectivamente, *antropológica* e *ontológica*. 1) No que diz respeito ao significado antropológico, é preciso observar que a tomada de consciência da natureza do corpo amadurece, de um lado, através da aquisição da mensagem órfica (que contrapõe o corpo à alma-demônio, nele lançada como numa prisão) e, de outro, através da mensagem socrática (que identifica na *psyché* a essência do homem, concebendo-a como o que rege o corpo e dele se serve). Justamente em consequência das doutrinas órfica e socrática, desenvolveram-se de várias maneiras, entre os filósofos gregos, três concepções fundamentais: *a*) do corpo como cárcere e túmulo da alma; *b*) do corpo como instrumento a serviço da alma; *c*) do corpo como potencialidade (matéria) da qual a alma é ato e enteléquia. — *a*) A primeira concepção, além dos documentos órficos e pitagóricos, encontra-se em Platão, do *Górgias* em diante (III, 203 ss.), no primeiro Aristóteles (IV, 21 ss.) e finalmente na tradição platônica tardia (VII e VIII, *passim*). — *b*) A segunda é própria de Sócrates, mas figura amplamente (juntamente com a primeira) também em Platão e no platonismo: o documento mais significativo a respeito é o *Alcibíades Maior*. — *c*) A terceira é própria de Aristóteles (ver IV, 78 ss.), o qual, porém, retoma às vezes também a segunda (IV, 100 ss.). A desvalorização do corpo está ligada somente à primeira concepção e tem fundamentos mais religioso-místéricos do que filosóficos (III, 203 ss.). 2) A acepção ontológica do conceito de corpo emerge em primeiro plano sobretudo na era helenística, na qual se torna um dogma a equação *ser = corpo*, nas duas versões fundamentais: *a*) a epicurista, de caráter mecanicístico e, *b*) a estoica, de caráter organicista (ver V, 170 ss.; VI, 42 ss.; 45 ss.). Assim como a consciência da corporeidade do homem segue-se à descoberta da *psyché* ou, pelo menos, a supõe como termo em face do qual se exerce, assim a redução helenística do ser ao corpo supõe a descoberta platônica do suprassensível e se define justamente em polêmica contra ela. Finalmente, convém observar que o neoplatonismo tenta uma dedução radical do corpo a partir da forma (VIII, 97 ss.).

CORPOREÍSMO

Trata-se da concepção que *reduz todo o ser a corpo*, como, por exemplo, o atomismo, em particular na versão epicurista (V, 143 ss.; 170 ss.) e, sobretudo, o estoicismo, que leva terminologicamente essa redução às suas consequências extremas (ver VI, 34 ss.; 45 ss.).

CORRUPÇÃO (φθορά)

Para Aristóteles é, juntamente com a geração, *a forma de mudança que tem lugar segundo a categoria de substância*. Consiste no dissolver-se da substância, vale dizer, na perda da forma por parte da matéria (IV, 29 ss.). Cf. Morte.

COSMO (κόσμος)

O termo cosmo significa propriamente ordem e, sobretudo por obra dos pitagóricos, passou a designar o mundo. Utilizando a sua ontologia do número, eles interpretaram o mundo justamente como ordem *enquanto é harmonia e número, que mantém unido o Todo e o faz ser tal como é* (ver I, 85 ss.). Para a consolidação da concepção do mundo como cosmo contribuíram, ainda no âmbito dos pré-socráticos, o conceito da Inteligência como princípio, tanto na versão de Anaxágoras como na de Diógenes de Apolônia, e o consequente nascimento do conceito de finalismo. (I, 147 ss.; 166 ss.). O emblema mais típico do pensamento grego nesse campo foi dado pela reinterpretação do cosmo proposta por Platão como obra de um Demiurgo que age movido pelo bem, e por Aristóteles, que apresenta o mundo como penetrado pelo desejo do ótimo e como que "suspenso" à substância primeira e perfeita, que tudo atrai como "objeto de desejo". Eis uma página que exemplifica perfeitamente esse sentimento tipicamente helênico, tirada do *Tratado sobre o Cosmo* atribuído a Aristóteles: "Assim, pois, uma única harmonia, por meio da mistura de princípios contrários, organizou a constituição da totalidade das coisas, a saber, do céu, da terra e do cosmo inteiro. Misturando o seco ao úmido, o leve ao pesado, o reto ao curvo, *uma única força*, penetrando através de todas as coisas, ordenou toda a terra e o mar, o éter, o sol, a lua e todo o céu, construindo todo o cosmo partindo de elementos não misturados e diferentes, isto é, do ar, da terra, do fogo e da água, envolvendo-os numa única superfície esférica, obrigando as naturezas mais opostas nele contidas a concordar entre si, e obtendo de todas elas a conservação do universo. A causa dessa conservação é o *acordo* dos elementos, e a causa do acordo é o *equilíbrio*, e o fato de que *nenhum supera o outro em potência*: com efeito, o pesado e o leve, o frio e o quente se equilibram reciprocamente, e a natureza nos ensina, com respeito às coisas maiores, que a *igualdade* é o que mantém a *concórdia*, e a concórdia é o que mantém o *cosmo*, que é pai de todas as coisas e é superlativamente belo" (5, 396 b 23 — 397 a 5). Também Plotino defende fortemente o caráter positivo do cosmo físico (VIII, 97 ss.), contra o pessimismo que se difunde na antiguidade tardia.

A visão do mundo como ordem constitui uma das mensagens mais belas da cultura grega, uma conquista irreversível da história espiritual do Ocidente. — Na sua acepção metafísica, "cosmo inteligível" designa a estrutura hierárquica e perfeitamente ordenada do mundo das Ideias. A expressão torna-se de uso corrente, sobretudo a partir de Filo de Alexandria (VII, 253 ss.).

COSMOGONIA

É a *concepção mitológica da gênese do cosmo*, que coincide amplamente com a teogonia pelas razões indicadas em I, 41 ss.

COSMOLOGIA

É a doutrina que explica a gênese, a constituição e a natureza do cosmo (cf. verbete). Deixando de lado as questões e os aspectos puramente científicos da cosmologia, que não pertencem ao tema da presente obra, interessa-nos considerar o papel que o discurso cosmológico como tal desempenha no âmbito do pensamento grego. Com exceção do momento sofístico-socrático e do cético, pode-se dizer que toda a especulação grega é condicionada em medida variável — às vezes de maneira predominante — pelo problema cosmológico. É possível mesmo dizer que, em última análise, quase todos os problemas foram vistos pelo homem grego na ótica de uma pesquisa que supõe, em todos os seus aspectos, o conceito de cosmo.

COSMOPOLITISMO

É a concepção que se segue à ruptura do antigo *ethos* da *polis*, e que considera *o cosmo como uma grande polis*. Essa ideia surge primeiramente nos sofistas (II, 30 s.) e nos socráticos menores (II, 188 s.); depois encontra sua formulação mais acabada na ética estoica, na qual se funda teoricamente sobre a extensão da *oikeiosis* a todo o gênero humano, como explicamos em VI, 99 s. Sob a influência do Pórtico torna-se, depois, uma doutrina comum às diversas escolas da era imperial.

COSTUME (συνήθεια)

Entendido como regra empírica à qual a maioria se atém, o costume é acolhido por Sexto Empírico como um dos critérios do comportamento ético, pelas razões que explicamos em VII, 174 ss. Veja-se, porém, o papel desempenhado pelo costume já na ética da situação de Górgias (II, 52 ss.).

CRASE (χρᾶσις)

Na medicina hipocrática, é a mistura dos quatro humores fundamentais, que determina o temperamento (VII, 163 ss.).

CRENÇA, cf. Pistis.

CREMATÍSTICA (χρηματιστική)
Para Aristóteles, *é a arte de acumular riquezas* (IV, 128 ss.).

CRIAÇÃO (ποίησις, *creatio*)
Este conceito, ausente na especulação dos gregos, constitui uma contribuição específica da filosofia de Filo de Alexandria, que o recebe da Bíblia e o exprime em termos filosóficos como a ação divina que produz as coisas do não-ser para o ser (V, 244 ss.). A criação é, de resto, considerada um *dom*, uma *graça* de Deus (V, 246). — O conceito reaparece no pensamento de Amônio Sacas, integrado porém num contexto filosófico de estrutura platônica (VIII, 9). — O conceito de criação estimulou também, indubitavelmente, Plotino na formulação da teoria da Processão (cf. verbete) na qual, no entanto, tornam a prevalecer os elementos gregos (em particular a ideia de necessidade). — É *improvável* (contrariamente ao que é afirmado por alguns) a presença do conceito em Porfírio (VIII, 150 ss.).

CRITÉRIO (κριτήριον)
A doutrina do critério é o correspondente estoico da doutrina epicurista do cânon (cf. verbete). Ver textos e exegese em VI, 21 ss. A definição do critério dada pelos estoicos é a seguinte: "O critério da verdade é a representação cataléptica" (cf. von Arnim, *S.V.F.*, II, frgs. 105-121).

CULPA, cf. Pecado.

D

DAIMONION (τὸ δαιμόνιον)
Trata-se do "sinal divino" que Sócrates afirmava perceber dentro de si mesmo, em circunstâncias particulares. Sobre o significado de *daimonion*, cf. textos e exegese em II, 131 ss.

DECISÃO, cf. Escolha.

DECLINAÇÃO (παρέγκλισις, *clinamen*)
Este conceito representa uma das mais significativas novidades entre as introduzidas pelos epicuristas no sistema do antigo atomismo: trata-se da admissão de *"um desvio mínimo", totalmente casual e não submetido a leis, dos átomos com respeito à sua linha de queda* (V, 180). No nível ontológico, esse "desvio" serve para explicar a possibilidade da colisão e agregação dos próprios átomos. No nível antropológico-moral, ao invés, serve para explicar a

possibilidade da liberdade humana que, num sistema totalmente regulado pela necessidade, não encontraria nenhum espaço (cf. textos e aprofundamentos em V, 180 ss.).

DEDUÇÃO (συλλογισμός, *deductio*)

É o ato pelo qual o pensamento infere verdades particulares a partir de verdades universais. Para Aristóteles, realiza-se de maneira perfeita no silogismo (cf. verbete e IV, 154 s.). A dedução é um procedimento oposto à indução que, no entanto, é por ela pressuposta (cf. Indução).

DEFINIÇÃO (ὁρισμός, *definitio*)

Segundo Aristóteles, a definição é "*a oração que exprime a essência de uma coisa por meio do gênero próximo e da diferença específica* (IV, 146 ss.). Eis a passagem na qual o Estagirita ilustra, do modo mais claro, o que seja a *definição*: "[...] tudo o que é contido na definição *deve* constituir uma unidade: com efeito, a definição é uma noção que tem o caráter da unidade e se refere à substância; portanto, ela deve ser enunciação de *algo uno*: pois a substância significa *algo uno* e *algo determinado*. Ora, é preciso examinar, principalmente, as definições que se obtêm por meio de divisão. Na definição nada se contém fora do *gênero* que é chamado primeiro, e das *diferenças*. Todos os outros termos são *gêneros*: como o primeiro gênero quanto as diferenças sucessivas que são consideradas juntamente com ele: por exemplo, gênero primeiro é *o animal*, o que se segue é *animal-bípede*, o que vem depois é *animal-bípede-sem-asas*; e da mesma maneira se procederia quando houvesse um número maior de termos. Em geral não importa que os termos sejam em número maior ou menor, nem que se trate de poucos termos ou apenas de dois; se os termos são somente dois, um é a diferença, o outro o gênero: no exemplo do animal bípede, o animal é gênero, bípede é a diferença" (*Metafísica*, Z 12, 1037 b 24 ss.). Esta doutrina aristotélica foi preparada em ampla medida pelo método *socrático* (II, 150 ss.), bem como pela *dialética* e pela *divisão diairética* de Platão (cf. Diérese e III, 164 ss.).

DEIFICAÇÃO (θέωσις, θεωθῆναι, *deificatio*)

No seu sentido específico, o termo exprime a *identificação do homem e da alma humana com Deus*. Trata-se de uma doutrina preparada amplamente pela doutrina platônica e neoplatônica da virtude entendida como ato de *assimilação ao divino* e comum a muitos filósofos da era imperial — *a*) Inspira profundamente a filosofia neopitagórica, segundo a qual o fim precípuo da ética é exatamente o de tornar-se Deus (VII, 371); cf. também a posição de Numênio a respeito em VII, 356. — *b*) Na filosofia hermética, o "tornar-se deus" é considerado possível mesmo antes da morte física e é, em todo caso, o supremo êxito da vida moral (VIII, 44 ss.). — *c*) Também em Plotino e nos neoplatônicos coincide com a união místico-estática com o Absoluto — *d*) Entre todos esses pensadores, Filo assume uma posição particular; nele, diferentemente de todos os outros, a união com Deus não é propriamente uma deificação do homem, *mas um dar-se de Deus ao homem: um dom de Deus* (VII, 306). — *e*) Também em Alexandre de Afrodísia, como mostraram estudos recentes, encontram-se ecos dessa doutrina, embora dentro de uma perspectiva inteiramente própria (ver VII, 48 ss.).

DELIBERAÇÃO, cf. Escolha.

DEMAGOGIA, cf. Governo, formas de.

DEMIURGO (δημιουργός)

O termo significa *artífice* e, com Platão, assumiu um sentido técnico para designar *Deus artífice do mundo*. O Demiurgo é *causa inteligente e voluntária* que, contemplando o mundo das Ideias como paradigma ideal e tomando-o como modelo, plasma uma *chora* ou matéria informe e caótica e, desse modo, produz o mundo como ordem. A razão que move o Demiurgo a agir é o *bem*. O Demiurgo é *hierarquicamente inferior às Ideias* e depende delas, ao passo que é superior à alma do cosmos e às outras almas, por ele produzidas. O Demiurgo produz também Deuses inferiores, dando-lhes a tarefa de formar as partes corruptíveis do homem e do Universo (III, 141 ss.). Ele desempenha *um papel quase de intermediário* entre o mundo das Ideias e o sensível (III, 141 ss.). As Ideias são o Divino (*theion*) impessoal, o Demiurgo é o Deus (*theós*) pessoal (III, 150 ss.). Na medida em que compreende o cosmos como ingênito, Aristóteles não tem necessidade da figura do Demiurgo. Mesmo na Primeira Academia, em razão da orientação fortemente matematizante da ontologia, a doutrina do Demiurgo foi deixada na penumbra (IV, 98 ss.). Ao contrário, com o renascimento do platonismo na era imperial, a questão do Demiurgo volta a tornar-se central. A hierarquia platônica do suprassensível é modificada, com base nos avanços aristotélicos, da maneira seguinte. No vértice é situado não um inteligível impessoal e sim uma Inteligência suprema (= Primeiro Deus) e *o Demiurgo torna-se a segunda inteligência ou inteligência da alma do mundo*. É essa segunda Inteligência ("despertada" pelo Pai ou primeira Inteligência) que ordena o cosmo (VII, 229 ss.). A posição de Numênio, para o qual o Demiurgo é o Segundo Deus, é análoga (VII, 363 ss.). Nos neoplatônicos, a partir de Plotino, a doutrina do Demiurgo recebe uma importância e uma significação mais restritas, uma vez que o conceito de *processão* modifica estruturalmente os termos da problemática da produção do mundo. Sob certos aspectos, o Demiurgo é o Nous mas, em substância, o Demiurgo é a Alma (VIII, 77 ss.; 99). Mais ainda, a verdadeira atividade criadora em Plotino acaba sendo a contemplação (VIII, 132 ss.). Em consequência, na história posterior do neoplatonismo, a problemática do Demiurgo assume significações que se afastam notavelmente da doutrina platônica originária, inserindo-se sempre mais no complexo processo de dedução das hipóstases a partir do Absoluto, e no sempre mais intrincado multiplicar-se dos momentos triádicos desse processo (cf., por exemplo, Amélio, VIII, 145 ss. e Teodoro de Asina, VIII, 168 s.).

DEMOCRACIA, cf. Governo, formas de.

DEMÔNIO (δαίμων)

Para os gregos, o Demônio é um ser *intermediário entre o Divino e o humano*, com função de mediação entre as duas esferas. É uma criação da fé popular, retomada no âmbito da filosofia grega com oportunas reformulações, por exigências não somente religiosas, mas também ontológicas e éticas. — Em particular, recordamos a posição de grande relevo que o Demônio tem na religião órfica, onde se identifica com a alma que sofre a prisão do corpo em seguida a uma culpa, mas tende a libertar-se do corpo: doutrina essa que exerce grande influência em alguns pré-socráticos e, sobretudo, em Platão e em todo o platonismo posterior (cf. I, Apêndice, *passim*). — Em Platão, importância particular é atribuída ao Demônio *Eros*, filho de Penia e Poros, que personaliza *a força sintética e mediadora capaz de elevar o homem do sensível ao suprassensível* (III, 217 ss.). Em Xenócrates, a figura do Demônio é aprofundada de modo específico. Ele considera os Demônios como *almas liberadas do corpo* que, no entanto, mantêm algumas características morais da vida terrena. Em particular, todos os fatos atribuídos pela tradição aos Deuses populares devem ser atribuídos aos Demônios. A demonologia de Xenócrates recebe uma tríplice significação: religiosa, enquanto o Demônio ocupa-se com a relação entre Deus e o homem; psicológica, enquanto os Demônios são a origem das almas; e ética, enquanto perpetuam no mundo celeste o conflito entre o bem e o mal (V, 92 ss.). — Deve-se notar que a demonologia desempenha um papel de importância também na doutrina do Pórtico: com efeito, os estoicos consideram os Demônios como seres que têm afetos e sentimentos comuns à humanidade e exercem vigilância sobre o curso das coisas humanas (III, 309). — Em seguida muitos filósofos, sobretudo na última fase do pensamento grego, embora pertencendo a escolas diversas e influenciados obviamente pelo renascimento do platonismo, chamam o Demônio *alma intelectiva* (cf., por exemplo, Marco Aurélio, VII, 118 ss. e Díon Crisóstomo, VII, 197). Na filosofia neopitagórica (VII, 353 e 356) e médio-platônica (VII, 307 ss.), os Demônios recebem conotações mais específicas. Plutarco, por exemplo, os distingue em duas grandes classes: os que nunca tiveram comércio com o corpo (esses constituem a espécie mais elevada) e os que tiveram comércio com o corpo, e que outra coisa não são senão as almas que se libertaram do corpo (VII, 308). A função do Demônio permanece, porém, sempre a de *mediar a esfera dos*

Deuses, que não podem entrar em comunicação direta com o sensível, com a dos homens. É digno de menção que seja dada aos Demônios a possibilidade de ser elevados ao nível dos Deuses. Doutra parte, nos Demônios inferiores se admite mesmo (por exemplo em Plutarco) a possibilidade da morte (VII, 308). — Também Plotino admite a existência dos Demônios. Eles são constituídos de matéria inteligível, o que lhes permite assumir corpos aéreos e ígneos. Já que são, em parte, materiais (Plotino admite que tenham afeições e sejam mesmo dotados de voz), não participam do mundo do Espírito, mas são gerados pela Alma do Universo, em função das necessidades do mesmo Universo. Desse modo, o Demônio desempenha um papel específico no âmbito da complexa atividade da terceira hipóstase, no que diz respeito à sua atividade de sustentar o mundo. Em particular, Plotino sublinha a função de uma espécie de Demônios, os *Erotes*, que dependem da potência de amor da alma na sua aspiração ao belo (VIII, 99, nota 32). No neoplatonismo pós-plotiniano, assistimos a uma extensão da doutrina dos Demônios no sentido metafísico, na medida em que eles são inseridos na complexa processão triádica. Em Proclo, por exemplo, os Demônios, juntamente com os Anjos e os Heróis, constituem o segundo momento triádico da alma; VIII, 187 (cf. verbetes Anjo e Herói).

DEMONSTRAÇÃO (ἀπόδειξις, *demonstratio*)

Assim é denominado por Aristóteles, nos *Segundos Analíticos*, o silogismo que une a correção formal à verdade das premissas (ver IV, 152 ss.). Sobre esse tema é fundamental a obra de M. Mignucci, *L'argomentazione dimostrativa in Aristotele, Commento agli Analitici Secondi*, vol. I, Pádua, 1975.

DEMONSTRAÇÃO POR ABSURDO, cf. Confutação.

DESEJO, cf. Apetite, Eros, Paixão.

DESORDEM, cf. Anomalia, Confusão, Disteleologia.

DESTINO, cf. Heimarméne.

DEUS — DIVINO (θεός - θεῖον)

Não é possível compreender a concepção grega sobre Deus se primeiro não se compreende que, em todos os pensadores, o conceito de Deus é um momento do conceito mais amplo de Divino (neutro). Isso significa que *o Divino é entendido sempre pelo grego como uma pluralidade estrutural* e que a nossa concepção monoteísta, de origem bíblica, está em nítida antítese com a concepção grega. Para dar uma visão sintética, que espelhe o mais possível tão complexa problemática, é oportuno distinguir os pontos seguintes: 1) as notas características da natureza do Divino; 2) as relações entre a natureza do

Deus-divino e o cosmo; 3) as relações entre Deus e a natureza do homem; 4) as relações entre Deus e a lei moral; 5) as relações entre o problema de Deus e a escatologia; 6) as relações entre Deus e o conhecimento que o homem tem dele; 7) as relações entre Deus e a Providência. 1) As *notas essenciais do conceito grego do Divino* foram alcançadas pouco a pouco na seguinte ordem: *a*) Para os naturalistas, o Divino é o *princípio* (o ser *do qual*, *no qual* e *pelo qual*) ou seja, o que causa, dirige e sustenta (e, portanto, governa) o todo; além disso é *b*) *inteligência*. Essa última característica surge como tema sobretudo em Anaxágoras e Diógenes (I, 147 ss.; 166 ss.), e é central também em Sócrates (II, 125 ss.). — *c*) Para Platão e Aristóteles, Deus e o Divino são a realidade *metaempírica*, ou seja, a substância transcendente, vale dizer uma realidade estruturalmente diversa da realidade sensível. Em Platão, essa realidade é entendida sobretudo como Ideia (III, 61 ss.), ou seja, como o inteligível do qual a inteligência é um momento subordinado. Ao invés, em Aristóteles é entendida como Inteligência (multiplicidade de Inteligências) à qual o inteligível é de alguma maneira subordinado (IV, 60 s.). Com o renascer do platonismo, chega-se a uma síntese desses conceitos, e Deus se torna a Inteligência que, pensando-os, produz os inteligíveis (VII, 253 ss.; 294 ss.). — *d*) Com o neoplatonismo o conceito de Deus se enriquece com a introdução do conceito positivo de infinito entendido como potência no mais alto grau, como inexaurível força produtora, transcendente com respeito ao próprio pensamento e ao próprio ser inteligível, enquanto esses se tornam momentos concebidos de diversas maneiras e distribuídos nas diversas manifestações do Divino (VII e VIII, *passim*). — *e*) A partir sobretudo de Platão (mas com antecipações ao menos implícitas já nos pré-socráticos) uma caraterística do Divino é posta em primeiro plano, a saber, a do *Bem*; a Ideia do Bem (impessoal) está no vértice do Inteligível (III, 150 ss.); o ser *bom* é qualidade essencial do Demiurgo, inteligência suprema (III, 141 ss.; 151). O bem e o ótimo são características também do Deus aristotélico (IV, 63 ss.). Em Plotino e nos neoplatônicos, o Bem é o Uno, o próprio Absoluto; e toda a esfera do Divino subsiste na forma do bem (cf. sobretudo VIII, 47 ss.) 2) A natureza do Divino torna-se mais clara ao se confrontar com o segundo dos problemas, a saber o das suas *relações com o cosmo*, considerando as respostas dadas pelos filósofos gregos, que esgotam toda a gama das respostas possíveis. — *a*) Para os naturalistas, Deus e o mundo são distintos como a causa do causado, no interior de um horizonte arcaico de pensamento que não conhece ainda as categorias de imanência e de transcendência e, portanto, de maneira ainda indeterminada (ver sobretudo I, 102 s.). — *b*) Platão concebe Deus e o Divino como transcendentes ao mundo (III, 150 ss.), seguido por Aristóteles (IV, 56 ss.) e pela literatura filosófica que depende de ambos. — *c*) Para os estoicos, Deus-Divino é considerado imanente e coincide com a própria natureza (a filosofia do Pórtico representa a primeira formulação coerente do imanentismo; cf. VI, 51 ss.). — *d*) Eis a posição de

Epicuro: Deus e o mundo estão entre si numa relação de estranheza, no sentido de que os Deuses não causam nem governam o mundo. Os Deuses, porém, não têm uma estrutura que os diferencie ontologicamente do mundo (V, 195 ss.) — *e*) A posição de Plotino e dos neoplatônicos é a de que o Divino possui diversos níveis de transcendência: no seu conjunto, ele transcende o mundo físico; no seu interior, porém, há ulteriores graus de transcendência, sendo que o Princípio primeiro e absoluto está mesmo para além do ser, do pensamento e da vida (VIII, 41 ss.). Vejam-se, a propósito, os verbetes Imanência e Transcendência, tendo presentes, porém, todas as alternativas acima elencadas. Excetuando-se a posição de Epicuro, que constitui um *unicum*, todas as outras podem ser vistas como um modo diverso de entender os mesmos atributos de Deus enumerados no primeiro ponto, em particular o de ser Princípio (ao qual, de resto, todos os outros se prendem). Deixando de lado a posição dos pré-socráticos que, enquanto arcaica, isto é, indiferenciada, não se pode esquematizar senão diferenciando-a e, portanto, deformando-a, devemos observar o seguinte: o Divino e Deus em Platão e Aristóteles (ainda que nos modos diversos que notamos) são causas transcendentes (nos médio-platônicos e nos neoplatônicos transcendentes mesmo em *diversos níveis*) à ordem do mundo ou, se se prefere, ao mundo como ordem. Nos estoicos, ao contrário, o Divino é causalidade imanente ao mundo, uma atividade intrínseca finalizadora. O teorema da criação a partir do nada permaneceu desconhecido à cultura grega, e o próprio Filo de Alexandria, usando categorias gregas, só com muito trabalho consegue apresentar racionalmente a mensagem bíblica (VII, 244 ss.). Pode-se também dizer que o Deus grego é criador somente enquanto *ordenador*, não enquanto produz e faz dom do ser. Além disso, prevalece a ideia da necessidade da produção do mundo por parte do Divino. Uma vez posto o Divino com as suas características, o mundo deriva dele por via de consequência. O Demiurgo platônico é como a exceção que confirma a regra. Mas é uma exceção apenas parcial porque, em todo caso, não dependem do Demiurgo nem o mundo das Ideias (que constitui o paradigma no qual ele se inspira) nem a *chora* que ele deve formar. 3) No que diz respeito às relações entre Deus e a natureza do homem, os gregos, a partir de Homero, falaram de *syngheneia*, de afinidade que, porém, apenas (ou sobretudo) foi justificada no *Timeu* e na tradição platônica. A afinidade é atribuída ao *nous*, ou seja, à *inteligência*. 4) No que concerne às relações entre Deus e a lei moral, é importante observar que, para nenhum dos filósofos gregos, Deus é o revelador da lei moral. Essa lei é concebida, em certo sentido, como um Absoluto, como inscrita na *physis* em geral e na *physis* do homem em particular. Para realizar a lei moral, o homem não tem, pois, necessidade de um auxílio divino especial. 5) A ideia de um Deus que premia os bons e pune os maus não aparece difundida entre os filósofos ou o é somente na medida em que se inspiram no orfismo. Em geral, os pensadores gregos compreenderam a virtude e a vida moral de preferência segundo um modo autônomo. Um prêmio no além é mais uma consequência a modo de corolário do que o fim primário da virtude e da vida moral. Platão e os platônicos constituem uma exceção notável, mas são devedores nesse ponto mais do orfismo do que da pura especulação (cf. sobretudo III, 191 ss.). 6) No que se refere à capacidade do homem de conhecer Deus e o Divino em geral, os filósofos gregos não alimentam dúvidas. Não por acaso raros são os filósofos ateus. A concepção e o sentimento do mundo como *ordem* levava necessariamente a postular um ordenador. Com efeito, as provas da existência de Deus giram sobretudo em torno dos conceitos de ordem e de fim. A ideia de que seja necessária uma revelação divina para que o homem venha a crer na existência de Deus é fundamentalmente estranha ao pensamento grego. A própria concepção da inefabilidade de Deus, que se difunde na antiguidade tardia, não é uma exceção, mas uma confirmação de quanto acabamos de afirmar. Com efeito, se Deus é considerado inacessível racionalmente é, no entanto, considerado acessível mediante a *unio mystica* e o êxtase, para cuja consecução o homem necessita apenas das suas próprias forças. 7) Os filósofos antigos falaram muito da Providência divina, sobretudo na antiguidade tardia. Sócrates e Platão conhecem esse conceito, mas não o situam em primeiro plano. Aristóteles, ao contrário, o ignora no nível metafísico. Com os estoicos, a *Prónoia* torna-se um conceito-base irreversível. No entanto, permanece desconhecido ou afirmado apenas esporadicamente o conceito de Providência a respeito do *indivíduo singular*. — Para complemento do que foi dito, cf. os verbetes: Afinidade, Agnosticismo, Antropomorfismo, Apófase, Assimilação a Deus, Ateísmo, Deificação, Êxtase, Imanência, Mística, Monoteísmo, Nomoteta, Politeísmo, Providência, Religião, Teologia, Transcendência.

DEVER, cf. Kathekon.

DEVIR, cf. Movimento, Mudança.

DÍADE (δυάς)

O conceito de Díade do grande-e-pequeno é de inspiração pitagórica e designa o princípio da divisibilidade e da multiplicidade. A Díade constitui, nas "doutrinas não escritas" de Platão, o elemento material (inteligível) das Ideias: uma espécie de *matéria inteligível* sobre a qual age o princípio do Uno com função limitadora. Corresponde, em certo sentido, ao conceito de "Apeiron" (cf. verbete), introduzido com função análoga no *Filebo* (III, 121). — Em seguida Espêusipo, embora aceitando de Platão a doutrina do Uno-princípio, substitui a Multiplicidade à Díade, considerando-a mais condizente com a dedução dos números matemáticos, tendo ele eliminado as Ideias e os Números ideais (V, 88 ss.). Nos fins da era helenística e na era imperial a doutrina da Díade renasce, depois de um longo esquecimento, de modo um tanto limitado nos médio-platônicos, como, por exemplo, Plutarco (cf. VII, 303 s.) e, ao contrário, de modo relevante, nos neopitagóricos. Esses últimos consideram a Díade como princípio passivo e como matéria inteligível, dualisticamente contraposta à Mônada (VII, 349 ss.). A tendência própria do movimento neopitagórico de realizar um monismo espiritualista acaba, porém, por negar a autonomia ontológica da Díade, primeiramente deduzindo-a da própria Mônada, depois deduzindo-a ulteriormente, juntamente a um *uno inferior* de um *Uno superior* (VII, 351 s.). — Uma concepção complexa da Díade é a de Numênio, que procura fundi-la com a doutrina hipostática do médio-platonismo, mas de um modo bastante aporético (VII, 367 ss.). — A doutrina da Díade se encontra igualmente em Plotino e nos neoplatônicos, embora não situada em primeiro plano. Em Plotino, em particular, a Díade é o primeiro produto do Uno, que se determina voltando-se para o Uno e, dessa maneira, dá lugar ao mundo das Ideias e do Espírito (VIII, 62 ss.; 71 ss.).

DIALELO (ὁ διάλληλος τρόπος)

É o tipo de demonstração errônea que, para explicar o objeto que se busca demonstrar, o pressupõe na mesma razão aduzida para explicá-lo. — É o quinto *tropo* de Agripa (VII, 160). — O "círculo vicioso" e a "petição de princípio" são formas de dialelos.

DIALÉTICA (διαλεκτική)

A dialética (de *dia-léghein*) foi entendida na antiguidade segundo acepções diversas, que podem ser reduzidas ao menos a sete. 1) Zenão de Eleia, considerado pelos antigos fundador da dialética, concebeu a esta como uma *confutação metódica das teses do adversário*, realizada com a finalidade de estabelecer a verdade da própria tese, por meio da demonstração da contraditoriedade da tese oposta (uma forma de demonstração por absurdo). Leia-se o texto platônico citado em I, 117 s. e veja-se a análise de cada um dos argumentos dialéticos em I, 118 ss. 2) A dialética zenoniana, utilizada como fim a si mesma, sobretudo no ambiente sofístico ou na escola megárica, deu origem à erística ou, se se prefere, à dialética como erística (cf. verbete). 3) Em Sócrates, a dialética torna-se *diálogo*, que se cumpre nos dois momentos da *confutação* e da *maiêutica*, exercendo-se sob o signo extremamente original da *ironia* (cf. verbete). Convém, ademais, notar que a dialética socrática se distingue também pelo seu fim predominantemente ético-educativo (II, 138 ss.). 4) Em Platão, a dialética adquire uma significação a um tempo metodológico-ontológico-metafísica, sendo entendida *a*) como *inferência metaempírica*, *b*) como *método ascendente e descendente para captar os nexos entre as Ideias*, *c*) como *a própria relação ontológica que liga as Ideias entre si* e da qual depende o método (III, 164 ss.). Veja-se também a retomada desses conceitos em Plotino (VIII, 30 ss.). 5) Em Aristóteles, coincide com a *analítica* ou *lógica do provável*, vem a ser, com o *tratado do silogismo dialético* (IV, 157 ss.). Convém notar que Aristóteles teoriza igualmente, de maneira muito clara, a significação da dialética como *élenchos* ou *confutação* (cf. Confutação). 6) Na escola estoica coincide com a *pars potior* da lógica, que se divide justamente em dialética e retórica (VI, 19 ss.). 7) Os estudiosos modernos julgaram mesmo possível encontrar no pensamento antigo a dialética também na estrutura triádica hegeliana, ou seja, na acepção de *síntese dos opostos*. Nesse sentido, embora com muitas restrições, pode-se falar de dialética em Heráclito e, sobretudo, em Proclo, cuja *lei da permanência-processão-retorno*, conforme reconhece o próprio Hegel, prefigura justamente a dialética triádica da tese, antítese e síntese (VIII, 187 ss.).

DIÁLOGO (διάλογος)

Designa o procedimento por perguntas e respostas (*dia-léghein*) na busca da verdade. Foi a característica própria da dialética socrática, em nítida antítese com o monólogo dos sofistas. Em Sócrates, embora possuindo uma rigorosa estrutura lógica, foi um método fundamentalmente educativo, com forte ênfase moral (II, 139), tendo em mira *submeter a alma à prova para curá-la por meio do Logos* (cf. Dialética, Ironia, Maiêutica, Confutação). — Em Platão e em alguns socráticos menores, além de método, torna-se gênero literário. Platão em particular, embora partilhando em princípio o juízo negativo de Sócrates sobre a palavra escrita, julgada incapaz de traduzir o autêntico espírito filosófico, diferentemente do mestre que nada escreveu, procurou, através do diálogo literário, reproduzir a essência do método socrático e nele fazer refluir toda a fecundidade da palavra viva (III, 12 ss.). Depois de Platão, o diálogo tornou-se, na filosofia, uma cansativa imitação, uma vez que, pela sua própria natureza, ele subsiste apenas na medida em que é penetrado pelo autêntico espírito socrático. De fato, tanto o diálogo socrático vivo como o diálogo platônico literário constituem, em seu gênero, um *unicum*.

DIANOÉTICA, cf. Virtude, Areté.

DIANOIA (διάνοια)

No seu significado genérico, o termo quer dizer *razão* e *pensamento*, em oposição à experiência e à sensação; na sua significação mais determinada e específica e, portanto, técnica, designa a *razão ou pensamento discursivo*, ou seja, o pensamento que procede passo a passo, dis-correndo (*dia-noein*), a saber, mediadamente e não imediatamente. Nesse sentido *dianoia* se opõe a *noesis*, pensamento intuitivo ou imediato. Essa significação técnica foi fixada tematicamente por Platão: cf. III, 163 s. e as explicações ulteriores aí fornecidas.

DIATRIBE (διατριβή).

A diatribe é uma forma literária codificada pelos cínicos, que consiste numa composição breve, geralmente de forma dialógica, de caráter predominantemente ético, muitas vezes com o tom de paródia, mordaz e polêmico. Ao que parece, a diatribe remonta a Bíon (ver V, 45 ss.). Os escritos de Menipo são considerados modelos nessa matéria (V, 45). — Despojada da agressiva feição cínica, a diatribe tornou-se um gênero literário muito difundido, sobretudo na antiguidade tardia.

DIÉRESE (διαίρεσις)

A diérese é, em Platão, a forma típica da dialética descendente que consiste em proceder por divisões sucessivas a partir das Ideias gerais, decompondo-as *sucessivamente em Ideias particulares, de maneira a estabelecer o lugar que cada Ideia ocupa na hierarquia do mundo inteligível* (III, 165). Eis como Platão define a diérese dialética no *Sofista*: "Dividir por gêneros e não tomar por distinta uma Ideia que seja a mesma, nem pela mesma uma que seja distinta, não é esta, dizemos, tarefa da ciência dialética? [...]. Ora, aquele que é capaz disso, acredito que seja igualmente apto a discernir uma Ideia única, estendida em todos os sentidos, através de uma pluralidade de elementos separados uns dos outros; e uma pluralidade de elementos distintos entre si, ligados extrinsecamente por uma Ideia única e esta como que em ato de penetrar uma pluralidade de complexos para ligá-los numa unidade: e uma multiplicidade de elementos totalmente distintos. Ora, conhecer onde os singulares sejam ou não aptos a se associar é *justamente saber dividir segundo os gêneros*" (253 d-e).

DICOTOMIA, Argumento da

É o primeiro e o mais importante argumento de Zenão contra o movimento. Ver a sua exposição em I, 118 ss.

DIFERENÇA ESPECÍFICA

É a diferença que, determinando o gênero, constitui a espécie. A diferença específica última coincide com a própria essência das coisas (IV, 147). Cf. a importante passagem da *Metafísica* aristotélica que aduzimos no verbete Definição, onde o conceito de diferença específica é explicado de maneira perfeita.

DIKAIOSYNE, cf. Justiça.

DIMINUIÇÃO (φθίσις)

Para Aristóteles é, juntamente com o aumento, *a forma que a mudança* (cf. verbete) assume quando se refere à *categoria da quantidade* (IV, 69).

DIREITO, cf. Lei.

DISCURSIVO, Procedimento, cf. Dianoia.

DISJUNTIVO (διεζευγμένον)

Expondo a doutrina estoica, Diógenes Laércio dá a seguinte definição: "A proposição disjuntiva é *aquela que é disjunta por uma conjunção disjuntiva.* Exemplo: 'ou é dia ou é noite'. Essa conjunção prenuncia que um dos enunciados é falso" (VII, 72). Além das proposições, existem os silogismos disjuntivos, que são *aqueles nos quais a premissa maior é justamente uma proposição disjuntiva.* Com esses silogismos se ocuparam sobretudo os estoicos. Vejam-se os exemplos 4 e 5 de anapodíticos, citados em VI, 35 ss.

DISTELEOLOGIA

Assim se denomina a negação do finalismo. O exemplo mais notável é o atomismo, seja na sua formulação antiga seja na sua formulação epicurista (I, 156 ss.; V, 170 ss.). — Teofrasto nega o finalismo no mundo sublunar, levando a cabo, assim, uma mudança brusca na filosofia do Perípato (cf. V, 119 ss.). — Também a concepção da realidade própria dos céticos é fortemente disteleológica, para os quais o ser é dominado pela "desordem" e pela "confusão"; cf. VII, 135 ss.

DIVERSIDADE, DIVERSO, cf. Alteridade, Outro.

DIVISÃO, cf. Diérese; Dicotomia.

DOGMA, DOGMÁTICOS, DOGMATISMO (δόγμα, *decretum*).

O termo designa uma doutrina na qual se crê *firmemente.* Recordemos, por exemplo, que Aristóteles chama de *dogma* comum aos filósofos naturalistas o princípio "nada deriva do que não é e tudo deriva do que é" (*Metafísica*, K 6, 1062 b 25 s.), e de "*dogmas* não escritos" as doutrinas platônicas não consignadas nos escritos (*Física*, 2, 209 b 15). — O termo, porém, adquire significado peculiar na era helenística. Epicuristas e estoicos afirmam que é essencial ao sábio *possuir dogmas*, ou seja, *princípios doutrinários nos quais possa crer firmemente.* Epicuro escreve: "O sábio será dogmático nas suas convicções doutrinárias, nunca deixando a porta aberta à dúvida" (Usener, *Epicurea*, fr. 562). Para os estoicos, a representação cataléptica é dogma (cf. von Arnim, *S.V.F.*, II, fr. 121). Para Epicteto, o dogma coincide com a *prohaíresis* (ver VII, 101 s.). Eis, enfim, uma interessante página de Cícero na qual descreve a posição de Antíoco, de procedência estoica, sobre a necessidade do dogma: "Se todas as demonstrações fossem tais quais apregoam esses (= os filonianos) — isto é, que possam ser também falsas e que não é possível distingui-las com nenhum meio cognoscitivo — como poderemos sustentar que alguém tenha feito uma demonstração ou então uma descoberta? Ou que prova haveria da demonstração de uma argumentação? Mais ainda, que fim terá a filosofia, que deve proceder com método racional? E o que acontecerá com a sabedoria, que não deve pôr em dúvida nem a si mesma nem aos seus 'decretos' (que os filósofos chamam *dogmas*), nenhum dos quais pode ser deixado de lado sem que se incida em culpa? Com efeito, quando se transcura um decreto (= dogma) da sabedoria, acaba-se transcurando a própria lei da verdade e da retidão, e nessa deficiência costumam ter origem atos de traição com respeito à amizade e ao Estado. *Portanto, é necessário crer firmemente que nenhum decreto (= dogma) do sábio possa ser falso e que não basta que não seja falso, mas deve ser igualmente estável, fixo e ratificado, de sorte que raciocínio algum possa movê-lo*" (*Acad. pr.*, II, 9, 27). Os céticos, ao contrário, combateram sistematicamente esse ponto em particular, e dogma e dogmático receberam uma conotação negativa, em consequência sobretudo das polêmicas céticas. Para o cético, dogma torna-se um *assentimento dado a coisas obscuras*, onde por "coisas obscuras" entendem-se todas as que são objeto da ciência e, portanto, qualquer proposição que pretenda exprimir alguma verdade que não seja de evidência puramente empírica ou fenomênica. Eis a definição de Sexto Empírico, exemplar sob muitos aspectos: "Dizemos que o cético não dogmatiza, não no sentido em que alguns entendem esse termo, para os quais, em geral, é *dogma assentir a qualquer coisa*, pois o cético assente às afecções que se seguem necessariamente às representações sensíveis. Assim, por exemplo, sentindo calor ou frio, ele não diria: — creio não sentir calor ou frio —; mas dizemos que não dogmatiza segundo a significação que outros dão ao termo *dogma*, isto é, *assentir a algumas coisas das que são obscuras e formam objeto de pesquisa por parte das ciências* (o pirroniano não assente a nenhuma coisa obscura). Mas também não dogmatiza em proferir, a respeito das coisas obscuras, as expressões céticas como 'por nada mais' ou então 'não afirmo nada' [...]. Pois aquele que dogmatiza estabelece como verdadeira e real a sua asseveração assim chamada dogmática, ao passo que o cético põe essas expressões não como verdadeiras e reais em sentido absoluto" (*Esboços pirronianos*, I, 13-14). — O termo dogma tem um sentido completamente diferente na religião, onde significa *verdade revelada e na qual se deve crer*. Observe-se que o dogma na religião é uma verdade que não é objeto de razão, mas de fé.

DOR (λύπη, *dolor*).

Os antigos dão diversas interpretações à dor, entendida como sofrimento do corpo e da alma, entre as quais se destacam as três seguintes. 1) Uma primeira, inspirada no orfismo e, portanto, *de caráter predominantemente religioso* (ligada ao conceito de uma culpa originária e ao ciclo das reencarnações da alma como punição), entende a dor e o sofrimento como *expiação*. Essa doutrina se encontra expressa sobretudo por Platão nos mitos do *Górgias*, do *Fédon* e da *República*, e posteriormente na tradição platônica. 2) Uma segunda concepção é a de Epicuro que faz *coincidir a dor com o mal*. Tarefa da filosofia é exatamente curar e aliviar, se não mesmo suprimir, o mal (V, 206 ss.; 217 ss.; 227 ss.). 3) A terceira concepção, celebrizada sobretudo pelos estoicos, entende *a dor como algo completamente diferente do mal* e mesmo, *como um indiferente*, com respeito a ele (VI, 138 ss.). Tornou-se paradigmática a célebre frase de Possidônio, atingido por um ataque de artrite muito dolorosa: "A tanto não chegas, ó dor! És opressora, sim, mas nunca admitirei que és um mal" (VI, 127). Deve-se notar que, não obstante a avaliação oposta da dor, epicuristas e estoicos chegam às mesmas conclusões: a dor *nunca é um obstáculo à felicidade para um sábio*; o sábio pode ser feliz mesmo no touro de Fálaris (ver V e VI, *passim*).

DOUTRINÁRIOS, Médicos, cf. Medicina.

DOXA (δόξα, *opinio*)

Na linguagem filosófica, o termo significa *opinião*. — Desde as suas origens, a *filosofia grega desvalorizou a opinião*, na qual viu a *fonte do erro*. 1) A opinião representa o estágio gnosiológico pré-racional, no qual a razão é prisioneira das aparências dos sentidos. Já Heráclito mostra um desprezo radical pela opinião (ver I, 69). Os eleatas fazem a opinião coincidir sem mais com o erro, em razão dos seus pressupostos metafísicos. Parmênides procura distinguir duas formas de *doxa* e de reconduzir a *doxa* plausível (não a que ele denomina *doxa* dos "mortais") ao plano da razão mas, assim fazendo, ele a destrói como *doxa* (a razão eleática é de tal natureza que não pode, por sua própria estrutura, salvar a *doxa* e explicar os fenômenos); por sua vez, Melisso declara sem mais que a *doxa* é uma ilusão, ou seja, um engano dos sentidos, de acordo com os fundamentos ontológicos do eleatismo (I, 128 ss.). 2) Platão salva a *doxa* na medida em que salva o devir, considerando-o como *metaxy*, a saber, como algo intermediário entre o ser e o nada. Para Platão, ao contrário dos eleatas, o dissídio radical entre a razão e a experiência se compõe não negando qualquer assentimento aos dados dos sentidos em benefício exclusivo da razão, mas *distinguindo dois planos da realidade*. No entanto, justamente porque se refere ao devir, que é ambíguo, também a opinião acaba tendo um caráter *ambíguo* (permanece no meio entre a ciência e a ignorância), isto é, permanece como algo *teoreticamente não positivo*. Com efeito, somente alcançando a ciência é possível estabelecer se a opinião é verdadeira ou falsa, justamente medindo-a com a medida da ciência (ver III, 161 ss.); e somente "ligando-a com o raciocínio causal" é possível eliminar a sua instabilidade; mas, ao fazer isto, nós a transformamos em ciência e a suprimimos como opinião (ver *Ménon*, 97 a ss.). 3) Nos seus *Tópicos*, Aristóteles tenta elaborar uma lógica sistemática da opinião (o silogismo dialético), mas não consegue modificar, senão em medida muito reduzida, essa perspectiva (IV, 157 ss.). 4) A preeminência absoluta da *epistéme*, com a qual somente a verdade está ligada, permanece o emblema de toda a filosofia grega, mesmo depois de Platão. Tanto Epicuro (V, 181 ss.) como os estoicos (VI, 21 ss.) e Plotino (VIII, 30 ss.), embora com motivações diversas, designam a *doxa* como lugar do erro. Apenas os últimos céticos que, com Sexto Empírico, tentam uma fusão entre o ceticismo e a medicina, dão à opinião um relevo incomum: mas esses filósofos representam, na realidade, a negação da especulação filosófica que, para eles, é toda ela apenas dogmática. Além disso, trata-se de uma reabilitação bastante suspeita da *doxa*: a confiança na *synétheia* (costume comum) e na *doxa* exprime apenas a desconfiança na razão: não porque se acredite que a *synétheia* e a *doxa* sejam portadoras de verdade (ver VII, 174 ss.). Por conseguinte, os céticos não chegam nem mesmo a constituir a exceção que confirma a regra. De resto, a desvalorização da *opinião* por parte da filosofia é inevitável, tendo-se em vista o próprio objeto de toda filosofia (em particular, da filosofia antiga), que consiste em contestar as *aparências* e, portanto, a *doxa*, para tentar alcançar os fundamentos últimos que estão sempre e somente para além dela.

DUALISMO, DUALÍSTICO

Trata-se de um termo moderno usado em diversas acepções, mas que podem ser reduzidas a duas fundamentais, uma de significado *metafísico* e outra de significado sobretudo *teológico-religioso*. A essas podemos acrescentar uma terceira, que pode ser dita *ontológica*, e uma quarta, que podemos chamar *cosmológica*. 1) *a*) Pode ser denominada dualista, em geral, toda forma de metafísica ou de doutrina que admite a existência de "dois gêneros" de ser, um corruptível e sensível, outro incorruptível e inteligível. Entendendo-se o termo nesse sentido, é *dualista quem quer que admita uma transcendência*. Desde esse ponto de vista tanto Platão como Aristóteles são dualistas. — *b*) Numa acepção mais restrita, o dualismo é muitas vezes entendido em sentido polêmico, designando uma *concepção incorreta do suprassensível e da transcendência*. Aristóteles, por exemplo, repreende Platão por ter, com a sua teoria das Ideias, reduplicado de maneira incorreta o mundo sensível: nesse sentido, também alguns intérpretes modernos, seguindo Aristóteles nesse ponto, falam de dualismo platônico (portanto, na acepção de uma admissão enganosa de uma ilusória cópia do real). Segundo a nossa opinião, tal interpretação é simplista, não fazendo justiça à verdade histórica, como mostramos em III, 75 ss. 2) Em outra acepção, chama-se *dualista qualquer concepção do mundo que explica toda realidade em função de dois princípios antagônicos entre si, um do Bem, outro do Mal*. Essa forma de dualismo tem sua origem no Oriente e difunde-se no Ocidente sobretudo na antiguidade tardia (Cf., por exemplo, a doutrina hermética). O pensamento filosófico grego permaneceu, em grande parte, imune a esse dualismo e, mais ainda, foi Plotino quem formulou a doutrina célebre segundo a qual *o mal não é substância, mas simplesmente privação de bem e, portanto, carente de conteúdo ontológico* (VIII, 87 ss.). Isso não significa que não se encontrem na filosofia grega infiltrações dessa doutrina, por exemplo, em Plutarco (VII, 304 ss.) e Numênio (VII, 368 ss.). — Por outro lado, existe também no âmbito do pensamento grego uma concepção nitidamente dualista do *homem* que deriva do Orfismo, e segundo a qual o corpo é o *sepulcro* da alma. Esse dualismo está presente em Platão, no primeiro Aristóteles e em todos os pensadores que sofrem alguma influência do orfismo. 3) Um terceiro tipo de dualismo é o que se poderia denominar ontológico, a saber, *o que admite uma matéria incriada ou, em todo caso, uma matéria coeterna com Deus*. Esse tipo de dualismo é superado somente com o conceito bíblico de criação ou, mas de maneira fortemente aporética, com o conceito de processão neoplatônica. 4) Enfim, pode-se denominar dualismo cosmológico a concepção aristotélica do cosmo como dividido em *mundo sublunar* e em *mundo celeste*, diversos estruturalmente entre si na medida em que o primeiro é constituído pelos quatro elementos (água, ar, terra e fogo), o outro pelo éter, um feito de realidade corruptível, o outro incorruptível (cf. Éter).

DÚVIDA (ἀπορία)

A dúvida coincide com o antigo conceito de *aporia*. Foi utilizada pelos antigos filósofos de duas maneiras completamente diferentes. 1) Uma primeira significação da dúvida consiste na tomada de consciência das dificuldades (objetivas e subjetivas), tida como condição para chegar à verdade. Trata-se, portanto, de uma dúvida que, com termo moderno, poderíamos chamar *metódica*. É esse o significado da dúvida socrática (e, portanto, platônica), como mostramos em II, 144 ss. A função muito importante da dúvida foi reconhecida também por Aristóteles. A página seguinte (*Metafísica*, B 1, 995 a 24 ss.) desenha um verdadeiro programa: "Com relação à ciência que andamos buscando, é necessário que examinemos os problemas dos quais é preciso captar, em primeiro lugar, as dificuldades. Trata-se daqueles problemas a respeito dos quais alguns filósofos propuseram soluções conflitantes e, além desses, de outros problemas que até agora foram transcurados. Ora, para quem deseja resolver bem um problema, é útil perceber adequadamente a dificuldade que ele traz consigo: com efeito, a boa solução final é a solução das dificuldades anteriormente elencadas. Não é possível que seja desatado um nó por aquele que o desconhece; e as dificuldades encontradas pelo pensamento são índice das dificuldades que estão nas coisas. De fato, quem está em dúvida está em condições semelhantes a quem está amarrado; num e noutro caso, não é possível andar adiante. Por isso é necessário que, antes, sejam examinadas todas as dificuldades, seja por essas razões seja porque os que procuram sem ter antes examinados as dificuldades são semelhantes aos que não sabem por onde andar. Esses tais, além disso, não estão em condição de saber se encontraram ou não o que procuram; com efeito, para eles não é claro o fim que devem alcançar, ao passo que esse fim é claro para quem antes compreendeu as dificuldades. Mais ainda, aquele que ouviu as razões opostas está em condições melhores para julgar, como acontece num processo". 2) Ao invés, a dúvida, com os céticos, torna-se *fim a si mesma* ou, se preferirmos, em vez de ser porta de acesso à verdade, torna-se porta que fecha o acesso à verdade. Sexto Empírico chama mesmo o ceticismo *direção dubitativa* como, por exemplo, na passagem seguinte: "A direção cética se chama 'investigativa' em razão da ação de investigar e da pesquisa; 'suspensiva' pela disposição de ânimo que, depois da pesquisa, conserva com relação ao objeto indagado, e *'dubitativo', justamente em razão do seu duvidar e investigar* a respeito de todas as coisas como alguns afirmam, ou então *pela sua habilidade em afirmar ou em negar*, e 'pirroniano' porque nos parece que Pirro, mais e com maior clareza do que todos os que o precederam, contribuiu para dar corpo ao ceticismo" (*Esboços pirronianos*, I, 7).

DYNAMIS (δύναμις)

O termo, que se pode traduzir corretamente como *potência*, pouco a pouco assumiu muitos sentidos, implícitos também no correspondente português que o traduz. A) Aristóteles nos deixou um catálogo das significações de *dynamis* que resume tudo o que, antes dele, fora dito, além das suas contribuições pessoais. Será útil, portanto, referir-se às suas afirmações nesse campo. Lemos na *Metafísica*, Δ 12, 1019 a 15 ss.: "(1) *Potência* significa, em primeiro lugar, *o princípio de movimento ou de mudança que se encontra em outra coisa ou então na mesma coisa enquanto outra*. A arte de construir, por exemplo, é uma potência que não se encontra na coisa que é construída; ao invés, a arte de curar, que é também uma potência, pode encontrar-se também naquele que é curado, mas não enquanto é curado. (2) Portanto, potência significa, em primeiro lugar, esse princípio de mudança ou de movimento que se encontra em outra coisa ou então na mesma coisa enquanto outra e, em segundo lugar, significa *o princípio pelo qual alguma coisa sofre a mudança ou é movida por outro ou por si mesma enquanto outra*: com efeito, em virtude desse princípio pelo qual o paciente sofre alguma modificação, dizemos que o próprio paciente tem a potência de sofrer modificações. (E ora dizemos isto se ele tem a potência de sofrer *qualquer* tipo de modificação; ora somente se ele tem a potência de sofrer modificações que o façam mudar para melhor.) (3) Além disso, chama-se potência a *capacidade de levar a termo determinada coisa, ou bem ou no modo que se deseja*. De fato, dizemos às vezes dos que caminham ou falam, mas não bem nem como desejariam fazê-lo, que não têm potência para caminhar ou de falar. (4) O mesmo deve-se dizer também com relação à potência passiva. (5) Chamam-se, ademais, potências *todos os estados em virtude dos quais as coisas são absolutamente impassíveis ou imutáveis, ou não facilmente mutáveis para pior*. Com efeito, as coisas se quebram, estragam, se encurvam e, em geral, se destroem, não porque têm potência, mas porque *não têm potência* e porque *lhes falta algo*: ao contrário, são impassíveis com respeito a todos esse tipos de afecções as coisas que, ou dificilmente ou pouco, são afetadas por eles em virtude da sua potência e do seu poder, e por uma certa condição na qual se encontram". B) Eis o novo significado, descoberto por Aristóteles e que permaneceu uma aquisição definitiva mesmo no modo comum de pensar: "Depois de haver tratado da potência considerada em relação ao movimento, devemos agora definir o ato e determinar a sua essência e propriedades. Avançando nessa análise, ficará mais claro, ao mesmo tempo, também o ser em potência, na medida em que dizemos que é em potência não somente o que por natureza pode mover outro ou então pode ser movido por outro (seja simplesmente, seja de determinado modo), mas dizemos que uma coisa é em potência também segundo outra significação: e foi justamente para procurar essa significação que tratamos também das outras. O ato é o existir da coisa, não porém no sentido em que dizemos que é em potência: e dizemos *em potência*, por exemplo, uma estátua de Hermes na madeira, a semirreta na reta, porque se poderiam atuar a partir deles, e chamamos de pensador aquele que não está especulando, mas tem a capacidade de especular; e ao outro modo de existir da coisa nós o designamos como o *ser em ato*. O que queremos dizer torna-se claro por indução dos casos particulares: com efeito, não é necessário buscar definição de tudo, mas é preciso contentar-se com compreender intuitivamente certas coisas mediante a analogia. E o ato está para a potência como, por exemplo, quem constrói está para quem pode construir, quem está acordado para quem dorme, que vê está para quem tem os olhos fechados, mas é dotado de visão, e o que é tirado da matéria para a matéria, e o que já está elaborado para o que não está elaborado. Ao primeiro termo dessas diferentes relações, deve-se atribuir a qualificação de *ato*, ao segundo a de *potência*". (*Metafísica*, Θ, 6, 1048 a 25 ss.). Sobre a importância dessa descoberta e sobre os numerosos problemas que Aristóteles resolveu em função dela, nos pronunciamos em IV, 54 ss.; 67 ss.; 84 ss.; 88 ss. C) Para a polêmica megárica contra a concepção da potência cf. III, 60 ss.) D) Com Filo de Alexandria, *dynamis* adquire acepções inéditas: para esse filósofo, "potências" são as *múltiplas manifestações da atividade de Deus*; cf. textos e exegese em IV, 250 ss. E) No neoplatonismo, assume o significado de *infinita força produtora*. Nesse contexto, *dynamis* recebe um conceito oposto à potencialidade aristotélica, e corresponde antes a *enérgheia*, como mostramos em VIII, 46. F) Assinalemos ainda uma antecipação muito interessante e quase divinatória das concepções tanto aristotélicas como pós-aristotélicas em Platão: em particular na passagem do *Sofista* 247 d-e. — Para um aprofundamento desse tema cf. A. Faust, *Der Möglichkeitsgedanke: Systemgeschichtliche Untersuchungen*, 2 vols., Heidelberg, 1931-1932.

E

ECLETISMO (ἐκλεκτικὴ αἵρεσις)

O termo foi usado já pelos gregos, pois Diógenes Laércio fala de uma "seita eclética" fundada por um Potamon, que nos é muito pouco conhecido (ver VI, 183, nota 1), mas recebe uma acepção exata somente na historiografia filosófica moderna. Em geral, designa uma filosofia que toma, *escolhendo-os nos vários sistemas* (daqui o nome), os elementos que a constituem, *considerando que a verdade está dispersa nas várias correntes filosóficas*. Por conseguinte, o termo pode receber três acepções, conforme se realiza a escolha à qual nos referimos. 1) Pode haver uma forma de ecletismo que reúne concepções de vários autores, mantendo uma inspiração unitária. — É esse o caso, por exemplo, dos físicos ecléticos, que unem algumas concepções jônicas com outras do pluralismo de Anaxágoras, mantendo, porém, a inspiração unitária da filosofia da *physis* (I, 164 ss.). — Uma consideração análoga se pode fazer para o médio-estoicismo, que retoma verdades platônicas e aristotélicas, mantendo a inspiração central da filosofia do Pórtico (VI, 109 ss.). 2) Existe, no entanto, uma forma de ecletismo como o da última Academia, que busca reunir verdades diversas sem possuir mais um *ubi consistam*, como acontece exatamente com Antíoco, que perde o sentido da identidade própria do platonismo e põe, uma ao lado da outra, diversas verdades, justamente porque perdeu o sentido daquela identidade (VI, 193 ss.). — A mesma coisa se pode dizer de Cícero, que recolhe verdades diversas (mesmo se de maneira não dogmática, como Antíoco) e as mantém unidas porque não conseguiu encontrar a própria identidade (VI, 199 ss.) — O ecletismo desses filósofos tem pouco a ver com o pensamento dos que possuem uma identidade própria fundamental, mas usam fórmulas e proposições tiradas de diversas escolas filosóficas, ou porque consideram que uma verdade pode exprimir-se de diversas maneiras (mais ou menos adequadas), ou porque pensam que aquelas fórmulas e proposições são enriquecimentos de acordo com a sua própria mensagem. É esse, por exemplo, o caso de Filo de Alexandria e dos médio-platônicos, como mostramos em VII, 220 ss.; 276 ss. — O ecletismo por excelência é, porém, o da segunda posição. — Um termo que exprime um conceito análogo é o de sincretismo (cf. verbete).

ECONOMIA, cf. Crematística.

EDUCAÇÃO, cf. Paideia.

EFÉTICOS

Assim eram chamados os céticos enquanto suspendiam o juízo. Ver a passagem de Diógenes Laércio que citamos no verbete Ceticismo.

EFICIENTE, Causa (κινητικὴ αἰτία, αἴτιον ποιητικόν)

Segundo Aristóteles, é uma das quatro causas, exatamente *aquela da qual provém o movimento* (IV, 32 ss.). Somente com o Estagirita se chega à definição exata do estatuto teórico dessa causa. Com efeito, na filosofia jônica a causa eficiente não é ainda distinta do Princípio (cf. verbete) e é pensada como uma das funções do próprio Princípio ou como um processo imanente à estrutura do Princípio (por exemplo, I, 55 ss.; 61 ss.; 63 ss.). — Nos eleatas, que negam a existência de toda forma de movimento, a causa motriz (como, em geral, todo tipo de causa) não tem razão de ser (cf. I, 111 s.). — Somente com a especulação dos pluralistas se chega ao reconhecimento de um papel autônomo da causa eficiente. Veja-se o papel desempenhado pela doutrina do Amor-Ódio ou da Amizade-Discórdia em Empédocles (I, 135 ss.), a doutrina do Nous em Anaxágoras (I, 147 ss.) e a doutrina do movimento nos atomistas (I, 156 ss.) — Em Platão, o papel da causa eficiente-motriz é atribuído, nos diálogos da maturidade e da velhice, à *alma* entendida como *princípio automotor* (III, 189 s.) e ao *Demiurgo* (III, 130 ss.). Também os médio-platônicos adotam posições análogas (VII, 298 ss.). — Epicuro retoma a tese dos atomistas introduzindo, porém, o *clinamen* (V, 180 ss.). — Na filosofia do Pórtico, a causa eficiente-motriz é denominada princípio agente e é pensada como *Logos* imanente à matéria, Deus no mundo (cf. VI, 45 ss.). — O papel da causa eficiente em Plotino é desempenhado pela Alma (cf. VIII, 77 ss.). Plotino, porém rompe os quadros do pensamento grego com a sua doutrina da processão e com sua doutrina da contemplação, que é atividade ontogônica (cf. VIII, 127 ss.). — A causalidade eficiente torna-se causalidade criadora em Filo de Alexandria, que se inspira no livro do Gênesis (VII, 244 ss.).

EFLÚVIO (ἀπόρροια, ἀπορροή)

O eflúvio, nas filosofias pluralistas de Empédocles (I, 138 s.) e dos atomistas (I, 157), é *o liberar-se de elementos materiais das coisas que chegam aos nossos órgãos sensoriais e dão lugar às sensações*. Para o uso do termo em Empédocles, cf. Diels-Kranz, 31 A 86: 31 B 89; para o seu uso em Demócrito cf. 68 A 135; A 165; B 123. O termo e o conceito passam naturalmente a Epicuro; ver, p. ex., Usener, *Epicurea*, frgs. 293, p. 209; 319, p. 220; 385, p. 258; 394, p. 260.

EGOÍSMO (φιλαυτία)

O matiz peculiar que esse conceito recebe na filosofia grega faz com que apenas em parte ele seja coincidente com a acepção moderna, que lhe atribui uma conotação particularmente negativa, em procedência direta da concepção moral do cristianismo. Aristóteles ocupa-se com esse conceito de maneira específica na *Ética a Nicômaco, onde explica que o querer bem a si mesmo* é uma atitude comum a todos os homens. No entanto, já que no homem existe uma parte melhor e uma parte pior, normalmente é chamado egoísta — no sentido pejorativo do termo — somente *quem ama a sua parte inferior* (cf. IV, 115 ss., em particular a passagem que citamos ibid., pp. 116 s.).

EIDÉTICO, cf. Eidos.

EIDOLA, (εἴδωλα, *imagines*)

É um termo que se tornou técnico já no pensamento atomístico antigo, tendo sido depois retomado no mesmo sentido também por Epicuro. *Eidola* são *as imagens ou os simulacros que emanam das coisas* (cf. Eflúvio) e reproduzem as suas formas e a sua estrutura. Penetrando em nós, elas são a causa das sensações, das prolepeses, do pensamento e também das representações fantásticas e dos delírios (cf. V, 158 s.; 167 ss.; 194 ss.).

EIDOS (εἶδος)

Na história do pensamento grego, é possível distinguir ao menos cinco fases na evolução do significado do termo *eidos* e da relativa problemática. 1) No âmbito do pensamento pré-socrático, o termo não tem ainda um uso técnico e, na maior parte das vezes, tem o significado corrente de *forma*. 2) Em Platão, *eidos* torna-se um termo técnico e, normalmente, é usado como *sinônimo de Ideia* (cf. verbete) e exprime, portanto, o que se pode considerar o resultado fundamental da "segunda navegação", a saber, a *forma inteligível*, com os matizes e características que indicamos em III, 61 ss. 3) Aristóteles move áspera polêmica à transcendência das ideias com respeito às coisas sensíveis e nega que existam formas como "substâncias separadas". É verdade que a forma existe, para o Estagirita, como essência inteligível e é mesmo um princípio fundamental, *mas ela não é separada e sim imanente às coisas*. Ele adota o termo *eidos* justamente para indicar a *forma imanente* das coisas, a sua essência e a sua substância fundamental: "Chamo *eidos* a essência e a substância primeira" (*Metafísica*, Z 7, 1032 b s.) (cf. IV, 47 ss.; 51 ss.). Para Aristóteles, as únicas formas que existem separadas da matéria são as *Inteligências* (IV, 49). — Em Aristóteles, o *eidos* recebe também o significado de *espécie*, como explicamos em IV, 53. 4) Com o renascimento do platonismo, as posições de Platão e Aristóteles, antitéticas nesse ponto, *são mediatizadas*. As Ideias platônicas tornam-se *os pensamentos de Deus*, ao passo que as *formas* tornam-se o inteligível imanente ou, como diz Albino, o *inteligível segundo* (VII, 294 ss.), o *reflexo da Ideia na matéria*. 5) Plotino mantém essa distinção, inserindo-a na sua concepção hipostática geral: as Ideias estão no Espírito, as formas, ao invés, na Alma, e constituem o *momento extremo da criatividade da Alma*. Plotino as chama igualmente de *logoi* (VIII, 92 ss.; 108).

EIKASIA (εἰκασία)

Para Platão, é o *primeiro nível da doxa* (cf. verbete), a saber, o conhecimento sensível voltado para as sombras e para as imagens sensíveis das coisas (III, 163 s.).

EKPYROSIS, cf. Conflagração cósmica.

ELEATISMO

Com esse termo, designa-se a filosofia da escola de Parmênides, fundada em Elea (donde eleatismo). Os dogmas essenciais do eleatismo estão todos já presentes em Parmênides (I, 106 ss.), mesmo se serão definidos de maneira perfeita sobretudo através da dialética (cf. verbete) de Zenão e do repensamento sistemático de Melisso (I, 125 ss.). Os pontos fundamentais do eleatismo são os seguintes: *a*) uma concepção do ser que, em perspectiva que podemos denominar absolutizante, exclui não somente qualquer forma de não-ser mas, igualmente, qualquer forma de diferença e qualquer forma de devir; *b*) uma concepção dos fenômenos que implica (implícita ou explicitamente) o caráter ilusório dos mesmos; *c*) a radicalização da oposição entre o conhecimento racional e a experiência que chega à eliminação de qualquer pretensão da segunda em benefício total da primeira. A importância do eleatismo na história da metafísica grega é muito grande. 1) Todos os sistemas dos pluralistas não são senão tentativas de resolver as aporias do eleatismo, mesmo procurando manter as suas instâncias fundamentais, como mostramos em I, 133 ss. 2) A dialética eleático-zenoniana desempenha um papel de primeira importância em alguns sofistas (como, por exemplo, Górgias; cf. II, 44 ss.) e no próprio Sócrates (II, 144 ss.). 3) A escola socrática de Euclides tenta uma fusão entre eleatismo e socratismo (II, 190 ss.). 4) Platão deve às instâncias eleáticas alguns dos desenvolvimentos essenciais da sua teoria das Ideias (III, 69). 5) Aristóteles estabelece a polivalência do seu conceito de ser justamente em polêmica com o conceito unívoco do ser eleático (IV, 33 ss.). 6) Ecos eleáticos podem ser encontrados claramente na física de Epicuro (V, 170 ss.).

ELECTRA, Argumento de

É um dos argumentos famosos da dialética megárica. Parece ter sido formulado por Eubúlides. Ver exposição e interpretação em V, 59.

ELEMENTO (στοιχεῖον, *elementum*)

Aristóteles deu a seguinte definição de elemento que, sob muitos aspectos, permaneceu paradigmática: "Elemento significa o componente primeiro imanente, do qual uma coisa é constituída *e que é indivisível em outra espécie*. Por exemplo, os elementos da voz são as partes das quais a voz se compõe e nas quais por último se resolve: com efeito, elas não podem resolver-se ulteriormente em sons distintos especificamente entre si. E, mesmo se fossem ulteriormente divididas, as suas partes seriam sempre da mesma espécie como, por exemplo, a água é parte da água, ao passo que a sílaba não é parte da sílaba. Do mesmo modo, também os que falam dos elementos dos corpos [= os naturalistas] entendem por elementos as últimas partes nas quais os corpos se dividem: partes que não são ulteriormente divisíveis em outras de diferente espécie. Seja que haja um único tipo dessas partes [= os monistas] seja que haja vários tipos [= os pluralistas], esses filósofos as chamam elementos" (*Metafísica*, Δ 3, 1014 a 25 ss.). Aristóteles formula tal definição no momento culminante da evolução histórica e teórica deste conceito. Na realidade, com efeito, ele ainda não está definido, como alguns pensam, com os primeiros naturalistas, ou seja, com os jônicos, mas somente como consequência da problemática eleática, como mostramos em I, 134 s.; 151 ss. — Além disso, tenha-se presente o seguinte. Elemento tem uma significação ontológica muito próxima à de *princípio* ou *causa*, enquanto exprime o que é primeiro, o que é fundamento e condição de outra coisa. A diferença específica entre elemento de um lado, causa e princípio de outro, consiste no seguinte: o elemento, como se segue da definição aristotélica, é sempre *imanente*, ou seja, *interior às coisas*, ao passo que as causas e princípios podem ser também *exteriores* às coisas. Portanto, matéria e forma são elementos porque imanentes às coisas; ao contrário, a causa eficiente ou motora não pode ser chamada elemento porque exterior às coisas. — Os elementos podem ser materiais ou formais; mas Aristóteles tende a designar como elementos *sobretudo os materiais*. — A propósito desse último ponto, recordamos ainda que o conceito de matéria é mais amplo do que o conceito de elemento: a matéria é *potencialidade pura*, ao passo que o elemento *implica já uma certa atuação*, é uma *matéria em parte já atuada*: atuada como ar, água, terra, fogo (sobre as relações entre matéria e os quatro elementos cf. *De generatione et corruptione*, B 1, *passim*). A esses quatro elementos Aristóteles acrescenta o éter incorruptível (cf. verbete). — Recordamos igualmente que o Estagirita, para poder explicar melhor o vir-a-ser, concebe os quatro elementos (não o quinto, o éter, que é incorruptível) como *capazes de transformar-se um no outro reciprocamente*, contrariamente a Empédocles (ver *De Caelo et Mundo*, Γ 6, 304 b 23 ss. *De generatione et corruptione*, B 4, *passim*). Lembremos, finalmente, a curiosa posição do médio-platônico Plutarco, que põe os cinco elementos em correspondência com as cinco categorias do *Sofista* platônico e com os cinco corpos geométricos fundamentais, pondo ainda cinco mundos a eles correspondentes (cf. VII, 305, nota 46).

ELENCHOS, cf. Confutação.

EMANAÇÃO (ἀπόρροια, ἀπορροή)

Esse conceito deriva da filosofia oriental e foi usado durante longo tempo para designar também a derivação das hipóstases em Plotino. Mas tal designação não é adequada pelas seguintes razões: *a*) o emanatismo implicaria um fluxo e perda de potência em termos de substância, ao passo que em Plotino temos um fluxo e perda de potência apenas em termos de *potência*; *b*) a emanação é um processo necessário de tipo físico, ao passo que a necessidade da processão em Plotino é consequência da livre atividade do Uno (VIII, 127 ss.), que é autocriação e de caráter essencialmente metafísico; *c*) a processão plotiniana se funda sobre o conceito de contemplação criadora, ausente no emanatismo. Os termos *aporroia* e *aporroé*, usados também por Plotino, são apenas dois entre os muitos que ele usa e, além disso, traduzem o momento imaginativo e não conceitual do seu pensamento. — Para o conceito de emanação como *eflúvio de eidola*, cf. os dois verbetes correspondentes.

EMPIRIA, cf. Experiência.

EMPÍRICO, cf. Experiência.

ÉNADA, ÉNADAS (ἑνάς, ἑνάδες)

Na teologia de Proclo, as Énadas constituem a *realidade intermediária entre o princípio supremo e as realidades do mundo inteligível*, e coincidem com os Deuses supremos. Quanto à sua natureza, elas retomam em si algumas propriedades da primeira hipóstase plotiniana; por essa razão são chamadas superessenciais, supervitais e superintelectuais (VIII, 184). — As raízes dessa concepção podem ser descobertas na teoria dos Números ideais de Plotino (VIII, 183 s.). — Recentemente pensou-se encontrar uma primeira formulação da doutrina das Énadas já em Jâmblico; mas, no momento, essa tese carece de verificação adequada (VIII, 184 s.).

ENCICLOPEDISMO, cf. Polimatia.

ENÉRGHEIA (ἐνέργεια)

Não é possível fornecer uma definição propriamente dita de *enérgheia*, que significa propriamente ato; o *ato*, com efeito, é um conceito originário, que não pode ser decomposto em elementos ulteriores e, portanto, não pode ser definido. Tais conceitos são captados intuitivamente e não se podem esclarecer e ilustrar senão por meio de exemplos, ou seja, mediante a apresentação de casos particulares que os tornem evidentes. Veja-se a segunda passagem de Aristóteles que citamos no verbete *dynamis*. O ato é ser na sua não potencialidade, vale dizer, na sua *realização*, no seu ser acabado. *Ato* é, fundamentalmente, sinônimo de *entelechia* (cf. verbete), e também de *eidos* ou *forma* (cf. Eidos). — A lei ontológica fundamental que regula as relações ato-potência é a da *prioridade do ato sobre a potência* em todos os sentidos: cronológico, metafísico e gnosiológico. Com efeito, a potência é, estruturalmente, *potência do ato* e o ato é *regra e fim da potência* (cf. *Metafísica*, Θ 8, *passim*). É justamente em virtude do teorema da prioridade do ato que Aristóteles demonstra a existência necessária de um Motor Imóvel, que é *ato puro* (ver IV, 54 s.; 58). Note-se que o ato (ou atividade) pode estar ligado ao movimento (cf. Ação), *mas subsiste também na dimensão do imóvel*, como, por exemplo, em Deus (IV, 58 ss.). Esse conceito da *enérgheia akinesias*, da *atividade do imóvel* é um dos conceitos metafísicos mais profundos da antiguidade. Eis a célebre passagem aristotélica na qual ele é formulado: "Deus goza sempre de um prazer único e simples. Com efeito, não existe somente uma atividade do movimento, mas existe também uma *atividade da imobilidade*, e o prazer está mais no repouso do que no movimento" (*Ética a Nicômaco*, H 15, 1154 b 26-28).

ENKRÁTEIA (ἐγκράτεια)

Propriamente, o termo significa *autodomínio*. Para Sócrates é o *domínio da razão sobre a animalidade*, o senhorio da alma sobre o corpo. A *enkráteia* é, pois, a *liberdade interior*. Cf. textos e exegese em II, 109 ss.

ENTE, cf. Ser.

ENTELÉQUEIA (ἐντελέχεια)

Enteléqueia é, fundamentalmente, sinônimo de *energhéia*, ou seja, de ato, e se contrapõe à potência. Como a potência e o ato acontecem segundo várias categorias, assim também a enteléqueia. E, como o ato exprime sobretudo a *forma* (que coincide com a primeira categoria), assim também a enteléqueia exprime sobretudo a forma e a *realização da forma*. Aristóteles se serve do conceito de enteléqueia para resolver sobretudo dois grandes problemas: 1) o do movimento e 2) o da alma e das suas relações com o corpo. 1) a definição, que ficou célebre, do movimento é a seguinte: "Chamo movimento a *enteléqueia* do que está em potência enquanto está em potência"; fórmula que, para além da aparente complexidade, significa simplesmente que *o movimento é o atualizar-se da potencialidade*, como o prova a seguinte passagem: "O ser ou é somente em ato ou é em potência ou ainda é, ao mesmo tempo, em ato e potência: e isso se verifica tanto para a substância como para a quantidade e para as restantes categorias. Não existe movimento algum que se dê fora das coisas: com efeito, a mudança tem lugar sempre segundo as categorias do ser, e nada há que seja comum a todas e que não entre numa categoria singular. Cada uma das categorias, em todas as coisas, existe de duas maneiras diversas (a substância, por exemplo, ora é forma ora privação; na qualidade ora se tem o branco, ora o negro; na quantidade ora se tem o acabado ora o inacabado; no movimento de translação se tem o alto e o baixo ou o leve e o pesado), de sorte que tantas devem ser as formas de movimento e mudança quantas são as categorias do ser. Ora, já que ser em potência e ser em ato se distinguem segundo cada gênero de categoria, *chamo movimento o ato do que está em potência enquanto em potência*" (*Metafísica*, K 9, 1065 b 5 ss.). Note-se que na definição em itálico, nessa passagem da *Metafísica*, Aristóteles usa a palavra *enérgheia* e na definição paralela da *Física* usa *enteléqueia* (cf. 201 a 10 ss.) — Para a problemática ontológica subjacente cf. IV, 141 ss. 2) Para a definição da alma como *enteléqueia* e para a sua significação cf. II, 386 ss. e, em particular, a passagem citada em IV, 79. 3) Recordamos que *enteléqueia* não significa, como pensam erradamente alguns, ato ligado a um corpo, mas *ato em todos os sentidos* desse termo e, portanto, também *ato puro*, como se depreende claramente da *Metafísica* (Λ 5, 1071 a 36), onde *enteléqueia* designa o modo de ser próprio da causa primeira, ou seja, o ato puro.

ENTIMEMA (ἐνθύμημα)

Para Aristóteles, é o *silogismo retórico*. É muito próximo do *silogismo dialético* (IV, 158 s.), na medida em que parte de premissas apenas *prováveis*. Sua característica própria consiste no fato de que, para alcançar eficácia no plano da argumentação, não desenvolve todas as passagens. Poderia ser definido como um *silogismo dialético comprimido* (III, 76 s.).

ENTUSIASMO (ἐνθουσίασις, ἐνθουσιασμός, ἐνθουσιάζω)

O termo designa a *divina inspiração e o ser possuído pelo deus*, que são características próprias sobretudo do poeta. — Demócrito foi, talvez, o primeiro filósofo que interpretou a inspiração poética como uma espécie de êxtase. Eis, por exemplo, o fr. 18: "É bastante belo o que o poeta escreve em estado de entusiasmo e agitado como que por um sopro divino". E eis um testemunho de Cícero: "Diz Demócrito que, sem loucura, ninguém pode ser grande poeta, e o mesmo diz Platão" (*De Divinatione*, I, 37, 80). E eis a passagem mais famosa de Platão sobre o entusiasmo poético, tirada do *Ion* "[...] certamente todos os bons poetas épicos, não por obra da arte, *mas porque possuídos e inspirados pelo Deus*, compõem todos esses belos poemas e, assim, também os bons poetas líricos: e *como os coribantas dançam fora do seu juízo, os poetas líricos compõem os seus belos poemas e, quando entram na harmonia e no ritmo são como que invadidos e sacudidos por furor báquico*. E como as bacantes, quando invadidas, bebem nos rios leite e mel e, ao contrário, quando estão no seu juízo não sabem fazê-lo, assim procede também a alma do poeta lírico, como eles mesmos o dizem. Com efeito, os poetas nos dizem que bebem as suas poesias em fontes que vertem mel e em jardins e bosques que são consagrados às musas, e trazem até nós essas poesias como fazem as abelhas, eles também voando como abelhas. E dizem a verdade! pois o poeta é coisa leve, alada e sagrada e *incapaz de fazer poesia se não estiver inspirado pelo Deus e se não estiver fora do seu juízo e sua mente inteiramente arrebatada*. Enquanto permanece de posse das suas faculdades, homem algum sabe fazer poesias ou vaticinar" (533 e-534 b).

ENUNCIAÇÃO, Cf. Proposição.

ÉONS (αἰῶνες)

O termo Éons deriva de *aión*, que quer dizer eterno e designa o *princípio primeiro e as entidades que emanam dele*. Sobre as características dos Éons gnósticos, em particular os de Valentino, cf. VIII, 26. — Veja-se M. Simonetti, *Testi gnostici cristiani*, Laterza, Bari, 1970; em particular, a *Carta dogmática dos Valentinianos*, ibid. pp. 131 ss., que oferece um quadro exaustivo do complexo dos Éons e das suas características.

EPAGÓGICO

Deriva de *epagoghé*, que quer dizer *indução*, tendo pois a significação de indutivo (cf. Indução).

EPIBOLÉ (ἐπιβολή)

É o termo com o qual os epicuristas designam a *apreensão intelectiva*, ou seja, o ato racional com o qual captamos os princípios que estão para além dos fenômenos (cf. V, 168, nota 25).

EPICURISMO

É a filosofia de Epicuro e da sua escola (cf. Jardim). Contrariamente a todas as filosofias das outras escolas filosóficas gregas, o epicurismo caracteriza-se, no curso da sua história, por uma extraordinária estabilidade dogmática, que os antigos já admiravam. Para a exposição da doutrina epicurista cf. V, 141 ss. Para a fase romana do epicurismo cf. V, 233 ss. Para as revivescências do epicurismo na era imperial cf. VII, 45 ss. Sobre a inscrição mural que Diógenes de Enoanda fez gravar, cf. VII, 55 ss.

EPILOGISMO (ἐπιλογισμός)

É *um tipo de raciocínio analógico que leva de fenômeno a fenômeno*, e que constitui o terceiro momento do método proposto pelos médicos empíricos, como explicamos em VII, 165 s. Para complemento do que ali dissemos, julgamos útil referir algumas explicações de A. Russo: "O termo *epiloghismós* não encontra correspondente em Aristóteles, senão em raras aplicações não técnicas (fr. 123 Rose; *Política*, Z 8, 1322 b 35), mas esteve presente na dialética estoica, como nos informa Galeno (*In Hippocr. progn.*, vol. XVIII B, p. 26 Kuhn = von Arnim, *S.V.F.*, II, fr. 269), que assim o diferencia do analogismo: 'Analogismo é um discurso que parte do fenômeno e produz a compreensão do não evidente; epilogismo, ao contrário, é o discurso comum e com o qual todos estão de acordo'. Essa definição estoica faz pensar que os empíricos, ao menos em parte, tenham pedido emprestado aos epicuristas seu cavalo de batalha (cf. Deichgräber, *Die grieschische Empirikerschule*, p. 326). Sexto

Empírico usa o termo epilogismo poucas vezes: nos *Esboços pirronianos*, II, 123 no sentido de "raciocínio empírico", para demolir o conceito de "sinal"; em *Contra os lógicos*, I, 352 no sentido de "argumentação cética", para demolir o conceito de critério; em *Contra os matemáticos*, III, 7, no sentido de "procedimento aporético-dialético" para submeter a teoria geométrica do postulado-hipótese a uma série de questões. Ao invés, é mais frequente o uso do verbo *epiloghizesthai* (cf. índice de Janácek, p. 100)" (*Scettici antichi*, Turim, 1978, p. 682, nota 32). Veja-se Galeno, *De subfiguratione empirica*, IV, 49 ss.: IX, 70 ss.). — Em resumo: o epilogismo é um *raciocínio analógico empírico*, ao passo que o analogismo é um tipo de raciocínio analógico aitiológico, ou seja, que pretende passar do fenômeno à sua causa. Para os empíricos, o primeiro é correto na medida em que não transcende o fenômeno, ao passo que o segundo é dogmático.

EPISTEME, cf. Ciência.

EPOCHÉ (ἐποχή)

É um termo criado provavelmente por Arcesilau (VI, 167) para exprimir a *adoxia* (cf. verbete) de Pirro, pensada sistematicamente. Significa *suspensão do juízo*. Vejam-se esclarecimentos e aprofundamentos desse conceito em VI, 167, e as indicações bibliográficas em VI, 167, nota 12.

EPÓPTICA (ἐποπτεία)

É um termo tirado dos mistérios eleusinos, que indica o momento culminante da iniciação (ou seja, o momento extático do contato com o Divino). Alguns médio-platônicos designam com esse termo a metafísica, tanto platônica como aristotélica (cf. VII, 294, nota 13). Eis uma passagem muito significativa de Plutarco (*De Isis et Osiris*, 382 d-e): "[...] o pensamento do inteligível, do puro e do simples, atravessando a alma como um relâmpago, oferece a oportunidade de tocá-lo e vê-lo uma só vez. Por isso Platão e Aristóteles chamam a essa parte da filosofia epóptica, na medida em que aqueles que, com uma troca sublime, andaram além deste saber humano opinável, misto e sujeito à variação, lançam-se na direção daquele Primeiro transcendente, simples e imaterial: e se conseguem, como quer que seja, um contato com a verdade pura que habita nele, pensam, com toda razão, possuir, tendo chegado ao termo perfeito, o próprio núcleo da filosofia".

ERETRÍACA, Escola

Assim é chamada a escola de Menedemos, um discípulo do megárico Estilpon, da cidade de Erétria, na qual ela foi fundada. Pode ser considerada uma filial da escola de Élida, de Fedon (II, 198 ss.; V, 69 ss.).

ERÍSTICA (ἐριστική)

O termo deriva de ἐρίζω, que significa *contenda*. É a *arte de contender com palavras*, de modo a superar na discussão, em qualquer caso, o adversário. A forma mais típica da erística é a que se encontra na geração mais jovem dos sofistas, e contra a qual Platão escreve o seu *Eutidemo* (cf. II, 67 ss., duas passagens muito significativas desse diálogo). Um veio erístico mais ou menos latente acompanha grande parte do pensamento antigo dos megáricos aos céticos. (Certa dose de erística, mesmo se largamente compensada, encontra-se em certos diálogos platônicos, em particular nos primeiros, e também em Sócrates. Isso se explica pelo gosto excepcional que os gregos desenvolveram pela discussão e pelas oposições dialéticas.)

EROS (ἔρως)

a) O primeiro aprofundamento sistemático do conceito de Eros (se prescindirmos de algumas intuições de caráter cosmogônico e físico-cosmológico que se encontram em Hesíodo, Parmênides e Empédocles) deve-se a Platão, que no *Banquete* e, em parte, no *Fedro* alcança as formulações mais significativas, destinadas a permanecer como ponto de referência por muitos séculos. O amor (eros) é entendido por Platão como *força sintética e mediadora entre o sensível e o suprassensível*, força que "fornece asas", ou seja, eleva, solicitada pela beleza nas suas várias manifestações até o Belo em si que, para o grego, coincide com o Bem (ou com um aspecto do Bem). No *Fedro*, Platão une o Eros à anamnese (cf. verbete), vem a ser, à lembrança metafísica do mundo hiperuraniano do qual provém a alma. A Beleza, que é a única Ideia a ter a sorte privilegiada de ser visível, é como o transluzir do inteligível no sensível e, como tal, inflama a alma e a impele a subir para lá de onde desceu. O amor é, assim, *nostalgia do absoluto*, tensão metaempírica que nos solicita a voltar a estar junto dos Deuses (III, 216 ss.). Deve-se observar que o Amor, para Platão, tem caráter exclusivamente *aquisitivo* e *não de doação*; ele tende a uma contínua aquisição ulterior e a uma possessão sempre maior, mas não dá nada de si mesmo. Além disso, o amor platônico *não tem a pessoa como seu fim último*, já que essa é sempre meio para alcançar o fim ulterior da Ideia. — *b*) Aristóteles sublinha apenas alguns aspectos do amor e não apresenta uma doutrina de particular interesse. Por outro lado, é digna de nota a referência do conceito de Eros ao Motor Imóvel para *explicar a sua causalidade de tipo final*. Na medida em que é o ótimo (o supremamente belo e bom), Deus é *objeto de amor*, ou seja, objeto de desejo e 'justamente como objeto de desejo' move os céus e o cosmo (IV, 64 ss.). Observe-se que, para Aristóteles, assim como para Platão, *Deus pode ser objeto, mas não sujeito de amor, já que Amor, para o grego, significa sempre carência daquilo ao qual se tende e o ótimo (ou o Absoluto) não pode ser carente de nada e, portanto, não pode amar coisa alguma*. — *c*) Uma redução drástica da significação e do alcance do *eros* se encontra nos epicuristas (como é permitido concluir do que diz Diógenes Laércio X, 118) e nos estoicos. Esses últimos sustentam que "amor é um desejo que não diz respeito aos sábios; com efeito, é um impulso a estreitar amizade determinado por uma manifestação do belo" (von Arnim, *S.V.F.*, III, fr. 396). Os estoicos, no entanto, concedem ao sábio amar quem é digno de amor: "Dizem que o amor é um impulso a estreitar amizade por causa da aparição de beleza dos belos jovens. Por isso também o sábio é levado a amar e ficará enamorado daqueles que sejam dignos de ser amados por ser de índole nobre e de felizes disposições naturais" (fr. 650; cf. também fr. 716). — *d*) Plotino e os neoplatônicos retomam o conceito platônico de eros, desenvolvendo-o no contexto da ontologia das hipóstases. Também para Plotino o amor não pode caracterizar o Absoluto (o Uno) e sim o caminho ou o modo (um dos modos) do retorno ao Uno. O amor é ligado por Plotino à hipóstase da alma na sua tensão para o Espírito e o Uno, que tem lugar por meio do Belo (VIII, 116 ss.). *e*) Ao contrário, deve-se observar como em Filo, o Hebreu, se esboce o conceito de amor entendido como dom e graça (cf. verbete) (VII, 247 s.). No entanto, nesse pensador essas categorias são hauridas da Bíblia e não do patrimônio espiritual da antiguidade pagã. — Veja-se sobre o tema, M. Schiavone, *Il problema dell'amore nel mondo greco*, vol. I, Milão, 1965. Sobre o problema das relações entre amor grego e amor cristão, cf. A. Nygrens, *Eros und Agape*, Berlim, 1955; tradução italiana de N. Gay, com introdução de F. Bolgiani, Bolonha, Il Mulino, 1971.

EROTES (Ἔρωτες)

Em Plotino, os Erotes — isto é os Amores — são *uma classe especial de Demônios*, produzidos pela alma humana na sua aspiração ao belo (VIII, 99, nota 32). À primeira Alma corresponde o *Deus* Amor, à Alma do Mundo, o *Demônio* Amor, que assiste a essa Alma em todas as partes; e também a cada alma particular correspondem outros tantos Erotes, que assistem seja — note-se — as almas dos homens, seja as almas que estão em todos os outros seres vivos (VIII, 118 s., nota 48).

ERÓTICA (ἐρωτική)

É *a arte e a ciência de amar*, que, tal como é concebida por Platão e pela tradição platônica, *constitui a via peculiar que, através da Beleza, faz alcançar o Absoluto*. É uma via que poderemos chamar *via alógica* do Absoluto, e que corre paralela à via da Dialética. Vejam-se textos e exegese em III, 216 ss.; VIII, 116 ss. Cf. Eros. — Para a erótica como *mania*, cf. verbete.

ERRO (ἁμαρτία, ἁμάρτημα, ἀπάτη, ψεῦδος)

Erro possui duas significações (ou dois grupos de significações) fundamentais: uma que abrange o âmbito moral, a outra o âmbito lógico-gnosiológico.

1) O *erro lógico-gnosiológico* para os gregos, a partir dos pré-socráticos, é ligado à *opinião*, à *doxa*. Remetemos, pois, a esse verbete. (Recordamos que as *Refutações Sofísticas* de Aristóteles podem ser consideradas uma espécie de lógica dos erros de raciocínio; cf. IV, 157 ss.). 2) No que diz respeito ao *erro moral*, coincide com o que denominamos propriamente *pecado* e que os filósofos gregos, a partir de Sócrates, interpretaram, em geral, em perspectiva intelectualista, como *erro da razão* ou como *consequência de tal erro*: cf. os verbetes *Pecado e Intelectualismo ético*. — Assinalamos as excelentes pesquisas de A. Levi que, com constância e acribia verdadeiramente excepcionais, explorou o problema do erro em todo o arco do pensamento antigo e moderno, numa série de ensaios ainda hoje fundamentais. Eis o elenco desses ensaios que tratam do pensamento antigo:

— A. Levi, *Il problema dell'errore nella filosofia greca prima di Platone*, em "Athaeneum", 7 (1930), pp. 37 ss. e em "Revue d'Histoire de la Philosophie", 4 (1930), pp. 115 ss.

— Idem, *La teoria stoica della verità e dell'errore*, in "Revue d'Histoire de la Philosophie", 2 (1928), pp. 113 ss.

— Idem, *Il problema dell'errore nell'Epicureismo*, em "Rivista critica di Storia della filosofia", 5 (1950), pp. 50 ss.

— Idem, *Il problema dell'errore in Filone di Alessandria*, em "Rivista critica di Storia della Filosofia", 5 (1950), pp. 281 ss.

— Idem, *Il problema dell'errore nel scetticismo antico*, em "Rivista di Filosofia", 40 (1949), pp. 273 ss.

— Idem, *Il concetto dell'errore nella filosofia di Plotino*, em "Filosofia", 2 (1951) pp. 213 ss.

— Idem, *Il problema dell'errore nella metafisica e nella gnoseologia di Platone*, Opera postuma a cura di G. Reale, Instituto di Filosofia dell'Università di Parma, Liviana Editrice, Pádua, 1970 (1971).

ESCATOLOGIA

É um termo modernamente criado (que deriva de *eschaton* [= último] e *Logos* [= doutrina]), que designa a *doutrina dos destinos últimos do homem e da sua sorte no além*. Na concepção escatológica dos gregos, podemos distinguir ao menos quatro grandes momentos. 1) O primeiro é constituído pela escatologia homérica, no qual a imortalidade da alma é um conceito ainda desconhecido. O que fica do homem após a morte é apenas o seu fantasma sem conhecimento, larva vã sem consciência e, portanto, num certo sentido, a negação do eu. Por conseguinte, para o homem homérico não podem existir penas e castigos no além. 2) O segundo é constituído pela concepção órfica, a qual, com as novas concepções da alma-demônio, da culpa originária, da necessidade da expiação e, enfim, do prêmio e do castigo no além, leva a cabo uma revolução de incalculável alcance. Grande parte do pensamento grego posterior ficará marcado por essa concepção (ver I, Apêndice, *passim*). 3) O terceiro momento é constituído pela reelaboração filosófica da mensagem órfica, que vai de Pitágoras (I, 87 ss.) a Empédocles (I, 139 ss.) e a Platão. Este último apresenta as perspectivas escatológicas mais complexas, de excepcional riqueza (III, 185-202). Platão, ao expor suas doutrinas escatológicas, utiliza-se dos progressos da "segunda navegação", servindo-se sabiamente do *Logos* e do *mito* (cf. III, 40 ss.; 185 ss.). Depois de Platão, a problemática escatológica retorna à plena atualidade somente na era imperial, com a elaboração de novos elementos provenientes do sincretismo religioso da época (por exemplo, a problemática do *ochema*, cf. Veículo). Nessa fase as temáticas da processão, do êxtase e das virtudes teúrgicas oferecem uma nova perspectiva às velhas doutrinas escatológicas (veja-se também a posição do hermetismo, do qual falamos em VII, 377 ss.). 4) A quarta posição é a dos estoicos, que é inteiramente *sui generis*. Falamos a respeito em VI, 69 ss. (cf. os textos aí citados). A característica peculiar dessa escatologia é sustentar que as almas *perduram por longo tempo depois da morte, mas não para sempre*: no máximo, como as dos sábios, até a próxima conflagração. — Nesse esquema não levamos em conta os que negam a imortalidade da alma ou deixam a questão suspensa, uma vez que tais posições eliminam o problema escatológico (cf. Imortalidade).

ESCOLA (σχολή)

Quando referida aos antigos filósofos, escola deve ser entendida no sentido de *seita*, *confraria*, e também de *tema*, sem ligação necessária com uma organização institucional que tenha regras próprias e estruturas determinadas. — *a*) A escola dos milesianos, provavelmente, não foi mais que um grupo de amigos, os quais, liberados das necessidades materiais, em liberdade de espírito, puseram determinados problemas e tentaram resolvê-los segundo determinados critérios. Algo parecido devem ter sido todas as escolas pré-socráticas. — *b*) A escola pitagórica, porém, assumiu as características de uma confraria, e, sob certos aspectos, de uma espécie de ordem religiosa científica (I, 75 ss.; 87 ss.). — *c*) As escolas dos sofistas mudaram de fisionomia, com a introdução da compensação em dinheiro (II, 29 ss.). — *d*) Características particulares teve a escola socrática, totalmente fundada sobre a personalidade do mestre e sobre sua pregação moral (II, 81 ss., *passim*). — *e*) Trata-se, porém, de um *unicum* irrepetível, como demonstram as próprias escolas derivadas de Sócrates, as quais, não podendo repetir o modelo socrático, criaram estruturas próprias e introduziram, como a escola cirenaica de Aristipo, até mesmo a compensação em dinheiro (II, 178 s.). — *f*) As primeiras escolas que de algum modo (embora distante) se aproximaram do que hoje chamamos com esse nome foram a Academia de Platão (cf. V, 75 ss.) e o Perípato de Aristóteles (cf. V, 111 ss.). — *g*) Um novo espírito e um conceito de escola, sob muitos aspectos antitéticos aos da Academia e do Perípato, são os que inspiram o *Képos* ou

Jardim de Epicuro (cf. V, 151 ss.) e o Pórtico de Zenão e dos seus seguidores (cf. VI, 12 ss.). — *h*) A escola cética, ao invés, pelo menos nas suas origens, se reduz substancialmente à pregação, livre de qualquer esquema, de um particularíssimo tipo de mensagem, como mostramos em VI, 135 ss. — *i*) Na era imperial foi criada a cátedra de Estado. Vespasiano instituiu em Roma a cátedra de retórica latina e grega. "A política inaugurada [...] por Vespasiano foi retomada em Atenas por Marco Aurélio, que instituiu, subvencionando-a com o fisco imperial, uma cátedra de retórica e quatro cátedras de filosofia, uma para cada uma das quatro grandes seitas, platônica, aristotélica, epicurista e estoica. A escolha dos primeiros titulares foi confiada a Herodes Ático, um ex-preceptor do imperador, e a dos seus sucessores a um comitê de notáveis" (H.-I. Marrou, *Histoire de l'éducation dans l'antiquité*, Paris, muitas vezes reeditada, trad. ital., de U. Massi com o título: *Storia dell'educazione nell'antichità*, Roma 1966², p. 398). — *j*) Para as escolas neoplatônicas cf. IV, 401 ss. — *l*) Sobre o fechamento das escolas pagãs em seguida ao edito de Justiniano cf. VIII, 206 s. — Para um aprofundamento do tema cf.: J. P. Lynch, *Aristotle's School, A Study of a Greek Educational Institution*, Berkeley-Los Angeles-Londres 1972.

ESCOLHA (αἵρεσις, προαίρεσις)

Indica *a opção fundamental da qual depende a moralidade do homem*. A escolha está vinculada ao conhecimento, à vontade e à liberdade. Todavia, no pensamento grego, por causa do intelectualismo ético (cf. verbete) dominante, *a escolha vincula-se prevalentemente ao conhecimento*. 1) A problemática da escolha já está, em certo nível, implícita nos físicos: trata-se da escolha da *verdade*, em lugar da *opinião*, como, de modo paradigmático, se mostra nas famosas "vias" de pesquisa que a Deusa indica a Parmênides (I, 119 ss.). 2) Mas no nível moral, a temática da escolha emerge no contexto da sofística, e o mito de *Héracles na encruzilhada*, de Pródico de Céos, o demonstra de modo eloquente (II, 56 ss.). Héracles tem de *escolher* entre virtude e vício: da correta escolha dependerá a sua felicidade ou infelicidade. 3) Mas foi provavelmente Sócrates quem fixou a problemática da *escolha*, relacionando-a ao *saber* e ao *conhecimento*, como se vê no *Protágoras* platônico, diálogo que reflete muito fielmente a posição socrática. Aqui *airesis* e *epistéme* são explicitamente conexas e a primeira é posta em dependência da segunda. 4) O conceito é desenvolvido por Platão e assume relevo de excepcional alcance no final da *República*, onde a "escolha da vida", feita pelo homem no além (à qual fica, depois, ligado nesse mundo), é declarada livre e, mais uma vez, posta na dependência do conhecimento supremo. Leia-se a estupenda passagem reportada em III, 198 s. (e o comentário relativo), onde se diz que não é o Demônio que nos escolhe, mas nós que escolhemos a nossa sorte. E Platão acrescenta ulteriormente: "E aqui, como é natural, ó Glauco, está todo o perigo para o homem, e por isso é preciso ter o máximo cuidado, a fim de que cada um de nós, transcurando as outras doutrinas, investigue e aprenda esta, se lhe é possível aprender e encontrar a doutrina que o torne capaz de discernir a vida boa da vida má, e de escolher sempre e em toda parte a melhor vida possível" (*República*, X, 618c). Essa ciência é a filosofia platônica, e, particularmente, o supremo conhecimento do bem (III, 260 ss.). 5) Aristóteles, ao aprofundar a psicologia do ato moral, explica que da escolha (*proairesis*) dependem a virtude e os costumes. A *escolha* difere seja da *vontade*, que só diz respeito aos fins, seja da *deliberação*, que estabelece as várias coisas (ações e meios) que devem ser atuadas para alcançar determinados fins. A escolha, de fato, *é a ação que elege e põe concretamente em ato a ou as coisas consideradas realizáveis*, dentre as que a deliberação em geral indica como idôneas para alcançar o fim querido. A *proairesis* representa o momento decisório e, portanto, o coração do ato moral: cf. textos e aprofundamentos em IV, 119 ss. 6) No âmbito da filosofia da era helenística, o problema da *escolha* moral permanece em primeiro plano: escolha de alguns prazeres e eliminação de outros, em Epicuro (V, 210 ss.); escolha absoluta do bem e do mal e escolha relativa entre os indiferentes, no Pórtico (VI, 77 ss.). 7) Só na era imperial, porém, e precisamente com Epicteto, a problemática da escolha encontra uma formulação verdadeiramente radical. A *proairesis* em Epicteto é a pré-escolha (= a escolha e a decisão de fundo) *que o homem opera de uma vez por todas e da qual dependem posteriormente todas as suas escolhas particulares*. A *proairesis* coincide substancialmente com a tomada de consciência e com a aceitação do grande princípio segundo o qual todas as coisas se distinguem em dois grupos: as que *estão em nosso poder* e as que *não estão em nosso poder*: só as primeiras nos tocam a fundo, enquanto as outras não nos dizem respeito. Das primeiras depende a felicidade, das outras a infelicidade. O *homem moral é a sua escolha fundamental* (VII, 99 ss.). 8) O conceito adquire ampliações inéditas em Plotino, referido ao Absoluto, que, enquanto criador de si mesmo e enquanto volição de si mesmo, é *escolha de si mesmo, autoescolha criadora* (VIII, 51 ss. e, particularmente, a passagem nas pp. 52 ss.).

ESCRAVIDÃO (δουλεία)

1) A escravidão foi aceita e justificada por filósofos como Platão e Aristóteles, mesmo em contraste com as premissas da sua especulação metafísica e antropológica, por causa de uma série de condicionamentos de caráter histórico-social. Era convicção que um homem livre não podia dedicar-se a trabalhos mais humildes, por causa da radical desvalorização do trabalho manual. Ademais, era convicção que entre os homens existiam diferenças *de natureza* tais de modo a tornar alguns idôneos unicamente a obedecer, outros a comandar. Consequentemente, porque julgada como fundada sobre uma situação natural, a escravidão era considerada, no fundo, não só

vantajosa para o senhor, mas também para o escravo. Sobre essa convicção, ademais, pesava sinistramente outro preconceito, que complicava ainda mais as coisas. Os gregos consideravam-se *por natureza* superiores aos bárbaros (cf. Racismo), e, consequentemente, consideravam *natural* que os bárbaros, vencidos na guerra, se tornassem seus escravos. Portanto, tanto Platão como Aristóteles julgaram injusto tornar escravo um grego, mas natural e correto escravizar um bárbaro. Eles limitaram-se a uma posição que, se de um ponto de vista parece inspirada num ideal pan-helênico, na realidade tem uma marca extremamente racista, pressupondo, justamente, a superioridade da raça grega. Escreve, por exemplo, Platão: "Pois bem, diante dos inimigos, como agirão os nossos soldados? — A respeito de quê? — Antes de tudo quanto a reduzi-los à escravidão: parece-te justo que uma Cidade grega deva tornar escravos outros gregos, ou que isso também não se deva conceder a nenhuma outra, enquanto seja possível, e a isso se deva habituar, *a poupar a raça grega*, estando atento para que não sejamos escravizados pelos bárbaros? — Em qualquer hipótese, disse, é melhor poupá-la. — Nem deverão, portanto, possuir algum escravo grego, e aconselhar o mesmo aos outros gregos? — Precisamente, *pois assim se voltariam mais contra os bárbaros, e não se ofenderiam entre si*" (*República*, V, 469 b-c). Quanto à posição de Aristóteles, cf. as passagens que reportamos em IV, 127 ss. e o relativo comentário; cf., aí, as razões da incoerência dessa posição. 2) Uma tentativa de transgredir o pressuposto racista foi feita por alguns sofistas e socráticos menores. Antifonte, por exemplo, proclamava sem meios-termos que "somos absolutamente iguais por natureza, tanto gregos como bárbaros"; mas sem dar as adequadas motivações para tal afirmação (cf. II, 65 ss.; cf. também 188 s.). Mas é só nas filosofias da era helenística, sobretudo no estoicismo e no neoestoicismo, que se alcança o fundamento teorético do problema. O princípio da identidade da virtude em todos os seres racionais comporta a *igualdade de todos os homens virtuosos* (VI, 88 s.). Todos os povos são declarados capazes de virtude, a nobreza de nascimento é classificada como "resíduo e resto da igualdade", e é expresso alto e bom som o grande princípio: "nenhum homem é escravo por natureza" (cf. VI, 100). É a famosa tese estoica: "Só o sábio é livre; os néscios são escravos; a liberdade é a faculdade de agir de modo autônomo, a escravidão é a privação de tal faculdade" (von Arnim, *S.V.F.*, III, fr. 355). Essas premissas são levadas a notáveis desenvolvimentos pelos neoestoicos, particularmente por Sêneca (cf. os textos em VII, 81 ss.) e por Epicteto, que do parentesco do homem com Deus extrai o conceito de *fraternidade universal*: somos todos filhos de Zeus, portanto, nascidos do mesmo germe e irmãos por natureza (cf. textos em VII, 104 ss.). Não é por acaso que a história do Pórtico se conclua com Epicteto, um escravo liberto, e com Marco Aurélio, um imperador (cf. VII, 67).

ESFERA (σφαῖρα)

Na concepção dos antigos, a esfera representa a figura que indica completude e perfeição. Parmênides assimilou à esfera o seu ser: "Ele é completo em todas as partes, semelhante à massa de bem redonda esfera, de igual força no centro e em todas as partes" (fr. 8, vv. 42-44). Platão, que concebeu o ser em dimensão suprassensível e, portanto, sem figura e sem forma, concebeu como esférico o mundo físico: "Por esse motivo e por esse raciocínio [o Demiurgo] fez um único todo de todas as totalidades, perfeito e imune à velhice e à morte. E lhe deu uma forma conveniente e afim. Ora, ao animal [o mundo, recorde-se, é um ser vivo], que devia recolher em si todos os animais, convinha uma forma que recolhesse em si todas as formas. Por isso o arredondou ao modo de esfera, com todas as partes igualmente distantes do centro, de forma circular, que é a mais perfeita de todas as figuras e a mais semelhante a si mesma, julgando o semelhante infinitamente mais belo do que o dessemelhante" (*Timeu*, 33 a-b). — Também para Aristóteles o universo é de forma esférica. Particularmente pelas cinquenta e cinco esferas das quais seriam constituídos os céus segundo o Estagirita, cf. *Metafísica*, Λ 8, *passim* e o nosso comentário a esse capítulo (*Arist.*, *Metafís.*, vol. II, pp. 291 ss.).

ESFÉRICO (σφαῖρον)

Na cosmologia de Empédocles, é o momento da realidade no qual prevalece absolutamente o Amor ou a Amizade. No esférico os elementos estão todos recolhidos em compacta unidade (I, 137). É, portanto, a realidade no seu momento de maior pureza (cf. texto e exegese em I, 137 s.; cf. *ibid.* também as relações entre o *esférico* e o *cosmo*).

ESOTÉRICO (ἐσωτερικός)

É um termo que deriva do grego εσς, que significa *dentro* e *indica a característica de um pensamento quando reservado a poucos íntimos colaboradores* no interior de uma escola, de um círculo ou sodalício, e se diferencia dos que são destinados a um público externo mais amplo. Por exemplo, são chamados esotéricos todos os escritos de escola de Aristóteles, redigidos em vista das aulas (cf. Acroamático).

ESPAÇO, cf. Chora; Lugar.

ESPÉCIE (εἶδος)

Traduzimos por *espécie* (entendido em sentido técnico) o termo aristotélico *eidos*, *quando tem significado lógico*, ou seja, *quando indica o conceito que, por abstração, o pensamento extrai da forma ontológica*. Podemos também dizer que a *espécie* é a *forma* enquanto presente na mente. Para a problemática conexa ao *eidos*, cf. o que dizemos em IV, 160 ss.

ESPECULAÇÃO, cf. Contemplação.

ESPERANÇA (ἐλπίς)

É uma virtude que começa a aparecer em Filo de Alexandria, junto com o amor e a fé, que caracterizam a dimensão espiritual e religiosa do homem (VII, 264) e que, em certa medida, prefiguram as virtudes que na Idade Média serão chamadas de "teologais" (cf., ademais, Platão, *Fédon*, 67 b; 114 c).

ESPÍRITO, cf. Nous.

ESSÊNCIA (τὸ τί ἦν εἶναι, τὸ τί ἐστι, *essentia*)

Por este termo se traduz a complexa expressão aristotélica *tò tì ên eînai*, que os latinos traduziam *quod quid erat esse*. A essência é *aquilo pelo qual* as coisas possuem o ser algo, e coincide com o *eidos* e a forma. Observe-se que é errado crer que essência traduza *ousia* em sentido pleno, pelas razões que indicamos no verbete respectivo. A essência designa apenas um dos significados de *ousia* (mesmo sendo o principal). Traduzindo-se *ousia* por essência, não se entende absolutamente como Aristóteles possa denominar *ousia* também o sínolo e mesmo a matéria e, sobretudo como *ousia*, nos estoicos, signifique em primeiro lugar a matéria. Em conclusão: a essência designa o significado de *ousia* que coincide com a quididade, a forma, o que faz uma coisa ser ela mesma e não outra. Sobre o tema veja-se o livro Z da Metafísica, *passim*, e o nosso comentário (Arist., *Metafísica*, vol. I, pp. 562-637).

ESTÁDIO, Argumento do

É um dos célebres argumentos dialéticos de Zenão, dirigido contra o movimento. Cf. exegese em I, 121.

ESTADO, cf. Governo, Formas de; Política.

ESTÉTICA

É o ramo do saber filosófico que tem por objeto o belo e a arte. Como é sabido, o termo foi criado no século XVIII por Baumgarten. Deriva do grego *aisthesis*, *aistheton* (sensação, sensível) e, na intenção do autor, exprime o conceito do belo como a manifestação do *sensível no seu grau mais elevado*. Porém, os gregos não unificaram organicamente num só âmbito os vários conceitos que os modernos incluem na estética, ligando-os de maneiras diversas à metafísica, à ética e à gnosiologia. Sem dúvida, é correto falar da estética dos gregos mas, do ponto de vista histórico, é melhor repensar os problemas dos gregos da mesma maneira com que eles os propuseram, sem forçá-los a entrar em categorias ulteriores. Desta sorte, os gregos ligaram o belo à erótica, mais do que à arte, e à poesia o problema da sua função educativa e, portanto, da *paideia*, além do problema da verdade. Vejam-se os verbetes: Belo, Erótica, Poética, Entusiasmo, Mania.

ESTOICISMO

É a filosofia de Zenão de Cítio e dos seus seguidores Cleanto e, sobretudo, Crísipo, assim chamada por causa do lugar onde se reuniam (cf. Pórtico). Sobre a gênese e as características do estoicismo, cf. VI, 5 ss. O estoicismo, o mais imponente movimento espiritual da era helenística, pode ser dividido em três fases: 1) a fase antiga, durante a qual a doutrina foi fundada, elaborada e sistematizada (VI, 17 ss.); 2) a fase do assim chamado estoicismo médio, na qual a doutrina se abre cautelosamente a algumas verdades de outras escolas e ameniza as asperezas de alguns dogmas (VI, 109 ss.); 3) o neoestoicismo, que floresce na era imperial em ambiente romano, no qual predominam os interesses ético-religiosos (VII, 63 ss.).

ÉTER (αἰθηρ)

A doutrina do éter, como elemento ontologicamente diverso dos outros quatro, representa uma descoberta aristotélica, talvez já preparada na Academia (cf. a indicação do *Timeu*, 55 c). Encontramo-la também na *Epínomis* 981 c, mas pode ter sido influenciada pelo próprio Aristóteles. O éter é chamado *quinta substância* ou *quinta essência* no sentido de *quinto elemento*. Foi introduzido pelo Estagirita com o fim de *fundamentar a tese da incorruptibilidade dos céus*. Veja o quanto, a propósito, dizemos em IV, 76 ss. Para os problemas e as dificuldades suscitados pelos aristotélicos posteriores a esse propósito, cf. VII, 10; VII, 24. — As cosmologias da era helenística eliminam o éter. — Também no neoplatonismo, ele não encontra um lugar adequado — No pensamento ocidental, a doutrina do éter volta à atualidade somente com o renascimento do aristotelismo.

ETERNIDADE (αἰών, ἀϊδιότης, *aeternitas*)

Podemos distinguir os seguintes momentos na história do conceito de eterno no pensamento grego: 1) o conceito ligado à negação da existência do tempo e do movimento na escola de Eleia; 2) o conceito ligado à descoberta do inteligível e do transcendente em Platão; 3) o conceito ligado à metafísica neoplatônica da processão; 4) um conceito impróprio, ligado à duração sem fim do tempo e ao retorno eterno: 5) o conceito ligado à experiência espiritual do êxtase. 1) O conceito do eterno no eleatismo apresenta duas formulações: a formulação parmenidiana do *instante atemporal* (I, 109 ss.) e a formulação melissiana do *"sempre era e sempre será"* (I, 126). Ambas supõem a negação total do devir em todas as suas formas e equivalem a um *permanecer aprocessual* (contraído no instante em Parmênides; dilatado ao infinito em

Melisso). 2) A concepção platônica filia-se à concepção parmenidiana, mas a *refunde sobre o fundamento das novas posições da "segunda navegação"*. Essa nova fundamentação permite recuperar também o tempo como imagem móvel do eterno, como explicamos em II, 124 ss. 3) Em Plotino pode-se falar de uma *eternidade em três níveis*, correspondentes às três hipóstases: *a*) a eternidade inefável do Uno, *b*) a eternidade do Espírito, da qual falamos em VIII, 69, *c*) a eternidade da Alma que é atividade produtora de temporalidade, na qual o eterno se desdobra no tempo (VIII, 95 ss.). 4) A duração sem fim do tempo é chamada também eternidade, mas num sentido impróprio. Seria mais exato falar de um *processo que não acaba*, dado que o eterno implica propriamente um permanecer aprocessual. Consideração análoga se pode fazer para o eterno retorno (VI, 67 ss.). 5) O êxtase plotiniano é, substancialmente, um atingir o eterno no nível de uma experiência instantânea que é saída do tempo (VII, 266 s.).

ETERNO RETORNO, cf. Apokatástase, Palingênese.

ÉTICA (ἠθική, *ethica*)

Sobre o conceito de ética e sobre as distinções que admite, veja-se quanto dissemos em I, 179 ss. Na história da ética grega (precedida de uma intensa reflexão moral em nível pré-filosófico, cf. I, 181 ss.) podemos distinguir as seguintes fases: 1) a fase sofístico-socrática, na qual a ética é proposta sem a elaboração explícita de uma metafísica correspondente (II, 74 ss.). 2) A fase platônico-aristotélica, na qual a metafísica e a ética alcançam um justo equilíbrio (cf. III-IV, *passim*). 3) A fase helenística, na qual o problema ético eleva-se acima de todos os outros, sem eliminá-los, mas instrumentalizando-os em função dele (V-VI, *passim*). 4) A fase final da era imperial, na qual a ética se reveste de tons acentuadamente religiosos, até desembocar na mística (VII-VIII, *passim*). Nas duas primeiras fases, ética e política estão estruturalmente ligadas (cf. sobretudo II, 235 ss.); na terceira fase, em seguida à ruína da polis, o indivíduo é descoberto, e a ética é formulada de maneira autônoma, mediante o aproveitamento radical de todos os recursos que se encontram no interior do homem, entendido justamente como indivíduo (V, 7 ss.). Na última fase, entra em crise a ideia da autossuficiência e da autonomia do indivíduo (*autarkeia*), e a ética pretende levar o homem a uma vinculação com o divino. Como em toda a história da ética antiga, também nessa fase permanece estranha à mentalidade grega a ideia de que, para alcançar o *telos* moral, o homem tenha necessidade de uma ajuda divina direta (de uma "graça"); é mesmo reafirmada a *capacidade autônoma do homem de alcançar o divino* (mesmo o êxtase, com efeito, depende do homem). — Os conceitos essenciais da a ética grega são os de *eudaimonia*, *areté* e *liberdade como racionalidade*. O emblema de toda a ética grega é o *intelectualismo moral* que remonta a Sócrates, mas que acompanha, com maior ou menor relevo, todo o pensamento grego posterior. Entre as posições mais significativas das diversas escolas assinalamos: os conceitos socráticos de *virtude-ciência, enkráteia e autarkeia*; os conceitos platônicos de *fuga do mundo* e *assimilação ao divino*: os conceitos aristotélicos de *virtude ética* e *virtude dianoética*; os conceitos helenísticos de *ataraxia*, *aponia*, *apatia*, com todos os outros a eles ligados; e os conceitos neoplatônicos de *níveis diferentes de virtude* e de *êxtase*. — Cf. os verbetes respectivos.

ÉTICA, Virtude, cf. Areté.

EU

A problemática do "Eu", tal como se delineou no pensamento ocidental (primeiro por obra de Agostinho e, nos tempos modernos, por Descartes), é desconhecida na antiguidade. Escreve Pohlenz a esse respeito que, para o grego, "o próprio Eu, como suporte unitário da vida, é um dado tão imediato do conhecimento, que não se torna objeto de reflexão" (*L'uomo greco*, p. 14). Deve-se, ademais, observar que o termo ἐγώ é paulatinamente utilizado em conexão com essa temática. O termo que mais corresponde ao Eu é "Nós" (ἡμεῖς). O *Alcibíades maior* de Platão é o diálogo que consagra o uso desse termo para exprimir o conceito de "si mesmo", que em seguida torna-se técnico. — Em todo caso, a pesquisa sobre "Nós" responde mais à problemática da *essência do homem* em geral (o plural é significativo) do que o problema do indivíduo (cf. verbete Homem). (Cf., além do *Alcibíades*, 128 d ss., as passagens de Aristóteles apresentadas em IV, 102 s.; ver, ademais, Plotino, *Enéadas*, I, 1, 7; V, 3, 3 etc.) A definição, consequentemente, que o grego deu do "Nós", a partir de Sócrates, é que "nós somos a nossa alma" ou "nós somos o nosso nous". (Recordamos, enfim, que alguns tradutores traduzem sem mais ημεις por "eu", que é uma tradução por si lícita, desde que o leitor não associe ao termo *eu* a problemática moderna, mas se mantenha no horizonte da problemática grega).

EUBOULIA (εὐβουλία)

É a sensatez nos negócios públicos e privados e, portanto, o bom conselho. Protágoras a propunha como fim do próprio ensinamento (I, 203 ss.). Para Platão, é a virtude típica do homem de Estado, intimamente ligada à sabedoria (II, 275).

EUDAIMONIA (εὐδαιμονία)

É esse o conceito axial em torno do qual gira toda a ética grega. O seu significado está bem explicado nessa página de M. Pohlenz: "[...] na alma do povo estava enraizada profundamente a aspiração a ver coincidir o valor íntimo do homem e a sua situação exterior. Esse sentimento encontrou sua expressão no conceito limpidamente helênico de *eudaimonia* e no seu desenvolvimento histórico. Ao falar da 'felicidade', pensava-se inicialmente em primeiro lugar em um bem-estar material muito elevado, e como o povo, com ingênua admiração, denominava 'felizes' os ricos aristocratas, prevaleceu o uso de designar com a mesma palavra a prosperidade de uma região ou de uma cidade. Desde o começo, porém, a *eudaimonia* foi mantida nitidamente separada da *eutychia*, a fortuna que um capricho casual da *tyche* pode lançar nos braços de um homem. A palavra *eudaimonia* possuía um matiz religioso e significava que um indivíduo ou uma comunidade encontrava-se sob a proteção de um bom *daimon*, a cujo favor devia a sua prosperidade. A piedade religiosa enxertou facilmente nessa ideia a fé de que um homem obtenha a assistência de um bom *daimon*. Esse sentimento fortaleceu-se posteriormente quando se difundiu a concepção do gênio protetor que acompanha o homem por toda a vida: dessa maneira estava indicado o caminho para pôr em harmonia o valor intrínseco do homem com a sua situação exterior. Todavia, continuou-se a conceber a *eudaimonia* sobretudo como recompensa material atribuída ao homem pelo seu comportamento moral, pela sua *areté*. Quando se transferiu o *daimon* para dentro do homem e foi-lhe atribuída a capacidade de assegurar ao homem a paz da alma, entendida como pressuposto e característica principal da felicidade humana, mesmo independentemente da situação exterior, estabeleceu-se um nexo orgânico entre os dois conceitos. Que os 'bens' materiais conservem algum valor e possam ser acrescentados à *eudaimonia* plena tornou-se objeto de controvérsia, como também veio à tona o grave problema de como o homem, mediante o conhecimento e a atividade moral em si mesmos, possa obter que seu *daimon* se torne efetivamente bom. Em todo caso, a *areté* e a *eudaimonia* permaneceram os conceitos básicos do pensamento ético dos gregos" (*Der hellenische Mensch*, Göttingen, 1947; tr. ital. de B. Proto com o título *L'Uomo greco*, La Nuova Italia, Florença 1962, pp. 577 ss.). Veja-se também o que diz Aristóteles nas passagens que citamos em IV, 97 ss. Poderemos dizer que todos os filósofos gregos estão fundamentalmente de acordo em vincular *eudaimonia* e *areté*. — Os contrastes e as divergências giram em torno dos seguintes pontos: 1) sobre o modo de entender a *areté*; 2) sobre o considerar ou não a virtude como absolutamente suficiente para a felicidade (ou seja, sobre considerá-la condição necessária, mas não de todo suficiente para a felicidade); 3) no considerar a virtude como tendo seu prêmio em si mesma já nessa vida, ou então somente como premissa de uma coroa de felicidade que é conseguida como prêmio à virtude na outra vida; 4) no considerar a *areté* como ligada exclusivamente à esfera racional ou então vinculá-la à experiência mística. 1) para o primeiro ponto, cf. verbete Areté; 2) Como ilustração do segundo cf. Sócrates (II, 112 ss.; 135 ss.), os estoicos (VI, 82 ss.) e, a seu modo, Epicuro (V, 206 ss.; 215 ss.); ao contrário, cf. Aristóteles (IV, 97 ss.), os peripatéticos (por exemplo, V, 124 s.) e os acadêmicos (V, 91 s.; 100 s.); 3) Como ilustração do terceiro ponto, cf. Platão e a sua escatologia (II, 185 ss.), e também o curioso híbrido estoico do qual falamos em VI, 69 s. 4) Para a ilustração do último ponto cf. o neoplatonismo, IV, *passim*.

EUDAIMONISMO

É o caráter próprio de toda ética grega, cujo alvo é justamente a determinação do conceito da verdadeira felicidade e dos meios para alcançá-la.

EULOGON (εὔλογον)

Trata-se de uma doutrina defendida por Arcesilau, com intenção antiestoica e tendente a substituir a certeza dogmática da escola estoica pelo simples *razoável* ou *verossímil* como critério de ação. Ver o texto que citamos em VI, 67 s., com a respectiva exegese.

EUTIMIA (εὐθυμία)

Segundo Demócrito, é o fim da vida ética, correspondente a uma espécie de *tranquilidade* que nasce do saber dominar os próprios desejos (I, 185). Panécio a contrapõe à *apatia*, própria da sua escola (VI, 116 s.). É esse o conceito que Sêneca traduz com *tranquillitas animi* e que ilustra na sua obra homônima.

EVEMERISMO

Com esse termo se designa a concepção que considera serem os Deuses *homens deificados*. Evemerismo deriva de Evêmero de Messina, que sustenta essa teoria no seu *Escrito sagrado* (ver V, 62 ss., nota 26).

EVIDÊNCIA (ἐνάργεια, *evidentia*)

O termo designa *o que é plenamente visível ou manifesto*. A evidência é, pois, um cf. *imediato*, que é, por si, uma garantia de verdade e certeza (ver verbetes).

EXEMPLAR, cf. Paradigma.

EXERCÍCIO, cf. Askesis.

EXISTÊNCIA (*existentia*)

Trata-se de um termo que deriva de *ex-sistere* (isto é, *subsistir* no ser derivando *de* um outro). Implica uma problemática que supõe estruturalmente o criacionismo, sobretudo na forma engendrada pela filosofia medieval (primeiro árabe, depois latina). Nos filósofos gregos, não há a distinção essência-existência ou, quando há, é bastante vaga e situada num horizonte metafísico estruturalmente diverso do horizonte medieval. Com efeito, a ontologia grega é uma forma de *essencialismo eidético* (Platão e o platonismo) ou *ousiológico*

(Aristóteles e o aristotelismo), no qual coincidem estruturalmente ser e forma. Também a doutrina aristotélica do *ato* não vai além desse horizonte porque, por sua vez, o ato coincide com a forma e com a substância. Para um aprofundamento do tema veja-se S. Mansion, *Le jugement d'existence chez Aristote*, Louvain, 1946 (1976[2]).

EXOTÉRICO (ἐξωτερικός)

Deriva do grego (ἔξω) que significa "fora" e designa a forma de pensamento que se mantém num nível compreensível mesmo a pessoas que não são membros especializados de uma escola. Em substância, significa o que hoje designamos por "não técnico" ou "de divulgação". São, por exemplo, chamados exotéricos os escritos de Aristóteles (na maior parte redigidos em forma dialógica) endereçados programaticamente ao grande público e compostos no período acadêmico. Deles possuímos apenas fragmentos (cf. IV, 7, nota 1).

EXPERIÊNCIA (ἐμπειρία, *experientia*)

A definição mais exata da experiência foi dada por Aristóteles, que, na *Metafísica*, caracteriza-a com relação aos conceitos de memória, arte e ciência desta maneira: "Ora, enquanto os animais vivem com imagens sensíveis e com recordações e participam pouco da experiência, o gênero humano, ao contrário, vive também de arte e de raciocínios. Nos homens, a experiência deriva da memória: com efeito, muitas lembranças do mesmo objeto chegam a constituir uma única experiência. Portanto, a experiência parece ser em parte semelhante à ciência e à arte: de fato, os homens adquirem ciência e arte através da experiência. Efetivamente, como diz Polo, a experiência produz a arte, ao passo que a inexperiência produz o simples acaso. A arte nasce quando, de muitas observações, forma-se um juízo geral e único, que pode ser referido a todos os casos semelhantes. Por exemplo, julgar que certo remédio ajudou a Cálias, que sofria de certa doença, e o mesmo ajudou a Sócrates e a muitos outros indivíduos, é próprio da experiência; ao invés, o juízo segundo o qual certo remédio ajudou a todos esses indivíduos reduzidos à unidade segundo a espécie e que sofriam de certa doença (por exemplo, aos fleumáticos, aos biliosos, aos febricitantes) é próprio da arte. Ora, para fins de atividade prática, a experiência não parece diferir em nada da arte; mais ainda, os empíricos têm melhor resultado do que os que possuem a teoria sem a prática. E a razão consiste nisso: a experiência é conhecimento dos particulares, ao passo que a arte é conhecimento dos universais; ora, todas as ações e as produções dizem respeito aos particulares; com efeito, o médico não cura o *homem* senão *por acidente*, mas cura Cálias ou Sócrates ou qualquer outro indivíduo que leva um nome como estes, ao qual, exatamente, *sucede* ser homem. Portanto, se alguém possui a teoria sem a experiência e conhece o universal, mas não conhece o particular, errará muitas vezes a cura pois a cura é dirigida justamente ao indivíduo particular. Todavia, pensamos que o saber e o entender sejam mais próprios da arte do que da experiência, e julgamos os que possuem a arte mais sábios do que os possuidores apenas da experiência, enquanto estamos convencidos de que, em todo homem a sabedoria corresponda ao seu grau de conhecimento. Isto porque os primeiros conhecem a causa, ao passo que os outros não a conhecem. Os empíricos conhecem o puro *dado factual* e não o *porquê* dele, ao passo que os outros conhecem *o porquê e a causa*" (*Metafísica*, A 1, 980 b 25 ss.). — Para a importância da experiência e para a elaboração de um método nela rigorosamente fundado nos chamados médicos empíricos, cf. VII, 165 ss. — Sexto Empírico, embora profundamente influenciado pela medicina empírica e pelos seus procedimentos, não chega a elaborar uma nova lógica empírico-positivista (como pensaram erradamente alguns estudiosos) pelas razões que explicamos em VII, 179 e nota 37. A mentalidade empirista, tal como se manifestou na era moderna, sobretudo em consequência da descoberta das ciências empíricas, é estranha ao mundo grego, caracterizado por sua vez por uma mentalidade de forte cunho aitiológico.

EXPIAÇÃO (δίκη)

Esse termo exprime a *eficácia libertadora com relação ao mal cometido e à culpa, eficácia produzida pela justiça e pela punição*, como Platão explica nessa passagem exemplar do *Górgias*: "Sócrates: [...] sobre o fundamento de quanto até agora admitimos, é necessário que cada um evite o mais possível cometer injustiça, porque sofreria um mal verdadeiramente grande — Polo: Certamente. — Sócrates: E se cometer injustiça, ou ele ou algum outro sob seus cuidados, deverá dirigir-se voluntariamente para o lugar onde possa descontar a pena o mais depressa possível: isto é, deverá procurar o juiz assim como procuraria o médico, e fazê-lo logo para que a doença da injustiça, tornada crônica, não faça a alma cancerosa e incurável. Ou como deveríamos dizer, se permanecem solidamente estabelecidas as coisas que antes admitimos? Essas não devem estar de acordo com aquelas da maneira ora dita e não diversamente? — Polo: E o que poderemos dizer? — Sócrates: Com a finalidade de defender a própria injustiça ou a dos pais, dos amigos, dos filhos ou da pátria, a retórica, Polo, não tem utilidade alguma para nós. A menos que a entendamos e usemos para o fim oposto, e se diga que é necessário acusar sobretudo a si mesmo, e depois também aos familiares ou a qualquer das pessoas que nos são caras e que cometam injustiça, e que é preciso não esconder, mas revelar a própria culpa, a fim de que o culpado cumpra a pena e seja curado; e é necessário obrigar a si e aos outros a não ter medo, mas é preciso oferecer-se de olhos fechados e com coragem ao juiz, assim como nos entregamos ao médico para sofrer cortes e cautérios, buscando o bom e o belo; e quem tiver cometido injustiça e for merecedor de castigo não deve considerar a dor, mas deve oferecer-se ao castigo, e se for merecedor de cadeias deve oferecer-se às cadeias, e se for merecedor de multa deve pagar a multa, e se for merecedor de exílio deve oferecer-se ao exílio, e se merecedor de morte oferecer-se à morte, sendo ele mesmo o primeiro acusador de si mesmo e dos seus familiares (480 a ss.). Veja-se também o *Fédon*, 113 a ss., onde Platão fala do efeito escatológico da expiação e delineia mesmo uma espécie de "purgatório" no qual, antes de receber o prêmio, as almas que não são inteiramente puras e que, por outro lado, não são inteiramente impuras "permanecem purificando-se e expiando as suas culpas".

EXPRIMÍVEL, cf. Lekton.

ÊXTASE (ἔκστασις)

A temática do êxtase, conquanto já presente em Platão (cf. Entusiasmo e Mania), encontra sua formulação exata no contexto do pensamento da antiguidade tardia. Poderemos distinguir esquematicamente três formulações diferentes da doutrina do êxtase, de acordo com as tradições nas quais se inspira e com os fundamentos sobre os quais se edifica. 1) A primeira é a de Filo de Alexandria, *ligada ao profetismo bíblico e que se apoia no conceito de graça e de dom divino*. A *saída de si* (ex-stasis) é o entregar-se a Deus, o que é possível somente na medida em que Deus se dá a nós (VII, 206 s.; VIII, 125 s.). 2) A segunda é a de Plotino, para quem o êxtase é a abolição da alteridade, a simplificação, a unificação com o Uno (VIII, 119 ss.). O êxtase plotiniano não depende de um dom de Deus, mas é obra da pura capacidade do homem. Essa é uma concepção que depende da antiga convicção grega segundo a qual o homem pode *sozinho* alcançar o seu *telos*, sem necessidade de ajuda que venha de fora. É, pois, uma forma de êxtase que poderemos chamar *filosófico-especulativa* e *autárquica*. 3) A terceira é a que se encontra nas correntes da mística pagã como, por exemplo, no hermetismo e, depois nos neoplatônicos tardios, *ligada à virtude teúrgica e, portanto, a uma mentalidade mágica* (VIII, 192 s.).

F

FADIGA (πόνος)

A fadiga, entendida como esforço e fortalecimento do corpo e da alma, é um conceito que desempenha um papel relevante na ética dos cínicos: em Antístenes (II, 170 s.), em Diógenes (V, 29) e posteriormente em toda a tradição da seita cínica. O conceito de fadiga está estreitamente ligado ao de *áskesis* (cf. verbete).

FADO, cf. Heimarmene.

FALSO, FALSIDADE (ψεῦδος, *falsum*)

1) Do ponto de vista lógico, Aristóteles define falso o juízo *que une o que não está unido ou que separa o que na realidade não está separado* (IV, 141). 2) Aristóteles fala de falso também no sentido ontológico: *ser como verdadeiro e não-ser como falso* constituem um dos quatro significados do ser (ver IV, 33 ss.). Eis a definição exata que Aristóteles oferece na *Metafísica* E 4, 1027 b 18 ss., na qual se entrelaçam os dois significados: "No que diz respeito ao ser como verdadeiro e ao não-ser como falso, devemos dizer que eles se referem à conexão e à divisão de noções, e um e outro juntos abraçam as duas partes da contradição. O verdadeiro é afirmação do que está realmente unido e a negação do que realmente está dividido; o falso, ao contrário, é a contradição dessa afirmação e dessa negação [...]. O verdadeiro e o falso não estão nas coisas (como se o bem fosse o verdadeiro e o mal, sem mais, o falso), mas somente no pensamento; mais ainda, no que diz respeito aos seres simples e às essências não estão nem mesmo no pensamento".

FAMÍLIA, cf. Matrimônio.

FANTASIA (φαντασία)

Em geral, é a faculdade pela qual dizemos que nascem em nós as imagens e, portanto, é a *faculdade de produzir imagens*, por isso é chamada também imaginação. Aristóteles explica que a fantasia é distinta da sensação, da opinião e da ciência. Pressupõe a sensação e é a ela semelhante, mas não se reduz a ela porque podemos ter imaginação mesmo desligada da sensação, como quando sonhamos. Não é opinião porque esta implica uma fé ou um acreditar no que se pensa, o que não acontece com a fantasia. Não é ciência ou inteligência porque estas são sempre verdadeiras, ao passo que a imaginação pode ser também falsa (cf. *De Anima*, Γ 3, *passim*). Sobre a gênese filosófica bem como sobre a gênese do termo, Aristóteles explica ulteriormente: "[...] a imaginação é um movimento produzido pela sensação em ato. E, já que a visão é o sentido por excelência, a imaginação (*phantasia*) recebeu o nome da luz (*phaos*), uma vez que sem luz não se pode ver" (ibid. 429 a 1 ss.). Em Epicuro, o termo assume o significado de representação produzida por simulacros, em conexão com a problemática da qual falamos em V, 161 ss. — Também na escola estoica, a fantasia designa, de preferência, a representação (note-se que os estoicos insistem na derivação de *phantasia* de *phaos*, da qual fala Aristóteles; cf. von Arnim, *S.V.F.*, II, fr. 54 e 63) e é interpretada como a marca das coisas na alma. Para a problemática respectiva cf. VI, 21 ss. — Em Plotino, torna-se uma atividade da alma (VIII, 107 s.).

FÉ, cf. Pistis.

FELICIDADE, cf. Eudaimonia.

FENOMENISMO

Assim se designa a doutrina que *reduz toda a realidade ao aparecer* (cf. Fenômeno). *a*) Pode ser chamado fenomenista o ceticismo de Pirro e Enesídemo, pelas razões que explicamos em VI, 147 ss. e em VII, 169 ss. — *b*) Outra forma de fenomenismo é a que interpreta a realidade como mera afecção do sujeito que não intenciona o objeto, isto é, que não o revela mas antes o oculta. Segundo essa forma de fenomenismo, nós não conhecemos as coisas mas, justamente, apenas as nossas afecções. Essa posição podemos encontrá-la *in nuce* em Aristipo (II, 178 s.), mas, sobretudo, bem tematizada e desenvolvida, em Sexto Empírico (VII, 169 ss.).

FENÔMENO (φαινόμενον)

Entendido em senso lato, o termo designa *a realidade tal como se manifesta à nossa experiência*, e, portanto, *o mundo sensível tal qual aparece.* — O termo assume, porém, uma acepção particular nos céticos, e sobre esta chamamos a atenção, porque é rica de particulares implicações teóricas. Já Pirro entende por fenômeno *um tipo de aparecer que, de alguma maneira, resolve em si toda a realidade.* É esse o sentido de uma célebre afirmação pirroniana: "O fenômeno domina sempre, onde quer que apareça" (para os pressupostos teóricos dessa afirmação e para a sua significação cf. VI, 142 ss.). Vejam-se também os desenvolvimentos posteriores da doutrina em Enesíderno (VII, 151 ss.) — Tanto Pirro como Enesídemo não parecem ligar o conceito de fenômeno com o pressuposto dualista da existência de uma "coisa em si", à qual seria contraposto o aparecer já que, pelos menos teoricamente, tendem a identificar o ser com o fenômeno. Ao invés, Sexto Empírico formula o conceito de fenômeno *fundando-se em pressupostos claramente dualistas*: de um lado há o que aparece (aos sentidos), de outro o que subsiste em si, a saber, a *coisa exterior. Dessa maneira, o fenômeno torna-se uma afecção do sujeito.* Para as implicações desse conceito (que constitui o fundamento sobre o qual Sexto Empírico reformula o seu ceticismo) e para os corolários que daí decorrem, cf. VII, 169 ss.

FIGURA (σχῆμα)

a) *Em lógica, a figura é a forma do silogismo determinada pelas diversas posições que o meio-termo pode ocupar*, com respeito aos extremos das premissas. Sobre a classificação das figuras do silogismo cf. IV, 151 ss. — *b*) Para os significados ontológicos do termo cf. Eidos; Rhusmós.

FILANTROPIA (φιλανθρωπία)

É a atitude de amizade efetiva que o homem pode e deve assumir em face dos outros homens. Em sentido lato, a dimensão filantrópica está presente na maior parte dos pensadores gregos; basta pensar na vida e na pregação de Sócrates que, desse ponto de vista, são paradigmáticas. Em sentido estrito, no entanto, o sentimento filantrópico e a explicitação da temática conceitual a ele ligada são típicos de poucos filósofos gregos. Recordamos, por exemplo, os cínicos Crates (V, 39 ss.) e Demônates (VII, 231) que, todavia buscam a sua filantropia mais no próprio temperamento do que nos princípios da escola (a qual, na verdade, é orientada numa direção inteiramente diversa). — Em nível temático, uma caracterização mais exata da filantropia pode ser encontrada na escola estoica, que considera o amor recíproco como um princípio natural e quase como um instinto primordial (VI, 99 ss.). Crísipo definia a filantropia como "relação afetuosa entre os homens" (von Arnim, *S.V.F.*, III, fr. 292). — Essa concepção do estoicismo dá todavia seus frutos somente na última fase da filosofia do Pórtico: em Sêneca (VII, 81 ss.), em Epicteto (VII, 104 ss.) e em Marco Aurélio (VII, 122 ss.), sobretudo em conexão com a explicitação do conceito da *irmandade dos homens*, deduzido da ideia geral de que *todos os homens são filhos da mesma divindade.* — A dimensão filantrópica emerge em primeiro plano também na última fase do epicurismo, particularmente em Diógenes de Enoanda (VII, 55 ss.).

FILOSOFEMA (φιλοσόφημα)

Em sentido geral, é o termo usado para designar um *topos* filosófico, vale dizer, *proposições e conceitos filosóficos que se tornaram lugares-comuns.* Aristóteles usa o termo também para designar o silogismo nos *Tópicos* Θ, 11, 162 a 15.

FILOSOFIA (φιλοσοφία)

Dedicamos todo o apêndice do vol. II, 205 ss. para determinar este conceito nas suas características gregas exatas e para a elucidação das suas implicações e dos seus corolários.

FILOSOFIA MORAL, cf. Ética.

FILOSOFIA PRIMEIRA (πρώτη φιλοσοφία)

Com essa expressão, Aristóteles designa *a metafísica*, chamada por ele também *sapiência primeira* ou simplesmente *sapiência* e *teologia* (IV, 27 ss.). Para um aprofundamento do tema cf. G. Reale, *Il concetto di filosofia prima e l'unità della metafisica di Aristotele*, Milão, 1973[3].

FILOSOFIA SEGUNDA

Expressão com que Aristóteles indica *a física* em contraposição à metafísica, que é, por sua vez, filosofia primeira (cf. verbete), pelas razões que explicitam em IV, 27 ss.; cf. em especial, IV, 66 ss.

FIM (τέλος, σκοπός, τὸ οὗ ἕνεκα)

O conceito de fim foi determinado sobretudo por Aristóteles. O fim designa não somente *o escopo ao qual tendem as ações*, mas também *o escopo em virtude do qual todas as coisas são geradas e são*. O fim é, portanto, uma das causas e um dos princípios da realidade. O Estagirita o identifica com o *Bem*: "O fim de cada coisa é o bem e, em geral, em toda a natureza, o fim é o sumo bem" (*Metafísica*, A 2, 982 b 6 ss.). Além disso, o fim coincide com a *forma* (cf. *Metafísica* H, *passim*) e, portanto, com o ato e a *enteléqueia* (cf. verbetes). Para Aristóteles, há um fim *imanente* e um fim *transcendente*. O imanente é o que é específico de cada ação ou coisa; o transcendente é o Motor Imóvel, que move justamente como *causa final*. Observe-se que o primeiro só existe enquanto existe o segundo (cf. *Metafísica*, Λ 10). — Eis algumas definições estóicas (von Arnim, *S.V.F.*, III, fr. 2 e 3): "Com uma distinção exata os estoicos dizem: 'Fim é aquilo pelo qual se fazem convenientemente todas as coisas, ao passo que ele não é feito em razão de coisa alguma'; e também assim: 'É aquilo pelo qual se fazem as outras coisas, enquanto ele não é feito por coisa alguma'. E ainda: 'Aquilo para o qual todas as coisas que na vida são feitas convenientemente tendem, ao passo que ele não tende para coisa alguma'". — "O fim é definido de três maneiras pelos seguidores dessa doutrina: com efeito, o bem final é chamado fim no uso filológico pois dizem que o fim é a conformidade com a natureza. Chamam de fim também o escopo, dizendo, por exemplo anaforicamente fim a vida conforme a natureza, sobre o fundamento do predicado oposto. Num terceiro significado é chamado fim o máximo das coisas apetecíveis, ao qual todas as coisas se referem".

FINALISMO

É a concepção ontológica que introduz na explicação da realidade, como essencial, o conceito de *fim* e *escopo*, ou seja, que *considera a realidade construída segundo um desenho racional*. A concepção finalista do real pressupõe estruturalmente o conceito de uma causa inteligente (transcendente ou imanente) e se articula somente em função desse conceito. — *a*) Na filosofia antiga, o finalismo nasce já no âmbito da filosofia pré-socrática e, exatamente, junto com a concepção de Anaxágoras da *Inteligência como causa* (I, 147 ss.). — *b*) Sócrates segue Diógenes e os filósofos que se inspiram em Anaxágoras e desenvolve toda uma série de deduções, sem porém fundamentá-las teoricamente (II, 125 ss.). — *c*) A *magna charta* do finalismo é o *Timeu* platônico, que introduz mesmo a causa exemplar e o bem como princípio de movimento, além da inteligência ordenadora (III, 176-186). — *d*) Em Aristóteles, o finalismo repousa sobre a doutrina das quatro causas, uma das quais é constituída exatamente pelo fim (posto em relação estreita com o bem e com a causa formal). Os conceitos de ato e *enteléqueia* supõem estruturalmente que cada coisa atualize o próprio fim. Mesmo a Causa Primeira, o Motor Imóvel, é eficiente *enquanto e na medida em que é fim*: move, com efeito, como perfeição e como objeto de desejo (IV, 60 s.). A célebre afirmação "Deus e a Natureza nada fazem em vão" (*De Coelo*, A 4, 271 a 33; repetida também em outros lugares) ratifica perfeitamente a visão finalista do Estagirita. — *e*) Ao invés, os estoicos repropõem uma visão acentuadamente finalista em chave imanentista, sobre o fundamento do seu conceito de *Logos*-providência (VI, 57 ss.) — *f*) Noutra perspectiva, Plotino repropõe uma visão finalista do cosmo: em lugar de Deus no mundo, *põe o mundo e tudo em Deus* (VIII, 97 ss.). *g*) Já a concepção da realidade própria do atomismo é, ao contrário, decididamente antifinalista (I, 151 ss. e V, 170 ss.), bem como a do ceticismo (ver VI, 142 ss.; VII, 151 ss.). Sobre o tema cf. W. Theiler, *Zur Geschichte der teleologischen Naturbetrachtung bis auf Aristoteles*, Zurique-Leipzig 1925 (Berlim, 1965²).

FINITO (πεπερασμένος)

Finito é o que tem um limite (*peras*). Para a filosofia grega clássica, este termo é sinônimo de *medida*, *ordem*, *acabamento*, e, portanto, *perfeição*. A célebre definição aristotélica: "Coisa nenhuma que não tenha um fim é perfeita; e o fim é o limite" é paradigmática: *peras* é igual a *telos* e é, pois, *pepe-rasménon* (finito) tudo que possui o seu *telos* (veja-se o trecho inteiro da *Física* citado em IV, 75). — A concepção que vê a perfeição no limite e no limitado e, portanto, no finito remonta aos pitagóricos (I, 81 ss.) mas, por intermédio de Platão, alcança sua definição plena justamente em Aristóteles para o qual o ser como tal, na medida em que é perfeito, é finito, e o infinito é puramente potencial e, além do mais, confinado na categoria da quantidade. — Uma reviravolta dessa mentalidade terá lugar somente na antiguidade tardia; primeiro com Filo depois, sobretudo, com Plotino e os neoplatônicos. Cf. os verbetes Peras e Apeiron.

FÍSICA (φυσική)

É a *investigação em torno à physis*, ou seja, em torno à natureza. O leitor moderno pode estudar a "física" grega de duas maneiras: *a*) entendendo por "física" o que significa o conceito a partir de Galileu e procurando, em consequência, o correspondente a esse conceito entre os gregos; *b*) ou então procurando despojar-se da concepção moderna e esforçando-se por entrar no horizonte originário dos gregos. O primeiro tipo de abordagem não tem sentido numa história da filosofia, mas somente numa história da ciência. Portanto, se não desejamos incidir no cientismo, devemos reler a física grega exatamente como foi: ou como uma ontologia geral ou como uma parte da mesma. *a*) A "física" pré-socrática é uma verdadeira ontologia, e inclui mesmo uma teologia natural (cf. as observações referidas em I, 53 s.: em particular, I, 50 s.; 61; 67; 100 ss.; 141 s.; 147 ss.; 159 ss.). — *b*) A física platônica é uma metafísica do sensível (III, 124 ss.) — *c*) Também a física aristotélica, enquanto "filosofia segunda" (teoria da *substância* em movimento), é uma ontologia do sensível que desemboca tematicamente na teologia (como mostramos em IV, 75-77). — *d*) Na era helenística, a "física" coincide sem mais com a ontologia (na medida em que se apresenta como explicação última do real). Uma vez negada a transcendência, ela torna-se o equivalente da filosofia primeira, para usar a terminologia aristotélica (ver sobretudo VI, 41). — *e*) No neoplatonismo, a física retoma o significado platônico.

FISIONÔMICA (φυσιογνωμονία, φυσιογνωμικὴ σοφία)

Assim é denominada a suposta *arte de remontar da fisionomia dos homens ao seu caráter moral.* Ficou famoso o fisionomista Zopiro, celebrado por um escrito homônimo de Fédon ao qual nos referimos em I, 364 ss. (cf. aí as passagens ciceronianas citadas).

FLECHA, Argumento da

É um dos famosos argumentos de Zenão, dirigido contra o movimento; cf. exposição e interpretação em I, 120.

FLOR DO INTELECTO (νόου ἄνθος)

É a faculdade mais alta do intelecto, a faculdade suprarracional com a qual o homem se une ao Divino, segundo a doutrina dos *Oráculos Caldaicos* (texto e exegese em VII, 394 ss.; 397). Corresponde, em certa medida, ao que será denominado *apex mentis* pelos místicos.

FOGO (πῦρ)

Em Heráclito, é a *arqué* e princípio da realidade. É, porém, expressão de uma concepção mais avançada com respeito à dos outros filósofos jônicos, incluindo, além da ideia de *elemento físico*, a de *regra que governa todas as coisas com racionalidade* (I, 67 ss.). — Em Empédocles (I, 133 ss.) o Fogo é um dos quatro elementos originais qualitativamente imutáveis que compõem a realidade. — Embora com lugar e modalidades diversas nos respectivos sistemas, o fogo, juntamente com outros elementos, desempenha um papel importante na cosmologia de Platão (III, 147) e de Aristóteles (IV, 76). — Na física do Pórtico, o fogo assume uma função de primeiro plano, sendo considerado o princípio que governa todas as coisas (VI, 10 ss.), identificando-se com o *Logos*-artífice e com o Deus imanente na realidade. À concepção do fogo criador os estoicos unem a do fogo destruidor; de modo que, na filosofia do Pórtico, o Fogo torna-se, a um tempo, princípio de geração e de destruição (cf. Ekpyrosis). O Fogo originário, em todo caso, não deve ser confundido com o fogo que é um dos quatro elementos, pelas razões que indicamos em VI, 65, em particular na nota 73.

FORÇA, cf. Dynamis.

FORMA, cf. Eidos, Idea.

FORTALEZA (ἀνδρεία)

É uma das virtudes cardeais. Deve-se notar que alguns estudiosos traduzem *andreia* como *coragem*, outros como *valor*: mas o primeiro termo sugere mais a ideia de um dom natural do que de uma virtude, ao passo que o segundo é muito genérico e fortemente equívoco. Fortaleza traduz melhor que os outros dois termos o conteúdo conceitual do original grego. — *a*) O primeiro pensador que fornece uma conotação exata e ampla da fortaleza é Platão que, no *Laques* e, sobretudo, na *República* sustenta que a fortaleza é a capacidade de manter firme, em qualquer ocasião, a *convicção reta sobre o que se deve e não se deve temer, sem deixar-se transviar em nenhum caso pelas pessoas que sustentam opiniões falazes ou pelos acontecimentos externos* (cf. *República* IV, 429 a ss.). Platão identifica na fortaleza a *virtude típica da alma irascível e, portanto, da classe dos guerreiros na constituição do estado ideal* (II, 248). *b*) Aristóteles insere a fortaleza entre as virtudes éticas e a considera como via média entre a temeridade e a vileza (IV, 105). *c*) Os estoicos definem a fortaleza como "[...] ciência daquilo que é temível, do que não o é e do que não pertence a nenhuma das duas categorias" (VI, 86 s.). *d*) Em Plotino, para o qual as virtudes cardeais assumem uma significação diferente, conforme os níveis hipostáticos nos quais se colocam, a fortaleza assume dois significados: 1) Na hipóstase da Alma, a fortaleza mantém as características que já possuía na ética platônica; 2) na hipóstase do Espírito, torna-se virtude-paradigma e exprime o íntimo aderir da Alma ao Espírito (VIII, 116 ss.). — *e*) Em Porfírio, que retoma o esquema plotiniano, a virtude da fortaleza recebe quatro significações diversas, segundo o nível no qual se encontra, como mostramos em VIII, 151 ss.

FORTUITO

É o que acontece nem sempre nem frequentemente, mas somente algumas vezes. Sinônimo de acidente (cf. verbete).

FORTUNA (τύχη, *fortuna*)

A fortuna foi definida rigorosamente pela primeira vez por Aristóteles. Para poder determinar o estatuto ontológico da fortuna, é preciso distinguir três grupos de coisas: *a*) as que *sempre* acontecem; *b*) as que acontecem *quase sempre*; *c*) as que acontecem nem sempre nem quase sempre, mas *somente algumas vezes*, ou seja, fortuitamente. Ora, entre os eventos do terceiro tipo, alguns acontecem em função de um fim; e quando esse fim é alcançado não em virtude da intervenção de uma causa inteligente, mas em virtude de uma causa puramente acidental, então essa se chama *fortuna* (cf. *Física*, B 5, *passim*): "A Fortuna é uma causa acidental nas coisas [= naquelas que não acontecem sempre nem frequentemente], mas que acontecem por escolha em vista de um fim" (ibid. 197 a 5 ss.). O conceito de fortuna difere do conceito de *acaso*, que possui uma extensão maior. Pode-se dizer que a fortuna *é uma forma particular de acaso* como se vê perfeitamente na passagem de Aristóteles que citamos no verbete Acaso.

FRATERNIDADE

O conceito de fraternidade dos homens desenvolve-se sobretudo nos pensadores neoestoicos, a partir do conceito de Deus como Pai de todos os homens, provavelmente por influxo direto ou indireto do cristianismo. Cf. textos e exegese em VII, 66 s.; 81 ss., 104 ss.; 122 ss.

FRIO (ψυχρός)

Utilizado pelos físicos, juntamente com o seu contrário, o quente, como princípio dinâmico. Na cosmologia de Anaximandro, por exemplo, é o elemento que, uma vez separado do *Apeiron* juntamente com o seu oposto, dá origem a uma substância líquida e, em seguida, ao ar (I, 55 s.). Estraton de Lâmpsaco introduz o princípio do frio juntamente com o seu contrário como princípio de todas as diferenças qualitativas, reduzindo a física peripatética a uma base fortemente materialista (V, 131).

FUGA DO MUNDO (φυγή)

Trata-se de uma das teses mais características da ética de Platão, que exprime a exigência de *libertar-se dos males do mundo e assemelhar-se a Deus* (cf. textos e exegese em II, 203 ss.). O tema reaparece em toda a história do platonismo e também em outros movimentos da era imperial: no médio-platonismo (VII, 314 ss.) no neopitagorismo (VII, 353 ss.), no hermetismo (VII, 386 ss.) e, ainda mais, no neoplatonismo no qual coincide com a fuga do "só para o Só" e com o êxtase (cf. VIII, 134 s. e verbete Êxtase).

FUNDAMENTO

Fundamento é o termo moderno com o qual se designa o *princípio primeiro das coisas* (cf., sobretudo, Arché, Causa; Elemento; Physis).

G

GÊNERO (γένος)

Aristóteles o define assim: "Gênero significa o constitutivo primeiro das definições, contido na essência: e esse é o gênero cujas qualidades são chamadas diferenças" (*Metafísica*, Δ 28, 1024 b 4 ss.). Por exemplo, na definição do homem, que é "animal racional", "animal" é o constitutivo primeiro, e "racional" é a diferença que o especifica e o determina. Para Aristóteles, o gênero é *o verdadeiro universal* (a espécie é universal em outro sentido; cf. II, 68 ss.). Os gêneros enquanto universais *não têm subsistência em si, mas só no pensamento*. Têm, portanto, uma espécie de *potencialidade lógica*, sendo como uma espécie de *matéria lógica ou inteligível*, da qual as espécies são a atualização ou determinação (cf. IV, 161). As categorias podem ser consideradas, sob certo aspecto, *gêneros supremos*. O conceito de ser, ao invés, é transgenérico (cf. IV, 35).

GÊNIO, cf. Demônio.

GEOCENTRISMO

É a concepção, típica da grecidade, de que *a terra é o centro imóvel do universo*. Foi negada, porém com bases puramente intuitivas, por Heráclides Pôntico (V, 84 s.).

GEOMETRIA

Segundo a tradução antiga, foi Pitágoras o primeiro filósofo a tratar de maneira sistemática a geometria, provavelmente atribuindo a ela a função educativa e purificadora da qual falamos em I, 87 ss. — Para Platão, a geometria é uma das ciências propedêuticas, indispensáveis para chegar à dialética (III, 260 s.). A elevada consideração dada à geometria por Platão é atestada pela inscrição que, segundo a tradição, se lia na entrada da Academia: "Não entre quem não for geômetra". — Para Aristóteles a geometria é um ramo das matemáticas e constitui o terceiro ramo das ciências teóricas (sobre cujo estatuto teórico, cf. IV, 91 ss.). — Ao contrário, os cínicos desprezam a geometria, em consonância com a sua atitude geral anticulturalista (cf. V, 25). Também Epicuro nega qualquer valor à geometria, a qual seria "toda contrária à verdade" (V, 145). — A geometria retorna ao auge no neopitagorismo e no neoplatonismo. Sobre o tema, cf. G. Milhaud, *Les philosophes géomètres de la Grèce*, Paris 1934[2].

GERAÇÃO (γένεσις)

Em sentido técnico e específico, o termo indica, segundo Aristóteles, *a forma mais radical de mudança*, que ocorre segundo a categoria da substância e se opõe à corrupção. Deve-se observar que a geração, enquanto tal, implica estruturalmente todas as outras formas de mudança (cf. verbete). Geração, em sentido aristotélico, é o vir-a-ser no sentido de assumir a forma por parte da matéria. Em sentido genérico, indica *o nascimento e a produção das coisas e o devir no seu conjunto*. Sobre a vasta problemática subentendida na geração, cf.

os verbetes Mudança e Criação. A exposição mais sistemática e mais completa desse tema encontra-se no escrito de Aristóteles *A geração e a corrupção* (cf. trad. ital. e comentário de M. Migliori, Loffredo, Nápoles 1976).

GIMNOSOFISTA (γυμνοσοφιστής)

Literalmente significa "sábio nu". *Foram assim chamados pelos gregos os sábios da Índia.* Um deles, de nome Calano, teve particular notoriedade na Grécia. — O seu modo de viver e a sua visão da vida tiveram influxo sobre Pirro (no sentido que indicamos em III, 394 ss.). — Alguns cínicos entreviram nos gimnosofistas certa semelhança com a "vida cínica" (V, 41; VII, 204). — Ao ideal dos gimnosofistas também está ligado Apolônio de Tiana (IV, 357).

GNÔMICO

Deriva de *gnome*, que quer dizer *sentença*, e indica um gênero de literatura (que floresceu sobretudo nos séculos VII e VI a.C.) que se exprime mediante sentenças morais. Exemplo típico dessa literatura são as máximas dos assim chamados Sete Sábios, que apresentamos em I, 181 ss. Tal literatura é importante, porque assinala o momento da assunção ao primeiro plano do interesse moral, anteriormente ao surgimento da ética filosófica (cf. I, 186 s.).

GNOSE (γνῶσις)

O termo *gnose* quer dizer, literalmente, *conhecimento*, mas tornou-se técnico para indicar *a forma particular de conhecimento místico que foi própria seja de algumas correntes religioso-filosóficas do paganismo tardio, seja de algumas seitas heréticas inspiradas no cristianismo.* Eis a definição que dá Festugière (*Hermétisme et mystique païenne*, Paris 1967, p. 48): "Gnose indica uma nova maneira de conhecer a Deus, um conhecimento não mais fundado sobre a razão, mas uma *espécie de iluminação direta, na qual se entra em contato com Deus, e portanto uma espécie de revelação*". Festugière explica, posteriormente, que, segundo esse modo de conhecimento, "Deus, essencialmente incognoscível por natureza, só pode ser conhecido porque se revela e porque se dá a ver. Ora, só se pode obter essa visão através da oração e do culto: de onde a fórmula *novit qui coluit.* É por força de adorá-lo que se acaba por conhecê-lo. Ora, o conhecimento não vem mais ao termo de um silogismo, não coincide mais com o exercício da razão. Ele só se obtém por uma atitude de oração, com um constante espírito de oração que leva, em toda ocasião, a voltar-se para Deus" (p. 49). — Formas de gnose pagã podem ser considerados o hermetismo (VII, 377 ss.) e a doutrina dos *Oráculos Caldaicos* (VII, 390 ss.). — Para uma caracterização da gnose cristã e para a determinação das suas relações com a doutrina de Plotino, cf. VIII, 24 ss. e, particularmente, a página de Cilento que reportamos em VIII, 25 s.

GNOSIOLOGIA

É um termo de cunho moderno que significa *doutrina ou teoria do conhecimento*. Cf. Conhecimento.

GNOSTICISMO

É a forma de pensamento religioso-filosófico (tanto pagão como protocristão) fundado sobre a gnose (cf. verbete).

GOVERNO, Formas de (πολιτείας σχήματα)

A sistemática reflexão filosófica sobre as diferentes formas de governo remete a Platão e a Aristóteles. Na *República*, Platão distingue, ao lado da forma de governo idealizada por ele, que é uma *aristocracia de filósofos*, quatro formas que representam uma progressiva corrupção daquela, e precisamente:

1) a *timocracia* = forma de governo fundada sobre a honra considerada valor supremo;
2) a *oligarquia* = forma de governo fundada sobre a riqueza;
3) a *democracia* = forma de governo fundada sobre a liberdade levada ao excesso;
4) a *tirania* = forma de governo fundada sobre a violência derivada da licenciosidade na qual se dissolveu a liberdade.

Platão considera (e essa é das suas mais conspícuas descobertas) *que as formas de governo correspondem exatamente ao nível moral das consciências dos cidadãos*, como mostramos em III, 263 ss.

As análises do *Político* podem ser resumidas no seguinte esquema:

Tipo de governo	*Se respeita as leis*	*Se não respeita as leis*
Governo de um só (1)	Monarquia	Tirania
Governo de muitos (2)	Aristocracia	Oligarquia
Governo da maioria (3)	Democracia	Democracia corrompida (= Demagogia)

Para a avaliação dessas formas de constituição (que varia segundo se use um parâmetro ideal ou um parâmetro histórico), cf. III, 276 s. Nas *Leis*, Platão propõe uma *constituição mista*, como a que resulta (historicamente) mais adequada, a qual tempera os valores da monarquia com os da democracia, tentando eliminar os defeitos recíprocos (III, 282 ss.).

O esquema das possíveis formas de governo que encontramos na *Política* de Aristóteles deriva do esquema platônico e pode ser apresentado da seguinte maneira:

Tipo de governo	*Se se governa com vistas com vistas ao próprio interesse bem público*	*Se se governa com vistas ao próprio interesse*
Governo de um só (1)	Monarquia	Tirania
Governo de poucos (2)	Aristocracia	Oligarquia
Governo de muitos (3)	*Politia*	Democracia

A *politia* tem, na verdade, uma posição um pouco excêntrica com relação ao esquema, sendo, propriamente, uma espécie de via intermédia entre a oligarquia e a democracia. Ver o que dissemos, a esse respeito, em IV, 130 ss.

GRAÇA (χάρις)

No pensamento de Filo de Alexandria, é uma característica peculiar de Deus, o qual, com sua universal atividade criadora, *dá gratuitamente*. Filo avançou muito nessa direção, chegando a afirmar que *tudo é graça*. Essa concepção é de origem bíblica e totalmente desconhecida ao pensamento grego, antes e depois de Filo (VII, 247 s.).

GRAMÁTICA (γραμματική)

Constitui, pela primeira vez, um capítulo da lógica com os estoicos, os quais consideram que a dialética deva se ocupar, não só com a estrutura do pensamento, mas também com a da linguagem. Os estoicos põem as premissas do estudo científico da gramática. Ver o que dissemos em VI, 32 s. e a indicação bibliográfica que demos na nota 39 da p. 33.

GUERRA (πόλεμος)

Em sentido muito particular, especialmente numa perspectiva onto-cosmológica, o termo exprime, de maneira metafórica, *o princípio da oposição dos contrários que está na base da concepção de Heráclito*, como explicamos em I, 65 ss. — Sobre a guerra no sentido usual, Platão faz interessantes observações no *Fédon*, fazendo-a derivar das exigências do corpo (cf. a passagem que reportamos em III, 204 s.), enquanto, na *República*, mais propriamente, a faz derivar das corrupção da alma (III, 263 ss.). Cf. também o que se diz em III, 245 ss., onde se justifica a necessidade de uma classe de guardiães-guerreiros no Estado ideal. Segundo Platão, no Estado ideal também as mulheres devem tomar parte na guerra (III, 251 ss.).

H

HÁBITO (ἕξις, *habitus*)

Para Aristóteles indica uma *disposição de certo tipo "pela qual a coisa é disposta bem ou mal, seja por si, seja em relação a outras"* (*Metafísica*, Δ, 20, 1022 b 10 s.). O conceito de *habitus* tem grande importância sobretudo na ética aristotélica, já que designa o modo de ser da virtude e do vício do homem. Com efeito, segundo o Estagirita, o homem possui virtudes e vícios *como hábitos ou disposições de certo tipo*. O hábito, note-se, deriva do estar habituado (ἔθος) mas difere dele pelas seguintes razões: o homem, pela sua natureza, é potencialmente capaz de virtudes ou de vícios, mas somente pode passar essa capacidade da potência ao ato por meio do exercício, ou seja, repetindo uma série de atos do mesmo tipo (atos justos, corajosos..., ou contrários a estes). Ora, a repetição desses atos, enquanto tal, produz o estar habituado a eles (*habitudo*), ao passo que o *resultado dessa repetição é hábito*, que é alguma coisa que permanece em nós como uma espécie de *posse estável* e que, por isso, *facilita atos ulteriores do mesmo gênero*. Em conclusão, o estar habituado indica o momento genético da formação do hábito, ao passo que o hábito indica o ponto de chegada (IV, 105 ss.). É evidente que a doutrina do hábito explica não somente o modo com o qual o homem possui a virtude e o vício, mas, igualmente, o modo com o qual possui as diversas habilidades técnicas e artísticas e, em geral, todas as "disposições de certo tipo", seja espirituais seja também físicas como, por exemplo, a própria saúde. — Para o conceito de intelecto *in habitu* de Alexandre de Afrodísia, cf. VII, 38 ss.

HARMONIA (ἁρμονία)

É um conceito que exprime uma visão tipicamente grega da realidade e tem dimensões *a*) ontológico-cosmológicas, *b*) antropológico-psicológicas, *c*) éticas, *d*) musicais. — *a*) Do ponto de vista ontológico, o conceito aparece já muito claramente em Heráclito, que interpreta a realidade como "harmonia de contrários" (I, 65 ss.), e torna-se dominante em todos os níveis com os pitagóricos, em virtude do conceito de número e dos conceitos com ele conexos. Filolau exprime do modo mais incisivo o princípio: "tudo nasce em razão da necessidade e da harmonia" (Diels-Kranz, 44 A 1). Daqui provém o conceito de cosmo (cf. I, 85 ss.), que permaneceu depois como aquisição definitiva (ver, por exemplo, III, 130 ss. e VII, 114 s.; VIII, 97 ss.). *b*) Em nível antropológico exprime sobretudo o conceito de alma (I, 92 s.; V, 128; 129); cf. a polêmica de Platão, *Fédon*, 86 b-c. Ver também Aristóteles, *De Anima*, A 4, 407 b 27. — *c*) Do ponto de vista ético, a própria virtude é interpretada como harmonia, como ordem interior, cosmo da alma.

HEDONÉ, cf. Prazer.

HEDONISMO

O termo (derivado de *hedoné*, que significa prazer) designa *a doutrina que aponta no prazer o bem e na procura do prazer o fim da vida do homem*. Na história do pensamento grego, podemos distinguir duas formas de hedonismo, muito distintas entre si: 1) uma primeira, que podemos denominar *radical*, 2) uma segunda, moderada e matizada que podemos denominar, com terminologia moderna, *hedonismo utilitarista*. 1) A primeira forma de hedonismo (na verdade, muito rara) prega a busca do prazer do momento, ou de maneira indiscriminada, como em alguns sofistas degenerados, do tipo daqueles descritos por Platão no *Górgias* (cf. a passagem paradigmática que referimos em II, 72 ss.), ou como os cirenaicos, os quais, embora pregando a procura do prazer do momento e a superioridade dos prazeres do corpo com respeito aos da alma, condenam os excessos e consideram indispensável manter o domínio de si na fruição dos prazeres (cf. texto e exegese em II, 185 ss.; cf. também 179 ss.; veja-se igualmente a posição de Eudoxo, V, 80 s.). 2) A segunda forma de hedonismo pensa que a felicidade consiste num *cálculo racional* das vantagens e dos prazeres e não no prazer perseguido sem discernimento e sem regra. Essa forma de utilitarismo hedonista inspira-se nos grandes sofistas (ver II, 40 ss.), de maneira particularmente evidente em Pródico (II, 56 ss.) e, sobretudo, em Epicuro (V, 203 ss.), que eleva o hedonismo a um nível de purificação quase ascética (V, 213 ss.) com a sua reforma do cirenaísmo, com a introdução do *prazer catastemático* e, justamente, a afirmação da superioridade dos prazeres da alma sobre os do corpo (V, 206 ss.), com a determinação da hierarquia dos prazeres e a consequente exclusão da vida do sábio dos prazeres que não são rigorosamente naturais e necessários (V, 210 ss.). O mais alto grau do prazer acaba sendo, efetivamente, a *aponia* ou *ausência de dor*. — O hedonismo, mesmo na sua formulação epicurista, foi muito combatido por quase todas as correntes filosóficas e teve, portanto, uma influência bem restrita (cf., por exemplo, Jerônimo de Rodes, VII, 8 ss.). — A posição antitética é a do anti-hedonismo, representada sobretudo por Platão, pelos estoicos, pelos cínicos e, mais especialmente, pelos filósofos espiritualistas da era imperial. — A posição intermediária, de equilíbrio, é representada por Sócrates, por Platão na sua última fase e, sobretudo, por Aristóteles, pelas razões indicadas no verbete Prazer.

HEGEMÔNICO (τὸ ἡγεμονικόν)

Na doutrina estoica, é a parte racional (*logistikón*) da alma, portanto sua parte principal e mais elevada (VI, 69). É pneuma puríssimo e, como o impõe o dogma materialista do Pórtico, é um corpo. A partir do hegemônico, dividem-se as sete partes da alma. Ao hegemônico competem as faculdades de perceber, assentir, raciocinar, deliberar. Virtudes e vícios são, portanto, disposições do hegemônico. — Já o médio-estoico Panécio tende a conferir um privilégio ao hegemônico, recuperando elementos platônicos (VI, 124 s.). — Esse processo encontra-se ainda mais acentuadamente em Sêneca (VII, 74 ss.), em Epicteto e, sobretudo, em Marco Aurélio, que, do ponto de vista ontológico, chega a situar o *hegemônico* (ao que parece) acima da *alma*, identificando-o com o *nous*, com o Demônio que há em nós, como mostramos em VII, 115 ss.

HEIMARMENE (εἱμαρμένη)

O termo significa *Fato* ou *Destino*. De crença mítico-religiosa, a Heimarmene torna-se conceito técnico na especulação dos estoicos, os quais a definem *como a lei segundo a qual aconteceram todas as coisas acontecidas, acontecem as que acontecem, acontecerão as que vierem a acontecer* (cf. textos e exegese em VI, 60 ss.). — O Fato estoico não é cego, mas, ao contrário, é racionalidade, *Logos* que se manifesta na sua *necessidade racional*. — Sobre a coincidência entre Providência e Fato, cf. VI, 62 ss. — Para alguns desenvolvimentos da doutrina em Possidônio, cf. VI, 121 ss. — Um quadro essencial da problemática do Fato encontra-se no *De fato* de Cícero, no *Peri Heimarnénes* atribuído a Plutarco e num tratado com o mesmo título de Alexandre de Afrodísia.

HELIOCENTRISMO

É a concepção astronômica que põe o sol no centro do universo. No mundo antigo foi defendida por Heráclides Pôntico (V, 84) e por Aristarco.

HELIOLATRIA

Designa o culto do sol e do fogo, típico da religião caldaica. Interessa ao historiador do pensamento antigo sobretudo pela influência que teve sobre a doutrina dos *Oráculos Caldaicos* (VII, 389).

HELENISMO

O termo designa o tipo de cultura que se seguiu ao difundir-se da civilização grega entre várias raças e povos, sobretudo por obra de Alexandre Magno e da sua conquista do Oriente (ver V, 10 ss.). Sobre as características gerais da nova cultura cf. V, 3 ss. Nesta obra se entende como cultura helenística não *toda a cultura da antiguidade tardia,* mas (ao menos predominantemente) *a que vai de Alexandre Magno ao fim da era pagã*, caracterizada sobretudo pelas grandes filosofias do Jardim, do Pórtico, dos céticos, do cinismo e do ecletismo. O renascimento e o desenvolvimento do espiritualismo na era imperial dá origem a um clima teórico inteiramente novo. Preferimos por isso denominar essa última fase do pensamento grego *filosofia da era imperial*. Essa época foi caracterizada outrossim pelo nascimento e difusão do cristianismo, que introduz no cosmo espiritual da antiguidade uma série de problemas que transformam radicalmente a visão do mundo e da vida dos séculos precedentes, condicionando em medida mais ou menos notável mesmo os pensadores que não acolhem a nova mensagem.

HENOSIS, cf. Unificação.

HERACLITISMO

Esse termo designa, além da doutrina de Heráclito, também um seu aspecto particular, expresso na fórmula "tudo flui" e levado às consequências extremas por discípulos, por exemplo Crátilo (I, 65), consequências essas tendentes ao ceticismo e contra as quais polemizam Platão no *Crátilo* e no *Teeteto*, e Aristóteles no IV livro da *Metafísica*. Justamente esse aspecto foi retomado pelos neocéticos, particularmente por Enesídemo (VII, 151 ss.), e que encontra eco também em Marco Aurélio (VII, 109 ss.). Cf. Mobilismo.

HERMETISMO

É um movimento de pensamento religioso-místico-filosófico que se difunde sobretudo na cultura grega tardia, portador de uma complexa doutrina esotérica, considerada fruto da revelação divina do Deus Hermes. Do ponto de vista especulativo, inspira-se amplamente na filosofia médio-platônica e neopitagórica. É uma forma de *gnose* (cf. verbete) *pagã*. Examinamos a constituição do *Corpus Hermeticum* e as doutrinas herméticas em VII, 375 ss.

HERÓI (ἥρως)

Na mitologia grega, o Herói é *considerado um semideus* e se situa, assim como o Demônio, numa posição intermediária entre o homem e a divindade. Tal concepção do herói encontra-se também nos filósofos, seja na era clássica, seja na era helenística e na era imperial. Os estoicos, por exemplo, consideram os Heróis como *almas dotados de particular perfeição* (VI, 70). Na era imperial tardia, também o Herói encontra lugar na complexa hierarquia hipostática, particularmente na esfera das hipóstases da Alma. Assim acontece, por exemplo, em Jâmblico (VIII, 164) e em Proclo (VIII, 187).

HEXIS (ἕξις)

Para o significado de *hexis* como *hábito*, que é o mais conhecido, cf. o verbete Hábito. *Hexis* tem uma concepção particular na física dos estoicos, onde indica a *tensão do pneuma no seu grau mais elementar, que constitui a realidade inorgânica*. É o momento no qual o pneuma chega ao extremo do seu desdobramento e volta a si mesmo. Nesse nível, o pneuma dá às coisas simples *coesão e consistência* (esta poderia ser a tradução do termo, usado nessa acepção). Como complemento do que dissemos em VI, 65 s., traduzimos aqui uma parte do fragmento mais significativo sobre o tema (von Arnim, *S.V.F.*, II, fr. 458): "A *hexis é um pneuma que retorna a si mesmo*; de fato, ele parte do centro e se estende até os limites extremos; depois de ter tocado a superfície extrema, vira e volta de novo para trás até alcançar o lugar do qual se tinha libertado". No fr. 368 a *hexis* é definida como "o pneuma que mantém junto o corpo".

HIERÁTICO (ἱερατικός)

Por este termo designa-se o mais alto grau de virtude em Jâmblico (VIII, 167, nota 23), ou seja, as virtudes "sacerdotais" ou "sacras", que se realizam no nível da união estática com o Absoluto.

HIERARQUIA (ἱεραρχία)

O termo indica, propriamente, *a ordem das coisas sagradas* e se impôs sobretudo com o Pseudo-Dionísio, o Areopagita. Por extensão, veio a significar, em geral, a *estruturação de uma série de realidades segundo uma ordem que vai do mais ao menos e que implica também alguma dependência dos inferiores com relação aos superiores*. O conceito de hierarquia implica, portanto: *a*) uma multiplicidade de realidades; *b*) uma diferença de graus entre elas; *c*) uma precisa ligação entre elas. Uma hierarquia encabeçada pela Ideia do Bem (a mais elevada em dignidade e poder) e que gradativamente apresenta Ideias sempre inferiores, terminando com os entes matemáticos, é, por exemplo, o Hiperurânio platônico (III, 94 ss.). — Uma hierarquia constituem também o Motor Imóvel e as cinquenta e cinco Inteligências motoras das esferas celestes em Aristóteles (IV, 61 ss.); ou, ainda em Aristóteles, também os três gêneros de substâncias: as imóveis e eternas, as sensíveis e eternas (celestes), as sensíveis e corruptíveis (IV, 44 ss.; 56 ss.; 76 ss.). — Em forma hierárquica é concebido o imaterial nos neopitagóricos (VII, 349 ss.) e nos médio-platônicos (VII, 298 ss.). — Ver também a estruturação hierárquica do Divino, de derivação médio-platônica, tal como se apresenta no *Corpus Hermeticum* (VII, 381 ss.) e nos *Oráculos Caldaicos* (VII, 390 ss.). — A mais complexa organização hierárquica é, sem dúvida, a da metafísica neoplatônica, fixada de modo paradigmático na doutrina das três hipóstases de Plotino e depois progressivamente complexificada no neoplatonismo tardio, até chegar a verdadeiros paroxismos na escola de Atenas com Proclo e com Damácio (cf. Hipóstase).

HILEMORFISMO

Diz-se da doutrina que considera a realidade como *estrutural união de matéria* (*hylé*) *e forma* (*morphé*). — *a*) Desse modo pode ser denominada a doutrina aristotélica, que considera as coisas sensíveis como *sínolos* (cf. verbete) de matéria e forma (IV, 49 s.). — *b*) Também a doutrina estoica, que considera o corpo como *matéria unida à qualidade* (= forma), inseparáveis uma da outra, pode ser considerada uma forma de hilemorfismo, porém panteísta (VI, 41 ss.).

HILOZOÍSMO

Termo cunhado pelos estudiosos modernos para designar a *concepção que considera a matéria como animada* per se. — Foram hilozoístas muitos pré-socráticos e os estoicos (VI, 48 ss.), que reduziram a realidade à matéria viva. — Em certo sentido pode-se considerar hilozoísta também Plutarco, na medida em que considera que a matéria é estruturalmente dotada de uma alma irracional e má, ou seja, de movimento e de vida (VII, 305 ss.). (O Deus de Plutarco não cria nem a matéria nem a vida, mas ordena a matéria infundindo a inteligência na alma irracional). — O mesmo pode-se dizer de Numênio (VII, 368 ss.). — Porém, o hilozoísmo desses dois últimos pensadores é limitado, enquanto eles, atribuindo a vida à matéria, consideram necessários outros princípios transcendentes.

HIPERURÂNIO (ὑπερουράνιος)

Em Platão, quer dizer "lugar acima do céu ou acima do cosmo" e, portanto, a rigor, um lugar que *não é nenhum lugar*. O hiperurânio deve ser entendido como expressão plástica da *não espacialidade*, pelas razões apresentadas em III, 78 s.

HIPÓSTASE (ὑπόστασις)

Hipóstase significa *substância*. O termo, usado pelos estoicos, pelos peripatéticos tardios e pelos médio-platônicos, *torna-se técnico nos neoplatônicos a partir de Plotino*. Poder-se-ia dizer que, nos neoplatônicos, *hipóstase indica a particular concepção da substância inserida na dialética da processão*. Melhor ainda, podemos dizer que a hipóstase é uma substância que deriva de outra substância, com relação à qual é sempre inferior e, contudo, é essa mesma substância a título pleno e capaz, por sua vez, de gerar outras substâncias, segundo as leis da processão. Tenha-se bem presente que só se compreende de maneira adequada o que é uma hipóstase se se compreende a fundo o que é a *processão* neoplatônica (cf. verbete).

HIPÓTESE (ὑπόθεσις)

Em geral, Aristóteles chama de "hipótese" *as premissas da demonstração*, portanto as prótases. Em sentido estrito, a hipótese é entendida como *premissa não necessária* ou que *não aparece como necessária* e, portanto, como uma *pressuposição* (cf. Postulado e a passagem dos *Segundos Analíticos* aí apresentada).

HIPOSTATIZAÇÃO

Essa expressão de cunho moderno denomina *o processo de pensamento que leva a substancializar, ou seja, transformar em substância, representações, conceitos e pensamentos, as mais das vezes de modo indevido*. — Para a interpretação dos deuses da Grécia como hipostatização de forças naturais e de aspectos do homem, cf. I, 21 s. — Para a incorreta interpretação das Ideias platônicas como conceitos hipostatizados, cf. III, 75 ss. — Cf. a decepcionante tendência a multiplicar as hipóstases, própria dos neoplatônicos, em VIII, 142 ss. e, particularmente, em VIII, 163 s.

HISTÓRIA (ἱστορία)

Este termo abrange em grego uma área semântica diferente daquela que o termo *história* atualmente recobre, indicando, além de *narração de fatos e eventos* e *relação escrita de fatos e eventos*, também — entre outras coisas — *pesquisa, observação metódica, investigação científica.* — Quanto ao significado de pesquisa, recordamos, por exemplo, que Platão (*Fédon*, 96 a) chama *Peri physeos historía* a especulação dos naturalistas pré-socráticos, e que Aristóteles e Teofrasto escrevem famosos livros, nos quais *historía*, nessa acepção, aparece inclusive no título (a aristotélica *Historia animalium* é uma *pesquisa sobre os animais* e a *Historia plantarum* de Teofrasto é uma *pesquisa sobre as plantas*). — Na metódica da medicina empírica, o termo indica a segunda das três etapas programáticas, que consiste na coleta e verificação das observações feitas pelos outros médicos, sobretudo no passado, e transmitidas por escrito, sobre os casos patológicos análogos aos examinados (VII, 165). Galeno, no *De subfig. emp.*, 67, escreve: "[...] os empíricos afirmaram que o único e fundamental critério da 'história verdadeira' é a inspeção direta de quem julga. No caso de encontrarmos que alguém escreveu num livro alguma coisa da qual possuímos inspeção direta, diremos que a história é verdadeira".

HOMEM (ἄνθρωπος)

O conceito filosófico de homem se determina 1) considerando o homem *em si e por si*; 2) confrontando-o *com o que lhe é superior*; 3) diferenciando-o *do que lhe é inferior*, ou seja, do animal e, finalmente, 4) estabelecendo *o lugar que ele ocupa no universo.* 1) A definição da essência do homem considerado em si é dada pela primeira vez por Sócrates, o qual afirma que "o homem é a sua *psyché*", vale dizer, que o homem coincide com a sua personalidade moral e intelectual, como mostramos, com base em numerosos documentos, em II, 91 ss. A definição socrática determina todo o pensamento da antiguidade. Platão não só reafirma a tese, mas também funda as diferenças essenciais que se encontram entre os homens (e a consequente divisão de classes do seu Estado) sobre a prevalência de uma ou outra das três partes da *psyché* (cf. III, 243 ss.) e Aristóteles diz, mais especificamente, que o homem é fundamentalmente o seu *Nous* (cf. IV, 100 ss. e sobretudo 102). A tese é reafirmada de vários modos pelas correntes inspiradas no platonismo. Mas, embora com fortes reduções materialistas, a concepção de que o *específico do homem se encontre na sua alma* (qualquer que seja a natureza desta) pode ser extraída até da filosofia da era helenística (cf. Psyché). 2) Quanto à relação com o Divino, quase todos os filósofos gregos admitiram *uma tangência entre o homem e Deus*, e, via de regra, consideraram tal tangência como *prerrogativa exclusiva do homem.* Por outro lado, uma vez posta na alma a essência do homem, a tese da tangência com o Divino surge como consequência (cf. Psyché e Afinidade). 3) A célebre definição do homem como "animal racional", implícita em Sócrates e Platão, explícita em Aristóteles e no Pórtico, parece deduzida do confronto do homem com o animal. A outra célebre definição aristotélica segundo a qual o homem é "animal político" é deduzida seja da comparação com o animal, seja com Deus, como se vê expressamente a partir do final do texto apresentado em IV, 125 s. 4) Quanto à posição do homem no cosmo, deve-se observar que a *Ideia antropocêntrica*, se não é estranha ao mundo grego, é pelo menos marginal. De fato, na medida em que muitas partes do cosmo eram consideradas divinas (os astros, os céus), eram também consideradas superiores ao homem (cf. o que observamos no verbete Antropocentrismo). Sobre o tema do homem, cf. dois volumes clássicos: M. Pohlenz, *Der hellenische Mensch*, Göttingen 1947 (trad. ital. de B. Proto, com o título *L'uomo greco*, Florença 1962); R. Mondolfo, *La comprensione del soggetto umano nell'antichità classica*, Florença 1958.

HOMEOMERIAS (τὰ ὁμοιομερῆ)

O termo significa, literalmente, *coisas que têm partes similares*. Para Anaxágoras, são as realidades que constituem o princípio material de todas as coisas. São denominadas assim enquanto cada uma delas, se dividida, *dá sempre como resultado partes qualitativamente idênticas* (I, 145). Ver, para a questão da origem do termo e para a complexa problemática ontológica suposta pelo conceito de homeomeria, o que dissemos em I, 143 ss.

HOMO MENSURA

A expressão traduz e sintetiza eficazmente o princípio de Protágoras, segundo o qual o homem individual é *medida de todas as coisas*, sobre o qual, cf. II, 34 ss. e o verbete Relativismo.

HOMÔNIMO (ὁμώνυμος)

A definição aristotélica é: "Homônimos são os objetos que têm em comum apenas o nome, e possuem diferentes definições aplicadas a tais nomes" (*Categorias*, 1, 1 a 1 ss.). Os homônimos *têm em comum somente o nome, enquanto a sua essência e a sua noção definidora são totalmente diferentes* (por exemplo, "cão" é um animal, uma peça da espingarda que percute a cápsula, uma constelação austral). — Os termos homônimos são, portanto, *equívocos* (cf. verbete). — O oposto de homônimo é sinônimo (cf. verbete). — Os *polívocos* não são necessariamente homônimos (cf. verbete). — Sobre a importância desses conceitos na problemática ontológica de Aristóteles, cf. IV, 33 ss.

HONRA (τιμή)

Porquanto tenha sido normalmente considerada pelos antigos um dos bens fundamentais conexos à vida social, já a partir de Sócrates e da sua escola, e sobretudo a partir de Platão, a honra é redimensionada como consequência do processo de interiorização dos valores éticos. Na *República*, a desmedida busca de honras constitui o caráter distintivo de uma das formas de constituição corrompida, mais precisamente, a primeira, chamada, justamente, *timocracia* (III, 263 ss.). Também Aristóteles nega que a honra possa ser um bem sólido e, portanto, fim da vida, como ao invés o era para muitos gregos (IV, 98 ss.). Nessa linha movem-se todas as éticas da era helenística, com traços de extremismo provocador nos cínicos, que proclamam até mesmo a falta de honra e de glória como um bem precioso (cf. o verbete Adoxía).

HUMOR (χυμός)

Segundo os médicos doutrinários, os humores são componentes do temperamento de cada homem, de cuja mistura dependeria a saúde ou a enfermidade do corpo. Hipócrates falava de quatro humores fundamentais: o sanguíneo, o fleumático, o colérico e o melancólico (VII, 163).

HYBRIS (ὕβρις)

"Os gregos antigos, com o termo *hybris*, designaram a 'arrogância', a violência desmedida de quem, incapaz de pôr à sua ação um freio decorrente do respeito pelos direitos do outro, da consciência do justo, da piedade; nas relações com o próximo, friamente ou com ira, passa os limites do que é reto, desembocando voluntariamente na injustiça. Essa arrogância tem como alvo um homem ou os homens; mas, acima do fim mau, ofende diretamente os deuses, guardiães da ordem social e do mútuo direito de amor entre as criaturas humanas. Por isso, contra a *hybris* está sempre a *Nemesis*, impessoal vingança divina que atinge o malvado, ou ministra de Zeus que pune materialmente segundo as ordens do deus. [...] A *hybris* pode ser de natureza variada. Toda insistência num orgulho pessoal que, para satisfazer um poder mal entendido, nos torne pouco solícitos ao bem do outro é *hybris*; toda defesa de uma posição injusta — racional, social ou familiar — é *hybris*. Nela existem graus; mas sobre a sua substância de pecado, mesmo no menor grau, não se discute". Assim define esse conceito C. Del Grande, no volume *Hybris, Colpa e castigo nell'espressione poetica e letteraria della Grecia antica da Omero a Cleante*, Nápoles 1958, p. 1, ao qual remetemos.

I

IDEALISMO

Com este termo (obviamente despojado da acepção técnica moderna), pode-se indicar a metafísica platônica, na medida em que reduz a realidade à Ideia ou ao que deriva da Ideia ou, pelo menos, ao que existe graças à Ideia.

IDEIA (ἰδέα)

Ideia, de *idein*, que quer dizer *ver*, corresponde a *forma*. Primeiro significa a forma sensível em geral, depois, na linguagem filosófica, assume significado técnico ontológico e metafísico. Já em Demócrito, *atomos idea* indica a forma geométrica do átomo (I, 154 s.). — O termo torna-se famoso com Platão, o qual, em consequência das conquistas da "segunda navegação", chama *Ideia a realidade suprassensível*, o modelo, o paradigma inteligível, o ser puro. Ver as explicações que damos a respeito em III, 61 ss. Platão usa também o termo *eidos*, como sinônimo, para indicar a ideia. — Com Aristóteles, ao invés, os dois termos são rigorosamente distintos: à *Ideia transcendente* o Estagirita contrapõe a *forma imanente* (IV, 44 ss.; 51 ss.). — Não só na história do platonismo, mas também na história da metafísica em geral, a teoria das Ideias permaneceu como ponto de referência constante. — Quanto às mais significativas discussões sobre a Ideia e os seus repensamentos teóricos na antiguidade, ver, além das críticas aristotélicas (IV, 15 ss.), as polêmicas no interior da própria Academia (III, 79 ss.; 86 ss.; 97 ss.). Particularmente, depois do esquecimento da era helenística, ver: a conspícua reforma de Filo de Alexandria (VII, 253 ss.), os repensamentos médio-platônicos (VII, 294 ss.), e, mais ainda, a reformulação da doutrina em Plotino, o qual a insere na sua concepção hipostática, com os dados dos quais falamos em VIII, 64 ss.

IDÊNTICO, IDENTIDADE (ταὐτόν, ταὐτότης)

O conceito de *idêntico* é de cunho eleático, estreitamente ligado ao conceito de ser próprio de Parmênides. O ser eleático, com efeito, é o que permanece *idêntico no idêntico* (fr. 28, v. 29, reportado em I, 110); um idêntico de tal modo absoluto que acaba *absorvendo em si qualquer forma de diferença e anulando as coisas*. O próprio pensamento é declarado *idêntico ao ser* (I, 108). — Essa categoria reaparece de algum modo no pensamento posterior dos físicos, particularmente em Diógenes de Apolônia (cf. os frs. 2 e 5 reportados em I, 167 s.). — Platão dá a esse conceito um estatuto metafísico de primeira ordem. Já nos primeiros diálogos o problema do que é *idêntico nos muitos* mostra-se como a raiz da doutrina das Ideias (III, 76 s.). O idêntico é depois considerado *um dos cinco gêneros supremos do real no Sofista* (III, 163 ss.). — Plotino faz dele *uma das supremas categorias do incorpóreo* (VIII, 73). — Em Proclo, é a reverberação do Uno, presente em todos e em cada um dos momentos da processão das hipóstases: "Toda série de totalidade se estende na direção da não participável causa e princípio, mas todas as coisas não participáveis se ligam ao princípio único de todas as coisas. *Se, de fato, cada série sofre algo de idêntico, haverá em cada uma algo que domina ou que é a causa da identidade*. Como, na verdade, todos os entes derivam do Uno, assim todas as séries derivam do Uno. Mas todas as mônadas, não participáveis, por sua vez se reconduzem ao Uno, porque todas são algo de análogo ao Uno" (*Elementos de Teologia*, 100).

IDENTIDADE, Princípio de

Formalmente, o princípio de identidade, o qual afirma que *o ser é o ser* (que todo ente é ele próprio), não é formulado por Aristóteles e não é apresentado como princípio distinto do de não contradição, mas, pelo menos implicitamente, como um aspecto do mesmo. A sua origem está na afirmação eleática da *igualdade do ser consigo mesmo* (cf. Idêntico).

IDIOSSINCRASIA (ἰδιοσυγκρασία)

Na terminologia da medicina empírica, indica as experiências e as circunstâncias que dizem respeito especificamente ao paciente individual, *considerado na sua individualidade* (VII, 165).

IGNORÂNCIA, cf. Agnosia.

IGUAL (ὁμοῖος)

É *um atributo essencial que Parmênides atribui ao seu ser* (fr. 8, vv. 22 ss.), já que, para ele, *qualquer diferenciação do ser implicaria o não-ser que não é.* É justamente essa característica que torna impossível ao eleata deduzir e justificar a multiplicidade dos fenômenos e o devir, que implicam estruturalmente a desigualdade, a diferenciação e a diversidade (I, 110). — Cf. o modo pelo qual Platão supera as aporias do ser-tudo-igual em III, 113 ss.; cf. também o verbete Idêntico.

ILAÇÃO (ἐπιφορά)

Significa inferência, conclusão, e traduz o termo grego *epiphorá*, na acepção que ele tem na lógica estoica (cf. von Arnim, *S.V.F.*, II, frs. 236 e 240). — No uso corrente, o termo entra na expressão "ilação arbitrária", para indicar uma conclusão tirada de maneira indevida, ou seja, sem adequada motivação.

ILIMITADO, ILIMITE, cf. Apeiron.

ILUMINISMO (da sofística grega)

O termo "iluminístico" é usado por alguns intérpretes em referência à sofística por causa de algumas analogias que ela apresenta com o movimento de pensamento que caracterizou o século XVIII, como, por exemplo, a liberdade de espírito e de crítica e a conexa tentativa de libertação da tradição. Cf. o que dissemos em II, 31 s.

IMAGEM (εἴδωλον, μίμημα, εἰκών)

1) Na física atomista, as imagens (*eidola*) são *os simulacros*, isto é, *os eflúvios materiais que se destacam das coisas para impressionar os nossos sentidos* (cf. Eidola). 2) Na ontologia platônica, as imagens são as *cópias*, ou

seja, as coisas sensíveis que são *imitações dos modelos ou paradigmas* (cf. verbete) *ideais*. 3) Na metafísica de Filo de Alexandria, o conceito de imagem (*eikon*) assume novas valências, em consequência das novidades introduzidas pela doutrina do *Logos*, que é a primeira imagem de Deus (VII, 249) e, ao mesmo tempo, paradigma de todo o resto. Por sua vez, as Ideias são imagens do *Logos* e modelos com relação ao mundo sensível. A relação modelo-imagem se repropõe, portanto, no pensamento de Filo, em vários níveis (cf. VII, 254). — Essa doutrina é recuperada e desenvolvida também na metafísica neoplatônica, particularmente na de Plotino (VIII, 75 ss.; 77 ss.; 88 ss.).

IMAGINAÇÃO, cf. Fantasia.

IMANÊNCIA, IMANENTISMO, IMANENTISTA

Na ontologia, o termo significa, em geral, *a presença ontológica do princípio primeiro no principiado e, particularmente, o tipo de presença do princípio no principiado, que implica também a homogeneidade do primeiro com relação ao segundo*. Na acepção propriamente teológica significa *a presença de Deus no mundo e a redução do ser de Deus ao ser do mundo*. A imanência exprime exatamente o contrário da transcendência (cf. verbete) e está de vários modos ligada a concepções materialistas e fisicistas. Ademais, o imanentismo teológico está sempre ligado ao panteísmo. — Imanentistas são, de maneira implícita, os naturalistas pré-socráticos. De maneira explícita o são os filósofos que criticam e negam as concepções transcendentalistas de Platão e de Aristóteles. Cf., por exemplo, as posições assumidas por Eudoxo (V, 79 ss.) e Heráclides Pôntico (V, 82 ss.) na Academia, e Estraton de Lâmpsaco no Perípato (V, 130 ss.). — Formas de imanentismo são, em geral, todas as filosofias da era helenística (V-VI, *passim*) e, de modo paradigmático, o estoicismo. Deve-se ademais observar que a tomada de posição de Aristóteles contra a transcendência das Ideias platônicas não dá de modo nenhum (como alguns acreditaram) origem a uma forma de imanentismo, mas a uma forma diferente de transcendência. De fato, no lugar das Ideias transcendentes, transformadas em formas imanentes, o Estagirita põe as Inteligências transcendentes (IV, 15 ss.).

IMATERIAL, cf. Incorpóreo.

IMEDIATO

Diz-se de *toda forma de conhecimento que consegue captar o seu objeto sem necessidade de passagens sucessivas, ou seja, sem necessidade de termos médios*. Imediata é, portanto, toda forma de *intuição* e de conhecimento dotado de *evidência*.

IMITAÇÃO, cf. Mimese.

IMÓVEL, IMOBILIDADE (ἀκίνητος, ἀκινησία, στάσις)

A problemática da imobilidade tem origem com o eleatismo e desempenha um papel muito considerável na metafísica da antiguidade. — *a*) Para Parmênides, é característica estrutural do ser e exprime a *absoluta ausência de qualquer forma de mudança, a imobilidade integral e absoluta* (I, 110 s.). Zenão consolida tal concepção com seus célebres argumentos contra o movimento (I, 118 ss.). Deve-se notar que o conceito de imobilidade sustentado pelos eleatas torna não só impossível qualquer justificação dos fenômenos, mas também qualquer forma de dinamismo no interior do ser (I, 129). — *b*) Platão dá nova dimensão metafísica à problemática, aplicando o conceito de imobilidade às Ideias e considerando-o característica estrutural das mesmas. As Ideias são (enquanto "em si e para si", ou seja, enquanto absolutas) subtraídas ao nascimento, ao perecimento e a toda forma de mudança. Platão, porém, pouco a pouco, reforma o conceito eleático de imóvel em consequência do assim chamado "parricídio de Parmênides" (III, 113 ss.). No *Sofista*, o ser coincide com a *potência* e é concebido em chave de dinamismo transcendente. Ademais, entre as Ideias generalíssimas é admitido, ao lado da Quietude, o Movimento (a ser entendido como *movimento ideal*, recíproca relação dialética). — *c*) O momento culminante dessa problemática está em Aristóteles, com a criação do conceito de Motor Imóvel e de ἐνέργεια ἀκινησίας, vale dizer, de *atividade sem movimento*, que é o vértice da metafísica, como explicamos em IV, 56 ss. — *d*) O espiritualismo da era imperial desenvolve os elementos platônico-aristotélicos de vários modos. Particularmente deve-se notar o conceito de "permanência" e de "manência" (cf. verbete), que constitui um momento essencial da processão das hipóstases, e que repropõe de maneira verdadeiramente nova a problemática do imóvel. Do ponto de vista teórico deve-se observar o seguinte: 1) Para a filosofia grega, o movimento, considerado em si, é ou mostra-se contraditório. 2) Para superar essa contradição os eleatas eliminam o movimento e só admitem o imóvel. 3) Platão e Aristóteles (e depois os metafísicos posteriores), ao invés, consideram o imóvel, oportunamente reformado, causa do móvel. 4) Platão tem, com relação a isso, uma posição ainda polívoca e em parte oscilante, enquanto Aristóteles estabelece de maneira precisa o seguinte: *a*) tudo o que se move é movido por outro que o move; *b*) se o que move está em movimento, é movido por outro; *c*) o primeiro princípio do movimento deve ser imóvel. 5) Em geral, para o metafísico grego, só o imóvel pode ser causa do móvel (IV, 58 s.).

IMORTALIDADE (ἀθανασία)

É a doutrina segundo a qual o homem, no que tem de mais próprio, vale dizer, a alma (*psyché*), não se dissolve no nada. A propósito dessa doutrina, na história do pensamento grego, registram-se as seguintes cinco posições: 1) a maioria dos filósofos a admitem, embora com diferentes motivações e nuances; 2) alguns admitem uma sobrevivência da alma com relação ao corpo, mas não eterna; 3) alguns assumem posição agnóstica, nem afirmando-a nem negando-a; 4) outros a negam decididamente; 5) enfim, há ainda alguns que propõem uma espécie de imortalidade impessoal. 1) A crença na imortalidade entra na cultura e, portanto, na filosofia grega, através do orfismo (cf. I, Apêndice, *passim*). — *a*) Nos pré-socráticos situa-se ao lado da doutrina da *physis*, mas não se funda sobre ela (cf. I, 70 ss.; 67 ss.; 139 ss.). — *b*) O fundamento para a recuperação especulativa da crença em nível filosófico é elaborado por Platão com a doutrina das Ideias. As primeiras provas da imortalidade da alma remetem a ele (III, 185 ss.). No último Platão se diz claramente imortal só a parte racional criada pelo Demiurgo, e não a parte irracional produzida pelos Deuses criados (III, 149). — *c*) Aristóteles, nos exotéricos, aparece perfeitamente alinhado com Platão (IV, 21 ss.), mas também nos esotéricos reafirma claramente a imortalidade da alma racional, do *nous*, embora deixando de fora os elementos órficos (cf. textos e exegese em IV, 78 ss.; 87 ss.). — *d*) Os médio-platônicos e os neopitagóricos empreendem uma enérgica defesa da imortalidade da alma, culminando na doutrina neoplatônica da Alma-hipóstase (VII, 312 ss.; 353 ss.; 368 ss.; VIII, 75 ss.). 2) Alguns estoicos, ao invés, sustentam uma curiosa doutrina mais ou menos híbrida, segundo a qual as almas, pelo menos as dos sábios, sobrevivem por um período mais ou menos longo, e em todo caso não além da seguinte conflagração universal (VI, 69 ss.). 3) Uma posição tipicamente agnóstica é a de Sócrates, que ilustramos em I, 283. 4) Negadores da imortalidade foram sobretudo os epicuristas, pelos motivos que apresentamos em V, 218 ss.; 251 (cf. também a posição dos cínicos em VII, 201). 5) Alexandre de Afrodísia apresenta, por último, segundo os mais recentes estudos, uma posição que constitui um *unicum* no pensamento antigo, a qual só é compreensível no contexto da sua complexa noética da qual falamos em VII, 38 ss., particularmente em 42 ss. — A doutrina da imortalidade da alma constitui uma das cifras típicas da filosofia antiga, mais do que do cristianismo, que fala, propriamente, de ressurreição do corpo, com implicações teológicas e antropológicas muito diferentes com relação às doutrinas da grecidade.

ÍMPARES (περίσσος)

É uma das duas espécies segundo as quais se apresenta o número. Sobre a importância da contraposição par-ímpar e sobre sua interpretação na filosofia pitagórica cf. I, 81 ss.

IMPERTURBABILIDADE, cf. Ataraxía.

IMPOSSÍVEL (ἀδύνατος)

Eis a definição técnica desse conceito dada por Aristóteles: "Impossível é *aquilo cujo contrário é necessariamente verdadeiro*: por exemplo, é impossível que a diagonal do quadrado seja igual ao lado, porque isso é falso e o seu contrário não só é verdadeiro, mas é necessariamente verdadeiro: a diagonal do quadrado com relação ao lado é necessariamente desigual; portanto, a afirmação da igualdade não só é falsa, mas necessariamente falsa" (*Metafísica*, Δ 12, 1019 b 23 ss.). — Sobre o impossível como um dos "lugares" (*topoi*) da retórica aristotélica, cf. IV, 172.

IMPRESSÃO (τύπωσις)

O termo significa literalmente "pegada". No contexto da filosofia grega em geral e, de modo particular, nas filosofias corporeístas da era helenística, a *sensação* é interpretada como impressão, portanto o fundamento do conhecimento, como explicamos em V, 156 ss.; 194 ss. e sobretudo 282 ss. Cf. Sensação e Tábula rasa.

INATISMO

Termo de cunho moderno, que designa *a doutrina que admite na alma do homem a presença de algumas ideias e conhecimentos anteriores a qualquer experiência*. No âmbito da filosofia antiga a concepção que mais se aproxima do conceito moderno de inatismo é a platônica (cf. II, 146 s.; III, 161 ss.). Também algumas admissões dos estoicos (VI, 27 s.) podem ser interpretadas — pelo menos dentro de certos limites — em sentido inatista. Ademais, deve-se observar que estas são muito limitadas e muito excêntricas com relação ao enfoque geral do problema do conhecimento, para merecerem a nossa atenção. Assim também certas afirmações de Cícero — sobretudo as concernentes à doutrina do consenso universal dos homens — podem ser lidas como uma forma de inatismo (embora muito atenuado) de derivação platônica.

INCOGNOSCÍVEL (ἄγνωστος)

O termo designa *o que não é suscetível de qualquer forma de conhecimento racional*. Ele pode ser expressão de três atitudes teóricas muito diferentes, segundo o modo como é usado: 1) no contexto da especulação clássica parmenidiano-platônico-aristotélica; 2) no contexto da doutrina cética; 3) ou no contexto da metafísica da era imperial. 1) Na perspectiva própria da concepção objetivista de toda a antiguidade, segundo a qual o conhecimento é proporcional ao ser, considera-se incognoscível o não-ser (cf. a passagem da *República* platônica reportada em III, 162). Analogamente, Aristóteles considera incognoscível a matéria, porque absoluta potencialidade privada de forma (e em parte também o indivíduo empírico). 2) Na era helenística e na primeira parte da era imperial, os céticos sustentam a incognoscibilidade de todo o real: tal posição é a consequência da radical negação da ontologia platônico-aristotélica, negação que comporta consequentemente a perda da "estabilidade da essência" de todas as coisas: a realidade, portanto, para os céticos não contém mais em si "[...] qualquer diferença, nem medida, nem discriminação" (VI, 143). 3) A partir de Filo de Alexandria, irrompe no universo filosófico o conceito do Absoluto como infinito e, consequentemente, o conhecimento encontra nele o seu limite superior, assim como, precedentemente, tinha encontrado no não-ser o seu limite inferior. Filo — note-se — proclama a impossibilidade de conhecer a *essência de Deus* por causa da sua absoluta transcendência, mas admite a cognoscibilidade racional da *existência de Deus*, embora num nível inferior (cf. textos e exegese em VII, 238 ss.). Essa característica da incognoscibilidade do Princípio supremo torna-se uma constante também na última filosofia pagã. Sobretudo no neoplatonismo (mas com claras antecipações já no médio-platonismo; cf. VII, 293 s.) o Absoluto é muitas vezes definido como "acima do ser e de toda essência" (cf. textos e exegese em VIII, 48 ss.). No hermetismo a incognoscibilidade racional e Deus e o seu reconhecimento através do silêncio dos sentidos e da razão são considerados condições necessárias para que o próprio Deus se revele (cf. textos e exegese em VII, 384 ss.). Em posições análogas estão os *Oráculos Caldaicos* (cf. texto e exegese em VII, 394 s.). No neoplatonismo, ao tema da incognoscibilidade, e como consequência direta, une-se paralelamente o tema da inefabilidade (cf. verbete Inefável) do Princípio (cf. textos e exegese em VIII, 41 ss.).

INCONDICIONADO (ἀνυπόθετος)

Platão usa essa expressão referida ao Primeiro Princípio na *República* (VI, 510 b; 511 b), seja no sentido de que *é o princípio que não tem necessidade de ulteriores coisas assumidas*, seja no sentido de *absoluto*. — Aristóteles qualifica como incondicionado o princípio de não contradição (*Metafísica*, Γ 3, 1005 b 14 ss.) (cf. Absoluto).

INCORPÓREO (ἀσώματος)

Na história da problemática do *incorpóreo*, no âmbito do pensamento antigo, podemos distinguir quatro fases: 1) a pré-socrática, na qual *asomatos* tem um significado físico; 2) a da metafísica platônica e aristotélica, na qual ocorre a fundação teórica do conceito de incorpóreo como imaterial e, portanto, espiritual; 3) a da filosofia helenística, na qual se nega ao incorpóreo estatuto ontológico; 4) a da filosofia da era imperial, na qual, mediante a inversão do corporeísmo epicurista e estoico, o incorpóreo assume a máxima importância, tornando-se até mesmo a conotação essencial do ser. Só nessa fase o termo torna-se técnico e se impõe de modo definitivo *como expressão do que nós, modernos, chamamos espiritualismo metafísico*. Eis uma breve caracterização dessas quatro etapas. 1) Nos pré-socráticos, *asomatos* significa *não ter limites do tipo dos que têm todos os corpos determinados* e, portanto, indica *a infinidade do princípio* (cf., por exemplo, o fr. 3 de Anaxímenes que reportamos em I, 60; cf. particularmente o fr. 9 de Melisso, reportado em I, 127, e o que aí explicamos). 2) *Platão cria o conceito de incorpóreo no sentido de imaterial e suprassensível* (embora use pouquíssimas vezes o termo) com a sua "segunda navegação", e *Aristóteles completa os traços dessa criação com a sua doutrina do Motor Imóvel*, do qual diz expressamente: "A essência primeira é privada de matéria" (cf. tudo o que dissemos em IV, 60 ss.; cf. também 88 ss.). 3) No âmbito do Pórtico, com base no pressuposto de que todo ser é corpo, *o incorpóreo fica privado de estatuto ontológico* e é no máximo considerado como "algo" (τι), que, contudo, não é ser, embora não seja nada. Incorpóreos são considerados os exprimíveis, o lugar, o tempo e o vazio (cf. textos e exegese em VI, 47 ss.). 4) Na era imperial o incorpóreo é reconquistado através da contestação dos excessos corporeístas da filosofia da era helenística e, consequentemente, o termo torna-se técnico. Ver como ocorre a reconquista do incorpóreo em Filo (VII, 235 ss.), nos médio-platônicos em geral (VII, 209 ss.), assim como nos neoplatônicos (VII, 342 ss.). Com Numênio essa reconquista já chega a um ponto culminante (VII, 360 ss.). Com Plotino pode-se dizer que a temática do incorpóreo pode ser considerada uma aquisição definitiva; ele nem sequer se põe o problema de justificar a incorporeidade dos princípios: a dificuldade, para ele, está em encontrar lugar para o corpóreo na dedução da sua constituição material (VIII, 97 ss.). A metafísica do incorpóreo com o neoplatonismo alcança os seus limites extremos. A maior parte dos vols. VII e VIII é dedicada justamente à reconstrução do processo através do qual a problemática do incorpóreo é recuperada, dos vários modos segundo os quais é reproposta e das novidades a que leva.

INCORRUPTIBILIDADE (ἀφθαρσία, ἄφθαρτος)

O termo significa o *não poder ser destruído*. É sinônimo de imortalidade, estendido, porém, do âmbito do homem e da sua alma ao dos princípios, do ser e do cosmo. Para os físicos pré-socráticos a incorruptibilidade é prerrogativa da *Arché* (cf. verbete), ou seja, do Princípio ou dos Princípios. Particularmente para os eleatas é prerrogativa do Ser enquanto tal (cf. I, 109; 127). A concepção da incorruptibilidade dos Princípios primeiros permanece uma conquista irreversível no âmbito do pensamento antigo. — Com Platão também o mundo, que é *principiado*, é concebido sob o signo da incorruptibilidade (cf. III, 146 s.). Aristóteles considera o mundo não só como incorruptível, mas também ingênito (cf. IV, 59; 64 ss.). A concepção da incorruptibilidade do mundo, contestada de vários modos na era helenística (cf. V, 183 ss.; VI, 67), volta a ser defendida é defendida novamente na era imperial (cf. VIII, 95 ss.) e se impõe como consequência necessária no contexto da *processão* neoplatônica.

INDEFINIDO, cf. Apeiron.

INDEMONSTRÁVEL, cf. Anapodítico.

INDIFERENÇA, cf. Adiaforia.

INDIFERENTE (ἀδιάφορον, *indifferens*)

1) O termo, segundo os estoicos, indica *todas as coisas que estão entre os bens e os males morais*. E dado que, para esses filósofos, bens são apenas as virtudes e males são só os vícios, *indiferentes são todas as coisas que estão entre as virtudes e os vícios*. Em sentido estrito, portanto, vida e morte, saúde e enfermidade, juventude e velhice, beleza e feiura, riqueza e pobreza, e assim por diante, são todos "indiferentes", justamente porque não são nem "bens" (= virtudes), nem "males" (= vícios). Todavia, é claro que, se não para a natureza racional do homem, pelo menos para a sua natureza biológica, *os indiferentes não são totalmente neutros*, enquanto alguns favorecem e outros desfavorecem fisicamente. Alguns estoicos admitem, portanto, que alguns do "indiferentes" são "preferidos", outros "rejeitados", ou, noutros termos, que alguns têm *estima e valor* e são *valores*, outros têm *falta de estima e valor*, ou seja, são desvalores (VI, 77 ss.). Outro grupo de pensadores estoicos sustentou a absoluta indiferença dos *adiaphora* (VI, 82). Sobre a relação dessa doutrina ao momento histórico conexo à crise da polis, cf. o que dissemos em VI, 78 s. 2) *Adiaphora significa também "sem diferenças" ou "privado de diferenciações" do ponto de vista ontológico*. Tais são todas as coisas segundo o ceticismo pirroniano, enquanto "nada é mais isso que aquilo", "tudo é e não é", "tudo nem é nem não é". Sobre esse fundamento, Pirro proclama a necessidade para o homem de permanecer na opinião e sem inclinação diante de todas as coisas totalmente indeterminadas, e, portanto, a necessidade da *afasia* (cf. verbete) e da impassibilidade (VI, 142 ss.). Cf. Adiaforia.

INDIVÍDUO (ἄτομον, καθ'ἕκαστον)

O conceito de indivíduo implica duas notas essenciais: *a*) o que é indivisível e *b*) o que não é predicável de mais coisas, o oposto do universal. — *a*) O primeiro caráter corresponde ao conceito de átomo (cf. verbete). — *b*) O segundo corresponde ao que Aristóteles chama *kath'hekaston*, e que, ademais, coincide com o sínolo concreto de matéria e forma. Entendido em sentido aristotélico, o indivíduo é racionalmente incognoscível e captável apenas mediante a sensação. — Deve-se notar que o problema do princípio de individuação não foi posto expressamente na filosofia antiga, mas só na filosofia medieval, na sequência do interesse prioritário que, como consequência do cristianismo, a filosofia concede ao indivíduo (em Aristóteles, por exemplo, encontram-se tanto passagens das quais se pode extrair que a individuação depende da matéria, como passagens das quais se pode extrair que depende da forma). Em Plotino, há uma conspícua tentativa de salvar a individualidade no nível metafísico, com a introdução de Ideias de indivíduos na segunda hipóstase, mas com êxitos aporéticos, como mostramos em VIII, 70 s.

INDUÇÃO (ἐπαγωγή)

É *o procedimento através do qual do particular se extrai o universal.* Aristóteles ressalta que a indução não é propriamente um raciocínio, mas um "ser conduzido" do particular ao universal. *O processo abstrativo coincide substancialmente com a indução* (IV, 154 ss.). Nesse processo, que vai do particular ao universal, a indução se opõe à dedução silogística que, ao invés, é um procedimento do universal ao particular. *A dedução* (silogística), porém, *pressupõe a indução*, como diz Aristóteles nessa passagem exemplar: "[...] Aprendemos ou por indução ou por demonstração. A demonstração procede dos universais, enquanto a indução procede dos particulares. Mas é impossível considerar os universais, senão por indução, pois é possível tornar conhecido por indução também os resultados da assim chamada abstração" (*Segundos Analíticos*, A 18, 81 a 40 ss.).

INEFÁVEL (ἄρρητος)

O termo indica *a impossibilidade de ser expresso e definido com palavras.* É uma característica do Absoluto, tal como concebido sobretudo na era imperial. Em Filo de Alexandria, a inefabilidade de Deus depende da sua absoluta transcendência do ponto de vista metafísico e também do ponto de vista gnosiológico (VII, 238 ss.). A inefabilidade do divino é um motivo presente também nos médio-platônicos (cf. o texto reportado em VII, 293), nos neopitagóricos (VII, 352), na filosofia hermética (VII, 380) e nos *Oráculos Caldaicos* (VII, 394). (Para a exploração em sentido místico da inefabilidade de Deus, cf. o texto reportado em VII, 380 s. e o verbete Silêncio). — Deve-se, enfim, notar que o motivo da inefabilidade do Absoluto torna-se uma constante em todo o movimento neoplatônico (cf., por exemplo, VIII, 46 s.); antes, em Damáscio, a inefabilidade é inclusive estendida do Princípio primeiro à própria processão das hipóstases (VIII, 197 s.).

INFERÊNCIA

Indica em geral *o procedimento com base no qual, partindo de determinados dados, chega-se a uma conclusão*, com base numa mediação que pode ser de variado gênero. — Usamos amiúde o termo na expressão "inferência metaempírica", que significa o procedimento através do qual, partindo da experiência e do sensível, e da constatação da impossibilidade de explicá-los por eles mesmos, concluímos a necessidade de admitir algo que transcenda a experiência e o sensível. Os textos que contêm as duas mais famosas tentativas de "inferência metaempírica", por muitos aspectos paradigmáticos, são o *Fédon* de Platão (99 d ss.) e do livro XII da *Metafísica* de Aristóteles, capítulos 6-7, *passim*. Recordamos que Platão chamou essa inferência de "segunda navegação".

INFINITO, cf. Apeiron.

INSTINTO (ὁρμή)

O conceito de instinto, entendido como *tendência natural e alógica*, está presente e operante nos filósofos anteriores ao Pórtico, mas só na ontologia dessa escola assume papel de protagonista. Particularmente o conceito de primeiro instinto — que, para os estoicos, consiste na *tendência de todo ser a se conservar e a se apropriar do que o conserva* — torna-se o ponto de partida para a fundação da ética, pelas razões explicadas em VI, 74 ss. Esse primeiro instinto é denominado *oikeiosis* (cf. verbete). Tal elevação do instinto ao nível de protagonista explica-se no contexto do "panlogismo" próprio do Pórtico: aqui o instinto torna-se expressão da *physis* e, portanto, também manifestação do *Logos*.

INTELECÇÃO (νόησις)

É o ato pelo qual o *nous* capta o inteligível de modo imediato (cf. Intuição).

INTELECTO, cf. Nous.

INTELECTUAL, cf. Noerós.

INTELECTUALISMO ÉTICO

Com essa expressão, designa-se o caráter peculiar da ética socrática, que permanece uma constante em toda a ética dos filósofos gregos. Podemos caracterizar da seguinte maneira o intelectualismo ético. 1) *A vida moral é considerada como inteiramente fundada na razão e no conhecimento.* 2) Consequentemente, considera-se que *basta conhecer o bem para fazê-lo.* 3) *O pecado e o mal moral são considerados como erros de conhecimento.* 4) *À vontade não é reconhecido um papel determinante no agir moral.* 5) *A liberdade é ligada à razão e não ao querer.* A concepção da essência do homem como *psyché* e a interpretação da *psyché* sobretudo como *nous* e como *Logos* estão na base do intelectualismo ético. No curso da nossa exposição, insistimos muito sobre tal categoria, porque ela exprime verdadeiramente a essência do pensamento moral dos gregos, como já recordamos. Eis as etapas mais destacadas da evolução de tal concepção. — *a*) Para a fundação socrática e a reinterpretação dos célebres "paradoxos éticos", cf. o que dissemos em II, 103 ss.; cf. aí pp. 106 s. uma página muito importante de Taylor. — *b*) O intelectualismo ético resulta operante também nas escolas socráticas menores (cf., por exemplo, II, 168). — *c*) Platão, com a tripartição da alma e com a doutrina da erótica, reconhece a existência e a importância das forças alógicas que condicionam o agir humano, mas deixa à razão a indiscutível supremacia, e nas *Leis* reafirma claramente o paradoxo socrático segundo o qual "ninguém peca voluntariamente" (III, 214 ss.). — *d*) A posição de Aristóteles é ainda mais interessante, porque, justamente depois de ter criticado a tese socrática de que a virtude é ciência, não consegue dar fundamentos adequados à sua crítica, e não só reafirma teses socráticas, como faz das virtudes da razão as mais elevadas virtudes (IV, 109 ss.; 119 ss.). — *e*) A própria moral epicurista pode ser relida como repensamento em clave utilitarista do intelectualismo ético de Sócrates (V, 219 ss.). — *f*) Os estoicos chegam a exasperar, sob certos aspectos, o intelectualismo, não só reafirmando o conceito de virtude como ciência (VI, 85 ss.), mas também interpretando as paixões como movimentos que se seguem a um erro lógico ou pelo menos como erro lógico (VI, 101 ss.). — *g*) Até mesmo a concepção da *proairesis* (cf. verbete Escolha) de Epicteto apresenta-se como um ato de razão, um juízo cognoscitivo (VII, 99 ss.). — *h*) Também nos médio-platônicos encontram-se ainda ecos do intelectualismo socrático (VII, 317). — *i*) Alguns indicaram em Porfírio o pensador que teria rompido as pontes com o intelectualismo grego, mas os textos não confirmam tal exegese (VIII, 153, nota 22). — *j*) Uma posição de ruptura encontra-se, ao invés, em Filo de Alexandria (cf. textos e exegese em VII, 261 ss.); mas Filo, nesse ponto, inspira-se direta e inteiramente na Bíblia e não no pensamento grego.

INTELIGÊNCIA, cf. Nous.

INTELIGÍVEL (νοητός)

Em geral, significa propriamente, em geral, *o que é objeto de inteligência*, e, em particular, *o ser que só pode ser captado pela inteligência e não pelo sentido*. O termo teve grande sucesso a partir de Platão, onde serve para designar as Ideias e o mundo das Ideias (cf. Ideia). Notem-se expressões como *lugar inteligível* (*noetos topos*) e *lugar supraceleste* (*hyperouranios topos*, cf. Hiperurânio) com os quais Platão designa o mundo do inteligível (cf. *República*, VI, 509 d; VII, 517 b; *Fedro* 247 c). — Filo de Alexandria cunha a expressão *cosmo inteligível* (*kosmos noetos*), retomada depois por Plotino (VII, 253 s.; VIII, 66 ss.). — O inteligível, em Platão, inclui a inteligência como momento inferior (III, 130 ss.). — Em Aristóteles coincide, no ser divino, com a inteligência (IV, 60 ss.); na realidade sensível coincide, ao invés, com as formas imanentes, enquanto a alma torna-se o *lugar das formas*, ou seja, *dos inteligíveis*, enquanto as pensa (IV, 87 ss.; cf. sobretudo o texto das p. 87 s.). — São interessantes os desenvolvimentos ulteriores do conceito no médio-platonismo. Albino, por exemplo, fala de *inteligíveis primeiros* e de *inteligíveis segundos*, referindo-se respectivamente às *Ideias transcendentes* platônicas e às *formas imanentes* aristotélicas (VII, 293 s.). — Plotino representa o momento mais significativo de síntese entre a instância platônica e a aristotélica, com a tese da coincidência estrutural da inteligência e inteligível na segunda hipóstase

(VIII, 66 ss.). Depois de Plotino, o neoplatonismo tende novamente a distinguir (até mesmo de maneira hipostática) inteligível e intelectual, ainda que no novo contexto dinâmico da processão (cf. VIII, 162 ss.; 168 ss.; 183 ss.).

INTERMÉDIO, INTERMEDIÁRIO (μεταξύ)

O conceito de "intermédio", "intermediário", ou seja, de *ente que está no meio e que forma de algum modo um elo de conjunção*, seja simplesmente por ocupar um lugar hierarquicamente mediano, seja desenvolvendo ativamente a obra de conjunção de um ente ou de um plano superior com um plano inferior, é fundamental em todos os ramos do pensamento grego: 1) na metafísica e na ontologia, 2) na gnosiologia, 3) na ética, 4) na antropologia, 5) na esfera religiosa e 6) até mesmo na lógica. 1) No nível ontológico, o problema do intermédio nasce: *a*) como tentativa de superar o eleatismo, ou seja, como tentativa de admitir e justificar *o mundo do devir*, que está justamente "no meio" entre ser e não-ser (cf. III, 64 ss.). — *b*) Intermédios para Platão são também os números e os *entes matemáticos* que ocupam o lugar mais baixo do mundo inteligível e têm, além das características fundamentais das Ideias, características afins ao sensível, como explicamos em III, 97 ss. — *c*) Função intermédia têm também o Demiurgo e a alma do mundo (III, 124 ss.). *d*) Em Aristóteles, que reduz os entes matemáticos a objetos de abstração, as realidades intermédias são *os céus*, que são *sensíveis*, mas incorruptíveis e *eternos* (IV, 76 ss.). — *e*) Os intermédios tendem a multiplicar-se nos renascidos sistemas metafísicos da era imperial, já a partir do médio-platonismo e do neopitagorismo, com extremos na complexa doutrina neoplatônica das hipóstases (cf. verbete). 2) Na gnosiologia, intermédia entre verdade e falsidade seria *a*) a terceira via parmenidiana, a da *opinião plausível* (I, 113 ss.). — *b*) Expressamente denominada intermédia é a opinião ou *doxa* na *República* platônica, já que essa diz respeito ao devir que, como dissemos, é ontologicamente intermédio (III, 161 ss.). — *c*) Noutro sentido pode-se dizer intermédia a *dianoia*, no sentido de *conhecimento matemático*, que se ocupa dos intermédios no sentido acima indicado em *b*) (III, 162 s.). — *d*) Cf. também a curiosa posição de Xenócrates, que combina, a respeito disso, elementos platônicos com elementos aristotélicos (V, 95 s.). 3) Na ética o conceito de intermédio torna-se temático sobretudo com os estoicos, os quais chamam de "indiferentes" todas as coisas que "estão no meio" entre a virtude e o vício, ou seja, entre o bem e o mal (VI, 77 ss.). Ver ademais a interessante conexão subsistente entre intermédios e deveres segundo o Pórtico (VI, 93 ss.). 4) Na antropologia desempenham o papel de "intermédio", a alma, a *psyché*, e, particularmente, a parte mais elevada da *psyché*, o *nous* (cf. verbete). 5) Na esfera religiosa desempenham papel de intermédio os Demônios e os heróis (cf. verbete). 6) No âmbito da lógica, enfim, a problemática do intermédio é ligada sobretudo aos conceitos de *contrário, contraditório e terceiro excluído* (dos quais falamos nos respectivos verbetes), assim como o conceito de *termo médio* do silogismo, sobre o qual cf. IV, 151.

INTERMUNDO (μετακόσμιον)

Para Epicuro é *o espaço que separa mundo de mundo*, no qual pode ocorrer a formação de novos mundos e que constitui a morada dos Deuses (V, 184 ss.; 200 ss.).

INTUIÇÃO

É o *conhecimento imediato próprio do nous*. Ela não é uma categoria exclusiva de Platão e dos neoplatônicos, que admitem a captação imediata das Ideias, justamente desse modo, mas também de Aristóteles, que considera a intuição mais verdadeira que a própria ciência, enquanto só ela é capaz de captar os primeiros princípios (cf. o texto que apresentamos em IV, 154 s.; cf. Nous).

IPSE DIXIT (αὐτὸς ἔφα)

Significa "ele disse". Era a famosa frase com a qual os pitagóricos, no seu ensinamento, se referiam a Pitágoras, como autoridade absoluta e indiscutível (I, 89).

IRASCÍVEL (θυμοειδής, *animosus, iracundus*)

Para Platão, é a *específica faculdade da alma, segundo a qual nos exaltamos e nos iramos* (III, 249 ss.). A virtude própria da alma irascível é a fortaleza. Essa é a parte da alma que deve dominar na classe dos guardiães dos Estado (III, 248 ss.).

IRONIA (εἰρωνεία, *dissimulatio*)

O termo significa literalmente *dissimulação* e se tornou técnico para indicar a característica essencial do método socrático. Sócrates, para constranger o interlocutor a dar conta de si até o fim, e para poder refutá-lo e libertá-lo do erro, põe em ação um múltiplo jogo de fingimentos e ficções que, sob a aparência de brincadeira, têm uma finalidade mais séria. Cf. as explicações que damos em II, 143 s. A ironia é levada às consequências extremas por Platão, que explora de modo único todas as possibilidades dialéticas que ela contém, como mostramos em II, 33 ss.

ISONOMIA (ἰσονομία, *aequilibritas*)

Para Epicuro é a *lei de compensação ontológica das várias partes da realidade na economia do todo*. Dela se vale sobretudo para algumas deduções teológicas, das quais falamos em V, 99.

J

JARDIM (κῆπος)

Assim foi chamada a escola de Epicuro, pelo lugar no qual surgiu: uma casa circundada de um jardim. Sobre a gênese e a organização do Jardim, cf. V, 141 ss.

JOGO (παιδιά)

Este conceito assume destacado papel na *paideia* platônica, sobre a qual muitas vezes chamou a atenção a pedagogia moderna, por causa da extraordinária novidade e fineza de intenção psicológica. Cf. a passagem da *República*, que reportamos em III, 261.

JUÍZO

Do ponto de vista lógico, o juízo é *o ato com o qual negamos ou afirmamos algo de algo*. Nesse sentido, constitui *a forma mais elementar de conhecimento*, que pode ser *verdadeira*, quando junta ou separa algo que é verdadeiramente junto ou separado, ou *falsa*, no caso contrário (IV, 148 s.). Sobre a classificação aristotélica dos juízos, cf. IV, 148. No que concerne à evolução do conceito de juízo, deve-se assinalar o seguinte: já Antístenes reduzira notavelmente o valor cognoscitivo do juízo, limitando fortemente o seu âmbito de aplicação, e aceitando como dotados de validez somente os juízos tautológicos (II, 187). — A uma posição semelhante chegam também os megáricos, que, partindo de premissas derivadas da lógica eleática, "[...] afirmam que o ser é uno, enquanto uma coisa não é idêntica com outra" (cf. II, 191). — Na escola estoica, enfim, o juízo é objeto da dialética e é chamado "exprimível completo", isto é, exprimível (cf. verbete Lekton) que tem um sentido determinado e completo (VI, 34). Os estoicos interessaram-se particularmente pelos juízos hipotéticos e disjuntivos (VI, 35).

JUSTIÇA (δικαιοσύνη, *iustitia*)

Na história do pensamento grego, podemos distinguir pelo menos seis etapas significativas por meio das quais o conceito de justiça se enriqueceu paulatinamente de novas valências. 1) Em primeiro lugar, deve-se recordar a posição da última geração dos sofistas, que, com base na contraposição de *lei* e *natureza*, chegou não só a distinguir uma justiça *segundo a lei* de uma justiça *segundo a natureza*, mas, indo a certos extremos, chegou a identificar a justiça segundo a natureza com *a vantagem do mais forte* (II, 71 ss.). 2) Platão recupera a justiça como valor objetivo, e faz dela o eixo de sustentação da ética e da política. A justiça, no homem individual, consiste na *harmônica disposição das partes da alma pela qual cada uma delas faz o que lhe compete*, enquanto no Estado, consiste na *perfeição com que as várias classes sociais se harmonizam entre si cumprindo as funções que lhes são próprias*. Em poucas palavras, justiça consiste em "cumprir o que é próprio de cada um" (III, 248 ss.). Platão dedica dois dos seus escritos maiores à justiça: o *Górgias* e a *República*. 3) Aristóteles dedica a essa virtude todo um livro da *Ética a Nicômaco*, com uma série de finas análises seja no nível estritamente moral, seja no nível político, seja, também, no nível jurídico. Para o Estagirita a justiça é *a virtude ética que inclui em si todas as outras* (IV, 108 s.). 4) O conceito de justiça é em seguida desvalorizado por Epicuro, que tira dele todo valor absoluto, sustentando que ela não existe por si, mas só nas relações recíprocas, e *nos lugares nos quais se tenha feito um pacto sobre não causar nem sofrer dano* (V, 223 s.). 5) Os estoicos consideram essa virtude da mesma maneira de todas as outras, ou seja, como *uma forma de conhecimento*, e precisamente como a ciência capaz de *atribuir a cada um o que merece* (VI, 86 s.); definição que se tornou famosa. 6) Enfim, Plotino distingue uma justiça como simples *virtude civil*, própria da Alma, e uma *Dikaiosyne* própria do Espírito, que se caracteriza como o voltar-se da Alma para o Espírito e que é como uma transfigurada espiritualização da primeira (VIII, 116). 7) Porfírio, retomando e ampliando o esquema plotiniano, fala de quatro significados da virtude da justiça, em conformidade com os quatro níveis de virtude que ele reconhece (VIII, 151 ss.).

K

KATAPHASIS, cf. Afirmação.

KATHEKON (καθῆκον, *officium*)

O termo, tornado técnico na especulação estoica, significa propriamente *ação conveniente*. Em latim corresponde a *officium*. Para os estoicos, o *kathekon* situa-se, em certo sentido, a meio caminho entre a ação virtuosa e a viciosa, no plano dos *indiferentes* (cf. verbete), e coincide, exatamente, com as *ações que dizem respeito aos intermédios justificáveis racionalmente enquanto conformes à natureza*. São *kathekonta*, por exemplo, ter boas relações com os amigos, nutrir-se, descansar, manter o decoro etc. Os *kathekonta* são ligados prevalentemente à natureza biológica e animal do homem. — O termo português *dever* cobre só em parte a mesma área semântica, pois, por um lado, implica relações muito mais estreitas com ações morais e, portanto, diz mais; por outro lado, diz menos, pois o conceito estoico de *kathekon* estende-se também aos animais e às plantas, enquanto o dever não. Cf. textos, exegese e explicações das implicações teóricas do *kathekon* em VI, 93 ss. — O conceito emerge em primeiro plano e conquista grande relevância ética no médio-estoicismo de

Panécio (VI, 115 s.) e depois no *De officiis* de Cícero, que, em grande medida, inspira-se em Possidônio (VI, 206 ss.). — Passando através do repensamento cristão, o conceito de *dever* torna-se um conceito central e irreversível do pensamento moral do ocidente.

KATORTHOMA (κατόρθωμα, *recte factum*)

É termo que, na ética do Pórtico, significa *ação reta, ação moralmente perfeita, ação plenamente virtuosa*, ou seja, *ação que contém todas as características da virtude*. A ação moral é perfeita quando nasce e se funda sobre o *orthos Logos*, a reta razão. A ação reta não pode ser julgada nem pelos seus resultados nem pelas suas manifestações exteriores, mas só pelo princípio que a inspira, justamente o *orthos Logos*. E, dado que este só é possuído pelo sábio, *as ações retas são prerrogativa exclusiva do sábio*; cf. textos e exegese em VI, 90 ss. Para as relações entre *katorthoma* e *kathekon*, cf. VI, 93 ss.

KEPOS, cf. Jardim.

KOINONIA (κοινωνία)

1) O termo, que quer dizer *comunhão*, assume significado técnico na linguagem metafísica de Platão, indicando: *a*) uma das possíveis formas de *relação entre as Ideias e as coisas sensíveis correspondentes*, pelas razões explicadas em III, 80; *b*) *a relação entre as Ideias* sobre a qual está fundada a dialética (cf., por exemplo, a relação entre as cinco supremas Ideias do *Sofista*, em III, 113 ss.). *c*) É também o termo com o qual é designado o assim chamado "*comunismo*" *platônico* (cf. verbete). 2) Recordamos, ademais, que em geral *koinonia* é usado para indicar *as várias formas de união entre os homens*, da família à sociedade, e o parentesco entre homens e Deuses. Cf., por exemplo, a concepção estoica do cosmopolitismo, fundada sobre conceito de comunhão recíproca entre Deuses e homens (VI, 100).

L

LEI (νόμος, *lex*)

1) A concepção fundamental da lei própria da antiguidade já está perfeitamente expressa nos pré-socráticos, de modo particular no fragmento 114 de Heráclito, que assim soa: "Os que querem falar segundo a razão devem fundar-se sobre o que é comum a todos [= a razão universal], como a cidade sobre a lei e com maior força ainda. *Na verdade todas as leis humanas se alimentam da única lei divina*, pois ela impõe o que quer e basta, com sobras para todas as coisas". — Essa ideia do fundamento objetivo e até mesmo divino das leis é

própria também de Sócrates, que morreu por respeito às leis, como de modo exemplar é dito por Platão no *Críton* (que, entre outras coisas, apresenta as leis humanas como *irmãs* das divinas). De modo muito significativo, a última obra de Platão intitula-se *Leis*. — Contudo, é uma contribuição fundamental do Pórtico a precisa formulação da doutrina da *lei natural como fundamento das leis humanas* e, portanto, do conceito de direito natural, do qual falamos em VI, 97 ss. 2) Em nítido contraste com essa concepção encontra-se a perspectiva expressa por alguns sofistas, os quais concebiam a lei humana como fruto de *opinião* e de *convenção* (II, 63 ss.), e como tal em contraste com a natureza. A concepção do *nomos* em antítese com a *physis* é encontrada em alguns socráticos menores, particularmente nos cínicos (II, 175; V, 27 ss.), e, de outra forma, nos epicuristas, que reduzem a validez da lei à utilidade que ela comporta (V, 223 ss.). — Essa perspectiva, porém, no contexto do pensamento antigo, é logo superada pela perspectiva oposta.

LEKTON (λεκτόν)

É termo com o qual os estoicos indicam o conceito universal. Além das *palavras* e das *coisas*, eles admitem os *significados das palavras*, que chamam de *lektá* (que, em geral, se traduz por "exprimíveis") e que consideram *incorpóreos* (no sentido que esse termo tem na sua doutrina), pelas razões explicadas em VI, 29 ss.

LIBERDADE (ἐλευθερία)

O leitor moderno tem dificuldade em captar o sentido e o alcance da concepção grega da liberdade, pelo fato de que, sobretudo por obra do cristianismo, operou-se no âmbito dessa temática uma radical mudança. De fato, os gregos ligavam a liberdade à *razão*, enquanto com o cristianismo ela é ligada à *vontade* (cf. verbete). Max Pohlenz observou muito bem esse ponto: "Nós, modernos, falamos do problema da 'liberdade de querer', porque na nossa mentalidade o querer é uma função autônoma da alma na qual se exterioriza em geral o seu impulso para a atividade. Com relação a isso [...], era diferente a sensibilidade dos gregos. Para eles a liberdade era a tendência para um fim (ou objeto) mais ou menos claramente conhecido ou imaginado, e punha-se, portanto, em estreita relação com o intelecto. Eles conheciam inclusive uma forma de desejo instintivo; mas o verbo *boulesthai*, que designa o querer espontâneo, está em relação com *boulé*, 'reflexão', e quando, no início da *Ilíada* se diz que se cumpre a *boulé* de Zeus, na palavra se fundem os significados de 'decisão' e de 'vontade'. Tratava-se, portanto, para os gregos, mais de 'liberdade de decisão', e os romanos cunharam em seguida a locução *liberum arbitrium*, que até na controvérsia entre Erasmo e Lutero indicará o fulcro da polêmica. Quanto aos gregos, eles partiam, na sua experiência fundamental, de que o curso externo dos eventos não se encontra em nosso poder, e daí extraíam o conceito das coisas 'que estão em nosso poder' (ἐφ'ἡμῖν ἔστιν). E que entre elas entrasse também a decisão que o homem toma em seguida a uma reflexão autônoma, era para eles intuitivamente certo" (*Griechische Freiheit*, Heidelberg 1955, trad. ital., de M. Berlincioni, com o título *La libertà greca*, Paideia, Brescia 1963, pp. 166 ss.). — Quanto à evolução histórica do conceito de liberdade deve-se observar o seguinte: 1) A primeira determinação teórica do conceito de liberdade remete a Sócrates, o qual a identifica com o conceito de *autodomínio* ou *enkrateia* (cf. verbete), ou seja, com o conceito de domínio da racionalidade humana sobre a animalidade e com o consequente conceito de *autarquia*, sobre o qual cf. II, 109 ss. Recordamos que o conceito socrático de liberdade se determina, além do confronto com o seu oposto (escravidão), também em oposição ao conceito de liberdade da lei, ou seja, contra a atitude dos sofistas degenerados, que é perfeitamente personalizado por Cálicles no *Górgias* platônico (II, 72 ss.). 2) De Sócrates deriva também a concepção da liberdade como *total autarquia*, que Antístenes leva às extremas consequências (II, 170 ss.), e que os cínicos posteriores levam à exasperação (V, 31 ss.). 3) De Sócrates deriva também a concepção platônica, que destaca o primeiro dos dois aspectos, interpretando como *domínio da parte racional da alma sobre as outras duas* (III, 243 ss.). Particularmente, depois, Platão enfatiza o significado da liberdade como *liberdade de escolha moral*, com a célebre doutrina segundo a qual a virtude não tem senhor, mas é de quem a escolhe (III, 198 ss.). Também para Platão a liberdade é *a antítese da licenciosidade* e consiste não em pôr o homem, mas Deus como medida de todas as coisas (III, 206; 256 ss.). 4) Também para Aristóteles a liberdade consiste sobretudo na *escolha*, da qual falamos amplamente em IV, 119 ss. Na atividade contemplativa, ou seja, *no puro desenvolvimento da racionalidade, o homem realiza a liberdade mais plena* (IV, 111 ss.). 5) Para Epicuro, toda a filosofia é *atividade libertadora* (cf. Usener, *Epicurea*, fr. 199) e *exercício de liberdade*. Para, do ponto de vista ontológico, abrir espaço à liberdade, 180 ss., ele não hesita em introduzir o *clinamen*, sobre o qual cf. V, 180 ss. 6) Também os estoicos, contra os pressupostos do seu sistema, defendem a liberdade do homem, que identificam com o *assentimento* (VI, 24 ss.). Crísipo, depois, tenta mostrar que a liberdade se concilia com a necessidade da *Heimarméne*, que domina de maneira absoluta, como mostramos em VI, 62 ss. 7) Sobre os excessos aos quais os cínicos levam a concepção da liberdade, considerada bem supremo (V, 26 ss.), cf. os verbetes Anaideia e Parresia. 8) Na era imperial, o neoestoicismo ganha novas metas. Sêneca chega a falar de *voluntas* e de *velle*, enquanto Epicteto, com o conceito de *proairesis*, apresenta, com amplificações inéditas, o conceito de liberdade como *escolha fundamental*, como mostramos em VII, 99 ss. 9) Um corte nítido com o passado temos nas *Enéadas*, IV, 8, onde Plotino *separa o conceito de liberdade do de escolha e o faz coincidir com a potência autoprodutora do Uno* (VIII, 51 ss.). Com essa concepção, porém, Plotino rompe os esquemas da grecidade. Sobre a liberdade da alma humana, cf. VIII, 110 ss. Em geral, para Plotino, liberdade implica imaterialidade (VIII, 111 s.). — Como conclusão, queremos ainda referir uma interessante observação de Pohlenz, que mostra a diferença entre a liberdade grega e a cristã, e serve para mostrar a diferença estrutural das duas concepções: "A liberdade grega é autodeterminação do homem natural; a liberdade paulina é libertação operada por Deus do poder do pecado, é redenção. O conceito de redenção é totalmente estranho aos gregos. Eles tinham mistérios que faziam o iniciado esperar uma sorte bem-aventurada depois da morte, mas isso não significava redenção da culpa. Havia inclusive seitas que acreditavam na metempsicose e propunham como fim uma redenção das seduções terrenas; mas atuá-la era obra humana. A ideia de um salvador enviado por Deus que pudesse redimir do pecado era-lhes totalmente estranha, mas não ao espírito de Paulo, que sentia os suspiros da criação desejosa de redenção (Rm 8,22). Para Paulo, justamente a ideia de redenção é a prodigiosa novidade que ele difunde como boa nova. E não havia nenhum grego que lhe pudesse inspirá-la [...]" (op. cit., pp. 230 s.).

LICEU (Λύκειον)

Era um ginásio ateniense (assim denominado porque consagrado a Apolo Lício), escolhido por Aristóteles como sede do seu ensinamento. O nome Liceu passa, portanto, a indicar também a escola aristotélica (IV, 8, em nota). Cf. também o verbete Perípato.

LIMITE (πέρας)

Peras, que se traduz por *limite, indica, na antiguidade, um conceito que, por muito aspectos, está em antítese com o que nós, modernos, indicamos com esse termo*. Dada a grande importância do conceito de *peras* no pensamento antigo, convém ler uma página de Aristóteles, na qual se distinguem as diferentes valências: "1) *Limite* é chamado o *termo extremo de cada coisa*, vale dizer, o termo primeiro além do qual não se pode mais encontrar nada da coisa e aquém do qual está toda a coisa. 2) Limite é chamada a *forma*, qualquer que ela seja, de uma grandeza e do que tem grandeza. 3) Limite é chamado o *fim* de cada coisa (e tal é o ponto de chegada do movimento e das ações e não o ponto de partida; às vezes, porém, chamam-se limite os dois: o ponto de partida e o ponto de chegada ou o fim). 4) Limite é chamada também a *substância e a essência* de cada coisa: esta é, de fato, limite do conhecimento; e se é limite do conhecimento, o é também da coisa. Resulta, portanto, evidente que limite se diz em todos os sentidos nos quais se diz *princípio* e, antes, em sentidos ainda mais numerosos: de fato, todo princípio é um limite, enquanto nem todo limite é um princípio" (*Metafísica*, Δ 17). — O conceito tem importância fundamental na filosofia pitagórica, onde serve de princípio que, freando, por assim dizer, e contendo o ilimite, gera os números (I, 81 ss.). Platão retoma dos pitagóricos o conceito de *peras*, que, no *Filebo*, está presente como um dos quatro gêneros supremos da realidade (*Limite*, *Ilimite*, *Mistura* de limite e ilimite, *Causa* da mistura), inserindo-o no contexto da sua metafísica e dando-lhe valências inéditas (III, 118 ss.). Cf. a retomada da doutrina em Proclo (VIII, 191 s.). — O conceito de limite no sentido acima definido, além de ter um papel determinante no âmbito da *ontologia* e da *metafísica*, o tem também na *ética* (inspirando os conceitos de autodomínio, de virtude como mediania, de metriopatia), na *política platônico-aristotélica* (onde inspira o conceito de Estado e medida do homem), na *estética* (a beleza é, de fato, entendida como forma e medida) e, em geral, em quase todos os campos do pensamento filosófico. É justamente por ter entendido o *peras* em todos esses sentidos e com essa amplidão, que, em geral, o pensamento grego fez coincidir o *perfeito* com o *limitado* e não com o ilimitado, ou seja, com o infinito.

LINGUAGEM, Filosofia da, cf. Nome.

LÓGICA (λογική)

O termo (difundido provavelmente em torno ao final da era pagã) designa *a reflexão sobre o Logos, ou seja, sobre o pensamento e sobre as leis do pensamento*. Essa definição se conforme, porém, sobretudo à lógica aristotélica e à estoica. Na realidade, podemos distinguir quatro momentos e formas essenciais da lógica na antiguidade. 1) Há, antes de tudo, uma lógica de cunho eleático, que é substancialmente uma *lógica da identidade*, ou seja, uma lógica que, com base no conceito de ser como uno e idêntico, leva, no limite, a admitir a validez só dos juízos (e dos raciocínios) que afirmam o idêntico do idêntico, como se revela sobretudo na lógica megárica, que é um desenvolvimento da lógica eleática (I, 107 ss.; V, 56 ss., particularmente, pp. 63 ss.) e na de Antístenes (II, 171 s.). Da matriz dessa lógica nasceu a *confutação*, ou seja, o *élenchos* ou a *demonstração por absurdo*, já com Parmênides, mas sobretudo com Zenão (I, 117 ss.) e com as célebres argumentações megáricas (V, 57 ss.). Também a confutação sofística, particularmente a gorgiana (II, 44 ss.) e a socrática (II, 144 ss.) têm essa matriz. 2) Existe a lógica como dialética em sentido platônico, que é uma *lógica da diferença*, baseada na introdução do *diferente* ou *outro* (cf. verbete) no âmbito das Ideias e na conexa técnica de divisão das Ideias, bem como na determinação dos nexos positivos e negativos que ligam umas às outras e todas no seu conjunto (cf. Dialética). Deve-se recordar que a lógica, assim entendida, é ao mesmo tempo gnosiologia e ontologia (cf. III, 110 ss.; 164 ss.). Cf. também a posição de Plotino a respeito, na passagem que reportamos em VIII, 31 s. 3) Os vértices no âmbito da pesquisa lógica foram alcançados por Aristóteles, que concebe a *lógica como analítica*, ou seja, como determinação da lei do raciocínio ou silogismo, dos elementos aos quais ele se reduz, isto é, as proposições, e ulteriormente da estrutura e dos componentes da proposição. Tratamos amplamente da lógica aristotélica em IV, 141 ss., onde aprofundamos o conceito de analítica e, portanto, dos termos (categorias), das proposições, dos silogismos e dos princípios da demonstração. Como a lógica eleática depende do conceito eleático de ser e a lógica platônica depende da concepção das Ideias, assim a analítica aristotélica depende da nova concepção do ser, da substância e da forma que são próprias do Estagirita, como mostramos em IV, 160 ss. 4) Na era helenística, prevalece um conceito de *lógica como canônica* (cf. verbete) *e como doutrina do critério da verdade*. A lógica epicurista enfraquece grande parte das conquistas da analítica aristotélica e configura-se como um sensismo exasperado, não isento de contradições, como já os antigos observaram (V, 155 ss.). Bem mais importante é, ao invés, a lógica estoica, a qual, sobretudo por obra dos estudos mais recentes, é amplamente reavaliada hoje em dia. A sua característica de fundo seria a de ser uma *lógica da proposição, mais do que dos termos*. Por causa dessa reavaliação, demos amplo espaço à exposição da lógica estoica em VI, 19 ss., destacando, ademais, as numerosas aporias que nascem do fato de que, por ocupar-se dos *incorpóreos* (no sentido negativo que o helenismo deu a esse conceito), não capta a fundo a realidade, e, ulteriormente, derivados dos influxos da lógica megárica, que fatalmente leva a considerar o laço de identidade (e, portanto, o juízo de identidade) como parâmetro (VI, 35 ss.; 38 ss.). 5) Na intensa polêmica contra a validez da lógica, enfim, os céticos basicamente tentam inverter contra os adversários (sobretudo contra os estoicos) as suas próprias armas, e não são capazes, nem mesmo com Sexto Empírico, de construir uma nova lógica. Contrariamente àquilo em que algum estudioso acreditou, Sexto Empírico não elabora uma lógica indutiva do tipo das que a moderna ciência leva ao auge, mas recorre aos fenômenos e à experiência de modo não sistemático (VII, 179 s.), de modo que também a sua lógica, como a de todos os céticos, não é mais que uma *dialética negativa*. 6) Para os neoplatônicos seria preciso falar de uma lógica do infinito, que coincide com a dialética da processão e as suas leis (cf. Processão). Quanto à lógica aristotélica, que gozou da melhor sorte, deve-se observar que ela, depois de ter sido paulatinamente recuperada (pelos aristotélicos e em grande medida pelos médio-platônicos) no final da era pagã e no curso dos primeiros séculos da era cristã, é assumida também pelos neoplatônicos, a começar por Porfírio, e é revalorizada sobretudo no seu caráter de propedêutica.

LOGOI SPERMATIKOI (λόγοι σπερματικοί, *rationes seminales*)

Com essa expressão, os estoicos *indicam os Logoi de todas as coisas que estão contidos no único Logos imanente*. Este é como *a semente de todas as coisas*, ou melhor, *a semente que contém as sementes de todas as coisas*, de onde a expressão (VI, 65). — A expressão e o relativo conceito (embora com diferentes nuances) passam do Pórtico para outras escolas. Assim, por exemplo, os neopitagóricos chamam o número de "desdobramento e atualização dos *logoi spermatikoi* que estão na Mônada" (Jâmblico, *In Nicom. Arith. introd.*, p. 10 Pistelli = Thesleff, *Pythag. Texts*, p. 165, 2 s.). — Na terminologia plotiniana, *os logoi spermatikoi*, chamados também simplesmente de *logoi*, são *as forças racionais da alma do universo, que produzem o mundo e todas as coisas sensíveis, e, de algum modo, constituem a sua essência* (VIII, 97 ss.; 108). Eis uma significativa passagem das *Enéadas*: "[A margem extrema e obscura com a qual termina a processão, vale dizer, a matéria] é formada segundo uma força racional (*Logos*), já que *a alma é virtualmente penetrada, em si mesma, na sua totalidade, pela faculdade de informar segundo formas*; assim como as potências formais na semente (οἱ ἐν σπέρμασι λόγοι) plasmam e formam os seres vivos ao modo de pequenos mundos" (IV, 3, 10). Os logoi são, mais precisamente, *os reflexos das Ideias*, que através da alma suprema, que vive na contemplação do Espírito, passam à alma do mundo, como, de modo exemplar, lemos no seguinte texto: "[A faculdade da alma do mundo, que contém os logoi] é muito poderosa e consegue criar [...] cria, pois, em correspondência das Ideias. Ela, porém, certamente não poderia dá-las, se não as tivesse recebido como dom do Espírito. Sim, o Espírito a dá à Alma do todo; mas a Alma, que está logo depois dele, a faz passar de si à Alma que a segue, irradiando sua luz e imprimindo sua forma; essa segunda Alma, depois, como se tivesse recebido um encargo, finalmente cria [...] as suas coisas inferiores" (*Enéadas*, II, 3, 17). Os logoi plotinianos são a transposição, em chave espiritualista, da análoga doutrina materialista do Pórtico.

LOGOS (λόγος)

O termo cobre em grego uma vastíssima gama de significados e em nenhuma língua moderna existe um exato correspondente para ele. Ele indica, fundamentalmente, o que é expressão de razão e de racionalidade (da palavra, ao discurso, ao pensamento, ao raciocínio, à relação e à proporção numérica, à definição e assim por diante). 1) Em sentido técnico, a doutrina do *Logos* aparece em Heráclito (I, 75 ss.; 70 ss.). 2) Só com o Pórtico, porém, torna-se um conceito especulativo fundamental. 3) Além do Pórtico, o encontramos como eixo de sustentação no pensamento filoniano. Certa importância tem a doutrina do *Logos* 4) no *Corpus Hermeticum* e 5) em Plotino; 6) um significado totalmente novo, enfim, assume no pensamento cristão. 1) Para a posição de Heráclito, cf. I, 68 ss.; cf. também fr. 45 aí reportado, p. 70. 2) Na filosofia dos estoicos, o *Logos* é fogo artífice, razão seminal de todas as coisas, força que tudo produz e governa, Deus, e portanto é Heimarméne e Prónoia. Enquanto fundamento de tudo, o *Logos* estoico não só tem relevância ontológica, mas também ética, onde desempenha o papel de princípio normativo, e na lógica, onde desempenha o princípio de verdade (VI, 17 ss.). As três partes do sistema estoico podem ser vistas como *expressão das três tendências do Logos* (VI,

17 ss.). 3) Em Filo de Alexandria, o *Logos* carrega-se de significados religiosos e teológicos de origem bíblica, embora mantendo também algumas valências da especulação grega. Em Filo parece que se podem distinguir três aspectos do *Logos*: *a*) um *Logos junto de Deus*, identificando-se com o Intelecto divino, *b*) um *Logos mediador*, causa exemplar e eficiente do mundo, e *c*) um *Logos imanente* no universo sensível, interpretado como o vínculo que mantém unida a realidade, resultante da ação do *Logos* incorpóreo sobre o mundo corpóreo (VII, 248 ss.). Ele põe na dependência do *Logos* todas as outras Potências e as Ideias. A reforma filoniana da clássica teoria das Ideias depende justamente do seu novo conceito de *Logos* (VII, 253 ss.). 4) No hermetismo, o *Logos* (provavelmente por influxo de Filo) designa o *Filho primogênito de Deus*, consubstancial com relação ao segundo-gerado que é o Intelecto demiúrgico (VII, 382). 5) Em Plotino designa fundamentalmente *a força racional que está na alma*, da qual e segundo a qual são constituídas todas as coisas e todo o cosmo físico (cf. VIII, 92 ss. e as passagens reportadas no verbete Logoi spermatikoi); consequentemente, Plotino não hesita em dizer que tudo é *Logos* (cf. verbete Panlogismo). 6) Na doutrina cristã, *Logos* significa *o Filho de Deus, o Verbo feito carne, o próprio Cristo*. Com relação a isso o texto base é o grande prólogo joanino.

LUGAR (τόπος)

O termo *lugar* assume três valências fundamentalmente diversas: 1) no nível físico-ontológico, 2) no nível metafísico e 3) no nível lógico-retórico. 1) A temática do lugar-espaço já está amplamente presente na filosofia naturalista (especialmente no eleatismo e no atomismo). O primeiro, porém, que fornece uma definição técnica (que se tornou célebre) é Aristóteles, para quem o lugar *é o primeiro limite imóvel do continente*. Para o significado dessa definição e a conexa problemática, cf. IV, 70 ss. Aristóteles — note-se — não concebe o espaço, por assim dizer, como totalmente indeterminado, mas introduz a teoria dos *lugares naturais ou próprios*, que constituiriam a sede à qual cada elemento tende se não encontra obstáculo (cf. *De caelo*, A 7, 276 a 6 ss.). Em cima e embaixo tornam-se assim determinações objetivas. 2) Em sentido metafísico, o termo está ligado à "segunda navegação" platônica, e exprime o *lugar da inteligibilidade* (*República*, VI, 508 c; 509 d; VII, 517 c; *Fédon* 80 b), ou seja, o mundo das Ideias, a dimensão do suprassensível e do transcendente (cf. também hiperurânio). Em sentido metafísico análogo usam o termo Aristóteles, quando diz que a alma é *o lugar das formas* (IV, 51 s.), e Filo de Alexandria, quando afirma que o *Logos* divino é *o lugar das Ideias* (VII, 253). Plotino, na linha de Amônio Sacas (cf. VIII, 10 s.), aprofunda ulteriormente esse novo sentido metafísico: "O espaço (τόπος) deve ser tomado no sentido espiritual de que *uma Ideia está na outra* (*Enéadas*, V, 9, 10), vale dizer, no sentido expresso pela lei metafísica geral que regula as relações das realidades espirituais (tudo está em tudo segundo um modo apropriado): esse significado metafísico assinala, porém, a inversão do usual conceito de lugar. 3) Em sentido lógico-dialético e retórico, "topoi" significam *lugares*, no sentido metafórico de *quadros ideais nos quais entram* (*e dos quais se extraem*) *as argumentações*, como uma espécie de fichário no qual está contido o repertório das argumentações (II, 467; 479 ss.). Nesse sentido ainda usamos a expressão *lugares-comuns*, quando nos encontramos diante de um assunto muito conhecido.

LUZ (φῶς, *lux*)

Na terceira via de Parmênides, indica o princípio que, com o seu oposto que é a obscuridade, daria origem a todas as coisas (I, 114 s.). — A imagem da luz para designar o princípio absoluto do ser e da verdade torna-se um motivo comum a todo o pensamento antigo. Platão serve-se dela para representar a Ideia do Bem e o efeito que ela produz (II, 100 ss.; 293 ss.). — Aristóteles e Alexandre de Afrodísia valem-se dela para descrever a natureza do intelecto ativo (cf. II, 396 s.; IV, 39 s.). — Na era imperial o uso da imagem da luz para representar a natureza do Divino torna-se muito frequente. Cf., por exemplo, os Herméticos (textos em IV, 380 ss.; 382 ss.; 385 ss.), Filo (textos em IV, 239; 241), e, sobretudo, Plotino (textos e exegese em IV, 452 s.).

M

MÔNADA, cf. Uno.

MAGIA (μαγική τέχνη)

É *a arte de realizar prodígios, agindo sobre coisas, homens e sobre os próprios deuses com a finalidade de dominá-los e submetê-los aos próprios desejos. Ela se funda sobre procedimentos não racionais, em total antítese ao espírito científico, que é a cifra do filosofar grego*. Difundiu-se na antiguidade tardia, e os escritos herméticos são a sua típica expressão (IV, 377 ss.). O neoplatonismo pós-plotiniano, no momento em que o *Logos* já tinha perdido a confiança em si mesmo, tenta subsumir a magia na forma particular de *teurgia* e a considera, ademais, como o coroamento da filosofia (cf. Teurgia).

MAGNANIMIDADE (μεγαλοψυχία)

Virtude tipicamente grega. Aristóteles a define como *uma via intermédia entre a vaidade e a mesquinharia* e também como *o senso de superioridade do homem virtuoso com relação aos homens não virtuosos e às coisas*. É a virtude que manifesta mais claramente o antigo sentimento aristocrático dos gregos (II, 417) e, talvez, é a que mais radicalmente *se opõe à concepção cristã da humildade*, que, ao contrário, pressupõe o sentido da *nulidade* e da pequenez da criatura. Eis a célebre definição dada pelo Estagirita: "Que a magnanimidade tenha por objeto grandes coisas parece que se deva extrair do seu próprio nome, mas tentemos em primeiro lugar determinar a natureza dessas grandes coisas. Não há nenhuma diferença se examinamos a disposição em si ou o homem que vive em conformidade com ela. Tem-se, pois, por magnânimo quem se considera digno de grandes coisas e o é verdadeiramente. Com efeito, quem não se considera segundo o seu real valor é tolo, e ninguém que vive segundo a virtude é tolo ou privado de critérios. O magnânimo, portanto, é assim como dissemos. De fato, quem é digno de pequenas coisas e assim se considera, é modesto e não magnânimo: a magnanimidade implica grandeza, assim como a beleza implica um corpo de grandes proporções, enquanto os homens pequenos podem ser graciosos e proporcionados, mas não belos. Quem se considera digno de grandes coisas, mas não o é, é vaidoso [...]. Quem, ao invés, considera-se inferior ao que merece, é pusilânime, na medida em que, digno de coisas grandes ou médias ou mesmo pequenas, estima-se digno de coisas ainda menores [...]. O magnânimo, por um lado, é um extremo pela grandeza daquilo de que é digno, por outro, é um meio [= justo meio], porque se considera devidamente. Com efeito, estima-se em conformidade com o seu autêntico mérito. Os outros, ao contrário, padecem de excesso ou de falta" (*Ética a Nicômaco*, Δ 3, 1123 a 34 ss.). — A concepção estoica da magnanimidade não difere muito da aristotélica. Ver o texto que apresentamos em VI, 87 s.

MAIÊUTICA (μαιευτικὴ τέχνη)

O sentido próprio indica a *arte da obstetrícia*. Sócrates recorreu a este termo para indicar a fase conclusiva do procedimento irônico no qual ele, agindo sobre a alma então purificada do falso saber e "grávida" de verdade, a ajudava a *dar à luz a verdade* (cf. II, 146 ss. e, sobre a origem socrática do termo, II, 149, nota 16). A maiêutica socrática encontra significativos desenvolvimentos na teoria da anamnese de Platão.

MAL (τὸ κακόν, *malum*)

O problema do mal pode ser considerado em três níveis. 1) No nível metafísico-ontológico; 2) no nível antropológico; 3) no nível moral. 1) No nível ontológico, o mal, ou seja, *o negativo e a imperfeição existente nas coisas do mundo*, foi geralmente explicado pelos filósofos gregos em função do *princípio material* e de tudo o que nele não se deixa reduzir à forma e ao ato puro. Todavia, deve-se observar que, apesar disso, a matéria *não é, via de regra, identificada com o próprio mal*, no sentido de que *não se a considerou como um princípio oposto ao bem*. A concepção dualista, que contrapõe um princípio do Bem e um princípio do Mal, de origem oriental, só em parte influiu sobre o pensamento grego e, prevalentemente, sobre o pensamento helênico tardio.

Antes, mais do que sobre o pensamento filosófico (cf., por exemplo, Plutarco [VII, 306] e Numênio [VII, 368 ss.]), influiu sobre o pensamento religioso, como o hermetismo e o gnosticismo (VII, 384). No pensamento grego destaca-se mais a tendência oposta a *interpretar o negativo existente no mundo na perspectiva superior da perfeição do cosmo*, ou seja, da ordem universal. Assim é na filosofia dos pitagóricos, de Platão e de Aristóteles (ver, por exemplo, o cap. V do *Tratado sobre o cosmo*). Nos estoicos, o conceito de Providência, que coincide com o *Logos* imanente, comporta um radical redimensionamento e até mesmo *a eliminação do mal ontológico* (VI, 57 ss.; 60 ss.). No neoplatonismo, enfim, é formulado o conceito de Mal como *privação do Bem*, que, indubitavelmente, constitui a mais avançada solução do problema fornecida pela antiguidade (cf. VII, 386 ss.). 2) Quanto ao mal no nível antropológico, ou seja, a morte e a dor, cf. o verbete Morte. No que concerne à dor, cf. as penetrantes análises de Epicuro reportadas em V, 217 s. Em geral, os filósofos que aceitam a mensagem de fundo do orfismo ligam a dor às contingências da reencarnação e, portanto, *fazem-na depender da culpa original*. 3) No nível moral, entendido como pecado e como vício, o mal é prevalentemente considerado pelos gregos como *erro da razão* e como *falsa opinião*. Cf. os verbetes Pecado, Intelectualismo ético, Liberdade, Escolha.

MANÊNCIA (μένειν, μονή)

Já no pensamento de Numênio, o termo serve para designar sobretudo a atividade da primeira hipóstase pela qual ela permanece tal como é (VII, 364 s.). Em sentido análogo, encontra-se também em Plotino, onde coincide com a atividade *do ente*, distinta da atividade *a partir do ente*, consistindo na atividade pela qual as hipóstases *permanecem tal como são* e, justamente por permanecerem idênticas, geram algo distinto (cf., por exemplo, VIII, 58 s.; 75 ss.). O conceito, porém, só é plenamente elucidado na especulação de Proclo, na qual constitui o primeiro momento da dialética triádica própria da processão, como mostramos em IV, 586 s. (cf. Processão).

MANIA (μανία)

Segundo Platão, é o estado de "loucura" ou "exaltação" ou "furor", que consiste *na posse do nosso intelecto por uma força divina*. Mania é, pois, *possessão*, que implica *estar fora de si, não mais em posse da própria razão*, na medida em que esta é possuída pelo Divino. Normalmente Platão considera o senso, a sabedoria e o conhecimento superiores à mania divina, a qual é nitidamente desvalorizada do ponto de vista teorético. Contudo, no *Fedro*, 244a ss., a mania é reavaliada e é afirmado que "os nossos maiores bens procedem da mania", embora posteriormente, no contexto do diálogo, tal afirmação se revele claramente como um paradoxo e a reavaliação da mania seja redimensionada com base na demonstração da excelência da dialética. São quatro, para Platão, os gêneros de mania: 1) uma *profética e mântica*, 2) uma *ritual*, 3) uma *poética* (inspirada pelas musas), 4) uma *erótica* (inspirada por Eros). Sobre essas duas últimas formas cf. o que dizemos em III, 171 s.; 217 ss. Filo de Alexandria se remete, pelo menos em parte, a esse conceito platônico para explicar o profetismo e a inspiração profética na Bíblia (cf. VII, 230 ss.). Cf. também os verbetes Êxtase e Entusiasmo. (Sobre esse tema remetemos ao estimulante ensaio do já citado Dodds, *I greci e l'irrazionale*, pp. 75-117 e 243-276.)

MÂNTICA (μαντική, *divinatio*)

É *a arte de perscrutar e prever o futuro*. Trata-se de uma crença antiquíssima que, em filosofia, só assumiu um contorno preciso com os estoicos, que tentaram dar-lhe um fundamento teorético através do conceito de Destino, entendido como inelutável necessidade, à qual nada se subtrai, inclusive as vicissitudes humanas (VI, 60 s.). — Na era imperial, a mântica, como arte de prever o futuro, foi associada e submetida à teurgia, que se propunha não só prever, mas também modificar, em benefício do homem, os eventos futuros, agindo sobre a esfera do Divino (cf. o verbete Teurgia). — Ver a áspera polêmica do cínico Enomau de Gadara contra a mântica (VII, 198 ss.). — Sobre a mântica e sobre a problemática a ela conexa, cf. o *De divinatione* de Cícero, uma verdadeira mina de informações.

MATEMÁTICA (μαθηματική)

A matemática, na antiguidade, é a ciência do número e da quantidade e de tudo o que se funda sobre esses dois conceitos. Na tradição filosófica, a matemática adquire a importância fundamental no pitagorismo (I, 79 ss.). — Em Platão constitui uma etapa essencial para chegar à dialética. Platão admite até mesmo uma forma gnosiológica particular correspondente ao conhecimento matemático, isto é, a *dianoia*, como explicamos em III, 163. — Aristóteles atribui um lugar preciso à matemática no quadro geral das ciências, considerando-a como a terceira das ciências teoréticas (cf. IV, 27). Sobre o estatuto ontológico da matemática, cf. IV, 91 ss. — Na primeira Academia assiste-se a uma intensa matematização da metafísica (cf. V, 87; 95 s.), a ponto de Aristóteles afirmar sem meios-termos: "[...] *para os filósofos de hoje* [= os acadêmicos contemporâneos seus], *as matemáticas tornaram-se filosofia*, ainda que eles proclamem que só se deve ocupar-se delas em função de outras coisas" (*Metafísica*, A 9, 992 a 32 ss.). Escassa importância teve a matemática para Sócrates e foi até mesmo desprezada por alguns socráticos (II, 182 s.). — Na especulação helenística, a matemática não tem mais nenhum papel relevante. Típica, contudo, é a atitude dos céticos, cuja melhor expressão é o *Contra os geômetras* e o *Contra os aritméticos* (= *Contra os matemáticos*, III e IV) de Sexto Empírico. — Ao contrário, em alguns médio-platônicos, como Teon de Esmirna (VII, 310, nota 7), e sobretudo com o renascido pitagorismo, a matemática volta ao auge na sua valência metafísico-ontológica. Nos neopitagóricos, ademais, observa-se uma forte involução de caráter aritmológico (cf. particularmente VII, 344 ss.; cf. Número).

MATÉRIA (ὕλη)

O termo *hyle* significa selva, madeira para construção, de onde se passa, por óbvia analogia, à indicação do conceito filosófico de matéria (o *material do qual são feitas as coisas*). *Hyle* torna-se termo técnico a partir sobretudo de Aristóteles. A definição que comumente é dada, segundo a qual a matéria é o constitutivo da realidade sensível e corpórea, aquilo de que depende o ser sensível e corpóreo das coisas, *é inadequada, se referida ao pensamento antigo*. Com efeito, na filosofia grega, matéria tem duas valências fundamentais: 1) a primeira no nível inteligível e 2) a segunda no nível sensível, ambas igualmente importantes. Deve-se, portanto, distinguir 1) uma *matéria inteligível* (que podemos chamar de metafísica) e 2) uma *matéria sensível* (que podemos chamar também de física). 1) *a*) O conceito de matéria inteligível remonta a Platão (embora a terminologia seja posterior) e está ligado ao problema da justificação da existência da multiplicidade de Ideias (de muitas realidades inteligíveis) e aos esquemas pitagóricos dos quais Platão se vale para resolvê-lo, ou seja, à concepção da realidade como misto de *ilimite* e *limite* (III, 118 ss.) e à introdução dos conceitos de Uno e Díade como princípios do mundo inteligível (III, 87 ss.). O Uno indica a forma-limite e a Díade a matéria-ilimite (III, 83 ss.). — A matéria inteligível desempenha um papel de certa importância também na processão das hipóstases de Plotino, como mostramos em VIII, 61 s.; 75 ss.; 88. — *b*) Também em Aristóteles aparece o conceito de matéria inteligível, embora noutro sentido. Na *Metafísica*, Z 10, 1036 a 9 ss., lemos: "Há uma matéria sensível e uma inteligível; a sensível é, por exemplo, o bronze ou a madeira ou tudo o que é suscetível de movimento; a inteligível é, ao invés, a que está presente *nos seres sensíveis, mas não enquanto sensíveis como os entes matemáticos*". Na mesma obra, em H 6, 1045 a 33 ss.: "Existem dois tipos de matéria: uma inteligível e uma sensível, e uma parte da definição é sempre matéria e a outra ato. Por exemplo, o círculo é definido como figura plana". A matéria inteligível, na primeira passagem, é fundamentalmente *o espaço matemático*, enquanto na segunda é *o gênero* que, em contraste com a espécie, é indeterminado e, justamente, definido por aquela (cf. Reale, *Aristotele, La Metafisica*, vol. I, pp. 612 s., nota 24 e vol. III, p. 36, nota 9). O conceito de matéria sensível está presente na especulação dos físicos, mas não no nível temático. A água, o *ápeiron*, o ar, o fogo, dos quais eles falavam, são propriamente o princípio divino e só redutivamente são matéria (I, 54). O criador do conceito, embora não do termo, de matéria é Platão, sobretudo com a doutrina da *chora*, à qual dedicamos um verbete específico. A plena determinação do conceito e a sua fixação como termo técnico deve-se a Aristóteles.

Eis a definição que lemos na *Metafísica*, Z 3, 1029 a 20 ss.: "Chamo matéria o que, por si, não é nem algo determinado, nem uma quantidade, nem qualquer outra das determinações do ser. Existe algo do qual cada uma dessas determinações é predicada: algo cujo ser é diverso do ser de cada uma das categorias. Todas as outras categorias, com efeito, são predicadas da substância [no sentido de forma] e esta, por sua vez, da matéria. De modo que esse termo último, por si, não é nem algo determinado nem quantidade nem qualquer outra categoria. Tampouco é a negação destas, porque as negações só existem de modo acidental". Aristóteles se vale sobretudo de duas funções próprias da matéria para defini-la perfeitamente: a de *substrato que acolhe a forma* e a de *potência determinada pelo ato*. Ver o que dissemos em IV, 32 s.; 46 ss.; 54 ss., e, sobretudo, o que aí dissemos sobre as relações entre substância, forma, matéria e sínolo. Por si a matéria, enquanto indeterminada, é *incognoscível*; a cognoscibilidade é própria da forma. Deve-se, todavia, recordar que, para Aristóteles, não existe a matéria puramente informe: dada a sua concepção da eternidade do mundo, a matéria existe desde sempre com as determinações. A "matéria prima" é um conceito relativo, ou melhor, um conceito-limite, como se vê, entre outros, por esta passagem da *Metafísica*. "A *matéria prima* [...] é 'primeira' em dois sentidos: ou é primeira com relação ao próprio objeto ou é primeira em geral; no caso dos objetos de bronze, por exemplo, o bronze, relativamente aos objetos, é matéria prima, enquanto matéria prima em geral é, talvez, a água, se tudo o que se funde é água" (Δ 4, 1015 a 8 ss.). 3) Significativos enriquecimentos da problemática da matéria encontram-se na especulação neoplatônica. No contexto da processão ela é *deduzida do primeiro princípio*. Notem-se algumas antecipações nos neopitagóricos (VII, 349 ss.), em Amônio (VIII, 11), e, sobretudo, as conclusões de Plotino, com os documentos que apresentamos em VIII, 88 ss. A matéria sensível torna-se a *imagem* da inteligível, a privação do Bem, o não-ser, o que é diferente de tudo que é Espírito. A matéria coincide com o eclipse da Contemplação criadora. 4) A matéria é posta na dependência de Deus, ainda que de maneira não linear, pela primeira vez por Filo de Alexandria (VII, 244 ss.). — Sobre o conceito de matéria, ver: C. Baeumker, *Das Problem der Materie in der griechischen Philosophie*, Münster 1890; L. Cencillo, *Hyle, La Materia en el Corpus Aristotelicum*, Madri 1958; H. Happ, *Hyle, Studien zum aristotelischen Materie-Begriff*, Berlim 1971 (este é o mais completo trabalho sobre o tema).

MATERIALISMO

Termo de cunho moderno com o qual se designa a *doutrina que reduz*, de maneira mais ou menos radical, *o princípio ou os princípios originais e as coisas deles derivadas à matéria*. Na filosofia grega, até o final da era clássica, são pouquíssimos os sistemas que se podem denominar propriamente como formas de materialismo. Não o são (ou são de maneira imprópria) os naturalistas pré-socráticos, porque o seu princípio está longe de reduzir-se à matéria no sentido verdadeiro e próprio do termo, pelas razões explicadas em I, 48 s.; 53 ss.; 67 ss. Apenas os atomistas constituem uma exceção (I, 156 ss.). Só se pode falar propriamente de materialismo *depois de Platão e de Aristóteles*, pelas razões apresentadas em I, 148 s.; 143 ss. Na era helenística predomina um tipo de pensamento que, embora com as devidas cautelas, pode ser qualificado de materialista. Cf. a posição assumida por Antístenes (II, 170, nota 23) e apropriada pelo cinismo posterior. Ver, particularmente, o que dissemos sobre o epicurismo (V, 170 ss.) e sobre o estoicismo (VI, 42 ss.). Ver, ademais, como a mentalidade materialista penetra também no Perípato com Estraton (V, 130 ss.). A filosofia da era imperial, ao invés, constitui um maciço relançamento da concepção oposta, com notas de espiritualismo, que, como jamais acontecera precedentemente, chegam a negar à matéria o estatuto de princípio, reduzindo-a a momento terminal da processão do Absoluto (cf. VII-VIII, *passim*).

MATHEMA (μάθημα, *cognitio, doctrina*)

Significa cognição, disciplina. Platão chama de "máxima cognição" (*méghiston máthema*) o conhecimento do Bem, que se alcança no cume da Dialética (III, 260 ss.).

MATRIMÔNIO (γάμος)

Sobre o matrimônio nos antigos filósofos registram-se as mais variadas opiniões, redutíveis, fundamentalmente, a cinco: 1) os cínicos contestaram do modo mais radical o valor e a utilidade do matrimônio, afirmando peremptoriamente: "[...] não te preocuparás com mulher e com filhos: serão como nada para ti" (cf. V, 32 s.). O "matrimônio cínico" entre Crates e Hipárquia, ambos cínicos militantes, não foi a exceção que confirma a regra, mas, tal como foi vivido, a encarnação de um tipo de união que invertia todos os valores tradicionalmente ligados ao matrimônio (V, 39 s.). 2) Platão tem uma concepção bastante complexa: ele afirma a necessidade do matrimônio para a classe inferior, mas sustenta a necessidade da *comunhão de vida* para os membros das classes superiores, portanto a abolição da instituição do matrimônio como era tradicionalmente entendido, pelas razões apresentadas em III, 251 ss. 3) Outros, como, por exemplo, Teofrasto, embora não contestando o matrimônio como instituição, limitam-se a desaconselhá-lo para o filósofo, porque, exceto em casos excepcionais, é fonte de preocupações que o condicionariam gravemente (V, 125). Esta é também a posição de Epicuro (como se extrai sobretudo dos testemunhos de Diógenes Laércio, X, 118 s.). 4) Os estoicos, embora não reavaliando a fundo o matrimônio, prescreviam-no ao sábio, considerando-o como um dos *kathekonta* intermediários (cf. von Arnim, *S.V.F.*, I, fr. 270;

III, frs. 727 ss.; cf. também o fr. 63 de Antípatro, p. 254). 5) O matrimônio é avaliado de maneira claramente positiva em alguns escritos pitagóricos da era helenística (cf. Pseudo-Ocelo, *De univ. nat.*, 44 ss.) e é julgado grande e digno do maior respeito por Musônio Rufo (VII, 88). Na antiguidade tardia, tratados sobre o matrimônio tornem-se um lugar-comum; cf. Praechter, *Kleine Schriften*, Hildesheim 1973, pp. 435-464.

MÁXIMA, cf. Gnômico.

MEDIANIA (μεσότης)

O termo exprime, na *Ética* de Aristóteles, o *princípio do justo meio entre o excesso e a falta próprios dos sentimentos e das paixões*. É a característica definidora das virtudes éticas. Sobre o significado, a origem e o valor desse conceito, derivado do conceito platônico de *justa medida*, cf. IV, 105 ss.

MEDICINA (ἰατρική)

A medicina grega gozou de grande respeitabilidade por parte dos filósofos, mas, em geral, exerceu escassa influência sobre a especulação, exceto na última fase do ceticismo, cuja têmpera particular foi determinada justamente pela medicina empírica, pelas razões indicadas em VII, 166 ss.; cf., VII, 163 ss., uma breve caracterização das três tendências da medicina grega (doutrinária, metódica e empírica).

MEDIDA (μέτρον, μέτριον)

Eis a definição aristotélica, a mais rigorosa fornecida na antiguidade: "*Medida* [...] *é aquilo mediante o que se conhece a quantidade*. E a quantidade enquanto quantidade se conhece ou mediante o uno ou mediante o número; mas todo número se conhece mediante o uno e, portanto, toda quantidade, enquanto quantidade, se conhece mediante o uno, e o primeiro termo mediante o qual se conhecem as quantidades é, portanto, o uno. Por isso o uno é princípio do número enquanto número. A partir daqui, por transposição, também nos outros gêneros chama-se medida o primeiro termo mediante o qual se conhece cada gênero, e a medida de cada gênero é una [...]" (*Metafísica*, I 1, 1052 b 20 ss.). Existem, pois, diversos gêneros de medida, que se situam em diferentes níveis e têm importância e alcance diversos. No âmbito propriamente filosófico, o conceito de medida aplica-se: 1) no nível ontológico-metafísico, 2) no nível axiológico-moral, 3) no nível gnosiológico, 4) no nível estético. 1) No nível ontológico recordamos a doutrina dos *mínimos*, introduzida no atomismo por Epicuro (V, 176 s.). No nível mais propriamente metafísico, deve-se recordar a doutrina das Ideias, que Platão liga expressamente à medida, antes, à "justa medida". A medição segundo as Ideias é um gênero de medição não segundo a quantidade, mas segundo a essência e segundo o valor (segundo o conveniente, o oportuno e o devido), como mostramos em III, 278 ss. Ainda no nível metafísico, situa-se a afirmação platônica segundo a qual Deus é "a medida de todas as coisas" (III, 206). 2) No significado ético, o conceito de medida já domina a moral pré-filosófica dos gregos (I, 181 ss.) e encontra, posteriormente, a expressão mais típica no conceito aristotélico de *mesotes*, mediania, e na doutrina da virtude como *justo meio* (IV, 105 ss.). O conceito platônico de justa medida e de Deus-medida, acima recordado, possui uma valência ética precisa, como emerge das passagens que apresentamos nas páginas acima indicadas. 3) Do ponto de vista gnosiológico, Protágoras parece ter antecipado algumas das modernas concepções gnosiológicas, declarando que "o homem é a medida de todas as coisas", a ponto de alguns o considerarem um precursor de Kant. Mas cf. o que dissemos em II, 37 ss. Na verdade, se excetuarmos os sofistas e alguns dos céticos, são *as próprias coisas* (seja sensíveis, seja inteligíveis) *a medida* do conhecimento e *não o homem* (cf. III, 161 s.). Eis, como confirmação, uma passagem aristotélica (*Metafísica*, I 1, 1053 a 31 ss.): "E dizemos também que a ciência e a sensação são *medida das coisas* pela mesma razão, isto é, porque com elas conhecemos as coisas, ainda que, na realidade, ciência e sensação sejam *medidas* [verbo], mais que *medidas* [substantivo]. Nesse caso acontece o que aconteceria se outros nos medissem e se nós soubéssemos quanto medimos, pelo fato de que o côvado aplica-se sobre nós certo número de vezes. E Protágoras diz que *o homem é medida de todas as coisas*, e com isso pretende dizer *o homem que sabe e o homem que sente*, e esses são medida de todas as coisas, justamente porque têm, um, a sensação, o outro, a ciência, as quais dizemos ser *medidas* dos objetos. A doutrina protagoriana parece dizer algo extraordinário, mas apenas aparentemente". — 4) A relevância estética do conceito de medida emerge sobretudo na *Poética* de Aristóteles. Cf. o que dissemos a respeito e os textos apresentados em IV, 181 ss.

MÉDIO-ESTOICISMO

Com este termo se designa a fase do Pórtico intermediária entre a *antiga* (de Zenão, Cleanto, Crísipo) e a *nova*, que floresceu em Roma, na era imperial, dita neoestoicismo (cf. verbete). Os maiores representantes da filosofia do médioestoicismo são Panécio e Possidônio. Recordamos que o termo foi proposto por Schmekel (cf. VI, 111, nota 3). Para a exposição das doutrinas do médio-estocismo, cf. VI, 109 ss.

MÉDIO-PITAGORISMO

Introduzimos originalmente esse termo para designar a *fase e a tendência do pitagorismo que se desenvolve sobretudo na era helenística, com extensões também na era imperial, tal como se expressa principalmente nos numerosos pseudepígrafos e em algumas relações extraídas de anônimos*. A característica mais evidente desse pitagorismo intermédio consiste em que os seus expoentes não se apresentam com o seu rosto e com o seu nome, mas se ocultam sob máscaras de antigos pitagóricos, demonstrando assim escassa consciência da própria identidade. Teoreticamente, os médio-pitagóricos são ecléticos, substancialmente vítimas do materialismo da época, permanecendo, em todo caso (pelo menos na maioria dos casos) aquém da recuperação do conceito de imaterial, típico dos neopitagóricos (cf. verbete). Sobre os vários problemas relativos ao médio-pitagorismo cf. VII, 321 ss.

MÉDIO-PLATONISMO

Assim é denominada, pela quase unanimidade dos estudiosos modernos, *a forma de platonismo que nasce logo depois da morte de Antíoco de Ascalona e se desenvolve até os inícios do século III d.C.* Resumimos as suas características em VII, 276 ss. e as doutrinas em VII, 289 ss. Para os expoentes e as tendências, cf. VII, 279 ss. Sobre a importância histórico-teorética do médio-platonismo e sobre os seus limites cf. VII, 287 s. Recordamos, enfim, *a*) que as doutrinas herméticas, assim como as dos *Oráculos Caldaicos*, apoiam-se sobre fundamentos teoréticos extraídos prevalentemente do médio-platonismo (cf. VII, 380; 390 ss.); *b*) que a primeira especulação cristã também se remete àquela forma de platonismo; *c*) que na sua última fase o neoplatonismo (sobretudo nalguns dos seus expoentes da escola de Alexandria e nalguns eruditos do Ocidente latino) mostra claras inflexões e reduções da estrutura metafísica (que se tornou sempre mais complexa sobretudo depois de Plotino) em sentido médio-platônico (VIII, 199 s.).

MEGARISMO

É a forma de pensamento que teve origem com a escola socrática de Euclides. Foi fundada em Megara (de onde o nome) e se desenvolveu também na era helenística, sobretudo em sentido lógico-dialético. O fundamento do megarismo está na *tentativa de síntese entre a concepção do Ser-Uno eleático e a ideia socrática do Bem* (II, 191 ss.; 193 s.; 194 ss.). Contudo, tal síntese comportou a predominância do espírito eleático sobre o socrático, a ponto de se poder falar do megarismo como *uma forma de neoeleatismo*. Também a lógica e a dialética do megarismo, na sua técnica e nos seus fins, são de características muito mais eleáticas do que socráticas (cf. V, 56 ss.). A respeito da influência do megarismo sobre a lógica estoica, cf. V, 276.

MEMÓRIA (μνήμη)

1) O conceito de memória foi elaborado sobretudo por Aristóteles no breve tratado *Sobre a memória e a reminiscência* (o qual, porém, aprofunda algumas observações feitas anteriormente por Platão; cf. *Filebo*, 34a ss.). — *a*) *A memória é conservação ou retenção de representações passadas.* — *b*) Dela se distingue

a *reminiscência* (*anamnese*), *que consiste em reevocar representações que já estiveram presentes em nós*, mediante um processo que nos remete, mediante uma sucessão de passagens (por associação de semelhança ou de contraste ou de proximidade), de uma representação presente à representação anterior não conservada (*De mem. et rem.*, 2, 451 b 10 ss.). — *c*) *A memória* pertence à faculdade sensitiva e é *própria também dos animais* (ibid., 1, 450 a 15 s.); *a reminiscência, ao contrário, é prerrogativa do homem, sendo um processo psíquico que implica uma espécie de mediação e inferência* (ibid., 2, 453 a 6 ss.). — *d*) Para Aristóteles, a memória, enquanto comum aos homens e aos animais, tem bases físicas, como fica claro na seguinte passagem: "Poderíamos perguntar como é que, estando presente a afecção da alma e ausente o objeto, nos recordamos do que não está presente. É claro que a afecção produzida pela sensação na alma e na parte do corpo que é sede da sensação [= o coração] deve ser concebida como uma espécie de desenho: o estado de permanência de tal desenho nós chamamos de memória. Com efeito, o movimento que se produz no sujeito imprime uma espécie de figura do objeto percebido, semelhantemente ao modo como se faz uma chancela com o anel. Portanto, àqueles que, por causa da paixão ou da idade, estão sob forte comoção, a memória não se produz, como se o movimento e a chancela se imprimissem na água corrente. Noutros, não se produz a figura, ou porque desgastados pela idade, como os velhos edifícios, ou pela dureza do órgão receptor da impressão. Consequentemente, tanto os muito jovens como os muito velhos não têm memória: ambos encontram-se em condições de fluxo, uns por estarem em crescimento, outros em decadência. Do mesmo modo, tanto os muito vivos como os muito lentos também não têm boa memória, pois uns são mais úmidos do que o normal, outros muito secos: nos primeiros a imagem não permanece na alma, nos outros não se imprime" (ibid., 1, 450 a 25 ss.). 2) Na era helenística, a memória é interpretada em chave ainda mais acentuadamente física; os estoicos chegam a afirmar que as recordações são "corpos" (cf. von Arnim, *S.V.F.*, II, fr. 848). — Um aproveitamento do conceito de memória reelaborado sobre novas bases é encontrado, no âmbito do ceticismo empírico, na doutrina do sinal rememorativo (cf. verbete Sinal), derivada da medicina empírica (VII, 167 s.). 3) A memória é interpretada por Plotino em chave claramente espiritualista: não é o corpo que recorda, nem o corpo junto com a alma, mas a alma, pelas razões que explicamos em VIII, 108 s.

MENTE, cf. Nous.

MENTIROSO, Argumento do

É a famosa argumentação dialético-erística de Eubúlides. Cf. exposição e exegese em V, 57 s.

METAEMPÍRICO

Termo de cunho moderno, que designa *o que está além do horizonte da experiência.* É sinônimo de suprassensível e de transcendente. Inferência metaempírica é a passagem lógica que leva a transcender a experiência e é o ponto focal da metafísica (Cf. Inferência).

METÁBASE (μετάβασις)

Significa, propriamente, o *ato de passar a outro.* Tornou-se célebre a expressão μετάβασις εἰς ἄλλο γένος (*metábasis eis allo ghénos*) usada por Aristóteles em *De caelo*, A 1, 268 b 1, que passou depois à retórica subsequente, indicando a passagem de um argumento ao outro e, portanto, também a passagem de um plano de raciocínio a outro.

METAFÍSICA (τὰ μετὰ τὰ φυσικὰ)

O termo, como sabemos, é de origem incerta. Até recentemente considerava-se como certo que o termo tivesse nascido com a edição de Andrônico de Rodes (cf. IV, 27 s.), o qual, *depois* dos livros de física, publicou, em quatorze livros, a obra que é chamada, justamente, *ta metá ta physiká*, que significaria, literalmente, *as coisas que vêm depois das físicas.* De algum tempo para cá a tese foi posta em crise, tendo-se acertado, como consequência dos estudos dos antigos catálogos, pelo menos a *possibilidade de que o termo seja muito mais antigo.* A obscuridade da origem do termo comporta, obviamente, obscuridade sobre o significado pretendido por quem o cunhou. Os antigos comentadores peripatéticos e neoplatônicos propõem duas diferentes interpretações. 1) Metafísica significa a ciência que vem depois (*metá*) da física; 2) metafísica é a ciência que se ocupa com as realidades que estão além (*metá*) das físicas, as realidades suprafísicas. Com efeito, *as duas interpretações*, do ponto de vista aristotélico, não se excluem, mas se *implicam mutuamente*, dado que o conhecimento das coisas que são ontologicamente ulteriores com relação às físicas, para o homem, é também cronologicamente posterior, pois conhecemos, por nossa natureza, *primeiro* as coisas físicas e só *depois* as não físicas, embora estas últimas sejam *por si* hierarquicamente anteriores com relação às físicas. Para um aprofundamento desses temas, cf. Reale, *Aristotele, La Metafisica*, vol. I, pp. 3 ss. — Dado que o termo não é de cunho aristotélico e tornou-se insubstituível na cultura ocidental, é lícito chamar de metafísica não só a doutrina contida nos quatorze livros da época aristotélica que leva esse nome, mas, em geral, a problemática de todos os pensadores que indagaram sobre os objetos discutidos na citada obra de Aristóteles, a saber, *a problemática dos princípios, das causas primeiras, do ser, da substância, de Deus o do Divino* — Esclarecido isso, deve-se especificar ulteriormente que, *entendida em sentido pleno*, a metafísica é a tentativa de alcançar o transcendente, o metasensível; *entendida em sentido mais genérico*, pode-se chamar de metafísica qualquer tipo de pesquisa que pretenda encontrar as causas e os princípios *últimos* da realidade, qualquer que seja a natureza deles. Noutros termos, *pode-se chamar de metafísica toda tentativa de medir-se racionalmente com o todo*. Poderá, portanto, haver *metafísicas transcendentalistas* (como as de Platão e de Aristóteles e as delas derivadas) e *metafísicas naturalistas* (como as dos pré-socráticos, que ainda não tinham descoberto a transcendência), ou *corporeístas e imanentistas* (como as do epicurismo e do estoicismo que negam a transcendência). — Para ser rigorosos, deveríamos reservar o termo metafísica para as primeiras, chamando de ontologia as segundas. Mas, nesse caso, as dificuldades tiradas de um lado aparecem de outro, pois ontologias são também as de Platão, de Aristóteles e dos seus seguidores (cf. Ontologia e Antimetafísica). — A definição de metafísica como *tentativa de medir-se racionalmente com o problema do todo* permanece, a nosso ver, a mais adequada, como mostramos em I, Segundo Apêndice, *passim*. Recordamos, enfim, que a metafísica, entendida do modo acima definido, é o específico da filosofia (aquilo em que e pelo que ela se distingue das outras formas de saber), e permanece, em todo caso, permanece a cifra mais característica da filosofia dos gregos.

METAXU, cf. Intermédio, Intermediário.

METEMPSICOSE (μετεμψύχωσις)

a) O termo indica a crença na *transmigração da alma através de diferentes corpos* (mesmo não humanos). A crença, difundida na Grécia pelos órficos (cf. I, Apêndice, *passim*), pelos pitagóricos (I, 87 s.) e por Empédocles (I, 139 s.), é estreitamente conexa com a problemática filosófica por Platão (III, 195 ss.) e, posteriormente, mantida na tradição médio-platônica (cf., por exemplo, Albino, *Didascálico*, XXV, 6), neopitagórica (VII, 354; 369) e neoplatônica (VIII, 112 s.), até o final da antiguidade (VIII, 167, nota 23; 175; 193). — *b*) Deve-se, contudo, observar que o termo só aparece na antiguidade tardia e não é filologicamente exato, significando, literalmente, *mudança da alma e não mudança do corpo*. O termo exato seria *metensomatose* (cf. verbete) ou também *palingênese*. — *c*) Em Platão, a crença na metempsicose é conexa, não só com a problemática escatológica, também com a metafísica das *Ideias* e com a temática gnosiológica da *anamnee* (cf. verbete).

METENSOMATOSE (μετενσωμάτωσις)

Termo que *indica a mesma doutrina da metempsicose* (cf., por exemplo, Plotino, *Enéadas*, I, 1, 12; II, 9, 6; IV, 3, 9). Metensomatose seria o termo mais exato para exprimir o conceito de transmigração da alma de corpo em corpo; mas, na prática, prevaleceu o outro, ainda que inexato, pelas razões que indicamos acima.

METEXIS (μέθεξις)

Significa *participação*. Na linguagem da metafísica platônica, exprime a relação (ou melhor, um dos possíveis modos de interpretar a relação) entre as Ideias e o mundo físico. O sensível *participa* da Ideia inteligível na medida em que a realiza sensivelmente (III, 180 ss.). — Numênio estendeu o conceito de participação também à esfera das realidades inteligíveis, como indicamos em VII, 365, nota 18. — Em Proclo o conceito de metéxis desempenha um importante papel na dialética que liga entre si as hipóstases, exprimindo, precisamente, o tipo de relação ligando a hipóstase inferior à superior (VIII, 192).

METÓDICOS (μεθοδικοὶ ἰατροί)

São assim chamados os médicos seguidores da tendência inaugurada por Temíson de Laodiceia (segunda metade do século I a.C.), cujas características fundamentais apresentamos em VII, 164 s.

MÉTODO (μέθοδος)

O termo, como sugere a própria etimologia (*metá-odos*), indica *o caminho a ser percorrido pela pesquisa*, vale dizer, *o procedimento a seguir para pôr e solucionar os problemas*. A tarefa de elaborar o método cabe à lógica. (*Organon*, em substância, exprime o mesmo conceito). Sobre o método da filosofia antiga, cf. II, Apêndice, 205 s. — Dois destaques são de particular importância: *a*) o primeiro, feito por Aristóteles, é que se deve primeiro aprender o método e depois a ciência (*Metafísica*, α 3, 995 a 12 ss.). — *b*) O segundo, também de Aristóteles (*ibid.*), é que o método deve corresponder ao objeto da ciência, o que significa que o mesmo método (por exemplo a exatidão matemática) não serve para todas as pesquisas (o que tem sido largamente esquecido por muitos filósofos modernos). — *c*) Enfim, deve-se também observar que o pensamento dos vários filósofos avança a partir dos seus métodos, enquanto a filosofia possui uma *inventividade* (no sentido originário do termo) que não se deixa reduzir inteiramente a esquemas metódicos (cf., por exemplo, o que dissemos em V-VI, *passim*).

METRIOPATIA

Significa *moderação das paixões segundo a justa medida*. A doutrina que põe na moderação das paixões a tarefa da vida ética nasceu em polêmica com a doutrina estoica da *apatia* (cf. verbete), que pretendia extirpar as paixões. Foi sustentada pelos acadêmicos (a começar por Crântor, cf. V, 104 s.), pelos peripatéticos (a metriopatia não é, no fundo, diferente da *mesótes* aristotélica; cf. *Grande Ética*, atribuída ao Estagirita, 1186 a 33), pelos médio-platônicos (por exemplo, Plutarco, *Cons. a Apoll.*, 102 d [cf. VII, 316 s.], e, até mesmo por alguns céticos (VII, 175 s.).

MICROCOSMO (μικρὸς κόσμος)

A expressão microcosmo, para indicar *o homem como o mundo em miniatura* ou, pelo menos, o conceito a ela relativo, está presente em todo o arco da filosofia antiga, dos naturalistas aos neoplatônicos. Demócrito, por exemplo, afirma claramente que "o homem é um pequeno mundo (*mikrós kósmos*)" (Diels-Kranz, 68 B 34). — Em Platão e no Pórtico, dado que o cosmo é concebido como um grande ser vivo (cf. Organicismo), o conceito está pelo menos implícito (cf. também o que diz Aristóteles na *Física*, Θ 2, 252 b 26 s.). — Encontramos a mais bela definição no Anônimo pitagórico de Fócio (cf. VII, 332 s.), que afirma: "Diz-se que o homem é um mundo em miniatura (*mikros kosmos*), não por ser é composto dos quatro elementos (pois isso vale também para os seres vivos mais simples), *mas porque possui todas as potências do cosmo*. De fato, no cosmo existem Deuses e existem também os quatro elementos, existem animais desprovidos de razão e plantas, e o homem possui todas essas potências" (Fócio, *Biblioth.*, *cód.* 249, 440 a 33 ss. = Thesleff, p. 240, 7 ss.). — Sobre a expressão em Plotino, cf. a passagem das *Enéadas*, IV, 3, 10, apresentada no verbete *logoi spermatikoi*. — Deve-se, contudo, notar que no neoplatonismo, em virtude do princípio do *tudo em tudo*, tudo recapitula tudo; mas isso vale especialmente para a alma, que espelha em si todo o mundo do incorpóreo e cria o mundo corpóreo (cf. VIII, 75-86). — Conceito análogo de homem como "pequeno céu" (*brachys ouranós*) encontramos em Filo, *Opif.*, 82: "Pretendendo harmonizar o início e o fim dos seres gerados, como se estivessem em relação de parentesco e de grande amizade, Deus fez o céu como princípio e o homem como fim; o primeiro, o mais perfeito dos seres imortais no mundo sensível; o segundo, o melhor dos seres gerados e mortais, como se fosse, na verdade, um *pequeno céu* contendo em si muitas naturezas semelhantes às estrelas, por meio das artes, das ciências e dos gloriosos conhecimentos exigidos para todas as virtudes".

MIMESE (μίμησις)

O termo tem três significados fundamentais: 1) um ligado à problemática ontológica, 2) outro relativo à poética, 3) o terceiro ligado à problemática moral. 1) O significado ontológico é conexo à doutrina das relações entre as Ideias e as coisas sensíveis, segundo a qual as Ideias seriam como os *modelos* ou os *paradigmas* (cf. Paradigma) e as coisas *cópias* que os reproduzem. Sobre o sentido dessa doutrina, cf. III, 80 ss. 2) Referida à arte, a mimese exprime a essência da mesma, tanto para Platão como para Aristóteles, mas de modo oposto. — *a*) Para Platão, a mimese poética empobrece, porque copia as coisas que, por sua vez, são cópias das Ideias (cf. textos e exegese em III, 171 ss.). — *b*) Para Aristóteles, ao contrário, a mimese poética é uma espécie de criação ou, melhor, de recriação do real segundo as leis da possibilidade e da verossimilhança e, portanto, constitui um enriquecimento pelas razões que explicamos em IV, 177 ss. 3) Em ética, a mimese, sobretudo em Platão e no platonismo, coincide com *o seguimento de Deus* e a *assimilação do Divino*; cf. verbete Assimilação.

MÍNIMO, Teoria do (τὸ ἐλάχιστον)

É a teoria introduzida por Epicuro para conciliar, em certo sentido, a afirmação da *corporeidade dos átomos* com a afirmação da sua *indivisibilidade*. O átomo é corpo *ontologicamente indivisível*, mas *idealmente distinguível*, justamente enquanto corpo, *em partes*. Ora, *o limite inferior da divisibilidade ideal do átomo é o mínimo*, o qual, como tal, é também unidade de medida (cf. V, 176 ss. e as indicações bibliográficas dadas aí, na nota 24).

MISOLOGIA (μισολογία)

É a desconfiança nos raciocínios que resulta, segundo Platão, a quem pretende demais deles, ou a quem deles abusa: cf. a esplêndida página do *Fédon*, 89d-90d.

MISTÉRIOS (μυστήρια, *mysteria*)

O termo pode derivar de μυς, que significa "fecho", ou de μυες, que significa "introduzo aos mistérios". Os mistérios eram, *tanto ritos de iniciação, como as verdades escondidas manifestadas apenas aos iniciados*. Entre os "mistérios" interessam à filosofia sobretudo os órficos, pelas razões apresentadas em I, 87 ss. e no Apêndice, *passim*.

MÍSTICA — MISTICISMO

O termo deriva de *mystikós*, que significa o que está em conexão com os mistérios. Só na antiguidade tardia, porém, aparece a expressão *mystiké parádosis*, para indicar a *doutrina mística*, que *mostra ao homem como destacar-se do sensível e alcançar o Absoluto*, até assimilar-se e unificar-se com Ele (cf. Assimilação a Deus, Deificação, Êxtase, Unificação). No âmbito do pensamento grego, existem substancialmente duas formas diferentes de misticismo, por sua vez diferentemente enfocadas. 1) Existe um misticismo que podemos chamar de *racionalístico*, que põe na razão a força que une ao Absoluto e que considera a filosofia como os verdadeiros mistérios. Esse "misticismo" se estrutura a partir de Pitágoras e de Parmênides, e alcança a sua perfeita formulação em Platão, que faz da dialética a via da conversão e põe no exercício da razão a assimilação ao divino. 2) Existe também um misticismo que podemos chamar de *irracionalista*, fundado sobre as artes teúrgicas e, portanto, sobre certas forças irracionais, e que as considera como as únicas capazes de levar o homem à união com o Divino ou, pelo menos, como as mais eficazes para isso. Esse é o misticismo próprio não só do hermetismo (cf. VII, 377 ss.) e dos *Oráculos Caldaicos* (cf. VII, 395 ss.), mas de todo o neoplatonismo tardio, com várias feições nas diferentes escolas, e com pontos extremos na escola de Pérgamo (VIII, 171 ss.). 3) Uma terceira forma de misticismo pode-se considerar a de Filo de Alexandria, que, porém, sai dos quadros próprios da grecidade, inspirando-se na doutrina do profetismo bíblico e nas categorias que ele supõe (VII, 264 ss.). Filo, ademais, antecipa a individuação das etapas essenciais da ascensão mística que, depois de Agostinho, se tornarão famosas.

MISTO (μικτός)

No *Filebo* de Platão, exprime *o que resulta da ação do princípio limitante* (péras) *sobre o ilimite* (ápeiron). Assim entendido, o conceito de misto pode aplicar-se: *a*) ao mundo das Ideias, as quais, na doutrina do último Platão, derivam do Uno (*limite*) e da Díade (*ilimite*); *b*) às coisas sensíveis, que também são um misto do elemento material sensível (ilimite) e inteligível (limite). Deve-se notar que essa noção de "misto" antecipa o conceito aristotélico de *sínolo* de matéria e forma. Explicamos as implicações dessa problemática em III, 118 ss. — Posteriormente, Proclo retomou o conceito e considerou que toda a realidade (exceto o Uno, que é absolutamente simples) deve ser considerada como "misto" de limite e ilimite, pelas razões apresentadas em VIII, 190 ss.

MITO (μῦθος)

Mito é uma narração da caráter fantástico-poético, que normalmente tem por objeto as coisas (ou algumas das coisas) investigadas pela filosofia. Também o espírito do mito é análogo ao da filosofia, enquanto é *desinteressado*, *contemplativo*, e enquanto nasce da *admiração*, que é a raiz da filosofia. A diferença entre mito e filosofia consiste no fato de que esta, em vez de representações fantástico-poéticas, vale-se do *Logos* e da pura razão. O próprio Aristóteles reconhece a carga filosófica do mito nas páginas iniciais da sua *Metafísica*, afirmando textualmente: "Também o que ama os mitos é, de certo modo, filósofo" (A 2, 982 b 18). Dito isto, é preciso distinguir diversos valores e usos do mito, segundo os momentos históricos, as finalidades e os contextos nos quais foi utilizado na grecidade. 1) Existe, antes de tudo, o *mito pré-filosófico*, que encontra a sua forma mais elevada, além dos poemas homéricos, nas teogonias. O mito pré-filosófico grego é o verdadeiro antecedente da filosofia (cf. I, 41 ss.). 2) Com o nascimento da filosofia, o mito é contestado como tal, ou seja, como representação fantástico-poética, e tende-se a uma representação do real apoiada sobre o *Logos*. Mas o mito não só nunca desaparece inteiramente, dado que responde a uma dimensão não eliminável do espírito humano, mas, de vários modos, é utilizado pela própria filosofia, *em primeiro lugar pelos sofistas, que fazem dele um uso retórico-epidíctico*, na verdade ambíguo, como observa Platão de modo paradigmático (referindo, muito provavelmente, pensamentos socráticos) no *Protágoras*, 320c ss. Os sofistas valem-se dos mitos, como os poetas em geral (cf. ainda *Protágoras*, 339a ss.), com a finalidade de gerar nos ouvintes as convicções que não são capazes de produzir apenas com o *Logos*, e também para fazer exibição de erudição. Segundo o juízo platônico, o uso do mito pelos sofistas deve-se à incoerência metodológica e à fragilidade dialética. 3) O próprio Platão, depois de ter contestado a liceidade do uso do mito em sentido retórico-epidíctico próprio dos sofistas, redescobre a importância do mito a partir do *Górgias*, ou seja, a partir do momento em que volta a ter contato com as doutrinas órficas e se reapropria das suas mensagens fundamentais. O mito é recuperado por Platão como *expressão intuitiva de uma forma de fé que capta imediatamente o que o Logos não capta mediadamente.* Trata-se de um mito rigorosamente "desmitizado", e não contraposto ao *Logos*, mas usado como reforço ao próprio *Logos*, como mostramos em III, 40 ss. (cf., aí, as importantíssimas passagens do *Górgias* e do *Fédon*). Fora dessa ótica, os grandes mitos do *Fedro* e da *República*, do *Político* e a própria "narração mítica" sobre a qual está fundada todo o *Timeu* perdem seu significado. 4) Levando às extremas consequências a reavaliação platônica, o mito é considerado pelos neoplatônicos uma espécie de revelação de uma verdade transcendente, capaz de produzir uma força mística que leva ao Absoluto, como se pode ver de modo significativo em Proclo. Diferentemente de Platão, o mito não é mais "desmitizado" e espoliado da sua carga fantástica, mas em certo sentido absolutizado (VIII, 181; cf. Alegoria).

MNEMOTÉCNICA

É a arte de memorizar, através de expedientes específicos, o maior número possível de conhecimentos. Foi ensinada por Hípias, que a chamava de τὸ μνημονικόν e a dirigia à consecução de um saber enciclopédico (II, 63); cf. Polimatia.

MOBILISMO

O termo designa a doutrina do "tudo flui" de Heráclito, levada às extremas consequências sobretudo por alguns seguidores. Cf., por exemplo, as afirmações de Crátilo (I, 65). Cf. também a retomada dessa doutrina por Enesídemo (VII, 151 ss.). Já Platão denomina os heraclitianos do tipo de Crátilo, com o termo οἱ ρέοντες (*Teeteto*, 181 a), vale dizer, *os filósofos do perpétuo fluir*, ou seja, *os mobilistas*. (Ver como os descreve nas passagens do diálogo acima citado, apresentadas em VII, 152 s.).

MODALIDADE, MODAL

Na lógica de Aristóteles, *a modalidade especifica a relação predicativa, indicando a maneira pela qual o predicado inere (ou não inere) ao sujeito*. A modalidade é uma especificação do nexo predicativo. Aristóteles reconhece três modos de inerência: a *simples inerência*, a *necessidade* e a *possibilidade* (IV, 149). Eis um texto a respeito: "Toda proposição diz respeito ou à simples inerência ou à inerência necessária ou à possibilidade de inerência" (*Primeiros Analíticos*, A 2, 25 a 1 s.; cf. também A 8, 29 b 29 ss.). Têm particular importância os modos da necessidade e da possibilidade. Eis como os caracteriza M. Mignucci: "O Estagirita dá uma caracterização intuitiva da necessidade, em função do conceito de tempo: necessário é o que é sempre, seja no sentido de uma duração ininterrupta no tempo, seja no sentido da atemporalidade. Nesse sentido, *necessário* se diz antes de tudo de um indivíduo, enquanto existe sempre, ou enquanto é de natureza não submetida ao tempo. Por extensão, uma proposição se dirá necessária quando o conteúdo seja tal que a conexão entre sujeito e predicado põe-se sempre de uma parte da alternativa apofática. Noutros termos, se a proposição 'todos os homens são mortais' é necessária, jamais será verdade a proposição 'algum homem não é mortal' ou a proposição 'nenhum homem é mortal'" (*Aristotele, Gli Analitici primi*, Loffredo, Nápoles 1969, p. 63). O possível é, para Aristóteles, *o que não é nem necessário nem impossível*. Portanto, a proposição possível se opõe seja à necessária, seja à impossível. O tratamento das proposições modais e dos relativos silogismos foi chamado de *lógica modal*. — Deve-se observar que o silogismo modal não difere do categórico *na sua estrutura* — dado que permanece sempre a necessidade da sequência que o determina como silogismo —, mas somente pela natureza das suas premissas.

MODELO, cf. Paradigma.

MODO, cf. Tropo.

MÔNADA, cf. Uno.

MONARQUIA, cf. Governo, formas de.

MONISMO

Termo moderno usado para indicar a concepção filosófica que não só deduz toda a realidade de um único princípio, mas *considera o ser da realidade idêntico àquele princípio*. Na antiguidade, as concepções monistas foram numerosas e de várias espécies. 1) Em primeiro lugar, uma forma de monismo absoluto e verdadeiramente extremo é constituído ontologia eleática, segundo a qual *só existe um único ser*, que, a rigor, não é nem mesmo princípio, porque não existe um principiado (cf. I, 107 ss.). 2) Monista é a física dos jônicos (Tales, Anaximandro, Anaxímenes, Heráclito) (I, 47 ss.), bem como a retomada eclética da mesma (por exemplo, por Diógenes de Apolônia), enquanto *deduz todas as coisas de um único princípio e interpreta as coisas como modificações do princípio* (I, 166 ss.). 3) Uma forma de monismo com acentuação panteísta é o estoico, pelas razões que explicamos em V, 297 ss. *O estoicismo é talvez a mais orgânica e mais completa forma de monismo da antiguidade.* 4) Uma forma de monismo matematizante é constituída pela fase mais avançada do neopitagorismo, na medida em que *deduz tudo da Mônada, inclusive a Díade*, antes considerada princípio oposto e irredutível à mônada (VII, 349 ss.). 5) Alguns consideram o neoplatonismo também como uma forma de monismo. Na realidade, a transcendência, que desempenha um papel essencial em diferentes níveis no neoplatonismo (VIII, 44 ss.; 161 ss.; 183 ss.), assim como a complexidade da processão hipostática, não suportam uma redução monística, pelo menos no sentido em que definimos o monismo definimos (cf. Processão e Hipóstase). — Deve-se ainda observar que o monismo pode ser de dois diferentes gêneros: 1) materialista-corporeísta, como o do Pórtico; 2) ou espiritualista, como o neopitagórico. 3) O monismo pré-socrático, propriamente falando, não pode ser classificado nitidamente com essas categorias, pelas razões que explicamos em I, 53 s.; V, 145 s. Concepções opostas ao monismo são o dualismo e o pluralismo (cf. verbetes).

MONOTEÍSMO

É a doutrina teológica que sustenta que Deus é *uno e único*. Esta doutrina era desconhecida pela antiguidade pagã, porque funda-se sobre uma série de categorias alheias ao pensamento grego (o infinito positivo, a criação, a graça). Deve-se observar o seguinte: *a*) o conceito grego de Deus (*theós*) situa-se no interior do conceito mais amplo de Divino (*theion*) e às vezes até se funde com ele. — *b*) O Divino é, por sua natureza, *estruturalmente múltiplo*. — *c*) Consequentemente, o grego só pode pensar o Divino como múltiplo, e o problema de saber *se Deus é um ou muitos* não tem um sentido preciso no contexto indicado. Ver as observações que fazemos em I, 100 ss.; IV, 61 ss. O conceito de Deus uno e isolado nasce do mundo bíblico (VII, 238 ss.).

MONOTONIA

Termo que pode ser usado para indicar a temática da especulação de Marco Aurélio, *segundo a qual todas as coisas são e se repetem sempre iguais por toda a eternidade*. Tal concepção é estreitamente conexa com a da *vaidade* das coisas. Ver os textos que apresentamos em VII, 112 ss. (cf. também o verbete Vaidade).

MORAL

O termo, derivado do latim *moralis* (de *mos* = costume), é usado para indicar três conceitos bem distintos: *a*) os costumes relativos ao agir prático; *b*) *o complexo das convicções e das normas relativas aos costumes*; *c*) *a reflexão filosófica sobre elas*. Todavia, seria melhor operar a distinção feita em I, 179 ss.

MORTE (θάνατος)

Em geral deve-se observar que a morte como cessação da vida e do ser constitui um dos problemas cruciais para toda filosofia e, particularmente, para a grega. Não se trata, evidentemente, da morte como *dado de fato* e como *evento* fenomenicamente constatável, mas da sua explicação racional e do seu significado. Ora, os pensadores gregos forneceram vários tipos de respostas em diferentes níveis a esse problema. 1) No nível metafísico-ontológico, em geral a morte foi explicada e racionalizada até o limite da sua diluição, como paradigmaticamente se verifica no contexto da filosofia eleática e, de modo mais acentuado, em Parmênides, que não só nega, no nível teórico, o nascer e o perecer (I, 111), mas até mesmo atribui ao cadáver uma forma de sensibilidade, de conhecimento e, portanto, de vida (I, 115). *A radical e absoluta negação do não-ser comporta a negação da morte como evento capaz de tocar o ser*, ou, como se verifica nos pluralistas, comporta *a sua redução a mera dissociação de elementos que são e que, separando-se um do outro, permanecem sempre no ser*. A morte é entendida como um *permanecer no ser* e, portanto, como evento que se mostra *catastrófico, mas que, na realidade, não o é*, porque *é uma mudança que acontece e que permanece no âmbito do ser* (I, 115; 134 s.; 143 ss.). — Análoga é a posição dos epicuristas, na medida em que repropõem o atomismo (V, 191 ss.). — Não há maiores possibilidades de explicar ontologicamente a morte no contexto do panteísmo estoico, no qual a ideia "do eterno retorno" e do cíclico reformar-se de todas as coisas tal como eram, comporta de algum modo a *ideia da permanência de todas as coisas no ser, ora contraídas nas possibilidades do Logos, ora desdobradas no cosmo* (VI, 67 ss.; 69 ss.). — Também no contexto da ontologia aristotélica, a morte é entendida, por assim dizer, como contraponto da vida e, portanto, circunscrita no álveo do ser, como emerge sobretudo do tratado *Sobre a geração e a corrupção*, no qual a eternidade da geração é entendida como contínua vitória sobre a corrupção. De fato, na eternidade da geração cada coisa retorna ao ponto de partida, sempre do mesmo modo, se não *numericamente idêntica* (isto é, idêntica como indivíduo), pelo menos idêntica *pela espécie*. 2) No nível religioso, ou metafísico-religioso, a morte foi entendida pelos pensadores influenciados pelo orfismo, sobretudo por Platão e pela tradição platônica, como "*separação da alma do corpo*", onde "separação" significa "libertação". A alma, pela sua natureza heterogênea ao corpo, liberta-se com a morte de algo que a prende e diminui e, consequentemente, assume características de "início de nova e mais verdadeira vida" (III, 181 ss.; VIII, 112 ss.). A ideia da imortalidade da alma (cf. verbete), que tem na Grécia um valor muito diferente do que terá no pensamento cristão posterior, comporta a impossibilidade de compreender, com as categorias filosóficas, a ideia cristã da "ressurreição do corpo", contra a qual Plotino polemiza expressamente (cf. o texto muito significativo que apresentamos em VIII, 113), e a convicção (a qual, pelo menos do ponto de vista religioso, que estamos ilustrando, contrasta com o ponto de vista precedentemente ilustrado) de que a morte seja, no final das contas, mais positiva do que o seu contrário. Ademais, na mensagem órfico-pitagórico-platônica, *a punição pelo crime é, justamente, posta na reencarnação, isto é, no fato de tomar vida num corpo, e não no fato de morrer, que, como dissemos, é uma libertação do corpo*. Essa visão da morte é, por muitos aspectos, antitética à da mensagem bíblico-cristã. 3) No nível antropológico, sobretudo nas ressonâncias que podemos chamar, com linguagem moderna, de *existenciais*, a problemática da morte é escassamente aprofundada pelos filósofos gregos, seja por causa dos pressupostos ligados ao primeiro ponto, seja por causa dos ligados ao segundo, ou ainda por uns e outros juntos. A mais típica posição a esse respeito é, sem dúvida, a epicurista, ao sustentar que a morte *não é nada para nós*, pelos motivos que apresentamos em V, 218 ss. e 254 ss. Trata-se, mais uma vez, de uma negação, cujo significado indicamos em V, 255 s. 4) Os filósofos gregos praticamente não tematizaram o significado moral da morte, em consequência da negação da dimensão trágica e da diluição do significado ontológico e antropológico-existencial da morte. A definição do significado ético da morte supõe a concepção da morte como *consequência de um pecado e como punição*, tal como ocorre na mensagem bíblica, a qual, contudo, exprime uma concepção teológica e antropológica sob muitos aspectos antitética à da especulação grega.

MOTOR IMÓVEL (τὸ κινοῦν ἀκίνητον)

Esta expressão caracteriza a natureza do Deus aristotélico. Sobre a complexa problemática conexa a essa concepção e as suas implicações, cf. o que dissemos em IV, 56 ss.

MOVIMENTO (κίνησις)

O movimento assume dois significados fundamentais: 1) no nível físico e 2) no nível metafísico. 1) Na linguagem aristotélica, o movimento físico tem três significados. — *a*) Em geral significa *toda forma de mudança e de devir*; *b*) *todas as formas de mudança, exceto a geração e a corrupção*, *c*) *a mudança segundo o lugar*, ou seja, o movimento espacial. Quando Aristóteles quer ser preciso, para designar o primeiro significado omnicompreensivo, usa o termo *metabolé*, mudança (cf. verbete). — Sobre as aporias do movimento suscitadas por Zenão e sobre o seu significado, cf. I, 118 ss. — Sobre a superação aristotélica do fundamento dessas aporias, cf. IV, 67 ss. 2) Foi Platão que inseriu a problemática do movimento no contexto da problemática metafísica, ao pôr a *kínesis* como um dos cinco gêneros supremos do real. Esta é uma forma de *movimento ideal ou inteligível*, cujo significado explicamos em III, 113 s. — Também Plotino retoma e reafirma essa concepção (VIII, 73). Ver, ademais, a doutrina plotiniana do primeiro movido (inteligível), da qual falamos em IV, 459 ss. — Ver, enfim, a curiosa posição de Plutarco, da qual falamos em IV, 305, nota 46.

MUDANÇA (μεταβολή)

O termo, em Aristóteles, designa toda forma possível de devir. Do ponto de vista ontológico, o movimento é interpretado como *passagem da potência ao ato*, ou, como diz Aristóteles, "a enteléqueia do que é em potência enquanto é em potência", fórmula que significa exatamente o seguinte: o movimento é a atuação da potencialidade. Dado que a passagem da potência ao ato se dá segundo diversas categorias, são diversos os tipos de mudança. Eis uma tábua que os ilustra:

As mudanças distinguem-se em:

1) *geração e corrupção* (segundo a categoria da substância)
2) *alteração* (segundo a categoria da qualidade)
3) *aumento e diminuição* (segundo a categoria da quantidade)
4) *translação* (segundo a categoria do onde).

As categorias do *agir*, do *padecer* e do *quando* não permitem movimento, porque já são movimento. Deve-se notar que Aristóteles chama movimento, em sentido estrito, só o n. 4; ou, em sentido genérico, também os nn. 2 e 3. Às vezes usa movimento como sinônimo de mudança. A explicação e justificação ontológica da mudança se impunham como consequência das drásticas posições dos eleatas, que negavam a sua possibilidade, por causa da sua aparente contraditoriedade. A justificação teorética do movimento decorre da doutrina das quatro causas e do Motor Imóvel. Sobre a complexa problemática ontológica relativa à questão da mudança e sobre as suas várias implicações cf. II, 375 ss. e o verbete Movimento. O neocético Enesídemo e os seus seguidores simplificam notavelmente o pensamento aristotélico, reduzindo as várias formas de mudança distinguidas pelo Estagirita a apenas duas: a *alteração* e a *translação* (IV, 153).

MULTIPLICIDADE

Em filosofia, a multiplicidade só se tornou um problema após a sua negação, vale dizer, como consequência da redução de todas as coisas à unidade absoluta operada pelos eleatas, sobretudo por Zenão e por Melisso. (Para os argumentos zenonianos contra a multiplicidade, cf. I, 121 ss.; para a posição melissiana cf. I, 125 ss.) O esforço da filosofia pós-eleática foi, justamente, no sentido de recuperar tanto a multiplicidade como o movimento e, portanto, os fenômenos, que pressupõem estruturalmente tanto este como aquela. — Não se pode dizer que os assim chamados pluralistas (Empédocles, Anaxágoras e os atomistas), que tiram o seu nome da introdução do conceito de múltiplo (não só no simples nível empírico, mas no nível ontológico, dos primeiros princípios), tenham sabido *justificar a fundo* esse conceito (I, 149 s.; 151 ss.). Uma asserção essencial foi introduzida por Platão, sobretudo no *Parmênides* e mais ainda no *Sofista*, como mostramos em III, 113 ss. A afirmação especulativa da multiplicidade pressupõe a aquisição do conceito de não-ser como alteridade ou diversidade (cf. a passagem apresentada em III, 114 s.). — A multiplicidade, justificada por Platão sobretudo no nível do mundo das Ideias, é conquistada definitivamente, em todos os níveis, por Aristóteles, com a célebre doutrina do ser como *estruturalmente múltiplo*, como mostramos em IV, 33 ss. Se excetuarmos os epígonos dos megáricos, a multiplicidade não foi mais negada pelos filósofos gregos posteriores, nem sequer no contexto daqueles pensadores que, sob certos aspectos, podem ser ou foram efetivamente considerados "monistas". O monismo estoico supõe necessariamente o múltiplo, assim como o neoplatônico (se se pode falar de monismo neoplatônico) supõe a pluralidade no nível hipostático, ademais do nível empírico. No primeiro, o Uno se desdobra estruturalmente no múltiplo; no outro, do Uno procedem necessariamente o Uno-Muitos, depois o Uno-e-Muitos e depois os Muitos (VIII, 81). E, se é verdade que os muitos são sempre *pelo* Uno, *a partir do* Uno e *no* Uno, é também verdade que não são um puro ilusório, mas constituem, de vários modos e em diferente medida, a história metafísica do Uno. — Recordamos que a partir de Platão, como se depreende sobretudo do *Parmênides* e do *Filebo*, o Uno e os muitos implicam-se reciprocamente. Além do que dissemos em III, 111 ss., cf. o que Platão afirma no *Filebo*, 14c ss.

MUNDO, cf. Cosmo.

MÚSICA (μουσική)

Se prescindirmos do aspecto técnico, que não nos interessa aqui, pode-se dizer que a música foi considerada pelos gregos: 1) na valência metafísica, 2) na ético-pedagógica, 3) na valência (para usar um termo moderno) estética e 4) na valência cosmológica. 1) A valência metafísica é destacada sobretudo na tradição pitagórico-platônico-neoplatônica, expressa de maneira paradigmática na célebre afirmação do *Fédon* (61a), segundo a qual "a filosofia é a música maior", o que significa que *a música é a filosofia em miniatura*, vale dizer, que a música de algum modo conduz ao mesmo objeto ao qual a filosofia conduz. Já para os pitagóricos, com efeito, a música é *harmonia dos contrários* (cf. Diels-Kranz, 44 B 10) e, como tal, é reveladora da *natureza do número*, essência de todas as coisas (Diels-Kranz, 44 B 11). 2) A música é também *potência catártica*. Eis alguns testemunhos: "Para a purificação do corpo, os pitagóricos recorrem à medicina, para a da alma, à música"; "Pitágoras costumava atribuir suma importância a essa 'catarse': era assim que ele chamava a arte de curar através da música"; "Dos tempos antigos até Pitágoras, estranhamente a música foi chamada de 'catarse'" (Diels-Kranz, 58 D 1). Platão reconhecia à música esse mesmo papel, considerando-a, pelas razões expressas pelos pitagóricos, *capaz de preparar para a dialética* (*República*, VII, 531a-d); cf. III, 260. Cf. também o papel que Platão atribui à música na educação dos guardiães (III, 246). Nessa mesma linha está Plotino, que escreve: "No campo dos sons, existem harmonias mudas aos sentidos, contudo, fonte das harmonias manifestas; e desse modo propiciam à alma a inteligência da beleza, *enquanto revelam o idêntico no diferente*" (*Enéadas*, I, 6, 3). Plotino afirma também que o músico é um homem que aspira, pela sua natureza, ao imaterial. Sobre esse tema cf. o que dissemos em VIII, 31. 3) A valência mais propriamente estética da música é destacada por Aristóteles, como se vê pelas passagens que apresentamos em IV, 183 s. — 4) A valência cosmológica da música é expressa pelos pitagóricos, os quais pensavam que os céus, girando segundo uma perfeita harmonia, produziam maravilhosos conceitos (cf. I, 86). Aristóteles considerou esta concepção "admirável e engenhosa", embora não correspondente à verdade (cf. *Do céu*, B 9, *passim*). — Recordamos, enfim, as posições um tanto excêntricas de Epicuro, que considera a música inútil e danosa (cf. V, 145), e de Diógenes, o cínico (cf. V, 25). — Ver também Sexto Empírico, *Contra os matemáticos*, VI, inteiramente dirigido contra os músicos.

N

NADA, cf. Não-ser.

NARCISISMO

Segundo a doutrina hermética do *Poimandres*, o Anthropos ou Homem incorpóreo, contemplando o mundo sensível e enamorando-se do reflexo da própria imagem, uniu-se à natureza para gerar o homem físico (VII, 383 s.). Esse enamoramento do homem celeste pela própria imagem, que está na origem do nascimento do homem terrestre, é qualificado pelos intérpretes como narcisismo, enquanto retoma claramente, embora desenvolvendo-o em outro sentido, o conhecido mito de Narciso.

NÃO-SER (μὴ ὄν)

O conceito de não-ser na história do pensamento grego assumiu diversos significados e, consequentemente, diferente relevo especulativo. 1) Entre os físicos pré-socráticos, o problema do não-ser é posto pelos eleatas, que o entendem como o *puro negativo que se opõe absolutamente ao puro positivo que é o ser* (ou seja, para usar uma terminologia posterior, como o contraditório do ser). Sobre as implicações dessa doutrina, cf. I, 107 ss. 2) De origem eleática, embora contrário ao eleatismo melissiano, é o conceito de não-ser ao qual Górgias dedica o seu famoso escrito, como mostramos em II, 44 ss. 3) Deve-se sobretudo a Platão o fato de ter posto a ontologia definitivamente fora dos limites do eleatismo, mostrando, *a*) que existe um *metaxu* ou intermédio (cf. verbete) entre ser e nada, isto é, o *devir* e, sobretudo, *b*) mostrando que existe *o não-ser no sentido de outro ou diverso*, realizando assim o célebre "parricídio de Parmênides", sobre o qual cf. III, 113 ss. 4) Aristóteles redigiu, junto com uma tábua dos significados do ser, *uma tábua dos diversos significados do não-ser*, compreendendo três, como mostramos em IV, 38. 5). Com Plotino a concepção do não-ser se complexifica, podendo-se falar de um não-ser como o que está *acima do ser*, ou seja, transcendente ao próprio ser (o Uno), ou de um não-ser que está *abaixo do ser*. No primeiro significado, o não-ser é, na realidade, uma espécie de *superser*, a própria fonte da qual deriva o ser. No segundo significado é, ao invés, *privação de ser*. Nesse sentido, a matéria é não-ser (cf. VIII, 88 ss.).

NATURALISMO

A) Com o termo naturalismo entende-se, em geral, *a concepção ontológica que reduz todo o ser ao ser da natureza e que, portanto, nega a existência de um ser transcendente*. Na história do pensamento antigo, existem numerosas formas de naturalismo. 1) A mais famosa é a dos pré-socráticos, que, contudo, é a forma mais imprópria, por situar-se num horizonte particularíssimo, no interior do qual ainda não tinham sido conquistadas as categorias de pensamento com as quais se define o conceito de naturalismo no sentido acima indicado. Esse naturalismo pode ser chamado *arcaico*, no qual o conceito de natureza não exclui nada e inclui tudo. — Sobre o naturalismo pré-socrático cf. I, 47 ss. — Sobre as suas características cf., particularmente, I, 48 s.; 53 s.; 147 s.; 177 ss. — Uma componente do naturalismo pré-socrático encontra-se também em parte da sofística (cf. II, 62 ss. e nota 1). 2) Uma segunda forma de naturalismo amadureceu no âmbito de algumas das escolas socráticas menores, como reação contra a incipiente construção da metafísica platônica, particularmente no âmbito da escola cínica (II, 167 ss.; V, 23 ss.). 3) As formas mais características do naturalismo grego são as que floresceram na era helenística, particularmente o naturalismo mecanicista dos epicuristas (cf. V, 170 ss.) e o panteísta do estoicos (V, 297 ss.), que nascem da sistemática negação da transcendência e do horizonte metafísico. — De notável interesse histórico, embora de escasso interesse teorético, é o naturalismo no qual desemboca o Perípato, depois de Teofrasto, com Estraton de Lâmpsaco, já chamado pelos antigos de o "físico", ou seja o "o naturalista", do qual falamos em V, 130 ss. (Cf. ademais o que dissemos da corrente naturalista dos peripatéticos do século I a.C. em VII, 23 ss.). Nesse período a "natureza", além de horizonte do ser, apresenta-se (para dizer com uma expressão moderna) como *horizonte do dever-ser, ou seja, como fundamento da ética*. B) Em sentido diverso do que foi até aqui considerado, pode-se falar de "naturalismo" de toda a filosofia grega, na medida em que o conceito de sobrenatural, contido na mensagem cristã, permaneceu-lhe desconhecido. Com efeito, também o Inteligível platônico (a Ideia), assim como a forma aristotélica e a própria Inteligência, são uma *physis* particular (cf. verbete).

NATUREZA, cf. Physis.

NAVEGAÇÃO, Segunda (δεύτερος πλοῦς)

Expressão usada por Platão para indicar *o processo de pensamento que levou à descoberta do suprassensível*, das Ideias, pelas razões explicadas em III, 52 ss. (ver os textos apresentados em III, 53 ss.). Na nossa obra assumimos tal expressão como emblemática, dado que retoma de maneira muito efetiva a revolução platônica do pensamento "físico" e a fundação do que em seguida será chamado de metafísica. A "segunda navegação" exprime substancialmente o que, em linguagem técnica, se chama *inferência metaempírica* (cf. Inferência). — Ver o sentido da expressão em Filo de Alexandria, na passagem apresentada em VII, 251 s.

NECESSÁRIO (ἀναγκαῖος)

Do necessário, pode-se distinguir: 1) um significado ontológico e 2) um lógico. 1) Em sentido ontológico, diz-se necessário "*o que não pode ser diferente de como é*" (Aristóteles, *Metafísica*, Δ 5, 1015 a 33 ss.). 2) Em sentido lógico, é necessária a demonstração, ou melhor, *a sequência silogística*, justamente porque, postas as premissas, estas não podem não ser causas das consequências (cf. IV, 149 ss.). — Aristóteles esclarece, ademais, que, das coisas necessárias, algumas têm fora de si a causa da sua necessidade, outras em si. Por si, necessário é *o que é simples*, dado que, por sua natureza, não pode ser em outro estado, diferente de como é. Estruturalmente necessários são os entes eternos e imóveis (cf. *Metafísica*, Δ 5, 1015 b 9 ss.).

NECESSIDADE, cf. Ananke.

NEGAÇÃO (ἀπόφασις)

Aristóteles chama de negação o juízo (e a relativa proposição) no qual se *separa algo de algo*, ou seja, se exclui que um predicado pertença a um sujeito (IV, 148).

NÉMESIS (Νέμεσις)

É a divina punição e a vingança celeste da *hybris* humana. A compreensão do significado da Némesis pressupõe a compreensão do significado da *hybris*; portanto remetemos a esse verbete.

NEOARISTOTELISMO

Assim pode-se denominar a filosofia de Alexandre de Afrodísia, pelas razões explicadas em VII, 34 ss. (cf. também Aristotelismo).

NEOCETICISMO

Assim se pode denominar a fase do ceticismo que vai de Enesídemo a Sexto Empírico. Poder-se-ia também denominar *neopirronismo*. Sobre as características do neoceticismo e as diversas formas assumidas por ele cf. VII, 131 ss. Para uma visão geral cf. o verbete Ceticismo.

NEOCINISMO

Com este termo pode-se entender — mas com muita cautela — o renascimento da filosofia cínica nos primeiros séculos da era cristã. No interior do neocinismo podem-se distinguir uma corrente de tendência estoico-religiosa (VII, 190 ss.) e uma corrente radical (VII, 198 ss.). O termo, porém, justifica-se apenas em parte, enquanto o cinismo, no seu renascimento, *não conquista novas ideias e não se renova teoreticamente.*

NEOESTOICISMO

Assim se denomina a última fase da filosofia do Pórtico, desenvolvida em Roma, com Sêneca, Musônio, Epicteto e Marco Aurélio. Sobre as características peculiares dessa corrente cf. VII, 64 ss.

NEOPITAGORISMO

Assim se denomina, em geral, *o pitagorismo que renasce na era helenística e imperial.* A nosso ver, seria oportuno denominar neopitagorismo *apenas o segundo momento desse renascimento*, que começa no final da era antiga e se desenvolve nos dois primeiros séculos da era imperial, reservando para a fase precedente a qualificação de médio-pitagorismo, pelas razões que explicamos em VII, 324 ss.

NEOPLATONISMO

Assim é denominado o repensamento do platonismo, iniciado nos primeiros anos do século III d.C., na escola de Alexandria de Amônio Sacas, sistematicamente fundado na escola de Roma de Plotino, e desenvolvido posteriormente em diversas escolas e tendências até o século VI d.C. Damos um quadro sintético completo desse movimento em VIII, 140 ss. As novidades próprias do neoplatonismo com relação às precedentes formas de platonismo são as seguintes: 1) a *introdução da teoria da processão* (sistematizada já por Plotino e progressivamente aprofundada até chegar à sua formulação mais completa em Proclo), segundo a qual os diversos planos da realidade (as várias hipóstases) são coligados estreitamente e derivados um do outro; 2) a *dedução do primeiro princípio da própria matéria* e, portanto, a radical e total dedução do mundo físico a partir do mundo suprafísico; 3) um sentido muito acentuado da *unidade de todas as coisas*, concebidas, de várias maneiras, como teofanias, manifestações do divino; 4) a *dissolução da ética na mística* e a transformação do conceito de assimilação ao Divino no conceito de êxtase. Sobre as quatro tendências fundamentais do neoplatonismo — *a*) a puramente teorética, *b*) a especulativo-teúrgica, *c*) a acentuadamente teúrgica e *d*) a erudita — cf. o que dissemos em VIII, 142 ss. e 158 ss., *passim*. Não é possível compreender o desenvolvimento do neoplatonismo pós-plotiniano sem compreender o significado assumido pela teurgia na antiguidade tardia, difundida sobretudo pelos *Oráculos Caldaicos* (VII, 388 ss.).

NIILISMO

Com esse termo pode-se denominar toda tentativa de *pôr em crise a estabilidade ontológica do real, isto é, de negar a firmeza do ser das coisas.* — *a*) Tal é, em primeiro lugar, o heraclitismo de Crátilo (cf. I, 65), contra quem polemizam Platão, no diálogo homônimo, e Aristóteles, no livro Γ da *Metafísica*. — *b*) Niilista é Górgias, de maneira até mesmo programática, no seu célebre escrito *Sobre a Natureza ou sobre o não-ser*. Ver as teses da antiontologia gorgiana em II, 45 ss. — *c*) O ceticismo pirroniano pode ser considerado também uma espécie particular de niilismo, seja na sua forma originária, seja na sua reproposição na era imperial, pela razões que mostramos em VI, 142 ss.; 147 ss.; VII, 135 ss.; 151 ss.

NOEROS (νοερός)

Significa *o que implica estruturalmente atividade mental*, ou seja, inteligência. O termo tornou-se técnico na antiguidade tardia, sobretudo no neoplatonismo. Plotino incluiu na segunda hipóstase, chamada *Nous* (Espírito), inteligência e inteligível, como dois momentos estruturais da mesma. Os neoplatônicos posteriores tiraram múltiplas hipóstases desta, erigindo em hipóstase cada um dos dois momentos constitutivos do Espírito: aquele no qual predomina a inteligência, chamado de intelectual, e aquele propriamente inteligível, pondo ulteriormente, à guisa de termos de mediação, até mesmo hipóstases inteligíveis-intelectuais. Cf. Jâmblico, VIII, 156 ss.; Teodoro de Ásine, VIII, 168 ss.; Proclo, VIII, 183 ss.

NOESE (νόησις)

O termo indica pensamento e conhecimento, e, particularmente, *o conhecimento mais elevado, de caráter prevalentemente imediato*. Em Platão, *coincide com a forma de pensamento ou conhecimento que capta as Ideias* (III, 163). — *Noésis noéseos* é chamado por Aristóteles o pensamento divino, que pensa a si mesmo, pelas razões explicadas em IV, 60 ss. Cf. o verbete Nous.

NOME (ὄνομα)

É *um som que exprime a noção de uma coisa*. A problemática do significado filosófico do nome e da linguagem já está claramente presente nos físicos pré-socráticos (cf., por exemplo, o que diz Parmênides em I, 111), nos sofistas (cf. Górgias, em II, 47 ss. e Pródico de Céos, em II, 55), no método dialético socrático e em Antístenes (cf., respectivamente, II, 138 ss. e II, 169 s.). — O primeiro escrito sistemático sobre o problema é o *Crátilo* de Platão, no qual se sustenta a tese da não convencionalidade ou naturalidade do nome: "[...] as coisas têm o seu nome por natureza, e [...] ninguém é artífice dos nomes, mas apenas aquele que, relativamente ao nome que cada coisa tem por natureza, é capaz de exprimir a ideia dela nas letras e nas sílabas" (390 e). O nome é, portanto, "instrumento didascálico que serve para discernir a essência das coisas" (338 b-c). O nome *imita com os sons as coisas e espelha a sua essência*. Contudo, a imitação como tal é imperfeita, de modo que não se deve começar pelos nomes para chegar à essência das coisas, mas vice-versa. — Aristóteles, ao invés, sustenta a convencionalidade dos nomes. Eis uma eloquente passagem: "O nome é [...] som da voz, significativo por convenção, o qual prescinde do tempo e em parte alguma é significativo se considerado separadamente [...]. Dissemos *por convenção*, enquanto nenhum nome é tal por natureza. Tem-se um nome quando um som da voz torna-se símbolo, e não a partir do momento em que algo é revelado por sons inarticulados — por exemplo, dos animais —, dos quais nenhum constitui um nome" (*De interpretatione*, 2, 16 a 19 ss.; cf. também *Refutações sofísticas*, 165 a 6 ss.). — Sobre o fundamento natural dos nomes insiste Epicuro, pelas razões que explicamos em V, 162 s. — Sobre a problemática do nome no Pórtico, cf. VI, 29 ss. e 32 ss. — Sobre a inadequação do *nome* para exprimir a essência de Deus, sobretudo no âmbito da filosofia da era imperial, cf. o verbete Inefável.

NOMINALISMO

O nominalismo indica uma doutrina (desenvolvida em consequência das disputas sobre os universais) que tende, no limite, *a reduzir o universal* (ontológico e lógico) *ao nome e à sua função*. Na antiguidade podemos encontrar algumas instâncias nominalistas *ante litteram* em Antístenes (II, 169 s.). — Ao mesmo tempo conceitualista e nominalista é a lógica estoica, pelas razões que explicamos em III, 285 ss.

NOMOS, cf. Lei.

NOMOTETA

Significa *aquele que põe e dá a lei*. Nenhum dos filósofos gregos concebeu Deus como nomoteta. — Esse conceito, revolucionário com relação à mentalidade filosófica grega, é extraído da Bíblia por Filo de Alexandria. O conceito de Deus como nomoteta supõe, além da subversão do conceito grego de Divindade, a subversão também do próprio fundamento da lei moral. Para o grego, o fundamento da lei moral é a *natureza* (em geral e a natureza do homem em particular), ou Deus, mas não como revelador de sua vontade, mas como objeto autonomamente conhecido e contemplado pelo homem (do mesmo modo em que a natureza é autonomamente conhecida e contemplada pelo homem).

NOUS (νοῦς)

O termo é comumente traduzido por *intelecto* (ou também *mente*, *inteligência* e *pensamento*). A tradução, porém, porquanto correta em si, remete o leitor moderno a uma problemática prevalentemente gnosiológica e psicológica, enquanto a área semântica originária no grego inclui uma problemática muito mais vasta: da ontologia à metafísica, da física à cosmologia, da antropologia à moral e até à religião. Um breve esboço histórico servirá para ilustrar as diferentes valências do *Nous*. 1) Já nos pré-socráticos, além da mente do homem, o *Nous* designa a *Inteligência divina*, ordenadora do cosmo (cf., por exemplo, Xenófanes, I, 100 ss.; e Anaxágoras, I, 147 ss.). Em Diógenes de Apolônia o ser dotado de Inteligência é a característica essencial da *physis* e do princípio-ar, e, portanto, é também característica de toda a realidade, inclusive os animais (I, 166 ss.; cf. o elenco completo das passagens dos pré-socráticos nas quais aparece o termo e os seus vários significados em Diels-Kranz, III, 296 b ss.). 2) Com Platão a problemática do *Nous* se enriquece com as aquisições da "segunda navegação" e, portanto, desloca-se para o plano metafísico. — *a*) *Nous* é a alma racional, hierarquicamente superior à concupiscível e à irascível, e pela primeira vez concebida como imaterial, afim às Ideias (III, 185 ss.; 248 ss.). No *Timeu* a alma racional, produto da atividade do Demiurgo, diferentemente das partes irracionais, é imortal (III, 148 ss.). Do *Nous*, "olho divino da alma", dependem o conhecimento das Ideias e do Bem, portanto, a virtude, a moral e a "política" (platonicamente entendida) e, em geral, os destinos do homem (III, 185 ss.; 248 ss.). — *b*) Mas há também um intelecto próprio da alma do mundo (um *Nous* cósmico), como fica claro a partir da passagem do *Timeu* apresentada em III, 141 s. Inteligência (suprema Inteligência ordenadora do cosmo) é o Demiurgo, que é um Deus (III, 150 ss.). Deve-se, contudo, notar que em Platão o mundo das Ideias, o Inteligível, é hierarquicamente superior à Inteligência, enquanto é regra e condição da própria inteligência. 3) Aristóteles avança ainda mais. — *a*) A introdução da alma vegetativa e da alma sensitiva leva o Estagirita a exaltar, em nível antropológico, a excelência da alma racional, do *nous*, concedida como *separada do corpo*, *imaterial* e, portanto, capaz de ser *lugar das formas ideais*. O *nous* humano é realidade em si impassível, proveniente "de fora", transcendente, imortal, divina (cf. a documentação apresentada em IV, 87 ss.). A célebre distinção entre *intelecto potencial* e *intelecto atual* deve ser entendida à luz da doutrina geral da potência e do ato, e não parece ter a amplidão e o alcance que lhe darão os comentadores e exegetas de Aristóteles (cf. o que dissemos a respeito em IV, 88 ss.). O Estagirita define a essência do homem (o eu, como dizemos hoje; o "nós", como diziam os antigos) não genericamente como *psyché* (como Sócrates e Platão), mas especificamente como *Nous* (cf. a documentação em IV, 100 s.). — *b*) No nível cosmológico deve-se observar a função das cinquenta e cinco substâncias motoras das esferas celestes dos planetas, que são, evidentemente, Inteligências, como fica claro no cap. 8 do livro XII da *Metafísica, passim* (cf. IV, 61 s.). — *c*) No nível metafísico-teológico, a Inteligência é apresentada como a própria essência do Absoluto: uma Inteligência que é *inteligência de si mesma*, que constitui ela mesma o próprio inteligível (cf. IV, 60 s.). Se a metafísica platônica é uma metafísica do inteligível, ou seja, da Forma e da Ideia, a de Aristóteles pode ser definida como metafísica da Inteligência (cf. IV, 15 ss.). 4) Na era helenística a inteligência é interpretada *em chave corporeísta*, perdendo a sua relevância e realce metafísicos. Permanecem, contudo, as valências antropológicas, cosmológicas e físico-teológicas, visíveis sobretudo no estoicismo, que considera o *hegemônico* (*a alma racional*) *como um fragmento da inteligência divina, e faz desta o princípio ativo e constitutivo do universo* (VI, 45 ss.; 51 ss.; 68 s.). 5) Com a redescoberta do incorpóreo, na era imperial (médio-platonismo e neopitagorismo), a metafísica da inteligência procede a ulteriores aquisições, *através da tentativa de sintetizar as instâncias platônicas e as aristotélicas*. — *a*) Em primeiro lugar, deve-se observar que, nesse período, tende-se a diferenciar mais do que no passado o *Nous* da *Psyché*, e a destacar marcadamente a superioridade hierárquica do primeiro com relação à segunda (VII, 298 ss.). Esta concepção influencia, entre outros, o estoico Marco Aurélio (VII, 115 ss.). — *b*) Em segundo lugar, *tende-se a estabelecer uma hierarquia de Inteligências*: a suprema (que coincide com o primeiro Deus) e a Alma do mundo (chamada de segundo Deus) (VII, 298 ss.; 363 ss.). — *c*) Digna de relevo é *a transformação das Ideias em pensamentos de Deus* e, precisamente, nos pensamentos do primeiro Intelecto que pensa a si mesmo (cf. VII, 294 ss.; cf. particularmente as passagens apresentadas em IV, 296). Sobre a importância de Filo a este respeito, cf. VII, 248 ss. — *d*) Justamente sobre o realce metafísico que o *Nous* tem no homem funda-se a possibilidade da "assimilação a Deus" (VII, 313), que na era imperial torna-se o mandamento moral essencial. 6) Também nos mais famosos documentos da gnose pagã, nos *Tratados* herméticos e nos *Oráculos Caldaicos*, o *Intelecto* desempenha um papel fundamental. Ver, por exemplo, a hierarquia dos Intelectos e a função a eles atribuída no *Poimandres* (IV, 381 s.), e a estreita relação entre intelecto e salvação no homem (VII, 384 ss.). Ver também o papel relevante desempenhado pelo *Nous* no nível teológico nos *Oráculos* (VII, 390 ss.) e, em particular, a doutrina mística do "mais fino intelecto" (VII, 394). 7) Um lugar de primeiro plano na história do conceito de intelecto é ocupado por Alexandre de Afrodísia, o qual distingue no homem: *a*) um intelecto material, puramente potencial; *b*) um intelecto *in habitu*, que, mediante a realização da sua potencialidade, possui o hábito de pensar; *c*) o Intelecto agente ou produtivo, identificado com Deus. — *d*) O intelecto que "vem de fora" (*nous thurathen*) torna-se como a marca do Intelecto agente sobre a nossa Alma, que faz passar o nosso intelecto de potencial a intelecto *in habitu* (ver a documentação em VII, 38 ss.). Contrariamente ao que se acreditou por muito tempo, Alexandre admite uma espécie de imortalidade (impessoal), que só foi possível compreender a partir dos mais recentes estudos (VII, 42 ss.). 8) Com Plotino, *o Nous torna-se uma hipóstase*, concebida como uma *síntese de ser, pensamento e vida*. O termo mais correto para traduzir o *Nous* plotiniano é *Espírito*. A doutrina plotiniana do *Nous* funde admiravelmente todas as instâncias da doutrina platônica e aristotélica e as leva às últimas consequências, como mostramos em VIII, 61 ss. Com Plotino, porém, enquanto se torna claríssima a distinção entre *Nous* e *Psyché*, que são duas diferentes hipóstases, emerge uma terceira hipóstase (da qual precedentemente encontramos apenas vagas antecipações, sobretudo entre os neopitagóricos), superior ao próprio *Nous*, ou seja, o Uno. A exata compreensão do *Nous* plotiniano implica uma adequada compreensão do Uno a partir do qual é gerado, assim como uma compreensão da Alma por ele gerada, e, particularmente, implica um adequado aprofundamento do conceito de processão (VIII, 54 ss.; 61 ss.; 75 ss.; 127 ss.). O platonismo subsequente rompe a unidade da hipóstase do *Nous*, transformando aquilo que em Plotino eram determinações conceituais em hipóstases e, em seguida, distinguindo, também no interior destas, ulteriores hipóstases (cf. Amélio, VIII, 145 ss.; Porfírio, VIII, 147 ss.; Jâmblico, VIII, 156 ss.; Teodoro de Ásine, VIII, 168 ss.; Proclo, VIII, 176 ss.; Damáscio, VIII, 195 ss.). Cf. o verbete Noeros.

NOVA ACADEMIA

Assim é denominada a Academia de Arcesilau a Carnéades, isto é, a *Academia cética* (VI, 164-180). Cf. Academia.

NULIDADE (οὐδένεια)

O tema da nulidade encontra-se em Filo de Alexandria, referido principalmente ao homem, e consiste em compreender a fundo que *o que temos e somos depende inteiramente de Deus*. A tomada de consciência da própria nulidade coincide com o encontro do homem com Deus criador (VII, 266 s.). — Deve-se, ademais, observar que, explorada em todos os sentidos, a temática da nulidade do homem já se encontra no ambiente grego anterior, em Pirro (VI, 145) e na tradição cética. — Ver também os numerosos traços dessa temática em Marco Aurélio (VII, 110 ss.). Cf. também o verbete Vaidade.

NÚMENO (νοούμενον)

Para Sexto Empírico é *a percepção do intelecto*, vale dizer, *o que aparece ao intelecto*, assim como o fenômeno é o que *aparece ao sentido*. Númeno, na filosofia antiga, tem um significado totalmente diferente do que assumiu a partir de Kant (VII, 170 ss.).

NÚMERO (ἀριθμός)

Na evolução da concepção grega do número que interessa ao pensamento filosófico, podem-se distinguir pelo menos cinco etapas. 1) A primeira é representada pelos pitagóricos antigos nos quais predomina *uma concepção arcaica do número de caráter aritmo-geométrico*, da qual falamos em I, 79 ss. Porém, já nessa fase surgem algumas perspectivas destinadas a ter notáveis desenvolvimentos metafísicos como, por exemplo, a do número como síntese de *limite* e *ilimite*, sobre o qual cf. I, 81 ss. — 2) Platão concebe os números em dois níveis: *a*) como *números matemáticos*, entendidos como entes que ocupam o grau mais baixo na hierarquia do mundo ideal (e, portanto, como *metaxu* ou intermédios) e *b*) como *Números ideais*, ou seja, os Números dos quais derivam as próprias Ideias, dos quais falamos em III, 94 ss. — 3) Para Aristóteles, os números tornam-se entes de razão, *entes abstratos*, como mostramos em IV, 91 ss. — 4) A evolução da doutrina do número atinge seu zênite com o neopitagorismo, no qual são dadas três diferentes valências aos números: *a*) uma *metodológica*; *b*) uma *metafísica*; *c*) e uma *teológica*, das quais falamos em VII, 344 ss. — 5) Recordamos, enfim, o original repensamento plotiniano da doutrina do número *em chave metafísica*, no interior da processão hipostática, da qual falamos em VIII, 71 s. e da qual derivará a doutrina posterior das Énadas (VIII, 183 ss.).

O

OCHEMA, cf. Veículo.

OCULTO, Argumento do

É um dos paradoxos de Eubulídes, que representa um exemplo típico da dialética megárica (V, 68).

OFFICIUM, cf. Kathekon.

OIKEIOSIS (οἰκείωσις, *conciliatio*)

É o *primigênio instinto de conservação*, posto pelos estoicos na base da sua ética. Tal instinto caracteriza-se como a constante tendência a apropriar-se do próprio ser e de tudo o que é apto a conservá-lo (VI, 74 ss.). A *oikeiosis* torna-se, assim, o princípio central do qual é deduzida toda a ética estoica: o que conserva e incrementa o nosso ser é bem, o que o danifica e diminui é mal (ver os textos e as explicações em VI, 77 ss.). Também na dedução dos *indiferentes* (cf. verbete) a *oikeiosis* desempenha um papel fundamental (III, 336 ss.). Ver a passagem de Pohlenz apresentada em VI, 74 s., nota 5, e, para ulterior aprofundamento, o artigo de S. G. Pembroke, citado em VI, 75, na nota.

OLIGARQUIA, cf. Governo, formas de.

ONTOLOGIA

É a *doutrina do ser* (cf. verbete). Recordamos que a ontologia, enquanto visa à totalidade do ser, ao todo do ser e não apenas a uma parte, corresponde em geral à metafísica. Se quisermos determinar com precisão a relação entre os dois termos, podemos dizer que, *em sentido estrito, a ontologia não implica necessariamente a transcendência, enquanto a metafísica sim*. Portanto, toda forma de metafísica é necessariamente ontologia, enquanto nem todas as formas de ontologia são necessariamente metafísica em sentido pleno (= nem todas as formas de ontologia desembocam na transcendência). Todavia, *em sentido lato*, também a ontologia não transcendentalista pode ser chamada de metafísica, se e na medida em que pretende esgotar o todo. Cf. as ulteriores especificações que fazemos no verbete Metafísica.

OPINIÃO, cf. Doxa.

OPOSIÇÃO, OPOSTOS (τὰ ἀντικείμενα)

O termo indica, de modo genérico, *uma relação de exclusão entre dois ou mais objetos*. A oposição pode ser radical, sem a possibilidade de termos intermédios (como, por exemplo, a oposição entre ser e não-ser), tomando, então, o nome de *contradição*; ou pode ser atenuada, admitir termos intermédios (como, por exemplo, a oposição entre branco e preto, que admite como intermédio o cinza), tomando, então, o nome de *contrariedade* (cf. verbete). Opostos são também, para Aristóteles, os *relativos*, bem como a *posse* e a *privação* (cf. *Categorias*, 10, *passim*).

ORÁCULOS CALDAICOS (χαλδαικὰ λόγια)

Sobre a gênese, o presumível autor, as doutrinas e o significado histórico e filosófico da obra que tem esse nome (que nos chegou em fragmentos) falamos amplamente em VII, 388 ss.

ORDEM, cf. Cosmo; Medida.

ORFISMO

É um movimento religioso (desenvolvido na Grécia a partir do século VI a.C., que floresceu, embora com êxito irregular, até o século VI d.C.), que tira o nome do poeta Orfeu, considerado pelos seguidores o fundador. — Sobre a caracterização, a discussão da problemática e a avaliação das influências desse movimento religioso extremamente importante, cf. o Apêndice do vol. I, *passim*.

ORGÃO DIRETIVO, cf. Hegemônico.

ORGANICISMO

1) Com esse termo pode-se denominar *a concepção que assimila a natureza do cosmo à de um organismo vivo e como tal o interpreta*. Nesse sentido, foram organicistas não só a maioria dos naturalistas pré-socráticos, mas também Platão (cf., sobretudo, a cosmologia do *Timeu*, do qual falamos em III, 144 ss.), e, mais ainda, os estoicos (VI, 41 ss.), e também Plotino e os neoplatônicos (VIII, 88 ss.). 2) Na gnosiologia, pode-se dizer organicista *o tipo de concepção que considera que o conhecimento de uma noção implica estruturalmente o conhecimento da totalidade das relações positivas e negativas que a ligam com todas as outras*. Assim foi denominada por alguns intérpretes a gnosiologia de Espêusipo (V, 90 s.). Deve-se, ademais, notar que também a dialética platônica, em certa medida, pode ser entendida como uma concepção de tipo organicista (III, 164 ss.).

ORGANON (ὄργανον)

Com esse termo, significando *instrumento*, foi designado o conjunto dos escritos lógicos de Aristóteles, sobre cuja estrutura cf. IV, 142 ss. Embora não seja aristotélico, o termo exprime bem o caráter próprio da lógica, que não entra no quadro das ciências (IV, 141 s.), mas é uma propedêutica a elas, destinada a fornecer os meios (os *instrumentos*) necessários para enfrentar a pesquisa científica.

ORIGEM, cf. Arché.

OTIMISMO

Termo moderno que indica *a concepção da fundamental positividade do princípio ou dos princípios primeiros e, portanto, a fundamental bondade da realidade que deles deriva em todas as suas manifestações, seja como cosmo, seja como vida*. O otimismo resulta estruturalmente ligado à concepção finalista da realidade. Dentre os físicos, são otimistas, sobretudo Anaxágoras, para quem tudo depende do Nous divino (I, 147 ss.) e a corrente dos físicos ecléticos, encabeçada por Diógenes de Apolônia, que põe em primeiro plano o *telos* (I, 166 ss.). O otimismo socrático é evidente sobretudo na concepção de Deus como Providência (I, 291 ss.). As formulações mais notáveis são as de Platão (que põe no vértice do ser a Ideia do Bem e aponta na bondade do Demiurgo e no Bem a causa da origem do cosmo; cf. III, 141 s.; 150 ss.) e a de Aristóteles (que põe o fim como causa universal e interpreta a causalidade do Motor Imóvel como uma forma de atração exercida pelo perfeito sobre todas as coisas; cf. IV, 58 ss.). — Também em Plotino, malgrado algumas incertezas, prevalece a concepção otimista, como fica claro, não só, em geral, a partir dos seu princípios metafísicos, mas também a partir da precisa demonstração da positividade do mundo corpóreo e, sobretudo, a partir da polêmica antignóstica a esse respeito (VIII, 97 ss.). Também nas filosofias imanentistas da era helenística predomina, em última análise, um pacato otimismo, na medida em que predominam as seguintes convicções: *a*) que a verdade é cognoscível; *b*) que no mundo há lugar para o homem e para a sua felicidade; *c*) que a felicidade depende das escolhas do homem; *d*) que, quanto à felicidade, o homem pode até mesmo (pelo menos em relação à qualidade, senão à quantidade) não ter nada a invejar aos Deuses (cf. vols. V-VI, *passim*). Cf., ademais, o que dissemos nos verbetes Disteleologia, Niilismo, Pessimismo.

OUSIA (οὐσία)

O termo *ousia* é um dos mais difíceis de traduzir nas línguas modernas, justamente porque, em grego, é carregado de valências de tal modo diversas, que as linguagens modernas não conseguem mais juntar e, portanto, não conseguem traduzir com um único termo. Compreende-se que os tradutores não se encontrem de acordo ao traduzir o termo *ousia*, oscilando entre diferentes soluções e mostrando-se pouco satisfeitos com qualquer solução. Felizmente as línguas neolatinas, nesse ponto, diferem das demais, pois o termo substância é amplamente utilizado na linguagem comum (muito mais do que em outras línguas modernas). O único problema do termo *substância* é que ele não tem laços glotológicos com o termo ser, como o termo grego *ousia* (derivado do particípio presente feminino ουσα). Se quiséssemos manter o mesmo jogo de laços glotológicos, deveríamos traduzir *ousia* por "entidade" (em inglês "entity", em alemão "Wesenheit", do particípio passado de "sein", "ge-wesen"). Mas o termo "entidade", na nossa língua, é genérico e, ademais, está longe de cobrir a área semântica do termo *ousia*, e, portanto, não pode ser utilizado. Que entendemos, de fato, em português, pelo termo substância? Quando usamos o termo em locuções como: "tal remédio possui tais *substâncias*", "tal objeto é constituído por tal substância ou é feito de tal substância", e outras semelhantes, entendemos por "substância" os elementos ou os componentes constitutivos da coisa, aquilo que de a coisa é feita, a sua matéria. Ao contrário, quando usamos o mesmo termo em expressões do seguinte teor: "tal texto significa *em substância* o seguinte...", "tal discurso quer dizer *em substância* isso...", "a *substância* da discussão se reduz ao seguinte...", e, em geral, quando usamos a expressão "em substância", entendemos com o termo *substância* a essência, o núcleo principal e essencial, o *quid* último característico da coisa. Enfim, por influência da linguagem filosófica, falamos também de "substâncias individuais concretas e determinadas", para indicar as diferentes realidade individuais. Como se vê, com o termo "substância" indicamos um arco de significados que vai da *matéria*, à *essência*, ao *indivíduo concreto*. — Ora, para Aristóteles, *ousia*, em geral, indica o significado principal de ser, mas também, em particular, inclui esse mesmo arco de significados acima ilustrados, embora com inevitáveis nuances de diferenças. Para Aristóteles, *ousia*, em sentido muito longínquo e impróprio, é a *matéria*; em sentido pleno, é a forma; enfim, é também o sínolo. Para todas as implicações metafísicas desses significados e para a elucidação da estrutura da usiologia aristotélica, cf. IV, 44 ss. — Antes de Aristóteles (que forneceu a doutrina mais complexa da antiguidade e, talvez, de todos os tempos), *ousia*, em Platão, significa *a Ideia* e o *Ser suprassensível da Ideia* (III, 61 s.; 67 ss.). — Depois de Aristóteles, na especulação do Pórtico e em alguns pensadores influenciados pelo estoicismo, a *ousia* significa, ao invés, *a matéria ou a substância material*. — Em Plotino, *ousia* serve para indicar sobretudo o ser que é momento constitutivo do Espírito, ou seja, a segunda hipóstase.

P

PAI (πατήρ)

Termo que Platão, no *Timeu*, 28 c, atribui ao Demiurgo, denominando-o "fautor e pai desse universo". Por isso o Demiurgo é pai, enquanto *fautor*. — Filo de Alexandria, com o termo "pai" exprime, além da atividade demiúrgica de Deus, também a atividade *criadora*: para ele, o Deus pai é o Deus *que cria do nada*. — A tradição platônica retoma esse termo, ampliando-o de vários modos. — Em Plotino, por exemplo, designa tanto o Uno, que é pai de tudo (*Enéadas*, I, 6,8), como o Espírito, que é pai da alma (VI, 9,5). — Com colorido mais acentuadamente místico, Pai indica o princípio supremo, seja no *Corpus Hermeticum*, seja nos *Oráculos Caldaicos* (VII, 390 ss.), seja na literatura religiosa da antiguidade tardia. — Este epíteto volta também nos neoplatônicos tardios.

PAIDEIA (παιδεία)

Esse termo, que, nas suas origens e na sua acepção comum, indica *o tipo de formação da criança* (pais) *mais idôneo a fazê-la crescer e tornar-se homem*, assume pouco a pouco nos filósofos o significado de *formação*, de *perfeição espiritual*, ou seja, de *formação do homem no seu mais alto valor*. Portanto, podemos dizer que a paideia, entendida ao modo grego, é a *formação da perfeição humana*. — A *paideia* pré-filosófica era de caráter ginástico-musical: o ginásio de esportes e a poesia deviam plasmar, temperando-se mutuamente, o corpo e a alma, *formando uma mente sã num corpo são*. A mais bela descrição desse tipo de educação encontra-se na *República* de Platão, particularmente no livro II, 376 d ss., onde é apresentada como um tipo de educação relativa e não absoluta, válida para todos os que não chegam à filosofia, mas como etapa essencial também para quem, posteriormente, poderá receber a educação filosófica superior. Com efeito, o nascimento da filosofia na Grécia modificou substancialmente o quadro da *paideia*. — Já os sofistas desempenham um papel fundamental ao impor *a filosofia como força educativa essencial*. — Mas a aquisição torna-se irreversível com Sócrates e sobretudo com Platão, o qual, com sua escola, a Academia, ademais dos seus escritos, impõe a perspectiva da qual falamos. *Os verdadeiros mestres de formação humana e de vida tornam-se assim, não mais os poetas, mas os filósofos*. — A mensagem educativa fundamental da filosofia grega pode ser resumida na descoberta da enorme *força formativa da contemplação*, da qual falamos no Apêndice II do vol. I, *passim*, contemplação que, em Plotino, torna-se até mesmo força ontogônica, formadora da realidade, além da humanidade. — Sobre as etapas, as instituições, o espírito e a evolução da *paideia* grega, cf. as seguintes obras fundamentais: H.-I. Marrou, *Histoire de l'éducation dans l'antiquité*, Paris 1964[6] (trad. ital. de U. Massi, Editrice Studium, Roma 1966[2]); W. Jaeger, *Paideia, Die Formung des griechischen Menschen*, 3 vols., Berlim-Leipzig 1934-1947. Esta última obra, malgrado certos desequilíbrios, permanece uma obra-prima no seu gênero.

PAIXÃO (πάθος, *passio*)

Significa *perturbação da alma*. Em geral, a filosofia grega viu na paixão a raiz dos males e da infelicidade do homem, e o que mais contrasta com a virtude. A paixão, concebida como ligada ao corpo ou à parte da alma mais próxima da animalidade, deve ser moderada e dominada (cf. Enkráteia, Temperança, Metriopatia), ou até mesmo, segundo os estoicos, arrancada (cf. Apatia). O extremismo da posição estoica explica-se pelo fato de que eles interpretavam *a paixão como consequência de um juízo errado da razão, ou melhor, como movimento irracional da alma consequente à opinião errada, ou mesmo como juízo errado*, e por isso a concebem como radicalmente eliminável pela reta razão e pelo conhecimento. Cf., particularmente, o que dissemos em VI, 101 ss.

PALAVRA, cf. *Logos*; Nome.

PALINGÊNESE (παλιγγενεσία)

Significa *renascimento* ou *regeneração*. Na tradição platônica, indica a *metempsicose* (cf. verbete). — Na filosofia dos estoicos indica a periódica regeneração e reconstituição do cosmo em seguida à *ekpyrosis* (cf. verbete) ou conflagração universal (VI, 67 ss.). Ao conceito de palingênese liga-se, no Pórtico, o de *apocatástase* (cf. verbete).

PANLOGISMO

Termo de cunho moderno usado para indicar o sistema hegeliano, por causa da *redução de toda a realidade à razão e ao Logos*. Na antiguidade (embora em diferente contexto) pode ser assim denominado o sistema de Plotino. De resto, é o próprio Plotino a afirmar com toda clareza o seguinte: ἀρχὴ οὖν λόγος καὶ πάντα λόγος, *o princípio é Logos, e tudo é Logos* (*Enéadas*, III, 2,15). O estoicismo pode ser considerado uma forma de panlogismo não espiritualista como o de Plotino, mas materialista, ou melhor corporeísta (cf. verbete *Logos*).

PAMPSIQUISMO

Termo moderno que indica *a redução da realidade física à alma e à sua atividade*. O neoplatonismo pode ser considerado uma forma de pampsiquismo, especialmente na formulação de Plotino, que reduz o cosmo físico à atividade da alma e reduz a própria *physis* à alma (VIII, 84 ss.; 92 ss.). — Os germes dessa concepção já estão em Platão, na medida em que ele, no *Timeu*, não põe a alma *no mundo*, mas o mundo *na alma* (III, 148 s.). Platão, todavia, não foi pampsiquista, pelo menos na medida em que considera a *chora* (o princípio material) não produzido pela alma. — A posição de Plutarco mostra-se ambígua, pois ele concebe a matéria como estruturalmente dotada de *alma irracional* (VII, 305 ss.), assim como é ambígua a posição análoga da Numênio (VII, 368 s.). Cf. Hilozoísmo.

PANTEÍSMO

Termo moderno que designa as formas de pensamento que, de vários modos, *identificam o ser de Deus com o ser do mundo, ou seja, que negam a transcendência divina*. Uma verdadeira forma de panteísmo é constituído pela ontologia estoica (VI, 45 ss.). Só impropriamente os pré-socráticos podem ser chamados panteístas, porque o seu pensamento, ainda arcaico, não dispõe das categorias necessárias para uma determinação precisa de tal questão. Poder-se-ia dizer que os físicos pré-socráticos são panteístas, não porque negam a transcendência, mas porque ainda não a descobriram, e justamente por esse motivo eles não distinguem o ser do Divino do ser do mundo.

PAR-ÍMPAR (τὸ ἀρτιοπέριττον)

Na terminologia pitagórica é assim denominado *o número no qual está "misturado" o par e o ímpar* (I, 82 s.). Tal é o uno ou também, nos neopitagóricos, os números pares que, divididos por dois, dão como resultado um número ímpar.

PARADIGMA (παράδειγμα)

1) Na linguagem metafísica platônica, o termo significa *o "modelo" segundo o qual as coisas sensíveis são estruturadas*, e exprime *a normatividade ontológica da Ideia* (III, 80 s.). Deve-se observar que Platão fala também do "*paradigma da vida*", do *modelo* que a alma *escolhe* antes de vir a este mundo, querendo com isso indicar que *cada tipo de vida tem o seu exato significado metafísico* (III, 198 ss.). — Na reforma filoniana, as Ideias *cessam de ser paradigmas absolutos e tornam-se paradigmas relativos*, imagens com relação a Deus (que é modelo absoluto), paradigmas com relação às coisas, pelos motivos explicados em VII, 253 ss. 2) Na lógica aristotélica significa, ao invés, *exemplo*. Cf. *Primeiros Analíticos*, B 24, *passim*.

PARADOXO (παράδοξος)

O paradoxo é uma tese ou uma argumentação ou uma doutrina *que se opõe à opinião comum*. Em filosofia, é usado em vários níveis. Célebres são, sobretudo, os paradoxos de Zenão (I, 118 ss.) e da escola megárica (V, 57 s.; 60 ss.; 64 ss.). — Sócrates e Platão valem-se especificamente do paradoxo como arma maiêutica, enquanto os sofistas fazem dele uso capcioso e puramente erístico. — Fortemente paradoxais são muitas proposições da filosofia helenística. — Em geral deve-se observar que o grego, particularmente o filósofo grego, teve muito gosto pelo paradoxo. Aristóteles constitui, em certo sentido, a mais clamorosa exceção, enquanto apresenta o tipo de pensamento mais respeitoso da *opinião* e, portanto, menos paradoxal, dada a sua intenção de apresentar a filosofia como prolongamento crítico e como fundação da *doxa*, mais do que como inversão dela.

PARALOGISMO (παραλογισμός)

Indica o *raciocínio errado que, por força de artifícios, se apresenta como correto*. Paralogismos são os silogismos erísticos (IV, 160).

PARES (ἄρτιος)

É uma das duas classes nas quais se dividem os números para os pitagóricos. Pares são os números (cf. verbete) nos quais prevalece o *ilimite* (enquanto nos ímpares prevalece o *limite*). Cf. documentos e exegese em I, 81 ss. (Os pares são considerados pelos pitagóricos como piores e imperfeitos; os ímpares como melhores e perfeitos).

PARÔNIMO (παρώνυμος)

Aristóteles fornece a seguinte definição: "Parônimos [...] são os objetos que tiram a sua designação de um certo nome, constituindo assim as diversas flexões dele. Por exemplo, o gramático tira a sua designação da gramática, e o corajoso da coragem" (*Categorias*, 1 a 12 ss.).

PARRESIA (παρρησία)

Significa *liberdade e franqueza de palavra* e tornou-se um termo técnico para designar o modo de falar característico dos cínicos, que se lançavam, amiúde, na forma e no conteúdo, não só além de toda convenção, mas até mesmo (voluntariamente) ao limite da insolência escandalosa. Cf. as várias exemplificações que apresentamos em V, 27 ss.

PARTICIPAÇÃO, cf. Metexis.

PARUSIA (παρουσία)

O termo significa *presença*. Em Platão indica uma possível relação entre a Ideia suprassensível e o sensível. A Ideia pode ser dita presente na coisa, *como a causa pode ser dita presente no causado* (III, 80 ss.).

PASSIVO, Intelecto, cf. Nous.

PASSIVO, Princípio, cf. Matéria.

PECADO

A concepção do pecado, tal como se delineou na cultura ocidental (seja no sentido filosófico de escolha de um bem inferior a dano de um bem superior, seja no sentido religioso de transgressão em detrimento mandamento divino, ambas dependentes do livre-arbítrio e da vontade), é desconhecida da grecidade. Só com Filo de Alexandria se desenvolve o conceito de pecado como *o não querer o querer de Deus* (VII, 262 s.). Mas Filo depende da Bíblia, da qual extrai o conceito de vontade e de mandamento. Entre os pensadores pagãos, talvez, Sêneca é o que mais se aproxima da concepção da qual falamos. Mas Sêneca é também o filósofo que mais falou de *voluntas* (cf. verbete), mesmo sem ter sabido fundá-la teoreticamente (VII, 79 ss.). Cf. Vício, Intelectualismo ético e Mal.

PENETRABILIDADE, dos corpos (σῶμα διὰ σώματος χωρεῖ)

É uma tese estoica dependente, antes, coincidente com a tese da comistão total dos corpos (κρᾶσις δι'ὅλων). Cf. Comistão.

PENSAMENTO, cf. Dianoia; *Logos*; Noese; Nous.

PENSAMENTO DE PENSAMENTO (νόησις νοήσεως)

Assim Aristóteles caracteriza a natureza da substância imaterial, transcendente ao sensível, causa eficiente e final do universo, ou seja, a natureza de Deus. Cf. texto e exegese em IV, 60 s. — Recordamos que justamente nisso consiste a conquista metafísica mais conspícua do Estagirita e a sua mais significativa contribuição à "segunda navegação", pelas razões indicadas em IV, 15 ss.

PERAS, cf. Limite.

PERCEPÇÃO (κατάληψις, *perceptio*)

A percepção é *a representação sensível dos objetos*. Percepção é, por exemplo, a *representação cataléptica* estoica. Cf. verbete Cataléptica, representação. (Cf. von Arnim, *S.V.F.*, II, fr. 850; Cícero, *Acad. pr.*, II, 6,17).

PERFEITO (τέλειος)

No sentido mais forte do termo, é o que não carece de nada que lhe seja exterior. Para os vários significados do termo, cf. Aristóteles, *Metafísica*, Δ 16, *passim*. É interessante observar que o pensamento grego clássico *identificou o perfeito com o finito*, entendendo o infinito como o que carece de algo (cf. Ápeiron): ler a passagem aristotélica reportada em IV, 75.

PERIECHON (τὸ περιέχον)

Significa *o que abraça ou circunda*, e, portanto, dirige e governa todas as coisas: assim é o princípio, segundo Anaximandro (I, 53).

PERIPATÉTICO (περιπατητικός)

Assim foram chamados Aristóteles e os seus seguidores, pelas razões que indicamos no verbete Perípato.

PERÍPATO (περίπατος)

Significa "passeio". Assim foi denominada a escola de Aristóteles pelo fato de que no Liceu (cf. verbete) havia um "passeio" (perípato), ou seja, uma alameda destinada a esse fim, e pelo fato de que o Estagirita e os seus seguidores costumavam discutir filosofia passeando. Aristóteles e os aristotélicos foram, consequentemente, chamados peripatéticos (cf. Cícero, *Acad. post.*, I, 4, 17 e Diógenes Laércio, V, 2).

PERSEIDADE

Com esse termo traduzimos a característica essencial das Ideias indicada por Platão com a expressão καθ'αὑτό, que significa a sua *absolutidade em contraposição com o relativismo protagoriano* (o qual põe no sujeito o critério da verdade; cf. III, 70 s.), e também em contraposição ao mobilismo heraclitiano

(II, 69 ss.). A perseidade das Ideias implica estritamente a sua *imobilidade, seu caráter ingênito e a sua incorruptibilidade.* Cf. o verbete Absoluto.

PERSUASÃO (πειθώ, πείθειν)

A persuasão é *uma forma de convicção não produzida pelo conhecimento ou pela ciência, mas pela crença e pela opinião.* A persuasão é uma *crença sem saber.* (Em linguagem moderna, podemos dizer que a persuasão tem um fundamento meramente emotivo e não racional.) A persuasão é *o fim específico a que se propõe a retórica antiga* (cf. verbete).

PESO (βάρος)

É considerado por Estraton de Lâmpsaco a causa de todas as coisas, junto com o movimento, o quente e o frio (V, 131). — É introduzido por Epicuro como uma das características essenciais dos átomos (V, 175).

PESQUISA (ζήτησις)

Em sentido geral o termo significa *pesquisa desenvolvida com certa metodicidade e sistematicidade.* — Em sentido restrito, pode indicar a particular *zétesis* dos céticos, os quais, justamente pelo seu contínuo pesquisar (sem encontrar nada de definitivo), eram chamados *zetéticos* (cf. Ceticismo).

PESSIMISMO

O termo é de cunho moderno e indica, na sua acepção mais própria, a concepção da realidade que considera que *na origem das coisas e da vida exista um mal ou uma culpa,* e *que o negativo como tal seja um momento estrutural e fundamental da realidade.* Ora, se um sentimento pessimista bastante difundido pode ser encontrado na literatura grega, o mesmo não se pode dizer do campo filosófico. — Nos pré-socráticos encontra-se certa forma de pessimismo, na medida em que se inspiram no orfismo (cf. I, 70 ss.; 87 ss.; 139 s.). — Mas com Sócrates e, sobretudo, com Platão delineia-se uma concepção de fundo claramente otimista: cf. II, 135 ss. (sobretudo p. 137) e III, 150 s. (sobretudo pp. 141 s.). — O pessimismo na filosofia pós-platônica, em nível temático, tem manifestações isoladas: cf., por exemplo, o último cirenaísmo (V, 49 ss.); o ceticismo (mas só em parte). Ver, ademais, certas características básicas presentes em alguns estoicos, particularmente Marco Aurélio (VII, 110 ss.).

PESSOA (πρόσωπον)

O termo indica, em sentido técnico, uma substância individual racional em geral e a irrepetível individualidade humana em particular. O pensamento antigo não elaborou e não aprofundou em nível temático esses conceitos, que supõem as conquistas do cristianismo. Cf. o verbete Indivíduo.

PETIÇÃO DE PRINCÍPIO, cf. Dialelo.

PHILIA, cf. Amizade.

PHRONESIS, cf. Sabedoria.

PHYSIS (φύσις, *natura*)

Este termo exprime *um dos conceitos cardeais do pensamento antigo*. É muito difícil traduzi-lo, porque nas línguas modernas não existe um correspondente que cubra toda a originalidade de sua área semântica. "Natureza" é o termo menos inadequado, sobretudo se o desvinculamos de concepções científicas reducionistas. Aristóteles, na *Metafísica*, Δ 4, tentou traçar um mapa dos vários significados de *physis*, o qual pode ser muito útil ao leitor moderno que queira recuperar a ampla área semântica da qual falamos: "Natureza significa, (1) num sentido, *a geração das coisas que crescem* (assim, se se entende como longa a letra 'u' do termo φύσις). (2) Em outro sentido, natureza significa *o princípio originário e imanente do qual se desenvolve o processo de crescimento da coisa que cresce*. (3) Ademais, natureza significa *o princípio do movimento primeiro que existe em cada um dos seres naturais, e que existe em cada um deles justamente enquanto é ser natural* [...]. (4) Além disso, natureza significa *o princípio material originário do qual é feito ou do qual deriva todo objeto natural, privado de forma e incapaz de mudar em virtude só da potência que lhe é própria*. Por exemplo, diz-se que a natureza de uma estátua ou de um objeto de bronze é o bronze, ao invés, dos de madeira diz-se que é a madeira; e assim por diante. De fato, cada um desses objetos é constituído por aqueles elementos, sem que se mude a matéria-prima da qual é constituído. Nesse sentido, alguns chamam de natureza os *elementos* dos seres naturais. E alguns dizem que elemento é o fogo, outros, a terra, outros, o ar, outros, a água e outros, algo semelhante; outros dizem que os elementos são mais de um e outros, enfim, que os elementos são todos. (5) Em outro sentido, natureza significa *a substância* [= forma] *dos seres naturais*. Por isso, de todas as coisas existentes ou geradas naturalmente, mesmo que já esteja presente *aquilo do que*, por natureza, deriva o seu ser e a sua geração, quando ainda não têm a sua *forma* e a sua *figura*, dizemos que ainda não têm a sua natureza. Portanto, objeto natural é o que é composto de matéria e de forma. Por exemplo, os animais e as suas partes. E natureza não é só a matéria-prima [...], mas também a *forma* e a *substância*: e esta é o fim da geração. (6) Por extensão, e em geral, *toda substância* é chamada natureza em virtude da forma, pelo fato de que a forma também é uma natureza. Do que se disse resulta que a natureza, no seu sentido originário e fundamental, *é a substância das coisas que possuem o princípio do movimento em si mesmas e pela própria essência*. De fato, a matéria é dita natureza somente porque é capaz de receber esse princípio, e a geração e o crescimento somente porque são movimentos que derivam desse mesmo princípio" (1014 b 16 ss.). — Para completar esse quadro aristotélico dos vários significados de *physis*, devemos traçar brevemente também o mapa das fases históricas através das quais eles foram pouco a pouco conquistados. Com isso o quadro aristotélico ficará enormemente enriquecido. — *a*) Os criadores do conceito filosófico de *physis* foram os pré-socráticos, os quais, justamente por isso, são chamados de físicos. *Physis*, para eles, é o *princípio* do ser e da vida de todas as coisas (aquilo por quê, por cuja obra e no qual todas as coisas são) e o princípio é o Divino, como o próprio Aristóteles diz em outro lugar (I, 48 s.); nesse sentido, a *physis* implica estruturalmente o conceito de divino. *Physis*, em particular para os eleatas, é o ser (I, 111 s.). A *physis* assume o caráter de *assomaticidade* em Anaxímenes e, sobretudo, em Melisso, no sentido que explicamos em I, 60 e 127. Falar de materialidade, como fazem muitos, da *physis* dos pré-socráticos, não é correto, pelas razões apresentadas em I, 102; 127; 148. *Physis* implica, enfim, inteligência e ordem, como é evidente já com a doutrina do *Logos heraclitiano* (I, 67 ss.) e, sobretudo, com a doutrina de Anaxágoras e de Diógenes de Apolônia (I, 147 ss.; 166 ss.). Com terminologia moderna poderemos dizer que para os pré-socráticos a *physis* é a totalidade do real considerado na sua *estrutura* (ontológica), ou seja, *na sua ordem e nas suas leis com tudo o que elas implicam*. — *b*) Platão conquista outros significados e, entre outras coisas, chama de *physis* também a Ideia ou, pelo menos, fala de *physis*, em muitas passagens, referindo-se às Ideias (III, 61 s.). — *c*) Aristóteles tenta uma sistematização e uma síntese das conquistas precedentes, como fica claro sobretudo a partir do ponto 6 do texto acima reportado. A preeminência hierárquica por ele conferida ao conceito de *physis* como forma indica o peso que teve a lição platônica. Com Platão e Aristóteles, todavia, *ocorre uma reviravolta de significado, consequência da "segunda navegação"*. De fato, a distinção entre "metafísica" (filosofia primeira) e física (filosofia segunda) comporta uma mudança do antigo significado de *physis*, que, em vez de indicar a totalidade do real, acaba por designar prevalentemente a *realidade sensível*: o conceito de *natureza* passa assim a coincidir sobretudo com o de *natureza sensível* (IV, 66 s.). Deve-se, contudo, observar que essa perspectiva aristotélica não só não elimina os significados anteriores de *physis*, mas se acrescenta a eles, inclusive porque, logo depois de Aristóteles, a metafísica é abandonada e as conquistas da "segunda navegação" se diluem. — *d*) Com a filosofia helenística ocorre nova etapa, sobretudo com o Pórtico. O conceito de *physis* adquire também o significado de *fundamento da norma moral e política*. Já a Academia e o próprio Aristóteles tinham-se movido nessa direção, mas a fundação teorética dessa perspectiva só ocorre no contexto da tríplice valência do *Logos-physis*, da qual falamos em VI, 17 ss. Para o significado físico-teológico do *Logos-physis* cf. VI, 51 s. Para o sentido específico no qual o *Logos-physis é o fundamento da ética* cf. VI, 72 ss. (Para o significado restrito de *physis* como *princípio e crescimento* no estoicismo, cf. VI, 66.) — *e*) A última etapa da evolução do conceito grego de *physis* é constituída pela especulação de Plotino. Segundo Plotino, a natureza é a orla extrema da Alma, *o aspecto pelo qual a Alma produz o mundo físico*. A natureza em sentido plotiniano é *Logos que produz as formas e as fornece à matéria*. A *physis* deriva da contemplação da Alma, *e é essa mesma contemplação*. Como todas as realidades inteligíveis, *ela produz contemplando* (VIII, 84 ss.). — A história da evolução do conceito de *physis* espelha, no limite, o que há de essencial no pensamento grego e, em particular, a cifra pela qual ele se encontra em antítese com o "sobrenatural", do qual a mensagem cristã é portadora.

PIRRONISMO

Com esse termo indica-se a doutrina de Pirro e os seus desenvolvimentos de Enesídemos a Sexto Empírico: cf. Ceticismo e Neoceticismo.

PISTIS (πίστις, *fides*)

Significa *fé*. 1) Platão a considera uma forma de *opinião* e a situa no segundo nível do conhecimento sensível, o que se dirige às coisas e aos objetos sensíveis (III, 163 s.). Também Aristóteles a considera estreitamente ligada à opinião (cf. *De anima*, Γ 3, 428 a 20). 2) Em Filo de Alexandria o termo muda completamente de significado e exprime a *fé* em Deus e na Revelação. Filo considera, consequentemente, a fé como a virtude suprema e antecipa, desse modo, uma série de temas e problemas que serão desenvolvidos sistematicamente na patrística e na escolástica (VII, 229 ss.; 263 s.). 3) A fé coincide com o poder e a sapiência teúrgica em Proclo (VIII, 180 ss.).

PITAGORISMO

É o movimento filosófico e espiritual fundado por Pitágoras, a cavaleiro entre os séculos VI e V a.C., caracterizado por dois elementos fundamentais: *a*) a ontologia do número (princípios das coisas são os números e, mais precisamente os princípios dos quais os números derivam, ou seja, o *ilimite* e o *limite*); *b*) uma vida ascética centrada na crença, de origem órfica, na metempsicose (I, 75 ss.). — Os motivos pelos quais não se pode falar dos expoentes individuais da escola, mas de pitagóricos no seu conjunto, foram explicados em I, 75. — O pitagorismo antigo dissolveu-se no século IV. Ressurgiu na era helenística e posteriormente, com renovado vigor, sobretudo na era imperial, para depois difundir-se, primeiro, com o médio-platonismo de Numênio e, em seguida, com o neoplatonismo. — Propusemos denominar a fase helenística de "médio-pitagorismo" e reservar à fase subsequente a qualificação de "neopitagorismo", pelas razões explicadas em VII, 321 ss.; 336 ss.

PITHANON (πιθανόν)

Significa *provável*, *acreditável*, no sentido do *que se mostra verdadeiro*. A doutrina do *pithanon* constitui o núcleo da filosofia de Carnéades, o qual, para fugir ao dogmatismo e ao absoluto ceticismo, sustenta que *o mostrar-se verdadeiro* e o *assenso dado a ele* é suficiente às necessidades da vida prática. Cf. os aprofundamentos do significado teorético dessa doutrina em VI, 176 ss.

PLATONISMO

Com esse termo indica-se a filosofia de Platão e da sua escola, bem como os vários repensamentos do platonismo originário, que se sucederam em todo o curso da antiguidade. *A história do platonismo não coincide*, portanto, *simplesmente com a história da escola de Platão, a Academia*, a qual morre com Antíoco (cf. o verbete Academia e as relativas remissões). A partir do final da era pagã e dos inícios da era cristã, o platonismo torna-se movimento ecumênico, primeiro numa forma relativamente nova, que os historiadores modernos da filosofia (hoje em dia concordemente) denominam *médio-platonismo* (cf. verbete e relativas remissões) e depois, a partir do século III d.C., numa forma radicalmente nova (a forma mais radical de repensamento que o platonismo conheceu) denominada neoplatonismo (cf. verbete e relativas remissões). Os fundamentos do platonismo são os seguintes: 1) a admissão da existência de dois planos da realidade e do ser, o inteligível e o sensível (essa é a conquista essencial da que o próprio Platão chamou de "segunda navegação"; cf. verbete); 2) o explícito reconhecimento do fato de que o inteligível é a "verdadeira causa" do sensível (o sensível não é capaz de explicar a si próprio); 3) a afirmação de que aos dois planos da realidade correspondem as duas dimensões do homem, que são a alma (afim ao inteligível) e o corpo sensível; 4) a afirmação de que a alma, enquanto afim ao inteligível, é incorruptível; 5) a convicção de que a tarefa do homem consiste em libertar a alma do corpo; 6) a ligação da ética com a escatologia. Ademais 7) o platonismo originário tem fortes interesses políticos, mas entende a verdadeira política como a verdadeira ética, fundada sobre a verdadeira filosofia. 8) O último Platão e a primeira Academia subsumem e desenvolvem elementos pitagóricos.

PLURALISMO

Em geral chama-se pluralismo *a concepção segundo a qual o princípio das coisas não é único, mas estruturalmente múltiplo*. Em sentido específico, entende-se por pluralismo a filosofia dos físicos pré-socráticos, os quais tentam uma superação das aporias especificamente ligadas ao monismo eleático (ou seja, Empédocles, Anaxágoras e os Atomistas).

PNEUMA (πνεῦμα, *spiritus*)

O termo significa, em geral, *sopro*, *espírito*, e assume valências muito diferentes do ponto de vista filosófico. 1) Em Aristóteles não reveste ainda um significado estritamente filosófico e metafísico, indicando os *ventos*, a *respiração*, ou também *a força vital* que se estende a todos os viventes. Eis uma passagem que ilustra esse significado: "Agora fica claro que todos os animais têm um pneuma congênito e que dele deriva a sua força. [...] Parece que esse pneuma se encontra, relativamente ao princípio psíquico, na mesma relação em que se encontra relativamente ao que é móvel: o ponto das articulações que move e é movido. Dado que o princípio vital em alguns animais encontra-se no coração, noutros no que corresponde ao coração, é evidente que também o pneuma congênito encontra-se na mesma parte. Em outro lugar se dirá se o pneuma é sempre o mesmo ou se se transforma sempre em outro. A mesma questão, com efeito, surge também para as outras partes do corpo. Contudo, é claro que ele é por natureza apto a mover e a produzir energia. As funções do movimento são puxar e empurrar, de modo que é necessário que o órgão possa expandir-se e contrair-se. Desse gênero, portanto, é a natureza do pneuma. De fato, contraindo-se e expandindo-se naturalmente, é capaz de puxar ou de empurrar em virtude da mesma causa; ademais, relativamente às substâncias ígneas é pesado, relativamente às substâncias contrárias é leve" (*De Motu animalium*, 10, 703 a 9 ss.). 2) Na ontologia estoica, o pneuma significa *sopro ígneo* e é *princípio que tudo penetra e tudo transforma*, o qual, difundindo-se pelo universo com diferente intensidade, geras as coisas com graduação hierárquica precisa. O Pneuma estoico *coincide com o fogo-artífice* (com o Deus-physis-*Logos*, VI, 51 ss.). 3) Em Filo de Alexandria, Pneuma é usado para indicar o *Espírito* que Deus inspira no homem, *o poder de verdadeira vida* que Deus dá ao homem. Com essa doutrina, Filo revoluciona a antropologia clássica, pelas razões explicadas em VII, 257 ss. 4) Significa, ademais, o fluido sutil que atravessa o corpo, do qual depende a boa ou a má saúde, segundo uma seita da medicina antiga (cf. VII, 163). 5) No contexto do pensamento cristão, significa o Espírito Santo.

PNEUMÁTICOS, Médicos (πνευματικοί)

São assim chamados os médicos que atribuíam a causa das enfermidades à má circulação de um fluido sutil, denominado pneuma, que atravessa todo o corpo (VII, 163).

POESIA, cf. Poética.

POÉTICA (ποιητική)

A reflexão filosófica sobre a natureza, o significado e o valor da poesia começa com Górgias. Ele considera que a peculiaridade da poesia consiste em produzir uma espécie de (poético) *engano* (ilusão), que produz por sua vez uma moção dos sentimentos, sem pretender fins cognoscitivos e práticos. Cf. textos e aprofundamentos em II, 53 ss. — Para Platão, a poesia (como, em geral, as artes figurativas) é: *a*) *imitação* (mimese) não do ser, mas da aparência do ser (ou seja, das coisas sensíveis), e, portanto, encontra-se "a três graus de distância da verdade" (é imitação de imitação). — *b*) Ademais, enquanto suscita emoções e sentimentos, dirige-se à parte mais baixa da alma e não à razão. — *c*) Não se funda sobre a ciência, mas sobre uma espécie de *divina mania*, sobre uma inspiração alegórica. Segundo Platão, a arte não tem um valor autônomo (III, 171 ss.). — A doutrina aristotélica resgata a poesia da condenação platônica e apoia-se sobre três conceitos centrais. — *a*) A arte é mimese, não enquanto mera cópia dos eventos, mas enquanto visão deles segundo a possibilidade e a verossimilhança. — *b*) O objeto da poesia é o particular, mas transfigurado, por assim dizer, e visto na sua valência universal; não em sentido lógico, mas em sentido fantástico-poético. — *c*) A poesia tem por efeito a *catarse*; esta, com efeito, alivia e purifica a alma das paixões (IV, 176 ss.).

POLIMATIA (πολυμάθεια)

O termo exprime o conceito que indicamos com a expressão *erudição polivalente ou saber enciclopédico*. Como tal é desprezada por Heráclito: "A *polimatia* não ensina a pensar retamente" (fr. 40; cf. fr. 129). Análoga é a posição de Demócrito: "Muitos, embora possuindo uma erudição polivalente, são privados de intelecto" (fr. 64); "É preciso esforçar-se para compreender muito, não para ter uma *erudição polivante*" (fr. 65). Pode-se chamar de polimatia (ainda que nos testemunhos que nos chegaram não apareça o termo) o saber enciclopédico propugnado por Hípias (II, 62 s.) e considerado por ele como alcançável pela arte da memória (cf. Mnemotécnica).

POLIS (πόλις)

O termo indica a Cidade no significado antigo de Cidade-estado, ou seja, de Estado como o realizaram os gregos. Ver, a respeito, o verbete Política e as relativas remissões. Sobre a crise da Polis e as suas consequências espirituais que afetaram também o pensamento filosófico cf. V, 5 ss.

POLITEÍSMO

O termo indica, no âmbito da religião, *a crença na existência de muitos Deuses*. Em filosofia indica, mais propriamente, *a concepção do divino como estruturalmente múltiplo*. (Nesse caso, talvez fosse melhor falar de pluralismo teológico; mas o pluralismo teológico tem sempre uma valência politeísta.) O politeísmo — note-se — apesar de ser uma cifra característica da religião grega, é também uma constante da filosofia grega. Por isso *o conceito de monoteísmo ficou fora dos horizontes do pensamento antigo*. — Entre os exemplos mais significativos, indicamos a complexa dedução dos Deuses no *Timeu* platônico (III, 151 s.), os cinquenta e cinco (ou quarenta e sete) Motores que, em Aristóteles, são hierarquicamente subordinados, mas coeternos ao primeiro

Motor Imóvel (II, 369 ss.), e os múltiplos Deuses de Epicuro (III, 195 ss.). Na antiguidade tardia a doutrina das hipóstases é até mesmo apresentada, expressa e sistematicamente, como *fundação teorética do politeísmo popular* (IV, 554 ss.). — Para o filósofo grego, Deus e o Divino implicam, é verdade, uma *unidade*, mas não implicam absolutamente uma *unicidade*, enquanto designam uma esfera que, pela sua própria natureza, desdobra-se estruturalmente numa multiplicidade de diferenciações. Cf. Monoteísmo.

POLITIA, cf. Governo, formas de.

POLÍTICA (πολιτική)

A) Na sua formulação clássica, platônico-aristotélica, a política é uma verdadeira *filosofia do homem e das "coisas humanas"* e, como tal, absorve em si a ética. A política, com efeito, para Platão e Aristóteles, 1) determina as supremas finalidades da vida associada, que são o bem, o justo e a felicidade; 2) determina a estrutura do Estado que melhor leva à realização daquelas finalidades; 3) determina as possíveis formas de governo do Estado e as suas características. 1) Quanto ao primeiro ponto, cf. o que dissemos em II, 237 ss. e 432 ss. Como complemento do que aí dissemos, consideramos oportuno ler algumas afirmações extraídas da *Ética a Nicômaco*, que mostram de modo eloquente quanto a concepção antiga da política difere da moderna, e, ao mesmo tempo, quanto Aristóteles concorda com Platão ao determinar o conceito e os fins da política. No cap. 2 do primeiro livro da *Ética a Nicômaco*, o Estagirita escreve: "[...] se há um fim das ações por nós realizadas, querido por ele mesmo, enquanto queremos todos os outros em função daquele, e se não escolhemos todas as coisas em vista de outra (assim, com efeito, se procederia ao infinito, de modo que a nossa tensão permaneceria privada de conteúdo e de utilidade), *é evidente que esse fim deve ser o bem, antes, o bem supremo*. E não é verdade que também para a vida, o conhecimento do bem tem grande peso e que nós, se temos um alvo, como os arqueiros, nos tornamos mais capazes de alcançar o que devemos? Se é assim, é preciso tentar determinar, pelos menos nas grandes linhas, o que ele é e de qual das ciências ou das capacidades ele é objeto. Deve-se admitir que *pertence à ciência mais importante*, isto é, *à que é arquitetônica em máximo grau. Tal é, manifestamente, a política*. De fato, é ela que estabelece que ciências deve-se cultivar nas cidades, e quais devem aprender cada classe de cidadãos, e até que ponto; e vemos que também as mais apreciadas capacidades, como, por exemplo, a estratégia, a economia, a retórica, são subordinadas a ela. E dado que ela se serve de todas as outras ciências e estabelece, ademais, por lei o que se deve fazer, e que ações se deve evitar, *o seu fim envolverá os fins das outras, de modo que será esse o bem para o homem*. De fato, se o bem é o mesmo para o indivíduo e para a cidade, é manifestamente algo maior e mais perfeito perseguir e salvaguardar o da cidade: com efeito, podemos nos contentar com o bem de um único indivíduo, mas é mais belo e mais divino o bem de um povo, de cidades inteiras. A nossa pesquisa visa justamente a isso, dado que se trata de uma pesquisa *política*". Pouco adiante, no início do capítulo quarto, Aristóteles acrescenta que esse bem ao qual tende a política é a felicidade. "Retomando o discurso, dado que todo conhecimento e toda escolha aspiram a um bem, digamos agora o que é, a nosso ver, *aquilo a que tende a política*, isto é, qual é o mais elevado dos bens alcançáveis mediante a ação. Ora, quanto ao nome, a maioria está praticamente de acordo: tanto a massa como as pessoas cultivadas o chamam de *felicidade*". Aristóteles e Platão não concordam na determinação do conceito de bem (cf. verbete), mas consentem muito mais do que se crê ao conceber *a felicidade na dimensão da contemplação* (cf. verbete e o vol. II, Apêndice, *passim*). 2) Quanto ao problema da estrutura do Estado, mostramos que Platão traça dois projetos: o da cidade ideal na *República* (III, 243 ss.) e o da "cidade segunda" nas *Leis* (III, 281 ss.). Equivoca-se quem crer que o primeiro seja meramente utópico e que o segundo substitua o primeiro. O projeto da cidade ideal implica, indubitavelmente, uma componente utópica, e Platão diz sem meios-termos que tal cidade não existe "em nenhum lugar sobre a terra" (e utopia quer dizer, justamente, *o que não existe em nenhum lugar*); mas o próprio Platão explica que não importa o fato de ela existir ou não, e nem mesmo que possa realizar-se historicamente no futuro, dado que ela é o "*modelo*" *ao qual se deve conformar quem quer viver na dimensão da política verdadeira*. O que significa que o Estado primeiro é um ideal absoluto ao qual o homem deve tender e *que deve realizar no próprio interior* (III, 272 ss.). De resto, o Estado ideal platônico é a projeção aumentada da *psyché* humana e de como ela deve viver para ser perfeita (III, 248 ss.), de modo que a conclusão acima indicada é totalmente legítima. O projeto do segundo Estado, traçado nas *Leis*, representa o Estado sob forma de ideal não absoluto, mas *relativo*, ou seja, *historicamente realizável nas circunstâncias do seu tempo* (cf. o que dissemos em III, 281 s.; cf. também III, 275 ss.). Nesse sentido, a posição de Aristóteles, cujo Estado ideal é, justamente, um ideal supostamente realizável na dimensão histórica, é claramente antecipada (IV, 133 ss.) 3) Quanto, enfim, à determinação das possíveis formas de constituição, ou seja, *o governo do Estado*, recordamos que já na *República* existem indicações precisas (III, 263 ss.), com destaques muito interessantes. Todavia, as análises mais maduras encontram-se no *Político* (III, 276 s.) e nele se inspira Aristóteles, completando-o (IV, 130 ss.; cf. verbete Governo, formas de). B) No que se refere à evolução histórica da problemática política na antiguidade, deve-se observar o seguinte: 1) já se faz presente nos pré-socráticos, como é expressamente destacado pelas nossas fontes, o interesse pela coisa pública (I, 47, nota 1; 52, nota 1; 75 s., nota 2: 106, nota 1; 117, nota 1). 2) Os sofistas apresentam-se até mesmo como mestres de "virtude política" (II, 27; 37 s.; 40 s.). 3) O próprio Sócrates apresenta sua atividade filosófico-educativa como a mais elevada atividade política, e a considera "cura da alma" (II, 119 ss.). 4) Já falamos sobre a correspondência entre Estado e alma em Platão. 5) Essa relação, embora redimensionada, é reafirmada pelo próprio Aristóteles, como fica claro pela passagem que reportamos em IV, 134 s. 6) Uma nítida mudança de perspectiva verifica-se em consequência da revolução política operada por Alexandre Magno, como mostramos em V, 5 ss. Desabada a Polis, o indivíduo deixa de identificar-se com o cidadão e assim a *ética deixa de identificar-se com a política*; o Estado não é mais considerado como a dimensão necessária para a explicação e a realização dos valores mais elevados do homem. Posições de contestação do valor da Polis já tinham ocorrido em alguns sofistas e socráticos menores (cf. Apolitismo), particularmente nos cínicos, que, contudo, amadureceram o seu pensamento sobretudo na era helenística (V, 27 ss.; 31 ss.; 36 s.). Típica dessa época é a posição dos epicuristas, que desvalorizam nitidamente a vida política, considerando-a "não natural", pregando a excelência do "viver escondido" e avaliando as leis, o direito e a justiça na medida em que se relacionam ao útil (V, 221 ss.). Os estoicos, ao invés, teorizam o direito de natureza e concebem uma política em sentido universalista, afirmando o cosmopolitismo, do qual já tinham ocorrido antecipações (cf., por exemplo, II, 170), mas escassamente motivadas. Tal tema se torna muito difundido na era helenística (VI, 99 ss.) e, por último, é acolhido pelos próprios epicuristas (VII, 56). 7) Na era imperial, enfim, o enfoque místico da especulação faz perder quase totalmente o antigo significado filosófico da problemática política. Um exemplo parece-nos particularmente eloquente: Plotino sente necessidade de reduplicar as quatro virtudes cardeais da *República* platônica e de introduzir a *virtude em nível superior*. O mesmo acontece com muitos neoplatônicos posteriores (VIII, 116 s.; 151 s.; 167, nota 23). As antigas "virtudes políticas", que para Platão eram toda a virtude, tornam-se a mais pálida manifestação dela, e o Bem e a felicidade são postos num lugar que, longe de ser alcançável numa dimensão "política", mostra-se alcançável no *silêncio* e na *solidão*, com uma fuga "de só a Só" (VIII, 132 ss.).

POLÍVOCO (πολλαχῶς λεγόμενον)

Polívoco se diz *do que é predicado segundo múltiplos significados*. A polivocidade é a característica da concepção do ser em Aristóteles, em contraste com a eleática, que é radicalmente unívoca (cf. verbete). A polivocidade do ser aristotélico não implica, contudo, mera homonímia, mas *analogicidade, enquanto todos os múltiplos significados do ser pressupõem uma referência estrutural a um único significado, o ser como substância*, que serve de fundamento a todos os outros, como mostramos em IV, 33 ss. Cf. Analogia, Unívoco, Homônimo.

PONOS, cf. Fadiga.

PÓRTICO (στοά)

O nome, que designa também a escola fundada por Zenão de Cítio, vem do célebre pórtico pintado por Polignoto, no qual se reuniam Zenão e seus seguidores. Ver o documento que apresentamos em VI, 14. Cf. Estoicismo.

PÓS-PREDICAMENTOS

Assim foram denominados os conceitos que Aristóteles ilustra no tratado sobre *As Categorias*, depois da análise das categorias individuais, nos capítulos 10-15, e precisamente: oposição, anterioridade, simultaneidade, mudança e haver.

POSSÍVEL (δυνατόν, ἐνδεχόμενον)

Aristóteles define como possível o que não é impossível de existir, isto é, aquilo cuja realização *não implica contradição* (cf. *Metafísica*, Δ 12; Θ 3-4). Ele o define também como o que não é necessário nem impossível (*Primeiros Analíticos*, A 13, 32 a 18-20). O conceito de possível tem notável importância na ontologia, coincidindo, de fato, com o conceito de *potencial*, isto é, como o conceito do que *tem potência* ou *é em potência* (cf. verbete Dynamis), e que, como tal, pode traduzir-se em ato. Consequentemente, o possível tem também importância na lógica (cf. Modal). — O possível é, ademais, considerado por Aristóteles também um dos *topoi* fundamentais da retórica (IV, 172). — Contra o conceito de possível-potencial polemizam os megáricos, particularmente Diodoro Crono, que define como possível apenas *o que de fato e de direito é ou se traduz em ato, ou seja, o necessário* (V, 60 ss.). — O conceito de possível de Aristóteles implica uma estrutural superação da concepção eleática da realidade, que é concebida na dimensão da absoluta necessidade; o de Diodoro Crono, ao invés, supõe o retorno aos pressupostos eleáticos (V, 60 s.). — Para Aristóteles, o possível tem também valência estética, sobre a qual cf. o que dissemos em IV, 177 ss.

POSTULADO (αἴτημα)

Eis a clássica definição dada por Aristóteles nos *Segundos Analíticos*, A 10, 76 b 23 ss.: "O que existe necessariamente em virtude de si e que é necessário crer, não é nem uma *pressuposição* nem um *postulado* [mas um *axioma*]... Então, o que, embora sendo provável, o mestre assume sem prova é uma *pressuposição*, quando assume coisas aceitas pelo discípulo, e a pressuposição não é em sentido absoluto, mas só relativa ao discípulo, enquanto tem-se um *postulado* quando o mestre assume a mesma coisa, ainda que o discípulo não esteja convencido dela ou até mesmo esteja convencido do contrário. Exatamente nisso diferem a pressuposição e o postulado, pois este último é o oposto da convicção do discípulo, ou aquilo que, embora sendo demonstrável, o mestre assume e usa sem prová-lo".

POTÊNCIA, cf. Dynamis.

PRÁTICA, Ciência (πρακτική)

Aristóteles chama assim as ciências que buscam *o saber para o aperfeiçoamento ético do homem, e que implicam uma atividade que parte do sujeito e retorno ao próprio sujeito, enriquecendo-o espiritualmente*. São ciências práticas a política e a ética, ou seja, a "filosofia do homem" (IV, 27; 97). Cf. verbete Ciência.

PRÁXIS (πρᾶξις)

Para Aristóteles, é a ação que parte do sujeito e volta ao sujeito, ou seja, *a ação moral*, que, como tal, distingue-se da *poiesis* ou produção, ação que *produz* algo fora do sujeito (de onde a distinção de ciências práticas e ciências poiéticas; cf. IV, 27). Em sentido genérico, práxis indica *o agir e o fazer dos homens*, como atitudes distintas da *contemplação*. A inferioridade da práxis com relação à contemplação é tematizada em quase todos os filósofos gregos. Ver sobretudo o que diz Aristóteles a respeito (IV, 111 ss.) e a atitude extrema assumida por Plotino (VIII, 132 ss.).

PRAZER (ἡδονή, *voluptas*)

O prazer é um estado de caráter seja físico, seja psíquico, seja, ao mesmo tempo, físico e psíquico, que constitui um dado originário e imediato da experiência. Como dado imediato, não é redutível a elementos ulteriores. Contudo, ele pode ser interpretado: A) no quadro de determinada ontologia e, portanto, definido em função de categorias ontológicas; ou B) avaliado num contexto ético e, portanto, qualificado com as categorias morais de bem e de mal. A) As interpretações ontológicas mais conhecidas são as seguintes. 1) Para os cirenaicos, o prazer é um *movimento leve*, enquanto a dor é um movimento violento (II, 185 ss.). 2) Para Epicuro, é um estado de *quietude*; ou melhor, o verdadeiro prazer é apenas o prazer imóvel (catastemático), dado que o prazer em movimento, do qual falavam os cirenaicos, comporta sempre perturbação; cf. V, 206 ss. (ver algumas antecipações da doutrina epicurista em Platão, *República*, IX, 583 b ss.). 3) Para os estoicos, o prazer (assim como a dor) é consequência da *oikeiosis* (cf. verbete), isto é, a busca e o encontro do que conserva e realiza a natureza das coisas (VI, 75 ss.). 4) Mais a fundo foram Platão e, sobretudo, Aristóteles. O primeiro interpreta o prazer como *devir*, mas compreendendo que, como tal (como todo devir), supõe o *ser* como causa, aludindo com isso ao bem, entendido como causa do prazer (cf. *Filebo*, 53 c ss.). O segundo, ao invés, interpreta o prazer com base no conceito de *energeia*, como atividade, ou melhor, como o *quid* que se segue a toda atividade, realiza o seu fim e o aperfeiçoa (IV, 118 ss.). B) Quanto à avaliação do prazer, a ética grega apresenta amplo arco de possibilidades: 1) o prazer é bem; 2) o prazer é mal; 3) o prazer não é nem bem nem mal; 4) o prazer é a ressonância subjetiva de um bem objetivo. 1) A primeira tese é própria já de alguns sofistas (II, 65 s.; 72 ss.), dos cirenaicos (II, 179; 185 ss.) e dos epicuristas. 2) A segunda é própria sobretudo dos cínicos (II, 173 s.). 3) A terceira é típica de Sócrates (II, 113 ss.). 4) A quarta é sustentada por Aristóteles na *Ética a Nicômaco* e é, sem dúvida, a mais refinada (IV, 118 ss.).

PRÉ-NOÇÃO, cf. Prolepse.

PREDICADO (κατηγορούμενον)

1) O predicado é, na lógica aristotélica, *o que se diz de um sujeito e que exprime uma propriedade dele, uma afecção ou uma determinação essencial ou mesmo acidental.* O predicado, enquanto tal, na sua função lógica, é universal. Esse significado de predicado é estreitamente ligado à ontologia aristotélica; de fato, supõe a doutrina da substância e do ser, das categorias e do acidente. — 2) Na doutrina estoica, o conceito de predicado está ligado ao de *lekta* e de *incorpóreo*, pelas razões explicadas em VI, 29 ss.

PREDICAMENTO, cf. Categoria.

PREMISSA, cf. Prótase.

PRESENÇA, cf. Parusia.

PRIMEIRO (πρῶτος)

Usado em sentido próprio, esse termo é *sinônimo de Arché*, princípio: "[...] *princípio é o que é primeiro e o que é primeiro é princípio* [...]" (Aristóteles, *Tópicos*, Δ 7, 121 b 9). — Assim também Proclo: "Princípio de todas as coisas é aquilo do qual todas participam. *Mas todas as coisas participam somente do Primeiro*; enquanto das outras coisas não participam todas, mas algumas. Portanto aquele [= o Uno] é *o Primeiro absolutamente*, mas as outras coisas, referidas a uma certa ordem, são primeiras, mas não absolutamente" (*Elementos de Teologia*, 100). — Alguns neoplatônicos preferem o termo Primeiro a outros para indicar o Absoluto (VIII, 169 ss.). — Recordamos que a metafísica como ciência dos primeiros princípios é chamada por alguns de *protologia*. — Recordamos também que *primeiro* e *último* em metafísica podem indicar a mesma realidade, enquanto o princípio é *primeiro por si, mas último para o homem* que, na sua pesquisa, parte das coisas principiadas e encontra o princípio como último.

PRINCÍPIO, cf. Arché.

PRIVAÇÃO (στέρησις)

Contrapõe-se à posse e é um dos quatro gêneros de opostos, segundo Aristóteles (os outros opostos são: os relativos, os contrários e os contraditórios). Na ontologia, Aristóteles indica com esse termo *a falta ou a ausência da forma*, e, como tal, a privação desempenha um papel importante na explicação do devir. Sobre os múltiplos significados de privação cf. Aristóteles, *Metafísica*, Δ 22, *passim* e o nosso comentário (Aristóteles, *Metaf.*, vol. I, pp. 472 ss.).

PROAIRESIS (προαίρεσις)

Em Aristóteles significa, fundamentalmente, *escolha* (IV, 120 ss.); em Epicteto significa *escolha fundamental, da qual dependem todas as escolhas sucessivas* (VII, 99 ss.). Cf. o que dissemos no verbete Escolha.

PROBABILISMO

É a atitude de pensamento que *substitui ao critério de verdade um critério de plausibilidade ou credibilidade.* Na terceira Academia de Carnéades esse critério assume a forma de *probabilismo dialético* (cf. textos e exegese em VI, 176 ss.). Em Filo de Lárissa e em Cícero assume uma forma que se poderia chamar de *probabilismo positivo* (cf. textos e exegese em VI, 189 ss.; 199 ss.).

PROCESSÃO (πρόοδος)

É o termo mais apropriado para indicar o processo de derivação de toda a realidade do Uno na metafísica neoplatônica. A processão foi, amiúde, confundida com a emanação; mas isso é um grave equívoco (VIII, 127 ss.). A processão é constituída de uma série de momentos logicamente bem distintos já em Plotino, e progressivamente explicitados, aprofundados e ulteriormente complicados pelos neoplatônicos posteriores. Para compreender a fundo a processão neoplatônica é preciso partir da distinção plotiniana das duas formas de *atividade*, *a*) a atividade que é própria *de* um ente, *b*) a atividade que provém *daquele* ente. A primeira coincide com a própria natureza do ente, a segunda dela deriva. — *a*) A primeira atividade do Uno coincide com a sua livre autoposição (com seu ser *causa sui*) e com seu querer ser o que é. — *b*) A segunda (consequência necessária) implica o proceder de algo diferente do Uno (dado que o Uno se põe a si mesmo como infinita potência, como potência de todas as coisas, dele devem proceder todas as coisas). O que deriva do Uno é algo indeterminado, que só se determina ao *voltar-se para a contemplação* do Uno. Nasce, desse modo, a primeira hipóstase, da qual derivam as outras, segundo um esquema idêntico. — A processão implica, ao mesmo tempo, *necessidade e liberdade*: é uma necessidade que *se segue* a um ato de liberdade (o do Uno que se põe a si mesmo). A processão implica, depois, uma *permanência* da hipóstase produtora e é uma atividade que *não esgota nem diminui a realidade da hipóstase da qual deriva*. Vice-versa, *como atividade, degenera paulatinamente*, de modo que as hipóstases produzidas são progressivamente, hierarquicamente inferiores uma à outra. — *O conceito de processão não se compreende sem o de contemplação*. Para uma exposição sintética da processão cf. VIII, 127 ss. Para uma exposição analítica dos seus vários momentos, cf. VIII 54 ss.; 61 ss.; 75 ss. Proclo (explicitando elementos já presentes em Plotino, à luz também dos subsequentes desenvolvimentos do neoplatonismo) determina a processão como processo triádico constituído por três momentos: 1) a *manência*, 2) a *processão* ou *saída* e 3) o *retorno*. A *manência* já está claramente expressa no conceito plotiniano de permanência (*ménein*) e coincide, no fundo, com a atividade *do* ente, da qual falamos acima. A saída coincide com a atividade que provém *do* ente. O retorno coincide com o *voltar-se contemplativo*. Para ulteriores determinações e características estruturais da processão segundo Proclo, cf. VIII, 187 ss.

PROCESSO TRIÁDICO, cf. Processão.

PROGREDIENTES (προκόπτοντες)

São, sobretudo na doutrina do segundo estoicismo, *os homens que, embora não tendo ainda chegado à virtude, progridem na sua direção*. — Esse conceito foi introduzido para amenizar o paradoxo segundo o qual entre o vício e a virtude não há (moralmente) uma via intermédia e, portanto, ou se é estulto ou se é sábio. Segundo a nova doutrina, ao invés, existe a via intermédia dos *progredientes* (VI, 114 ss.).

PROGRESSO

O conceito de progresso, entendido como desenvolvimento do homem no curso da história em direção a um incremento cada vez maior de civilização e, portanto, na direção de algo positivo cada vez maior é, fundamentalmente, estranho ao pensamento antigo, assim como lhe é estranho o moderno conceito de história. — *a*) No mito da idade do ouro, à qual sucedem idades cada vez menos felizes, está implícita a ideia de regresso, mais do que a de progresso. — *b*) No conceito dos ciclos recorrentes, tal como se encontra, por exemplo, em Aristóteles (segundo o qual a humanidade progride até o momento em que catástrofes recorrentes a remetem ao estado primitivo), a ideia de progresso, que parece admitida no interior de cada ciclo, desaparece, não só pelo fato de se tratar sempre de um progresso limitado, mas também porque é sempre o mesmo processo que se repete nos vários ciclos, e a ideia de repetição é a negação da de progresso no sentido acima indicado. — *c*) O mesmo vale, e em medida ainda intensa, para os ciclos recorrentes tais como são concebidos pelos estoicos; cf. Apocatástase.

PROLEPSES (πρόληψις)

Segundo a canônica epicurista, as prolepses (ou antecipações, ou premonições) são *as representações sensíveis que permanecem na memória como marcas das sensações passadas e que podem ser trazidas à mente a qualquer momento, assumindo assim a função de antecipar experiências futuras* (de onde o nome). Equivalem, para os sentidos, ao universal lógico (V, 161 ss.). — Também os estoicos admitem a existência de prolepses, consideradas uma espécie de *concepção natural dos universais* (VI, 27 s.).

PRONOIA, cf. Providência.

PROPOSIÇÃO

É um enunciado que afirma ou nega algo de algo. A proposição é, portanto, a expressão de um juízo (IV, 148 s.). Aristóteles indica a proposição com o termo *prótase* (cf. verbete).

PRÓTASE (πρότασις)

A prótase é uma proposição (cf. verbete), *assim chamada pela posição que ocupa no silogismo*. Aristóteles (o primeiro a usar o termo prótase em sentido técnico) dá a seguinte definição: "As prótases [...] são aquilo do que procede o silogismo" (*Anal. post.*, A 12, 77 a 37). — As premissas são causa da sequência silogística e da conclusão. As premissas do silogismo são duas: uma *maior* e uma *menor* (IV, 149 s.). — Sobre as suas características e sobre as peculiaridades das premissas do silogismo científico, do dialético e do erístico cf. II, 457 ss.; 460 s.; 465 ss.

PROTRÉTICO (προτρεπτικός)

Chama-se protrético um *discurso de exortação*, particularmente de exortação à filosofia. (O *Protrético aristotélico* — que nos chegou apenas em fragmentos — é talvez o mais célebre exemplo de exortação ao filosofar).

PROVÁVEL, cf. Pithanon.

PROVIDÊNCIA (πρόνοια, *providentia*)

Indica *a atividade essencial de Deus pela qual ele ordena e governa o mundo*. — *a*) Em Sócrates, coincide com a atividade finalizadora de Deus (II, 125 ss.). — *b*) Em Platão coincide com a atividade do Demiurgo que produz as coisas, reduzindo a desordem da *chora* à ordem, tendo por propósito o bem (III, 141 s.; 149 s.). — *c*) Na teologia aristotélica não há lugar para a providência (VI, 116 ss.). — *d*) Tampouco há lugar para ela na teologia epicurista (V, 195 ss.). *e*) Nos estoicos, ao invés, o conceito de Pronoia emerge ao primeiro plano, mas com significado diferente, coincidindo com o conceito de finalidade e racionalidade imanente, ligado ao de Deus-*Logos*-Physis. Como tal, a Pronoia *vem a coincidir com a Heimarméne* ou *Fato*, pelas razões explicadas em VI, 57 ss. *f*) Deve-se notar que o grego não estendeu o conceito de providência com relação aos indivíduos (VI, 59); só no neoestoicismo há acenos nessa direção, mas não fundados teoreticamente (VI, 59, nota 59). — *g*) O conceito de Providência é fundado em sentido espiritualista e transcendental no âmbito do renascido platonismo. — *h*) Em Filo assume conotações bíblicas; cf. textos e exegese em VII, 244 ss.; 250 ss.

PSICOLOGIA

Em sentido filosófico, esse termo designa *a doutrina que tenta determinar a natureza da alma e as funções a ela relacionadas*. O termo entrou em uso na era moderna, mas a problemática relativa é central já no pensamento antigo. Podemos, *grosso modo*, distinguir cinco fases da psicologia grega: 1) a característica dos naturalistas, na qual o problema da alma vincula-se ao do princípio, mas com amplas infiltrações órficas, comportando uma série de aporias (cf. sobretudo I, 140 ss.); 2) a socrática, que coincide com o nascimento do conceito ocidental de alma (II, 91 ss.); 3) a metafísica, nas suas duas versões: *a*) metafísico-religioso-escatológica de Platão (III, 185 ss.; 195 ss.) e *b*) metafísico-físico-gnosiológica de Aristóteles (IV, 78 ss.); 4) a materialista-imanentista da era helenística, nas suas versões epicurista e estoica (V, 191 ss.; 249 s.; VI, 65 ss.; 112 s.; 124 s.) e 5) a médio-platônica e, sobretudo, a neoplatônica (VII, 312 ss.; VIII, 75 ss.), na qual a alma se torna hipóstase. Cf. verbete Psyché.

PSYCHÉ (ψυχή)

O termo *psyché*, assim como o termo *physis*, exprime um dos conceitos cardeais do mundo antigo. E, como *physis*, não se pode traduzir *psyché* por um termo moderno capaz de abarcar toda a área semântica do original. *Alma* é o termo moderno menos inadequado, porquanto mantém as valências fundamentais do original, mas perde uma série de ressonâncias assumidas progressivamente pelo termo na cultura grega e, ademais, corre o risco de trazer à mente do homem moderno uma problemática prevalentemente religiosa, enquanto na cultura grega a *psyché* desempenha um papel essencial *praticamente em todos os níveis*, da *metafísica* à *filosofia da natureza*, da *cosmologia* à *antropologia*, da *moral* à *política*, da *gnosiologia* à *religião*. Dada a enorme importância dessa figura teorética no pensamento grego, é necessário percorrer brevemente as etapas através das quais ela se definiu e desenvolveu. 1) Em Homero, como a moderna filologia definiu de maneira precisa, *psyché* tem, fundamentalmente, dois significados. *a*) O primeiro, mais genérico, de "sopro vital" (note-se a relação entre *psyché* e o verbo ψύχω = sopro), do qual se faz menção sobretudo na circunstância da morte, ou seja, quando deixa o homem com o último suspiro. — *b*) O segundo, mais característico, é o de "larva humana", fantasma, que sobrevive à morte e vai ao Hades. Essa larva é completamente privada de consciência e de conhecimento, e exprime algo nitidamente negativo. Como foi dito com eficaz paradoxo, mais do que alma sem corpo (no sentido que hoje damos a essa expressão), a *psyché* entendida nesse sentido é um corpo sem alma, despotenciado e desvitalizado, com o qual o eu do homem, o seu entendimento e o seu querer não têm nada a ver. O verdadeiro homem só é o de carne e osso. 2) Uma concepção oposta à homérica difunde-se na Grécia com o orfismo, como demonstramos e documentamos em I, Apêndice, *passim*. *A psyché é identificada com um Demônio e declarada de origem divina e, portanto, considerada imortal*. A sua presença num corpo é considerada consequência de uma culpa e, portanto, expiação. Nasce assim a primeira concepção dualista de alma e corpo. Consequentemente, o corpo (chamado "soma", termo usado, precedentemente, apenas para indicar o cadáver) é interpretado em perspectiva negativa, enquanto o positivo do homem é indicado unicamente no *Demônio-psyché*, com todas as consequências das quais falamos em I, 87 ss.; 92; 140 ss. (cf. também I, Apêndice, *passim*). Também o orfismo não refere à *psyché* a consciência e a inteligência; antes, ela é tanto mais ela mesma quanto menos viva é a nossa atividade consciente, como no sono, nos desmaios, e, no limite, quando se liberta, com a morte, do corpo (I, 70). 3) Em nova ótica, a problemática da *psyché* apresenta-se nos físicos pré-socráticos. Já a partir de Tales, a *psyché* é ligada à *physis* e ao *Princípio* (I, 50 s.). A ela são atribuídas, consequentemente, as características próprias do Princípio e, pouco a pouco, também a inteligência, como se pode depreender dos fragmentos de Heráclito (I, 70 ss.); do final do fr. 10 de Anaxágoras, e, sobretudo, de Diógenes de Apolônia, o qual identifica a inteligência com o ar, e diz expressamente que o ar respirado pelos homens e pelos animais "é para eles *psyché* e inteligência" (Diels-Kranz, 64 B 4); cf. I, 167 s. À perspectiva física da *psyché*, em muitos pré-socráticos, é justaposta, de modo aporético, a perspectiva órfica. O motivo deve ser buscado no fato de que, com base na concepção da *physis*, não era possível explicar a imortalidade pessoal e responder a certas instâncias de caráter religioso, como emerge claramente sobretudo das posições dos pitagóricos, de Heráclito e de Empédocles (I, 70 s.; 92; 140 ss.). 4) A identificação plenamente consciente e temática da *psyché* com *o eu intelectual e moral e com a personalidade do homem* constitui a contribuição tipicamente socrática, como mostramos em II, 91 ss. Certamente essa passagem foi preparada, em certa medida, pelos últimos físicos, e também por alguns poetas. Mas a posição de Diógenes foi radicalmente *descosmologizada* e *desvinculada da physis* (na medida em que Diógenes atribui inteligência também aos animais, permanece em antítese com Sócrates), e as intuições dos poetas foram *racionalmente traduzidas e definidas*. Portanto, a grande contribuição da mensagem socrática está em ter feito da *psyché* a sede da inteligência, do conhecimento e dos valores morais, e em ter identificado, por consequência, exatamente nela o caráter ético e a verdadeira personalidade do homem. Esta foi uma conquista verdadeiramente irreversível da história espiritual do ocidente. 5) A contribuição de Platão consiste *em ter dado fundamento metafísico à reforma socrática.* Sócrates limitou-se a dar uma definição operativa (para usar uma expressão moderna) da alma, enquanto Platão explica que ela é *afim* às Ideias e, como consequência das conquistas da "segunda navegação", pode *demonstrar a sua imortalidade*, coisa que não fora possível a Sócrates (III, 185 ss.). Platão pode, desse modo, tentar uma síntese entre as afirmações socráticas e a mensagem órfica, e *fazer coincidir a psyché-demônio com a inteligência*, espoliando assim de grande parte do caráter mágico-misteriosófico a própria mensagem órfica, embora mantendo a sua carga místico-religioso-escatológica e conjugando-a com o racionalismo socrático (III, 214 ss.). Mas, em Platão, o conceito de *psyché* dilata-se à medida que sua especulação se desenvolve. A tripartição em alma concupiscível, irascível e racional, como emerge sobretudo na *República*, ainda pode ser considerada um aprofundamento em sentido socrático, dado que é introduzida para explicar as forças alógicas sem as quais não se explicam os conflitos existentes no íntimo do homem e a própria virtude (III, 248 ss.). Mas, com a doutrina do *Fedro* da alma como *princípio de movimento* e, sobretudo, com a doutrina da *alma do mundo* do *Timeu* (cf. também o livro X das *Leis*), *a psyché se torna também um princípio ontológico e cosmológico* (III, 148 ss.; cf. verbete Pampsiquismo). 6) As contribuições de Aristóteles (contidas sobretudo no tratado *Sobre a alma*) ampliam consideravelmente os horizontes da problemática da *psyché*. Todas as formas de vida são interpretadas em função da alma e, como consequência, são introduzidas: *a*) uma alma vegetativa, *b*) uma sensitiva, *c*) uma intelectiva. Ademais, o conceito de alma é definido em função dos novos conceitos de *forma*, *ato*, *enteléqueia*, com êxitos muito fecundos. No que se refere ao homem, Aristóteles considera imortal apenas a alma intelectiva, mas (pelo menos nas obras da maturidade) se cala sobre o seu destino escatológico. Sobre todos esses temas cf. IV, 78 ss. e os documentos que aí reportamos. 7) Na Academia e no Perípato, depois da morte dos fundadores, assistimos, mais do que a aprofundamentos, a restrições das doutrinas dos mestres (cf. V, 83; 87 ss.; 98; 121 ss.; 128 ss.; 132 ss.). As novidades sobre o conceito vêm, na era helenística, do Jardim e do Pórtico. A releitura em chave materialista-corporeísta da doutrina da *psyché* se dá de modo muito aporético. Epicuro considera a alma como um agregado de átomos e, portanto, corpórea, e, além disso, como todo agregado, mortal. Mas depois ele tende a considerar os átomos constitutivos da *psyché* qualitativamente diferentes dos outros, em clara antítese com os pressupostos do sistema (cf. o que observamos em V, 191 ss.; 249 ss.). Também o Pórtico interpreta a alma como realidade corpórea, ou seja, como pneuma, mas em perspectiva muito mais rica. Existe uma Alma do mundo, que é o próprio Princípio divino, a Inteligência cósmica e, portanto, a Providência, Deus. E existe a alma do homem, fragmento da alma cósmica (VI, 68 s.). A *psyché* é divisível em oito partes, dentre as quais destaca-se o *hegemônico*, que é a razão (III, 325). Os estoicos atribuem, curiosamente, uma espécie de *sobrevivência temporária da alma*, ficando a meio caminho entre Platão e Epicuro (VI, 69 ss.). 8) Com o renascimento do platonismo e do pitagorismo na era imperial (médio-platonismo e neopitagorismo), voltam ao auge todas as doutrinas de Platão, mas tende-se a diferenciar *psyché* e *nous* e a pôr o *nous* estruturalmente acima da *psyché*, com a finalidade de romper definitivamente com o materialismo do Pórtico, no sentido indicado em VII, 298 ss. Plutarco pode assim atribuir à matéria uma alma irracional capaz apenas de movimento (VII, 304 s.) e falar (como Ático) de uma alma má do universo, interpretando indevidamente uma passagem platônica das *Leis* (VII, 306 s.). Cf. também a análoga doutrina de Numênio, da qual falamos em VII, 368 s. Deve-se notar outra novidade: remetendo-se provavelmente a doutrinas orientais, Numênio considera que as almas do homem, antes de revestir-se do corpo, distanciam-se da originária pureza, revestindo-se primeiro de uma substância etérea, que lhes permite entrar nos corpos (VII, 369). 9) As mais conspícuas novidades sobre a *psyché*, na última etapa do pensamento grego, encontram-se em Plotino (sobre as antecipações de Amônio de temas plotinianos, cf. VIII, 8 ss.). Nas *Enéadas* a *psyché* é a terceira hipóstase e tem um claro papel intermediário entre o mundo do incorpóreo, ao qual pertence, e o mundo corpóreo, por ela produzido. A hipóstase Alma, que tem a característica essencial de ser uma-e-muitas, distingue-se em: 1) Alma suprema, 2) Alma do Todo, 3) almas particulares (de diverso gênero), tendo cada uma funções particulares. À alma são ligados os conceitos de *Logos* e de *physis*. A *psyché* torna-se assim o verdadeiro Demiurgo do cosmo físico (dela deriva a própria matéria sensível). No homem, assim como no universo, a alma garante todas as atividades. Situada no quadro geral da doutrina da processão (cf. verbete) e da contemplação, a doutrina plotiniana da Alma leva o pampsiquismo grego aos limites extremos (cf. exegese e textos em VIII, 75 ss. e 132 ss.). 10) Na última fase do neoplatonismo, enfim, a doutrina da alma é ligada à teurgia e à dogmática da religião pagã e, portanto, decai filosoficamente. Deve-se assinalar, particularmente, a tentativa de Proclo de fazer coincidir com a pluralidade das hipóstases, nas quais a alma é dividida, as divindades do Olimpo grego (VIII, 183 s.). Estendemo-nos mais do que de costume sobre esse tema, porque não se pode entender o pensamento antigo se não se capta o significado poliédrico da *psyché* grega. — Sem uma radical reforma do contexto geral no qual se inseria essa doutrina, não teria sido possível ser compreendida nem tampouco aceita a mensagem cristã da "ressurreição do corpo", que, por muitos aspectos, é a antítese daquela. Não só os atenienses, escandalizados, voltaram as costas a Paulo, quando ele lhes falou da ressurreição, mas também Plotino rejeitou asperamente essa doutrina (cf. a passagem que apresentamos em VIII,

113). Para o grego tinha-se tornado dogma a ressurreição da alma *do* corpo, que é justamente o contrário da ressurreição *do corpo* (cf. como Filo de Alexandria, com base na doutrina bíblica, foi constrangido a modificar estruturalmente a doutrina grega em VII, 257 ss.).

PURIFICAÇÃO, cf. Catarse.

Q

QUADRIFÁRMACO REMÉDIO (τετραφάρμακος)

Assim foi chamado, já pelos antigos, o quádruplo remédio contra a dor, que Epicuro considerava ter fornecido aos homens, mostrando-lhes 1) que não se deve temer os Deuses, 2) que não se deve temer a morte, 3) que o prazer está à disposição de todos, 4) que o mal ou é de breve duração, ou pode ser facilmente suportado (V, 227 ss.).

QUALIDADE (ποιόν)

Em Aristóteles indica uma das categorias e uma noção que inclui múltiplos significados. São qualidade: *a*) os *hábitos* e as *disposições* (por exemplo: virtude, vícios, saúde, enfermidade), *b*) as *capacidades* ou *incapacidades físicas* (como as dos corredores e dos pugilistas), *c*) as *afecções* (como doce e amargo), *d*) a *figura dos objetos* (curvo, reto etc.). Cf. *Categorias*, cap. 8, *passim*; cf. também *Metafísica*, Δ 14. — Também para os estoicos a qualidade é uma categoria, porém concebida mais como forma que determina a matéria. A qualidade, para os estoicos, é material e coincide com o princípio ativo (com o *Logos*) imanente à matéria e inseparável dela (VI, 45 ss.).

QUANTIDADE (ποσόν)

É uma das categorias, segundo Aristóteles. Para a determinação específica dessa noção cf. *Categorias*, 6, e *Metafísica*, Δ 13, *passim*.

QUEDA da alma no corpo

É descrita amplamente por Platão no célebre mito do *Fedro* 248 a ss. (que explicamos em III, 200 ss.; em particular, cf. o texto da p. 202) como *consequência de uma culpa originária*. Essa concepção da culpa que nos órficos e nos pitagóricos permanece algo obscura (I, Apêndice, *passim*; cf. também I, 87 ss.), é interpretada por Platão, no *Fedro, como incapacidade de contemplar ou de continuar a contemplar o Ser na plenitude da verdade*. O *cair* como consequência do enfraquecimento ou do cessar da contemplação torna-se, em Plotino, uma ideia central (VIII, 88 ss.; 101 ss.). O hermetismo interpreta a queda da alma no corpo como um pecado de narcisismo (VII, 383).

QUIETUDE (στάσις)

Na ontologia platônica do *Sofista*, é uma das cinco categorias supremas (III, 113 ss.). — O médio-platônico Plutarco põe em correspondência com a categoria da quietude um dos cinco elementos e um dos cinco mundos que constituem o cosmo sensível (VII, 305, nota 46). — É também uma das cinco categorias do inteligível em Plotino (VIII, 73).

QUINTA SUBSTÂNCIA, cf. Éter.

QUINTESSÊNCIA, cf. Éter.

R

RACIOCÍNIO, cf. Silogismo.

RACIONALISMO

É a *convicção de que o Logos e a razão humana podem, sozinhos, alcançar a verdade*; que são capazes de fazer viver na verdade e, consequentemente, que são capazes de levar o homem a alcançar o seu *telos*. Entendido nesse sentido, o racionalismo *é uma das cifras típicas do pensamento filosófico grego*. Os próprios céticos situam-se, embora paradoxalmente, no interior dessa perspectiva, ainda que com sinal oposto, tanto é verdade que o seu método, mesmo na mais consumada formulação da *antirrese* (cf. verbete), é de caráter tipicamente racionalista.

RACISMO

Termo moderno que indica a doutrina *segundo a qual existe uma raça humana por natureza superior às outras e segundo a qual a superioridade de civilização é expressão da superioridade de raça*. Assim pode ser corretamente denominada a concepção que os gregos tiveram da própria raça diante dos outros povos "bárbaros". Cf. por exemplo Platão, *República*, IV, 435e, e sobretudo Aristóteles, *Política*, A 2, 1252 b 8 (cf. o que dissemos em IV, 126 ss.; 135 s.). — A partir da era helenística a convicção da superioridade dos gregos sobre os bárbaros entra em crise, chegando quase a inverter-se na antiguidade tardia.

RADICALISMO

É um termo de cunho moderno que, na sua acepção mais geral, indica as instâncias básicas dos *movimentos que pretendem uma total mudança das estruturas sociais e políticas e um sistemático repensamento dos fundamentos conceituais das mesmas*. Com as devidas cautelas, os cínicos podem ser considerados os radicais da antiguidade, pelas razões que evidenciamos em V, 23 ss.

RAÍZES (ῥιζώματα)

Assim são chamados por Empédocles os quatro "elementos" (água, ar, terra, fogo), porque deles se geram todas as coisas (I, 133 ss.).

RAZÃO, cf. Dianoia; *Logos*.

RAZÕES SEMINAIS, cf. Logoi spermatikoi.

RAZOÁVEL, cf. Eulogon.

REALIDADE, cf. Ser; Ousia; Physis.

REALISMO

Com esse termo indicamos a natureza peculiar do filosofar aristotélico, o qual se diferencia, por um lado, do *idealismo* platônico e, por outro, do *naturalismo* de tipo pré-socrático, mas acolhe as mensagens opostas de um e do outro. O realismo aristotélico apresenta-se como *a síntese das opostas instâncias idealistas e naturalistas*, afirmando, sem meios-termos, a existência do suprassensível, no sentido que explicamos em IV, 21 ss.; 27 ss., *passim*, Cf. também o nosso volume: *Il concetto di filosofia prima*, *passim*.

RECORDAÇÃO, cf. Anamnese; Memória.

REENCARNAÇÃO, cf. Metempsicose, Metensomatose.

REGENERAÇÃO, cf. Palingênese.

RELAÇÃO (πρός τὶ)

É uma das categorias do ser, segundo Aristóteles. A doutrina da relação como categoria tem certamente suas raízes na especulação platônica (cf. *Sofista*, 255 b ss.), assim como nos desenvolvimentos do platonismo na primeira Academia. A definição que Aristóteles fornece nas *Categorias* (7, 6 a 36 ss.) é a seguinte: "Relativas se dizem [...] as noções, cada uma das quais, justamente o que é, em si, se diz sê-lo de algo diferente, ou de qualquer outro modo em que seja referida a outra coisa". — Os estoicos falam, mais que de relações, de *modos relativos* (VI, 50). — Deve-se notar que as complexas questões levantadas pela filosofia moderna sobre a relação são estranhas à antiguidade. Todavia, é certo que, para Aristóteles, *a relação é real e objetiva* na medida em que é uma *categoria do ser* (sobre o ser das categorias, cf. IV, 39 ss.). No máximo, as primeiras dúvidas sobre a realidade da relação podem ser referidas aos estoicos, os quais, fazendo coincidir o ser com o corpóreo, dificilmente podiam interpretar os *modos relativos* como corpos e, portanto, como seres. Mas os textos não são explícitos a respeito disso (VI, 50 s.). — Um conceito de relação totalmente diferente está implícito na doutrina da dialética platônica e na da processão neoplatônica. Mas sobre essas valências da relação os antigos não pesquisaram explicitamente. Cf. Hipóstase e Processão.

RELATIVISMO

É a atitude de pensamento que reconhece *a impossibilidade de chegar a uma verdade absoluta*. Foi formulado pela primeira vez no pensamento ocidental por Protágoras com o célebre princípio do *homem-medida*, segundo o qual *o homem (cada homem) é considerado medida de todas as coisas* e a verdade é relativa a cada homem (II, 34 ss.); cf. verbete *Homem-medida*.

RELATIVO, cf. Relação.

RELIGIÃO

Religião deriva do latim *religio* (de incerta origem etimológica) e não possui um correspondente exato na língua grega. De fato, θρησκεία indica o aspecto litúrgico da religião, εὐσέβεια, a piedade e o respeito a Deus, ὁσιότης, a santidade. Se passamos do termo ao conceito, torna-se mais fácil orientar-se. Provavelmente a definição mais adequada de religião é a de Morris Jastrow: "A religião se compõe de três elementos: 1) o reconhecimento de um poder ou de poderes que não dependem de nós; 2) um sentimento de dependência diante desses poderes; 3) a entrada em relação com esse ou esses poderes. Se se reúnem esses três elementos numa única proposição, pode-se definir a religião como a crença natural num poder ou em poderes que nos superam e diante dos quais nos sentimos dependentes, crença e sentimentos que produzem em nós: 1) uma organização; 2) atos específicos; 3) regulamentação da vida, tendo por finalidade estabelecer as relações entre nós e os poderes em questão". As várias formas de religião diferenciam-se conforme o diferente modo segundo o qual concebem e desenvolvem cada um dos pontos. A) Quanto à religião grega, deve-se observar o seguinte. 1) Ela não teve uma dogmática considerada *revelada* e, portanto, *imodificável*, e não teve também uma casta sacerdotal encarregada de custodiar o dogma (I, 20 ss.). 2) A religião grega clássica, como é expressa sobretudo por Homero e Hesíodo, insere-se entre as que os historiadores chamam de religiões naturalistas, pelas razões que indicamos em I, 21 s. 3) Ao lado da religião pública, que era a religião da Polis, floresceu a religião dos mistérios, dentre os quais destacam-se os órficos, que tiveram grande influência sobre a filosofia (cf. I, Apêndice, *passim* e I, 23 ss.). 4) No final da era clássica, à crise da crença nos deuses homéricos, seguiu-se uma forma de religião que os estudiosos denominam *astral ou cósmica*, sobretudo nos estratos mais elevados e, particularmente, por influxo do último Platão das *Leis* e do *Epínomis*. 5) Na era imperial, a religião grega assumiu características fortemente sincréticas, acolhendo elementos orientais e levando ao primeiro plano o elemento mágico, como se pode observar em documentos que interessam também à filosofia, como o *Corpus Hermeticum* e os *Oráculos Caldaicos* (VII, 375 ss.; 395 ss.). B) A falta de uma revelação e de textos sagrados não só produziu a mobilidade dogmática da qual falamos, mas também a ausência de teorização da *fé* como elemento específico da atitude religiosa. Consequentemente, a partir do momento em que surgiu a filosofia na Grécia, ela começou a invadir o campo da religião e, no limite, a substituir-se à própria religião. De fato, a filosofia toca todos os elementos que acima vimos serem definidores da religião. E o fato de ocupar-se deles no nível do *Logos*, e não no nível da crença (da fé), só podia se mostrar, na perspectiva acima indicada, como uma conquista e como vantagem. Quanto às relações e tangências da filosofia grega com a religião, deve-se observar o seguinte. — *a*) Já os naturalistas aviaram-se na direção de uma profunda racionalização daqueles elementos, não só com críticas cerradas à incorreta concepção antropomórfica dos Deuses (cf. sobretudo Xenófanes, I, 98 ss.), mas com as suas positivas interpretações do Princípio (cf. Arché). (Recordamos que as modernas exegeses reconhecem expressamente as valências teológicas da "física" dos primeiros pensadores gregos). — *b*) Os sofistas chegaram a extremos de verdadeira irreligiosidade, não tanto com o agnosticismo protagoriano (cf. verbete), mas com o niilismo de Górgias, com o utilitarismo teológico de Pródico e com as teses de Crítias (II, 44 ss.; 60 ss.; 70 ss.; 75). Ver também as posições de Evêmero (V, 54 s., nota 26). — *c*) Sócrates apresenta a primeira visão completa em chave rigorosamente racional dos três elementos acima indicados, e, ao mesmo tempo, apresenta um particular sentimento da sua dependência do Divino com a sua doutrina do *daimonion*, da qual falamos em II, 131 ss. (Não faltaram os que propuseram uma exegese essencialmente religiosa do socratismo no seu conjunto). — *d*) Platão apresenta um sistema cujas valências religiosas ultrapassam os horizontes da antiguidade. Deve-se recordar que, se a sua filosofia se apresenta como verdadeira religião para os filósofos, para a massa Platão propõe uma forma de paganismo purificado, culminando na religião astral, da qual já falamos, cujas premissas encontram-se no *Timeu* e os corolários estão nas *Leis* e no *Epínomis*. — *e*) Uma visão que se pode razoavelmente qualificar como religiosa é a que culmina na metafísica de Aristóteles, o qual escreve expressamente, no final da *Metafísica*, Λ 8: "Dos antigos e dos mais antigos foi transmitida aos pósteros uma tradição, em forma de mito, segundo a qual estes [= os astros] são Deuses e o Divino circunda toda a natureza. As outras coisas foram, depois, miticamente acrescentadas, para infundir persuasão no povo e para fazer observar as leis e o bem comum. Dizem, de fato, que os Deuses têm forma humana e são semelhantes a certos animais, e a estas coisas acrescentam-se outras da mesma natureza ou análogas. Se, prescindindo do resto, toma-se destas apenas o ponto fundamental, isto é, a afirmação de que *as substâncias primeiras são Deuses*, é preciso reconhecer que esta foi feita por divina inspiração. E dado que, como é verossímil, toda ciência e toda arte foi encontrada e depois novamente perdida, deve-se reter que essas opiniões dos antigos foram conservadas até agora como relíquias. Só até esse ponto, portanto, são-nos conhecidas as opiniões dos pais e dos antepassados" (1074 b 1 ss.). — *f*) As filosofias helenísticas podem ser relidas como formas de religiões "leigas", como tentamos demonstrar em V-VI, *passim*. Mesmo que não se quisesse acolher essa leitura, dever-se-ia, em todo caso, reconhecer a carga religiosa que emerge do *Hino a Zeus* do estoico Cleanto (VI, 54 ss.), bem como da atitude básica de Pirro (VI, 149 ss.), e seria preciso dar-se conta da atitude de Epicuro, que é muito diferente do que muitos pensaram, como mostramos em V, 195 ss. — *g*) Durante a era imperial, o interesse religioso como tal torna-se prioritário em todas as correntes filosóficas e torna-se, portanto, uma cifra da época, como mostramos em VII-VIII, *passim*. — *h*) A filosofia mosaica de Filo de Alexandria assinala, depois, um momento de ruptura da *Weltanschauung* grega, mas constitui, pela sua referência ao mundo bíblico, um momento atípico do pensamento antigo (VII, 238 ss.). C) Deve-se observar, por último, que permaneceram desconhecidos à grecidade exatamente os conceitos cardeais que, com a difusão da concepção hebreu-cristã, se tornaram condição de realização de uma verdadeira religião, tais como: o conceito de *criação*, de *amor oblativo*, de *Revelação*, de *providência dirigida também ao homem individual*, e portanto também de *dependência de cada homem* (justamente como indivíduo) *de Deus*, de *ajuda divina* e de *graça*.

REMINISCÊNCIA, cf. Anamnese.

RESOLUÇÃO, cf. Analítica.

RETÓRICA (ῥητορική)

É *a arte da palavra e do discurso visando à persuasão*. O fim específico da retórica é, portanto, *a técnica de produção da persuasão e consiste numa enucleação e numa atuação dos elementos que na linguagem humana produzem persuasão*. É preciso distinguir a *prática* da retórica da *reflexão filosófica* sobre a mesma. — Para nos limitar a esta última (que é a única que nos interesse nesta sede), recordamos que o primeiro filósofo da retórica (além de retórico) foi Górgias, cuja posição ilustramos em II, 51 ss. — Platão repensou a fundo o problema, com êxitos diversos, no *Górgias* e no *Fedro*; cf. III, 175 ss. — A teoria mais completa e mais equilibrada encontra-se na *Retórica aristotélica*. Ver a exposição que fazemos dela em IV, 163 ss. — Nos estoicos, ao invés, a retórica torna-se a bela forma do dizer (VI, 21). — Entre os romanos prevalece mais o aspecto prático, com notável diminuição do elemento propriamente especulativo. (Ver, sobretudo, o *De oratore* de Cícero.)

RETORNO (ἐπιστροφή)

Em Plotino, exprime o movimento da conversão da alma humana que volta a se unir com o Uno (VIII, 116 ss.). — Deve-se, todavia, observar que o retorno não é só da Alma, mas também do Espírito, que, justamente, voltando-se para a contemplação do Uno, torna-se hipóstase (VIII, 61 ss.). O mesmo se dá com a Alma universal, a qual, analogamente ao Espírito, só contemplando o Espírito (e, através do Espírito, o Uno) nasce como hipóstase (VIII, 75 ss.). — Proclo faz da *epistrofé* um momento necessário da processão em geral, ao lado dos outros dois momentos da *moné* e do *próodos*, explicitando e desenvolvendo de maneira apropriada o pensamento de Plotino (VIII, 187 ss.).

REVELAÇÃO

O termo indica o *des-velamento de uma verdade não por meio de um simples procedimento lógico, mas mediante a ajuda ou até mesmo a intervenção de uma Divindade ou de forças divinas*. Podemos distinguir três tipos de revelação: 1) o primeiro, cujo objeto da revelação é constituído por uma verdade que a razão pode entender plenamente e no qual, portanto, a intervenção divina ajuda, por assim dizer, a razão a ser plenamente ela mesma e não a leva além de si mesma; 2) o segundo, no qual a ajuda divina leva, mediante inspiração, a conhecer verdades que são ou se supõem, pelo menos em parte, além da razão; 3) o terceiro, no qual se supõe a intervenção de Deus que, positivamente, historicamente, dá a conhecer aos homens uma verdade que transcende a razão. 1) O primeiro tipo de revelação é o que encontramos, de maneira até mesmo paradigmática, no poema parmenidiano, no qual, em última análise, a revelação da verdade por parte da Deusa é a revelação da razão que capta o ser e as suas leis (I, 106 s.). 2) A segunda forma de revelação é própria da religião mistérica grega, do hermetismo (VII, 377 ss.) e dos *Oráculos Caldaicos* (VII, 388 ss.) e também aquela à qual se remetem, de diferentes modos e com nuances diversas, Platão e os neoplatônicos. 3) O terceiro tipo de revelação permaneceu desconhecido à antiguidade, e é próprio das grandes religiões históricas. Filo de Alexandria levou-a ao primeiro plano com a sua filosofia mosaica (VII, 229 ss.), mas o mundo greco-pagão não compreendeu o seu significado e o seu alcance. Com efeito, a recepção desse significado da revelação comportava uma radical mudança de uma série de categorias; mas essa mudança era capaz de provocar a crise e a dissolução do próprio paganismo.

REVOLUÇÃO

Com esse termo se indica *uma reviravolta, normalmente súbita, e uma renovação radical, que pode ter lugar não só na política, mas em qualquer esfera da vida humana*. Os antigos filósofos não elaboraram uma teoria da revolução, mas a atuaram mais de uma vez com as suas ideias. Todos os grandes sistemas filosóficos da antiguidade constituem grandes revoluções de ideias. — Em sentido político, uma antecipação bastante clara da que hoje se chama *revolução da não violência*, encontra-se em Sócrates, como mostramos em II, 120 s.

RISCO (κίνδυνος)

Com intuição antecipadora, sem desenvolvimentos na antiguidade, Platão indica com esse termo o "salto existencial", para usar uma terminologia moderna, incluído na crença no além, e que, em última análise, dá sentido ao viver. Mas, diferentemente dos modernos, Platão considera, de maneira tipicamente grega, tal risco isento de angústia, belo e, portanto, libertador (cf. o texto que reportamos em III, 42).

RYSMÓS (ῥυσμός)

É o termo que a antiga escola atomista usava para indicar *a forma dos átomos*. Enquanto derivada do verbo ῥεῖν (= escorrer), assume a acepção, além de forma geométrica, também de *forma dinâmica*, ou seja, de *forma capaz de unir-se a outras formas* (V, 174).

S

SABEDORIA (φρόνησις)

1) Indica, em primeiro lugar, *o conhecimento particular do bem, com o qual Sócrates identificava a virtude*. Podemos definir a *phrónesis* na acepção socrática como o *conhecimento eficiente do bem, ou seja, como um conhecimento que é ao mesmo tempo teórico e prático* (II, 100 ss.). É exemplar, com relação a isso, a seguinte página do *Protágoras* platônico, que reproduz a concepção socrática (352 b-c): "Ora, ó Protágoras, revela também essa parte do teu pensamento: que pensas da *ciência*? Tens a mesma opinião da maioria dos homens, ou pensas diferentemente? E a maioria dos homens pensa da ciência aproximadamente o seguinte: que ela não tem força, nem capacidade de guiar, nem poder de dirigir. E, longe de atribuir-lhe tal natureza, a maioria dos homens considera que, embora a ciência amiúde esteja presente no homem, não é ela que o dirige, mas outra coisa: às vezes a ira, outras o prazer, outras ainda a dor, às vezes o amor, amiúde o medo; em suma, concebem a ciência

como uma espécie de escrava arrastada a todas as partes por aquelas paixões. Tens a mesma opinião a respeito da ciência, ou consideras que é coisa bela e capaz de guiar o homem, e que se alguém conhece os bens e os males não pode ser vencido por nada, a ponto de fazer coisas diferentes das que a ciência ordena, e que a *phrónesis* é o mais válido auxílio para o homem?". A passagem é interessante, entre outras coisas, pela equação, inclusive linguística, que estabelece entre a ciência (ἐπιστήμη) e a *phrónesis*. 2) Platão leva às extremas consequências as premissas socráticas, fazendo coincidir a valência teorética da *phrónesis* até mesmo com o conhecimento metaempírico das Ideias e fazendo coincidir a sua valência prática com a "virtude política" dos dirigentes do Estado (III, 256 ss.). Eis uma passagem do *Fédon* que ilustra a primeira valência: "Mas quando a alma, ficando sozinha em si e por si, desenvolve a sua pesquisa, então eleva-se ao que é puro, eterno, imortal, imutável, e, tendo natureza afim àquilo, permanece sempre com ele, toda vez que lhe ocorre ficar em si e por si só; e, então, deixa de errar e em relação àquelas coisas permanece sempre na mesma condição, porque imutáveis são as coisas às quais se prende. E esse estado de alma se chama *phrónesis*" (79 d). Na *República*, como dizíamos, a *phrónesis* é apresentada como conhecimento do Bem e do Absoluto e como suprema virtude "política". Deve-se notar que Platão usa como equivalentes *phrónesis* e *sophia* (cf. *República*, IV, 427 d ss.; VII, 518 c ss.). 3) A determinação precisa do conceito de *phrónesis* encontra-se em Aristóteles, que a distingue nitidamente da *sophia*. Para Aristóteles, *phrónesis* e *sophia* são virtudes dianoéticas, ou seja, da razão. Mas a primeira diz respeito à *razão prática*, a segunda à *razão pura especulativa* (cf. Sapiência). A *phrónesis torna-se assim a sabedoria tipicamente humana que consiste em bem deliberar em torno do que é bem e mal para o homem*. Podemos dizer que de Aristóteles em diante a *phrónesis* indica unicamente valência prática, que Sócrates e Platão não separavam da valência teorética. Além dos textos que reportamos em IV, 109 ss., é oportuno ler um trecho muito importante, que ilustra perfeitamente o pensamento do Estagirita: "[...] a sabedoria, ao invés, diz respeito aos bens humanos e às coisas sobre as quais é possível deliberar. De fato, dizemos que a função do sábio é, acima de tudo, deliberar bem, e ninguém delibera sobre coisas que não podem ser de outra maneira, nem sobre as que não possuam um fim que seja um bem realizável na ação. O homem que sabe deliberar bem em sentido absoluto é o que, seguindo o raciocínio, sabe dirigir-se àquele dentre os bens realizáveis na ação, que é o melhor para o homem. A sabedoria não tem por objeto só os universais, mas é preciso que ela conheça também os particulares, uma vez que ela concerne à ação, e a ação diz respeito a situações particulares [...] A sabedoria diz respeito à ação, de modo que deve possuir os dois tipos de conhecimento, e de preferência o dos particulares. Mas existe também aqui uma ciência arquitetônica" (*Ética a Nicômaco*, Z 7, 1141 b 8 ss.). A sabedoria torna-se assim o conhecimento prático, que ensina ao homem o "bem viver"; ao contrário, a sapiência (σοφία) torna-se a ciência das coisas *que estão acima do homem*, ou seja, das realidades metafísicas, e, consequentemente, uma ciência hierarquicamente superior, na medida em que Deus, o Divino e a totalidade do real (IV, 110 s.) são superiores ao homem. 4) Na era helenística, decaído todo interesse pelo metafísico e pelo transcendente, torna-se primário, se não exclusivo, o interesse pelo homem e domina a concepção da filosofia como arte de viver. *A sabedoria* (φρόνησις) *torna-se, consequentemente, a suprema virtude, a virtude por excelência.* Sobre esse ponto cf. V-VI, *passim*. Ver a passagem de Epicuro reportada em V, 212, onde a sabedoria é afirmada como bem supremo, fonte de todas as outras virtudes, única garantia de uma vida feliz. — Também nos estoicos a sabedoria, definida como "ciência dos bens, dos males e dos indiferentes" (cf. VI, 87), ocupa o primeiro lugar na tábua das virtudes e constitui o fundamento de todas as outras. Em geral pode-se dizer que todas as filosofias helenísticas, inclusive a pirroniana, são formas de "sabedorias", com notáveis convergências (cf. V-VI, *passim*). 5) Ao contrário, na era imperial, com o renascimento da metafísica e da problemática da transcendência, a *sophia* ou sapiência retorna ao primeiro plano, não só na acepção aristotélica, mas também enriquecida com inéditas valências (cf. verbete).

SABER, cf. Contemplação; Sabedoria; Sapiência, Ciência.

SÁBIO (σοφός)

A palavra *sábio* traduz, pelo menos em certa medida, o termo grego *sophós*, que, contudo, pode também ser traduzido pelo termo *sapiente*. Deve-se observar que, na maioria dos casos, *com o termo sophós enfatiza-se a carga moral do saber do qual o homem é portador, além da carga teorética do mesmo, de modo que a tradução de sophós por sábio é mais exata*. Apenas em Aristóteles, como veremos, essa tradução é inadequada. 1) Já no caso dos sete sábios isso é evidente: trata-se, com efeito, de homens que, ao mesmo tempo, impuseram-se pela sua vida moral e deixaram aos gregos as mais celebradas *sentenças morais* (I, 182 ss.). 2) Também no contexto sofístico, *sophós* tem o significado prático, além do teorético, do qual falamos, embora com nuanças diferentes, das quais falamos em I, 189 ss. 3) Sócrates sustentou que "só Deus é *sophós*" (ver o texto em II, 142), entendendo, porém, com esse termo o que possui a totalidade do saber. Mas ele mesmo admitiu possuir uma certa *sophia* — a das coisas humanas —, e ser, nesse sentido, *sophós* (cf. Platão, *Apologia*, 20 d). O *sophós*, para Sócrates, não é senão *o que encarna o saber que coincide com a virtude* (cf. Sabedoria); cf. II, 100 ss. 4) Em Platão, *sophós* tem significado análogo e indica, quando usado em sentido pleno, o que possui o saber mais elevado, o qual, além da mais elevada dignidade teorética, *tem também o mais alto potencial prático-político*. Eis, por exemplo, uma passagem do *Epínomis* (obra que se não é do próprio Platão, é certamente de um discípulo imediato): "Contudo é preciso descobrir uma ciência com cuja posse o *sophós* se torne *sophós* verdadeiro e não apenas aparente. Vejamos! Aqui entramos num assunto extremamente difícil: além das que encontramos, trata-se agora de descobrir outra que, na sua essência e com justiça, mereça o nome de sapiência, de modo que quem se tenha apropriado dela não seja nem um operário, nem um homem sem valor, *mas graças a ela seja sophós e bom cidadão* — tenha, no Estado, o governo ou seja governado —, *digno das suas funções e sempre em harmonia*" (976 c-d). 5) Em Aristóteles, *sophós* assume uma valência específica que não pode mais ser traduzida por *sábio*, mas que se deve traduzir por *sapiente*. O σοφός é o que possui a σοφία, ou seja, a ciência metafísica (o conhecimento do divino e dos princípios supremos), enquanto o *sábio* é designado por ele com o termo *phrónimos*, ou seja, *homem que possui a phrónesis*. Para Aristóteles, portanto, o sapiente está acima do sábio: este, com efeito, é detentor de uma *sapiência humana*, enquanto aquele, de conhecimentos e de *ciência das coisas divinas* (IV, 110 ss.). Para compreender bem essa distinção cf. os verbetes Sabedoria e Sapiência. 6) Nos sistemas helenísticos, a distinção aristotélica perde campo ou é invertida. A φρόνησις ou *sabedoria* torna-se a suprema virtude e o *sophós* torna-se o que encarna, não o saber metafísico, mas a perfeita "arte de viver": o *sophós* torna-se, portanto, o *sábio* no sentido que ainda hoje damos a esse termo. Todas as escolas helenísticas têm um verdadeiro culto ao sábio, transformado em supremo ideal e quase um mito. De fato, o sábio das filosofias helenísticas difere dos Deuses, não qualitativamente, mas apenas quantitativamente, no sentido de que realiza num tempo limitado a virtude e a felicidade que os Deuses têm por toda a eternidade (V, 15 s.). Podemos dizer que *a ideia do sábio constitui uma das poderosas ideias sintéticas que criam o clima de toda uma época* (cf. V-VI, *passim*). Muitas das características do sábio variam segundo as escolas, mas algumas são comuns, como, por exemplo: a perfeita serenidade, a autarquia (ou seja, o bastar-se a si mesmo), o desapego das coisas exteriores e materiais, a superioridade sobre tudo, o saber suportar tudo, inclusive a dor (mesmo entre os tormentos o sábio é feliz, porque sabe estar acima deles com a sua alma), a capacidade de encontrar no seu íntimo o remédio para tudo. Os estoicos insistiram na temática do sábio de modo quase exasperado (VI, 104 ss.). Eis as principais conotações que lhe atribuíram (apresentamos na ordem em que se encontram na coletânea dos fragmentos de von Arnim, *S.V.F.*, III, frs. 544-649): o sábio não engana, nem é enganado, porque tem a ciência e não opiniões; tudo faz segundo todas as virtudes; é forte a ponto de não poder ser golpeado por qualquer mal; é feliz mesmo nos tormentos; é rico porque tudo o que é bem lhe pertence; é livre, é especialista nas coisas divinas; é especialista também em política; beneficia a si e aos outros; é austero, não se maravilha com nada, não se deixa tomar pela compaixão nem mover-se pelos sentimentos; é isento de vaidade; ama com nobre amor; está separado dos néscios por um abismo. Para os antigos estoicos não existe uma via intermédio entre o sábio e o néscio. Porém, já a partir do médio-estoicismo admite-se a existência de *progredientes* (*prokóptontes*) em direção da virtude, e no âmbito do novo estoicismo revela-se até mesmo o caráter de idealidade do sábio (e, portanto, a não existência no nível empírico de um homem perfeitamente sábio) (III, 370 ss.; 382; IV, 79 ss.). 7) Na era imperial o conceito de sábio assume aspectos místico-religioso-transcendentes. Sábio é o que imita e segue a Deus, o que contempla o absoluto e até mesmo transcende a dimensão do humano para unir-se ao divino. O sábio da era imperial não encontra mais em si, mas no divino, o fim da própria vida (cf. vol. IV, *passim*). Para Filo de Alexandria o sábio é o que tem fé em Deus e conhece, mediante essa fé e a inspiração dada por ela, os bens divinos. Para Filo, portanto, o protótipo do sábio é Moisés (cf., por exemplo, *Ebr.*, 37). 8) Mas também no âmbito dos filósofos pagãos, embora com perspectiva diferente, o *sophós* é o que tem comércio com as coisas divinas. Eis um texto eloquente de Plotino: "Não é concedido viver beatamente na comunhão com o corpo. Assim o exige, de fato, também Platão, muito justamente: que se deve tender para o bem superior, do alto; a Ele deve olhar quem quer ser *sophós* e bem-aventurado; deve assimilar-se a Ele; viver em conformidade com Ele. Só isso, portanto, deve possuir para alcançar o fim. E as outras coisas? Ele pode tomar ou uma ou outra; mas, assim, como muda de morada, não porque extraia das suas moradas um aumento de beatitude, mas unicamente porque ele também visa às outras coisas que estão como derramadas em torno a ele, ao seu verdadeiro ser — por exemplo, se deve deitar-se nesse lugar ou noutro —; ele concede a esse ser terreno segundo as necessidades e nos limites do seu poder; mas o seu verdadeiro ser é outro, bem diferente, e nada se opõe a que ele dispense esse ser terreno e, em todo caso, está pronto a depô-lo quando soa a hora da natureza; plenamente capaz de decidir, a seu gosto, a respeito dele" (I, 4, 16). Sábio, em suma, na última filosofia grega, é homem que contempla e vive na dimensão do Absoluto.

SALVAÇÃO (σωτηρία)

Indica, em sentido específico, *a libertação dos males, e, em particular, daqueles males dos quais depende a ruína e a infelicidade do homem*. Trata-se, portanto, de uma salvação última, da salvação fundamental. — No contexto do pensamento socrático, tal como é expresso, por exemplo, no *Protágoras*, diz-se que a "salvação da vida" consiste na ciência: "Pois bem, amigos! Dado que a salvação da nossa vida nos pareceu consistir na correta escolha do prazer e da dor, do mais e do menos copioso, do mais e do menos intenso, do mais distante e do mais próximo, não é talvez evidente, em primeiro lugar, tratar-se de uma capacidade de medir, dado que se trata de uma pesquisa relativa ao excesso e à falta e à igualdade recíproca? [...] E, dado que é uma capacidade de medir, é necessário que seja *uma arte e uma ciência*" (357 a-b). — O mito final da *República* (que, sob certo ponto de vista, contém a mensagem mais radical de Platão) é apresentado explicitamente como *mensagem de salvação* (ver a passagem reportada em III, 200 s.). — O colorido religioso, já presente aqui, acentua-se na era imperial. O *Corpus Hermeticum* é, no seu conjunto, uma soteriologia (VII, 384 ss.). Eis uma passagem significativa: "Para onde correis, ó homens, embriagados, depois de ter bebido a doutrina da ignorância como vinho puro, que não podeis nem sequer suportar, mas já estais para vomitar? Parai e voltai para vós mesmos. Volvei para o alto os olhos do coração; e se nem todos sois capazes, façam-no pelo menos os que o podem. O mal da ignorância inunda toda a terra, corrompe a alma prisioneira no corpo, sem permitir que ela lance a âncora no *porto da salvação*. Não vos deixeis arrastar pela violência das ondas, mas valendo-se do refluxo, vós que podeis alcançar *o porto da salvação*, lançai nele a âncora e buscai um guia que vos mostre a via para chegar às portas do conhecimento, onde brilha a luz esplendorosa, isenta de trevas, onde ninguém é ébrio, mas todos são sóbrios e volvem o olhar do coração para aquele que deseja ser contemplado" (VII, 1). Porfírio, enfim, concebe a filosofia como "salvação da alma"; cf. textos e exegese em VIII, 151 s.

SANTIDADE (ὅσιον, ὁσιότης)

No contexto do paganismo, não tem lugar uma concepção da santidade tal como se delineou no contexto da religião hebraica e, sobretudo, cristã, a qual implica uma *metánoia* estrutural e uma inversão do viver com relação ao modo de pensar do mundo, assim como é radical a mensagem de Cristo, Deus e se faz homem morre para salvar os homens. No contexto do pensamento hebreu-cristão, só Deus é verdadeiramente santo, e o homem é santo na medida em que tenta realizar, com a ajuda da graça, no seu pensar e no seu viver a vontade divina. É evidente que, assim entendida, a santidade é a mais elevada virtude, da qual todas as outras dependem. A santidade, assim entendida, supõe, em certo sentido, o homem em três dimensões: não só como *corpo físico*, e como *inteligência*, mas também como *capacidade de acolher a divina graça que o torna "filho de Deus"*, e em cuja dimensão se desenvolve, justamente, a santidade. Ora, não só na religião grega, mas também na filosofia grega, tal perspectiva ficou ausente: a ideia de que a *physis, o inteligível* e *a inteligência* pudessem ou devessem ser transcendidos só se esboça com Plotino, e de maneira totalmente diferente. O santo se enquadra na esfera do natural e do racional e a santidade, no máximo, pode ser *uma das virtudes, mas não uma das mais elevadas*. Platão, que no *Eutífron* dedicou ao santo o mais amplo tratamento, subordinou essa virtude à justiça e a definiu como "uma parte do justo", e precisamente "a parte do justo que diz respeito ao cuidado dos deuses; a outra parte do justo é, ao invés, a que se refere ao cuidado dos homens" (12 d s.). O diálogo conclui de modo aporético, mas por muitos indícios parece que esse "cuidado" deve ser concebido como uma colaboração com os Deuses na realização do Bem (cf. nosso comentário a diálogo, La Scuola, Brescia 1975[4]). Na *República* a santidade não tem um papel próprio, e a tábua das virtudes supremas compreende só a temperança, a coragem ou a fortaleza, a sabedoria ou sapiência e a justiça. — A especulação grega subsequente não traz novidades a respeito. — A situação se inverte com Filo, que põe a santidade como rainha das virtudes. Mas Filo inspira-se na *Bíblia* (cf. *Spec.*, IV, 135; 147; *Decal.*, 52) e através da Bíblia adquire aquela visão do homem em três dimensões da qual falamos, como mostramos em VII, 233 e 257 ss.

SAPIÊNCIA (σοφία)

Sapiência traduz propriamente o termo *sophia*. No seu significado especificamente filosófico corresponde, até Platão, a *phrónesis* ou *sabedoria* (cf. verbete) e dela se distingue de modo preciso só a partir de Aristóteles. Xenófanes (fr. 2, v. 12) chama *sophia* o próprio saber, contrapondo-a à força física (I, 104). Heráclito escreve de maneira paradigmática: "Ser sábio é a maior virtude e a *sophia* consiste em dizer a verdade e agir segundo a natureza, dando ouvidos a ela" (fr. 112). Ler também o fr. 41, reportado em I, 69. Não menos interessante é o fr. 31 de Demócrito: "A medicina é a arte que cura as enfermidades do corpo, a *sophia* a que tira a alma do domínio das paixões". — Sócrates chamava a própria filosofia "sapiência humana" (II, 91). — Platão considerava a *sophia* como virtude própria da alma racional e, portanto, da classe dominante da Cidade (III, 248). Na *República* (IV, 428 b ss.), assim é definida: "Ora, acima de tudo aqui, parece-me que seja clara a *sophia* e aqui vejo algo de singular [...]. *Sapiente*, na realidade, parece-me que seja o Estado por nós descrito; há, de fato, bons conselhos [...]. E este, o bom conselho (*euboulia*), é claro que é um saber (*epistéme*): não a ignorância, mas o saber faz tomar bons conselhos". Essa ciência é a que "provê, não a uma só coisa dentre as que existem no Estado, mas a todo o Estado, de modo que ele possa comportar-se melhor consigo mesmo e com os outros Estados". Como se vê, a σοφία coincide com o que Platão também chama de φρόνησις (cf. Sabedoria). — Aristóteles, como dissemos, separa nitidamente os dois termos, exprimindo com eles dois conceitos diferentes. Eis o mais famoso texto aristotélico a respeito disso: "[...] pensamos que existem homens sapientes em sentido omnicompreensivo e não sapientes só num campo particular ou numa coisa determinada [...] e assim é claro que a sapiência é a mais perfeita das ciências. Consequentemente, é preciso que o sapiente não só conheça o que deriva dos princípios, mas também capte o verdadeiro no que se refere aos próprios princípios. Assim pode-se dizer que a sapiência é, ao mesmo tempo, inteligência e ciência, enquanto é ciência, com fundamento, das realidades mais sublimes. É absurdo, de fato, pensar que a política e a sabedoria sejam a forma mais elevada de conhecimento, se é verdade que o homem não é a realidade mais valiosa no universo" (*Ética a Nicômaco*, Z 7, 1141 a 12 ss.). A sapiência é, portanto, ciência das coisas que transcendem o homem, é a ciência teorética, e, particularmente, a metafísica; a sabedoria é ciência do homem e das coisas humanas. Para ulteriores especificações cf. Sabedoria e IV, 109 ss. — Nas filosofias helenísticas, com o declínio da metafísica declina também a sapiência, ao mesmo tempo que ascende a primeiro plano o interesse pelo homem, e a *phrónesis* torna-se a virtude suprema (V-VI, *passim*). Eis a definição estoica de *sophia*: "dizem que *a filosofia é a prática da sapiência* e que a *sapiência é conhecimento das coisas divinas e humanas*" (von Arnim, *S.V.F.*, II, fr. 36); na qual, como é evidente, a distinção aristotélica é claramente cancelada. Ao contrário, como a nova ascensão da metafísica na era imperial, volta a impor-se a superioridade da *sophia*, a qual, ademais, se amplia, enriquecendo-se de valências inéditas. — Em Filo de Alexandria a sapiência, de um lado, é entendida como o *conhecimento do divino baseado sobre a fé e sobre a revelação* (VII, 261 ss.), e, de outro lado, é até mesmo *entendida de modo quase hipostático, como uma entidade derivada de Deus e, portanto, como um aspecto do Logos, ou até mesmo como identificada com o próprio Logos* e com todas as funções próprias do *Logos* (VII, 249). Reencontram-se em Filo, fundamentalmente, os significados que se encontram no livro bíblico da *Sabedoria*, do qual transcrevemos uma das passagens mais significativas: "Aprende o que é oculto e evidente; de fato, a sabedoria, artífice de tudo, ensinou-o a mim. Nela, com efeito, há um espírito inteligente, santo, único e múltiplo, sutil, ágil, perspicaz, sem mancha, lúcido, propício, amante do bem, penetrante, incoercível, benéfico, amante dos homens, imutável, firme, sem ânsias, pleno de virtude, vigilante, que penetra todo espírito inteligente, puro e mais sutil. E assim a sabedoria é mais ágil do que todo movimento, invade e penetra tudo pela sua pureza. Ela é o sopro da virtude de Deus, a emanação pura da glória do Onipotente; por isso nada de repugnante a alcança. Ela é esplendor da luz eterna, o espelho puríssimo do vigor de Deus e a imagem da sua bondade. E dado que é única, ela tudo pode; mesmo permanecendo imóvel, tudo renova, e passando, em todas as épocas, nas almas santas, prepara os amigos de Deus e os profetas. Deus só ama quem vive com a sabedoria; pois ela é mais resplandecente que o sol [...]" (Sb7, 21 ss.). Em Sb 8, 3 ss., lê-se: "Ela demonstra nobreza porque conversa com Deus e o Senhor do universo a ama; ela participa dos segredos da ciência de Deus e escolhe entre as suas obras. Ora, se as riquezas são um bem desejável como posse na vida, que há de mais rico do que a sabedoria, que tudo produz? E se a inteligência age, quem, dentre todas as coisas, é mais inteligente do que ela?". É evidente que o pensamento filoniano depende desses textos (sobre o problema cf. Wolfson, *Philo*, I, 253 ss.). — Mas também no contexto do pensamento pagão, e não só no puramente místico, mas também no mais propriamente especulativo como o de Plotino, a *sophia* assume algumas dessas dimensões, como nesta página exemplar das *Enéadas*: "Mas a vida, lá (no mundo do Espírito), é *sapiência* e, ademais, uma sapiência que não se conquistou por via de raciocínios, porque ela já é realizada eternamente e não carece de nada que fosse preciso buscar; antes, é a sapiência primordial e não derivada; e o seu próprio ser é sapiência, não é, prestai atenção, um ser que num segundo momento se faz sapiente. Justamente por isso nenhuma sapiência lhe é superior; é a ciência em si que se assenta ao lado do Espírito, porque com Ele apareceu pela primeira vez, como se diz, por imagem, que o Direito senta-se no trono ao lado de Zeus [...]. Ora, para medir a grandeza e a força de tal sapiência, basta observar que ela traz consigo e que criou os seres e o todo; que ela acompanha todas as coisas; que ela é, por sua vez, os seres [= as Ideias]; que estes nasceram com ela; que ambos são uma só coisa; que o ser não é mais que a Sapiência do Espírito" (V, 8, 4).

SAPIENTE, cf. Sábio.

SEITA (αἵρεσις)

Significa *uma escola ou uma corrente filosófica*. Sobretudo na era imperial, a divisão em escola teve uma importância particular, a ponto de até os céticos deverem reconhecer o fato de constituírem uma *seita*, ainda que em sentido antidogmático. Eis uma passagem exemplar de Sexto Empírico (*Esboços pirronianos*, I, 16): "Se [...] por seita se entende uma propensão a muitos dogmas, que têm entre si e com os fenômenos uma certa coerência, e por dogma se entende o assentimento a coisa obscura, afirmamos que o cético não possui uma seita. Se, ao invés, por seita se entende uma tendência que adere, em conformidade com o fenômeno, a certa maneira de raciocinar, como a que nos mostra de que modo é possível viver retamente (entendendo a palavra 'retamente', não só com relação à virtude, mas num sentido mais simples), e tende a dar-nos a faculdade de suspender o nosso juízo, então dizemos que o cético possui uma seita. De fato, aderimos a uma maneira de raciocinar que nos ensina, em conformidade com o fenômeno, a viver segundo os costumes, as leis, as instituições dos antigos e as nossas próprias afecções".

SEMENTES (σπέρματα)

São assim chamados os elementos materiais por Empédocles, as homeomerias por Anaxágoras, os átomos por Epicuro e por Lucrécio.

SENSAÇÃO (αἴσθησις)

Indica a *percepção das qualidades dos objetos sensíveis*, e também *a faculdade de perceber*, em geral e em particular. A mais antiga filosofia já se ocupou tanto do problema da gênese e da natureza da sensação, como do problema do valor da própria sensação e do conhecimento sensível fundado sobre ela. 1) Quanto à gênese e à natureza da sensação e do conhecimento sensível deve-se observar o seguinte. — *a*) Já Parmênides parece ter sustentado que se trata de uma *afecção que o semelhante exerce sobre o semelhante*, ou pelo menos *de uma relação que se instaura entre semelhante e semelhante e funda-se sobre a semelhança e sobre a identidade*. Com efeito, ele afirmou que o cadáver, inerte e frio, tem sensibilidade pelo silêncio e pelo frio e, portanto, pelo que lhe é semelhante (cf. I, 115). — *b*) Em Empédocles o conhecimento do semelhante pelo semelhante é temático (cf. textos em I, 138 s.) e também em Demócrito (I, 160 ss.), que faz derivar o conhecimento de um contato das coisas com os sentidos, através de eflúvios dos corpos que penetram nos sentidos e permitem a ação dos átomos semelhantes sobre os semelhantes. Eis o fragmento 164, extraído de Sexto Empírico: "[...] antiga [...] a opinião *segundo o qual os semelhantes têm a propriedade de fazer conhecer os semelhantes* [...]. Mas Demócrito aplica o seu raciocínio aos seres animados e inanimados: 'também os animais', diz ele, 'agrupam-se com os semelhantes, pombos com pombos, garças com garças, e assim com todos os seres privados de razão; o mesmo acontece com os seres inanimados, como é possível verificar nas sementes passadas pela peneira e nos pedregulhos nas praias; de fato, aqui, pelo vórtice produzido pela peneira dispõem-se separadamente lentilhas com lentilhas, joio com joio e trigo com trigo, lá, pelo movimento das ondas, os pedregulhos alongados são movidos ao mesmo lugar dos outros alongados, os arredondados ao mesmo lugar dos arredondados, como se a semelhança tivesse o poder de reunir as coisas'". Deve-se integrar esse fragmento com Teofrasto, *De sensu*, 49 ss. (= Diels-Kranz, testemunho 135). — *c*) Uma análise aprofundada do problema encontra-se no *De anima* de Aristóteles, o qual concebe a sensação como uma espécie de *fazer-se semelhante ao semelhante, que consiste em receber, por parte do sensiente, as formas sensíveis sem a matéria*. Aristóteles supera numerosas dificuldades que os seus predecessores tinham encontrado, fazendo uso dos seus conceitos de *ato* e de *potência* (Cf., textos e exegese em IV, 84 ss.). — *d*) Os epicuristas voltam a explicar a sensação em função do atomismo, precisamente dos simulacros atômicos que emanam das coisas e penetram em nós (V, 156 ss.). — *e*) Os estoicos a interpretam no contexto do seu corporeísmo, como uma *marca* — material — provocada pelas coisas na alma, ou também como uma *alteração qualitativa* (cf. textos e exegese em VI, 21 ss.). — *f*) Uma notável e engenhosa interpretação é trazida por Plotino, que explica a gênese da sensação preocupando-se sobretudo com salvaguardar a impassibilidade da alma com relação ao corpóreo. Ele distingue uma *sensação exterior* — considerada como afecção que os corpos produzem sobre os corpos — da *percepção sensitiva*, entendida como um ato cognoscitivo da alma dirigido à afecção corpórea. A percepção sensível coincide com uma espécie de *juízo da alma*, e a própria sensação, de algum modo, entra na esfera do inteligível, sob a forma de "pensamento obscuro". Ver o que explicamos em VIII, 107 ss.

2) Quanto ao *valor* cognoscitivo da sensação, os filósofos antigos dividem-se nitidamente. Podemos individuar três posições: *a*) a que desvaloriza nitidamente a sensação, *b*) a dos que a valorizam ao extremo e, entre as duas, *c*) a posição de equilíbrio assumida por Aristóteles. — *a*) A desvalorização é peremptória já os naturalistas. A posição dos eleatas a respeito é paradigmática: Parmênides fala de "olho que não vê" e de "ouvido que ressoa" (cf. I, 113); e Melisso, no fr. 8, radicaliza a posição do mestre (I, 128 ss.). O próprio Demócrito desvaloriza a sensação julgando-a obscura, em favor do conhecimento intelectivo (cf. os fragmentos apresentados em I, 160 ss.). Platão, com base na distinção dos dois planos do ser, por um lado, evidencia a estrutural incapacidade da sensação de captar o verdadeiro, enquanto serve de véu para a alma e até mesmo a cega (cf. *Fédon*, 99 d ss.), embora, por outro lado, pelo menos implicitamente, é constrangido a admitir que o processo da anamnese põe-se em movimento *por ocasião* da sensação, ainda que não *por causa* dela; a anamnese, com efeito, é um ato da alma. O repertório mais rico dos argumentos contra a validez da sensação encontra-se no ceticismo (cf., por exemplo, VI, 175 s.; VII, 137 ss.). O último ceticismo, ademais, opera uma relativa revalorização da sensação (IV, 169 ss.). Plotino e o neoplatonismo, enfim, vanificam a sensação, reduzindo-a a pensamento (obscuro) e a um ato da alma (VIII, 107 ss.). — *b*) A validez da sensação é proclamada pelos sofistas, particularmente por Protágoras, que parece fazer dela o critério da verdade (cf. II, 34 ss.). Os epicuristas são os defensores extremos da validez da sensação, que, para eles, é *absolutamente* verdadeira, sendo uma ação física das coisas sobre a alma e, portanto, totalmente objetiva (cf. textos e exegese em V, 156 ss.). Também para os estoicos a sensação, entendida como impressão ou alteração que as coisas produzem na alma, é objetiva; todavia, para eles, deve intervir o assentimento do *Logos* e, portanto, deve ter lugar a representação cataléptica (cf. verbete) para que haja certeza absoluta (VI, 21 ss.). — *c*) Aristóteles estabelece que a sensação não erra ao perceber *os sensíveis próprios*: se, vendo branco, digo "vejo branco", não posso enganar-me. O erro pode nascer na percepção do objeto: por exemplo, quando digo: "Essa coisa é branca"; mas, nesse caso, já se opera um *juízo*. A sensação pode errar quando se trata dos sensíveis comuns, porque sobre eles opera de modo não específico (cf. IV, 84 ss.).

SENTIDO, cf. Sensação

SENTIDO COMUM (κοινὴ αἴσθεσις)

a) Na psicologia aristotélica é o sentido que age de maneira não específica, quando capta *os sensíveis comuns*, como: *movimento*, *quietude*, *figura*, *grandeza*, que não constituem objeto próprio de nenhum dos cinco sentidos. — *b*) Sentido comum pode também ser chamado o *sentir de sentir* (cf. texto e exegese em IV, 84 s.).

SER (ὄν, εἶναι, *ens, esse*)

No nível temático, a doutrina do ser remonta a Parmênides e à escola eleática. — *a*) Os eleatas apresentam uma concepção do ser que poderemos chamar integral e unívoca, na medida em que admitem uma única acepção de ser, ou seja, o ser no sentido absoluto (o puro positivo), que comporta uma acepção igualmente integral e unívoca do não-ser, como o absolutamente negativo. Em consequência, todos os atributos que os eleatas reconhecem como próprios do ser não são senão uma explicitação desse caráter absoluto: o ser é dito ingênito, incorruptível, imutável, imóvel, absolutamente igual a si mesmo (I, 111 ss.). O ser parmenidiano o é concebido como finito e esferiforme (I, 125), enquanto é concebido por Melisso como infinito, sem forma alguma e sem qualquer das determinações próprias aos corpos: nesse sentido é incorpóreo (cf. verbete) e absolutamente uno (I, 125 ss.). Essa concepção integral e unívoca do ser traz consigo a impossibilidade de justificar os fenômenos e a negação da validez da experiência que os atesta, dado que os fenômenos pareceriam implicar justamente o que é negado pelo discurso eleático sobre o ser, a saber, a multiplicidade, o movimento e, portanto, o não-ser. A especulação posterior procura, de várias maneiras, resolver essa aporia do eleatismo. — *b*) Empédocles, Anaxágoras e os atomistas procuram resolver essa aporia permanecendo *ainda no horizonte físico, concebendo o ser como um múltiplo originário* (para Empédocles os quatro elementos movidos pela Amizade e pela Discórdia, para Anaxágoras as homeomerias e a Inteligência, para os atomistas os átomos e o movimento) que, agregando-se, dão origem ao nascimento das coisas e, desagregando-se, produzem a sua corrupção (I, 135 ss.). — *c*) Platão *leva, por sua vez, a problemática do ser a um novo plano alcançado mediante aquela que ele mesmo chama a "segunda navegação"* (cf. verbete). Sobre esse plano ele percebe a necessidade de reformar radicalmente a ontologia eleática, mas só em parte o consegue. Com efeito, ele quebra o bloco monolítico do ser eleático, concebendo o ser como *multiplicidade de ideias*. Para obter a multiplicidade ele recupera o não-ser ao menos no sentido de *diverso* e de outro (cf. Alteridade, Outro): toda Ideia, justamente por ser a que é, deve ser distinta das outras, *não ser* as outras. Portanto, Platão introduz no ser as *diferenças ideais* que permitem conceber o mesmo ser como múltiplo, incluindo também *o movimento no sentido puramente ideal*, enquanto toda Ideia implica um movimento ideal em direção das outras porque participa das outras. Platão diz ainda que o ser implica estruturalmente um caráter dinâmico (III, 113-118). Não obstante tudo isso, Platão não salva de modo adequado o mundo do sensível, o mundo empírico. Com efeito, ele não ousa considerá-lo ser nem não-ser e, assim, refugia-se numa solução fortemente ambígua, considerando-o como um *intermediário* (ou *metaxu*, cf. verbete) entre ser e não-ser. Mas não se compreende o que seja o intermediário entre ser e não-ser (no sentido de oposto ao ser). De resto, o próprio Platão, *reconhecendo a ambiguidade substancial desse mundo fenomênico* que enquanto *sujeito ao devir* não é ser, mas também não é não-ser, confessa que a aporia eleática permanece resolvida apenas pela metade. — *d*) Aristóteles foi o primeiro que propôs uma concepção do ser *capaz de acolher em si seja a realidade inteligível seja a realidade sensível em todos os seus aspectos*. Isso torna-se possível na medida em que o Estagirita supera sistematicamente a concepção *unívoca* do ser, introduzindo uma concepção de caráter *analógico*. O ser não tem apenas um, mas múltiplos significados na medida em que é *diferenciado originariamente em gêneros ou esferas e planos diversos, e ainda em modos e maneiras diversas no interior desses mesmos planos*. Esses múltiplos significados podem ser resumidos nos quatro seguintes: *o ser acidental*: a atividade do nosso pensamento *que pensa o verdadeiro e o falso*; as *categorias*; *a potência e o ato* (cf. verbetes e IV, 27-44). Todos esses significados são diversos entre si, mas supõem uma referência comum a um significado principal que é o de substância, que é a primeira das categorias (IV, 44 ss.). Há, por outro lado, três tipos de substância e, portanto, o ser da substância tem três significados distintos. Há as substâncias suprassensíveis, ingênitas e incorruptíveis (IV, 56 ss.); há substâncias celestes que são sensíveis mas incorruptíveis e, enfim, há as substâncias sensíveis sublunares, sujeitas à geração e à corrupção (IV, 66 ss.). — *e*) Depois de Aristóteles, a teoria do ser sofre uma involução notável, como demonstram a física de Epicuro e a física estoica que, no que diz respeito à problemática ontológica, caem num labirinto de contradições (ver, por exemplo, V, 178 ss.; 182 s.; e, sobretudo, V, 306 ss.). Para as filosofias helenísticas, o ser coincide, em geral, como o *corpo* e o *corpóreo*. O próprio ser divino é corpóreo. Pirro e o ceticismo buscaram, por sua vez, redimensionar o conceito de ser e, de alguma maneira, resolvê-lo no aparecer. — *f*) Com o renascimento do platonismo (no fim da era helenística e nos primeiros séculos da era cristã), o ser é identificado com o incorpóreo (cf. verbete) e com o transcendente, em aberta polêmica com as filosofias do Jardim e do Pórtico (cf. VII, 289 ss.; 360 ss.). *g*) Em Plotino, a problemática do ser assume perspectivas inteiramente novas. O ser, que é um com o pensamento, coincide com a segunda hipóstase (cf. Nous). Mais inovadora ainda é a tentativa de conceber o primeiro Princípio e o Absoluto, isto é, o Uno, como *acima do próprio ser*. Portanto, com Plotino a doutrina do ser *torna-se uma parte da metafísica e não a mais elevada*. Sobre as razões que conduzem a essa revolução cf. o que dizemos em VIII, 47 ss. O neoplatonismo posterior segue o caminho aberto por Plotino. *h*) Em Filo de Alexandria, o Ser é o Deus bíblico (ver VII, 244 ss.). — Finalmente, deve-se recordar o princípio que é como o selo da especulação grega, segundo o qual ser e pensamento se correspondem perfeitamente. Para Parmênides chegam mesmo a coincidir; para Platão o grau de cognoscibilidade de uma coisa é proporcional ao seu grau de ser, o mesmo acontecendo para Aristóteles. Em Plotino, como dissemos, ser e pensar, embora de modo bastante mais complexo do que em Parmênides, voltam a coincidir. O Uno, que está acima do ser, não é pois cognoscível e se alcança por uma via metarracional (cf. Êxtase).

SIGNO (σημεῖον)

A teoria dos *signos* parece ter sido aprofundada sobretudo pelos céticos no contexto da sua polêmica antiestoica e antidogmática em geral. Eis a definição de Sexto Empírico (*Contra os Matem.*, VIII, 143): "[...] usa-se o termo *signo* em duas acepções, ou seja, em sentido comum e em sentido próprio: em sentido comum é o que parece evidenciar alguma coisa, e nesse sentido costumamos chamar de *signo* o que é útil para refrescar a memória do objeto que foi observado junto com ele; em sentido próprio, ao invés, é o que indica um objeto não evidente...". O primeiro tipo de signo chama-se *hipomnéstico* ou *comemorativo* ou *rememorativo* (ὑπομνηστικὸν σημεῖον); o segundo chama-se *endítico* ou *indicativo* (ἐνδεικτικὸν σημεῖον). A distinção entre esses dois tipos de *signos* é provavelmente tardia, porque a valorização do primeiro parece supor algumas conquistas da medicina empírica e do ceticismo empírico. A polêmica contra o segundo tipo, ao invés, já alcança com Enesídemo o seu vértice (cf. o que dissemos em VII, 144 ss.). Sobre o signo rememorativo cf. VIII, 167 s. — Como complemento do que dissemos ali, eis uma passagem de Sexto Empírico que define perfeitamente a diferença entre os dois tipos de signos: "[...] o signo rememorativo, observado junto com o objeto que se mostra com evidência, não só se nos apresenta depois do desaparecimento do objeto significado, mas nos induz à memória do objeto que foi observado junto com ele, mas que atualmente não se apresenta com evidência, como acontece, por exemplo, quando se trata de fumaça e de fogo. De fato, tendo observado que essas duas coisas são frequentemente ligadas entre si, tão logo vemos uma das duas, por exemplo a fumaça, refrescamos a memória da outra, isto é, do fogo que atualmente não estamos vendo. O mesmo vale para uma cicatriz que surge de uma ferida ou para um ataque cardíaco anterior à morte; de fato, vendo uma cicatriz, renovamos a recordação da ferida que a precedeu e, observando um ataque cardíaco, prognosticamos morte eminente. Essa é, portanto, a peculiaridade do signo *rememorativo*; o *indicativo*, ao invés, mostra-se diferente. Este, com efeito, contrariamente ao primeiro, não é suscetível de ser observado junto com o objeto significado (porque o objeto que não é evidente por natureza não pode se apresentar a nós desde o princípio e, por isso, não pode ser observado junto com alguma das coisas aparentes), mas proclama-se que, repentinamente, em virtude da própria natureza e da própria conformação, com uma simples emissão de voz, ele signifique o objeto do qual é indicativo. Assim, por exemplo, a alma é uma das coisas não evidentes por natureza: ela é, por natureza, de tal modo que nunca entra na nossa clara percepção. Mesmo sendo tal, com base nos movimentos do corpo, ela é anunciada mediante indicação, pois arguimos que certo poder inerente ao corpo produz nele certo tipo de movimentos" (*Contra os Matem.*, VIII, 152-155).

SILÊNCIO (σιγή)

Na filosofia de Filo de Alexandria (VII, 265 s.), do hermetismo (VII, 380), dos *Oráculos Caldaicos* (VII, 394 s.) e na antiguidade, o silêncio exprime a atitude interior preparatória da união com o Divino. É caracterizado como *um desfalecimento dos sentidos, da razão e da palavra, e como um a abertura para uma espécie de conhecimento imediato e para a união mística com o Divino em dimensão metassensorial*. Plotino considera o silêncio um momento estreitamente conexo à contemplação criadora (VIII, 134; cf. *Enéadas*, III, 8, 4).

SILOGISMO (σιλλογισμός)

É a forma perfeita do raciocínio dedutivo, estudada por Aristóteles em vários níveis: nos *Primeiros Analíticos* em nível formal, só em relação à sua retidão lógica e não ao conteúdo de verdade; nos *Segundos Analíticos* enquanto instrumento do conhecimento científico (cf. Demonstração); nos *Tópicos* enquanto silogismo dialético e nas *Refutações Sofísticas* enquanto silogismo sofístico (cf. Paralogismo). Para a exposição documentada de cada um desses pontos cf. IV, 149 ss. — Para a silogística estoica cf. VI, 35 ss. — Para a crítica cética do silogismo, cf. Sexto Empírico, *Esboços pirronianos*, II, 193 ss.

SIMPATIA (συμπάθεια)

Indica em geral *a relação recíproca subsistente entre as coisas, pela qual uma age estruturalmente sobre a outra e vice-versa*. — *a*) Os estoicos valeram-se da concepção da simpatia cósmica — ou seja, da concepção segundo a qual as partes agem reciprocamente sobre partes e o todo con-sente consigo mesmo — para garantir a unidade do cosmo e para explicar numerosos fenômenos. Para as afirmações do estoicos antigos a respeito cf. von Arnim, *S.V.F.*, II, frs. 434; 475; 546; 912; 1013; 1211, — *b*) Deve-se, todavia, observar que, contrariamente ao que se diz, não parece terem sido os estoicos a introduzir tal doutrina, mas Aristóteles e o primeiro Perípato (cf. Bonitz, *Index Arist.*, 716 b; Teofrasto, *De caus. plant.*, II, 19, 4). — *c*) A tese da exploração radical do conceito de simpatia, que segundo alguns intérpretes (cf. K. Reinhardt, *Kosmos und Sympathie*, Munique 1926) seria o centro do sistema possidoniano, não é suficientemente sufragada pelos textos e deve ser redimensionada (VI, 124). — *d*) A tese da simpatia universal é retomada por Plotino em chave espiritualista. Eis, por exemplo, o que se lê nas *Enéadas*, IV, 4, 32: "Em primeiro lugar, pretende-se estabelecer que o universo presente é *um ser vivo unitário*, que envolve todos os seres vivos existentes no seu interior, e é dotado de uma alma única difusa por todas as suas partes, enquanto todas as coisas individuais são parte dele [...]. Toda essa unidade — unidade viva — *é unida pela comunhão da simpatia*; assim, o distante está próximo, da mesma maneira que, num único ser, falanges e chifres ou dedos e outras partes não adjacentes; de modo que, mesmo que um membro interposto opere uma separação entre partes sem nada sofrer, o seu vizinho sente (= as partes em simpatia sentem mesmo estando distantes umas das outras); pois as partes *semelhantes* não estão próximas umas das outras, mas são distanciadas pelas partes *diversas* que se interpõem e, contudo, em virtude da sua semelhança, estão submetidas às mesmas influências; *assim, é necessário que a ação exercida por uma parte não adjacente alcance a parte distante.* Sendo o universo um ser vivo e contribuindo para a unidade, *nada está assim tão distante espacialmente que não possa ser suficientemente próximo na relação mútua de simpatia devida à natureza do único Ser Vivente*". — *e*) Noutro contexto, próprio aos *Oráculos Caldaicos*, por exemplo, no qual prevalece o elemento mágico-irracional, "simpáticos" são chamados os elementos que, em virtude de particulares e misteriosas afinidades com as divindades, servem na prática teúrgica como instrumento para realizar a libertação da Alma do corpóreo (VII, 396).

SIMPLES (ἁπλόος)

É um conceito que, na sua acepção mais própria, *indica, a partir de Platão, a estrutura da realidade e do ser não físico.* A definição de Aristóteles, para quem o simples coincide com o necessário metafísico, é paradigmática: "Algumas das coisas que são necessárias têm fora de si a causa do seu ser necessário; outras, ao invés, não a têm fora de si e, antes, são elas mesmas causas pelas quais outras são necessárias. Portanto, o sentido primário e fundamental de necessário é o *simples*: este, de fato, não pode ser em múltiplos estados e, consequentemente, não pode tampouco ser ora num estado, ora noutro, pois nesse caso seria em múltiplos estados. Se, portanto, existem seres *eternos e imóveis*, neles não pode haver nada que seja forçado nem contra a sua natureza" (*Metafísica*, Δ 5, 1015 b 9-15). Substância simples é, portanto, Deus (cf. *Metafísica*, Λ 7, 1072 a 31 s.). Cf. também Filo (VII, 234 s.) e Plotino, em cujo sistema chega-se às extremas consequências, qualificando como "simplificação" o próprio processo e êxtase que une ao Uno (VIII, 119 ss.).

SIMPLIFICAÇÃO (ἅπλωσις)

Com este termo Plotino exprime *a ação que tende a suprimir toda diferenciação e alteridade da alma para alcançar a máxima purificação e para realizar a assimilação com o Uno* (cf. Êxtase). Do ponto de vista metafísico, o processo de simplificação coincide com o itinerário contrário ao processo de diferenciação que caracteriza a processão das hipóstases; do ponto de vista antropológico-moral a simplificação se realiza através da renúncia à corporeidade, à palavra e à própria razão discursiva, de modo que se permita à alma apropriar-se da sua natureza espiritual e divina e assim unir-se ao Absoluto (VIII, 119 ss.).

SIMULACRO, cf. Eidola.

SINCRETISMO

É sinônimo (segundo alguns mais fraco, segundo outros, mais forte) de ecletismo; cf. verbete.

SÍNOLO (σύνολος)

Indica, na ontologia aristotélica, a união concreta de forma e matéria. O sínolo é substância a título pleno, enquanto responde a todos os requisitos formais da *ousia* (IV, 46 ss.). Note-se que sínolo é um tipo de substância, mas não é a substância enquanto tal, como muitos creem erroneamente. De fato, existem substâncias que não são sínolos, como, por exemplo, todas as substâncias não sensíveis. O sínolo, enquanto composto de matéria e forma, pode ser gerado e pode corromper-se. Ademais, enquanto tem matéria, é objeto de experiência e não de definição e de conhecimento puramente racional. Eis uma página de Aristóteles muito iluminadora sobre esse tema, extraída da *Metafísica*, Z 15, 1039 b 20 ss.: "Sínolo e forma são dois diferentes significados da substância: o sínolo é a substância constituída pela união da forma e da matéria, a outra é substância no sentido da forma enquanto tal. Todas as substâncias entendidas no primeiro sentido estão sujeitas à corrupção, assim como à geração. Ao invés, a forma não está sujeita à corrupção nem à geração. De fato, não se gera a essência de casa, mas só o ser de determinada casa concreta; as formas existem ou não existem sem que delas exista processo de geração e de corrupção. Com efeito, é claro que ninguém as gera ou as produz. Por essa razão, não existe nem definição nem demonstração das substâncias sensíveis particulares, enquanto têm matéria, cuja natureza implica possibilidade de ser e de não ser. Por isso todas essas substâncias sensíveis individuais são corruptíveis. Ora, se só existe demonstração do que é necessário e se a definição é um procedimento científico, e se, por outro lado, como não é possível que a ciência seja num certo momento ciência e em outro, ignorância (porque tal é a natureza da opinião), assim também não é possível que exista demonstração, nem definição do que pode ser diferentemente do que é (porque disso só existe opinião). Então, é evidente que dessas substâncias não haverá nem definição nem demonstração. As substâncias corruptíveis, de fato, mesmo a quem possua a ciência, são incognoscíveis tão logo se deixe o campo da sensação; e mesmo que se conservem na alma as noções das mesmas, delas não poderá haver nem definição nem demonstração. Por isso, no que se refere à definição, é necessário que, quando se define alguma das substâncias individuais, não se ignore que ela sempre pode desaparecer; com efeito, não é possível dar uma definição dela".

SINONÍMICA

Com esse termo pode-se designar *a arte de Pródico de Céos de distinguir os vários sinônimos e de determinar com precisão as várias nuances do seu significado*, amplamente utilizada por ele na argumentação retórica (II, 55 s.).

SINÔNIMO (συνώνυμος)

Aristóteles define sinônimos "os objetos que têm tanto o nome em comum como a mesma definição" (*Categorias*, 1, 1 a 6 s.). Na verdade, mais que de *objetos*, seria melhor falar de *termos* sinônimos. Termos sinônimos são os que, mesmo sendo diversos entre si, indicam um conteúdo semântico idêntico ou afim. A definição aristotélica de sinônimo coincide, na realidade, com a de *unívoco* (cf. verbete).

SISTEMA (σύστημα)

O termo indica *um complexo organicamente estruturado*. No nível ontológico, por exemplo, os estoicos definiram o cosmo como "systema" do céu, da terra e de todas as realidades neles contidas (cf. a nossa edição do *Tratado do cosmo*, atribuído a Aristóteles, pp. 118 ss.; 202, nota 2). Em sentido lógico-gnosiológico, entende-se "a verdade" como um "conjunto constituído pelo conhecimento dos verdadeiros" (cf., por exemplo, Sexto Empírico, *Esboços pirronianos*, II, 84). — Em sentido geral foi chamado sistema o pensamento de um filósofo no seu conjunto enquanto constituído de partes organicamente conexas entre si e todas dependentes de um ou de alguns princípios fundamentais. O pensamento dos filósofos é mais ou menos sistemático, conforme os nexos sejam mais ou menos evidenciados e voluntariamente perseguidos. O contrário de sistemático é aporético ou problemático, ou, como se diz hoje, aberto. O primeiro grande sistema da antiguidade, no sentido acima definido, é o aristotélico.

SOCRATISMO

Com esse termo se designa a doutrina socrática e o movimento de pensamento originado dela: não só as assim chamadas escolas socráticas menores (I, 329 ss.), mas também a componente socrática que permanece na escola "maior", que é a Academia platônica (III, 25 ss.), e, portanto, também em Aristóteles. Uma revivescência particular do *espírito socrático* ocorre nas escolas da era helenística (V, 12 s.). Por outro lado, deve-se observar que, como mostramos, se a descoberta socrática é a da essência do homem como *psyché*, com os corolários conexos, dos quais o mais destacado é o intelectualismo ético (II, 91 ss.; 103 ss.), então pode-se dizer que o socratismo, pelo menos na antropologia e na ética, permanece uma constante de quase todo o pensamento grego.

SOFISMA (σόφισμα)

Trata-se de uma forma de raciocínio própria dos eristas (cf. Erística), os quais, através de hábeis jogos de termos e conceitos, pelo gosto da contenda verbal, tendiam a envolver o ouvinte (II, 68 ss.). Em geral entende-se com esse termo toda forma de raciocínio capcioso, especialmente o que é voluntariamente tal. Aristóteles o define como um "silogismo erístico" (*Tópicos*, Θ 11, 162 a 16), sobre o qual cf. o que dissemos em IV, 157 ss.

SOFÍSTICA

Sobre a gênese, natureza e significado da sofística e dos sofistas, cf. II, 23 ss. A originalidade da sofística está sobretudo em ter deslocado o eixo da especulação filosófica, centrando a sua problemática sobre o homem (II, 74 ss.). Na sofística devem ser distintas três correntes: 1) a dos grandes mestres, sobretudo os da primeira geração (II, 34 ss.); 2) a dos eristas (II, 70 ss.) e 3) a dos sofistas políticos (II, 68 ss.).

SOFÍSTICA, Segunda

Não é um movimento filosófico, mas literário e designa *o renascimento da eloquência na era imperial*. A "primeira sofística", com relação à qual esta é chamada "segunda" já pelos antigos, não é a dos filósofos, mas dos oradores clássicos.

SONHO (ἐνύπνιον, *somnium*)

Sobre o tema, cf. algumas observações que apresentamos em V, 194 s.; 326; 383. Observe-se, sobretudo, algumas antecipações platônicas de ideias que hoje se tornaram asserções psicanalíticas, apresentadas em III, 269 s., nota 71.

SOPHIA, cf. Sapiência.

SOPHOS, cf. Sábio.

SOPHROSYNE, cf. Sabedoria.

SOPRO, cf. Pneuma.

SORITE, Argumento do

É um famoso paradoxo do megárico Eubúlides, dirigido contra o múltiplo. Cf. exposição e apresentação em V, 58.

SOTERIOLOGIA

Significa *doutrina da salvação*. A filosofia é concebida como soteriologia sobretudo na antiguidade tardia, com diferentes nuances. Uma doutrina puramente soteriológica é, por exemplo, a hermética (VII, 384 ss.). Motivos soteriológicos estão presentes em todos os pensadores neoplatônicos. Particularmente Porfírio define formalmente a filosofia como "salvação da alma" (VIII, 150 s.).

SQUEPSI (σκέψις)

Indica, em geral, pesquisa e, em particular, a atitude de *pesquisa enraizada na dúvida*, que inspira as várias formas de ceticismo (cf. verbete).

SUBLIME (ὕψος)

Eis a definição dada pelo *Tratado do Sublime* (atribuído a Longino), I, 3 s.: "[...] a sublimidade é uma certa altura e excelência de expressões, e [...] os maiores entre os poetas e os prosadores não tiraram senão daqui o primado e deram aos próprios nomes a coroa da imortalidade. De fato, tudo o que é extraordinário induz nos ouvintes não só a persuasão, mas o êxtase; e sempre, e em todo caso, com a impressão que produz, o maravilhoso prevalece sobre o que serve apenas para persuadir ou para dar prazer. Isso porque a persuasão depende sobretudo de nós, enquanto essas outras coisas, conferindo ao discurso um poder e uma força irresistíveis, se impõem a qualquer ouvinte. Ademais, seja a habilidade, seja a ordem e a disposição da matéria não resultam de uma ou duas passagens, mas sim do conjunto da obra. O sublime, ao invés, desde que irrompa a tempo e a hora, transtorna tudo a guisa de raio e revela de um só golpe a potência do orador".

SUBSTÂNCIA, cf. Ousia.

SUBSTÂNCIA ETÉREA, cf. Éter.

SUBSTÂNCIA PNEUMÁTICA, cf. Pneuma.

SUBSTRATO (ὑποκείμενον)

Aristóteles define o substrato como *aquilo ao qual inerem e do qual são predicadas todas as outras coisas, enquanto ele mesmo não inere e não é predicado de outra coisa*. Substrato é o que é sujeito de inerência e de predicação. É interessante notar que, contrariamente ao que muitos creem, *substrato*, para Aristóteles, não é só a matéria, mas também o sínolo e a forma: "Substrato primeiro é chamado, em certo sentido, a *matéria*, em outro sentido, a *forma*, e, noutro sentido ainda, o que resulta do conjunto de matéria e forma" (*Metafísica*, Z 3, 1029 a 2 ss.). Para uma explicação desses textos, cf. o nosso comentário

(*Arist., Metaf.*, vol. I, p. 568 s.). — Em sentido lógico, *hypokeimenon* tem o significado de *sujeito* de predicação. Esse significado, como é evidente, depende estreitamente do significado ontológico. — Nos estoicos, o *hypokeimenon* designa prevalentemente o substrato material (a matéria) e indica a primeira das quatro categorias (VI, 50). — Em Sexto Empírico indica o objeto real (a coisa como é em si); cf. VII, 172.

SUICÍDIO (ἐξαγωγή)

O problema do suicídio foi levantado no pensamento antigo sobretudo na era helenística, que foi uma época trágica para os gregos. Mas a primeira tomada de posição nítida a respeito encontra-se no *Fédon* de Platão, e é verdadeiramente paradigmática. Ao homem, diz Platão, não é lícito tirar a vida, não só de outros, mas também de si, mesmo nas situações em que isso significasse um grande alívio, porque o homem é "possessão dos Deuses", e, portanto, a vida só lhe pode ser tirada por Deus (cf. 61 e-62 c). — Enfraquecido o sentido dessa ligação religioso-metafísica entre o homem e Deus, na era helenística, o suicídio foi geralmente julgado, em situações particulares, admissível, e precisamente *naqueles casos em que o sábio é constrangido a viver em condições contra a natureza, de modo a não poder cumprir os próprios deveres* (cf. von Arnim, *S.V.F.*, III, 757-768). Eis, por exemplo, o fragmento 763: "Mas dado que o ponto de partida de todos os deveres vem dessas (isto é, das propensões naturais), não é por acaso que se diz que a elas se devem reportar todas as nossas considerações, dentre elas o fato de permanecer ou não em vida. De fato, aquele para quem a maior parte das coisas são segundo a natureza tem o dever de permanecer em vida; aquele, ao invés, para quem a maior parte das coisas são contrárias à natureza, ou parece que assim serão, tem o dever de deixar a vida. Do que se mostra que às vezes é dever do sábio, mesmo sendo feliz, deixar a vida, e para o néscio, mesmo sendo infeliz, permanecer em vida". Ver também Sêneca, *De prov.*, 6, 7; *Epist.*, 58, 32 ss.; 70, *passim*; 98, 15 ss. — Também Epicuro é de parecer análogo, como refere Sêneca na *Epist.*, 12, 10: "É doloroso viver na necessidade. Mas não é absolutamente necessário viver na necessidade. E que isso seja verdade, no-lo demonstram as muitas vias abertas à liberdade, fáceis e curtas. Agradeçamos a Deus o fato de que ninguém é obrigado a permanecer em vida à força: é permitido pisar a própria necessidade". — Plotino (*Enéadas*, I, 9) condena, em linha de princípio, o suicídio com esta argumentação: "Ele não expulsará a alma, com o risco de que ela não saia; porque verdadeiramente, quanto a sair, ela sairá, mas arrastando consigo algo; e tal saída não é senão a transmigração a outro lugar; ao contrário, ele espera que o corpo se afaste totalmente dela, enquanto a alma não tem mais necessidade de transpassar, mas encontra-se, então, totalmente fora".

SUJEITO (ὑποκείμενον)

Indica aquilo a que tudo se refere e que, por sua vez, não pode ser referido a outro. — Na filosofia moderna indica o eu e a consciência (o sujeito contraposto ao objeto). — O primeiro significado é desenvolvido por nós no verbete *substrato*, que traduz melhor o grego *hypokeimenon*.

SUPER-HOMEM (ὑπεράνθρωπος)

É um termo já conhecido na antiguidade, mas que só se tornou técnico com Nietzsche. O conceito que ele exprime em Nietzsche tem uma antecipação, embora em outro contexto, na doutrina de Cálicles, pelo menos como é apresentada no *Górgias* platônico. Ver os textos que apresentamos em II, 72 ss.

SUPRASSENSÍVEL, cf. Hiperurânio; Navegação, segunda; Transcendência.

SUSPENSÃO DO JUÍZO, cf. Epoché.

SYNKATATHESIS, cf. Assentimento.

T

TÁBULA RASA (πινακὶς ἄγραφή)

A imagem da alma como *tábula rasa*, nos textos filosóficos, encontra-se formulada por Platão, no *Teeteto*, 191 c ss.: "Imagina, portanto, que exista nas nossas almas como um *bloco de cera para receber impressões* (κήρινον ἐκμαγεῖον), nalguns maior, noutros menor, neste de cera mais pura, naquele de cera impura, nalguns de cera mais dura, noutros mais mole e noutros de consistência adequada [...]. E agora digamos que essa cera é dom de Mnemosine, a mãe das Musas; e que nela, expondo-a às nossas sensações e aos nossos pensamentos, vamos progressivamente imprimindo, do mesmo modo em que se imprimem sinais de selos, qualquer coisa que queiramos recordar dentre as que vemos e ouvimos e pensamos por nós mesmos; e o que aí é impresso, nós o recordamos e conhecemos enquanto a sua imagem permanece; ao invés, aquilo que aí é cancelado ou que seja impossível imprimir, o esquecemos e não o conhecemos" (cf. também 195 a). A imagem de Platão — note-se — refere-se ao que podemos chamar de *memória empírica* e não indica, portanto, o estado originário e estrutural da alma com relação ao conhecimento em geral, que, para Platão, não é o de uma *tábula rasa*, mas, ao contrário, contém, ainda que de maneira velada, a originária visão dos entes: conhecer, para Platão, é tirar para fora da alma conhecimentos dos quais ela está grávida, com a ajuda da experiência (cf. Anamnese). — A imagem da *tábula rasa* é retomada em Aristóteles, no *De anima* (Γ 4, 429 a 30-430 a): "[...] o intelecto é, de certo modo, potencialmente os inteligíveis, mas não em ato, antes de pensar. Deve ser *como uma tábua na qual nada está escrito em ato* (ὥσπερ ἐν γραμματείῳ ᾧ μηθὲν ὑπάρχει ἐντελεχείᾳ γεγραμμένον): justamente isso se verifica pelo intelecto". Mas essa imagem foi amiúde deformada, já que Aristóteles não pretende de modo algum dizer que o intelecto é *em absoluto tábula rasa*, mas, ao contrário, diz que *em potência ele é todos os inteligíveis*, o que quer dizer que é *positiva capacidade de captá-los*. Já Trendelenburg observava muito oportunamente: "Cave ne mentem tabulam rasam cogites, per se inanem et inertem, in quam res quasi dominae semet ipsas inscribant. Cui sententiae, quam ex hoc loco petivere, velut ipse Leibnitius [...], universa loci ratio adversatur. Neque enim mens per se inanis, sed δυνάμει res ipsae, quas ipsius mentis actio quasi in vitam suscitat" (*De Anima*, Berlim 1877, p. 39). — Uma concepção da alma como *tábula rasa* de tipo empirista em sentido moderno não existe nem nas filosofias materialistas e corporeístas da era helenística, pois nelas as *prolepses* (cf. verbete) desempenham quase o papel de *a priori* empirístico. Isso vale seja para Epicuro (cf. V, 161 ss.), seja, com mais forte razão, para os estoicos (VI, 21 ss.). Os estoicos dizem que o hegemônico é como "χάρτης εὔργος εἰς ἀπογραφήν" (von Arnim, *S.V.F.*, II, fr. 83), ou seja, como uma folha de papiro pronta para ser escrita, e falam de impressões sensoriais como "marcas" na alma (cf. textos em VI, 21 s.), mas depois falam de "noções comuns", e até mesmo de "prolepses conaturais", e, com efeito, o *Logos* humano, como momento do *Logos* universal, deve de algum modo, não só ser capaz de captar as verdades, mas já deve ter em si os seus germes (cf. VI, 26 ss.). — A exata expressão πινακὶς ἀγραφή (*tábula rasa*) aparece em Alexandre de Afrodísia, *De Anima*, 84, 25 s. Bruns.

TAUTOLOGIA

a) Tem-se em geral uma tautologia *quando, ao fornecer uma definição, inclui-se nela o próprio definido*, caindo assim num círculo, ou seja, *repetindo duas vezes a mesma coisa* (é uma tautologia, por exemplo, a proposição: o *vivente* é um ser *que vive*). Tautológico, obviamente, pode ser também um raciocínio, quando cai nesse mesmo círculo vicioso. — *b*) Um significado mais particular e específico de tautologia tem-se nos seguintes casos: em polêmica com os desenvolvimentos da dialética platônica, Antístenes sustenta que a cada coisa é possível atribuir só o nome que lhe é próprio (o homem é homem, o bem é bom), e que, portanto, só são possíveis *juízos tautológicos*, isto é, *juízos nos quais o predicado é igual ao sujeito* (II, 169). — Analogamente, em polêmica com a lógica discursiva, também os megáricos sustentaram a possibilidade de formular apenas juízos desse gênero (V, 63 s.). De resto, a matriz eleática do megarismo, pela qual é possível dizer, no limite, só que *o ser é*, leva a essas consequências. — Os próprios estoicos, fortemente influenciados pela lógica megárica, não conseguiram superar totalmente os pressupostos dela, como mostramos em VI, 34 ss.

TECHNÉ (τέχνη)

A *techné* grega implica, ao mesmo tempo, *conhecimento do universal e aplicação prática*, mas com uma predominância do primeiro sobre a segunda. Particularmente esclarecedoras a esse respeito são as seguintes observações de Jaeger (*Paideia*, II, trad. ital., Florença 1954, p. 217 s.): "O nosso conceito de 'arte' não traduz adequadamente o sentido da palavra grega. Ela tem em comum com a 'arte' a tendência a significar a aplicação e a prática, mas, por outro lado, em contraste com o sentido de 'individual', de 'livre de regra', que para nós está presente na palavra 'arte', ela acentua justamente o momento do fundado saber e da capacidade, o momento que para nós liga-se mais ao conceito de 'profissão'. A palavra *techné* tem em grego uma extensão muito mais vasta que a nossa palavra 'arte'. Com essa se pensa uma atividade profissional qualquer fundada sobre um *saber especializado*, isto é, não só a pintura, a escultura, a arquitetura e a música, mas também, e mais ainda, a arte sanitária, a arte da guerra e até mesmo a arte do piloto. E dado que a palavra exprime que tal consuetude ou atividade prática não se apoia só sobre uma *rotina*, mas sobre regras gerais e sobre conhecimentos seguros, ela chega facilmente ao significado de 'teoria', significado que tem correntemente na filosofia de Platão e de Aristóteles, especialmente onde se trata de contrapô-la à pura empiria ou 'prática'. Por outro lado, *techné* se distingue de *epistéme*, a 'ciência pura', enquanto a teoria da *techné* é pensada sempre a serviço de uma *praxis*". — Sobre o tema, ver: M. Isnardi Parente, *Téchne, Momenti del pensiero greco da Platone ad Epicuro*, Florença 1966.

TELEOLOGIA, cf. Finalismo.

TELESTIKÉ (τελεστική)

Esse termo indica a prática de iniciação mistérica, muito difundida no paganismo tardio, de *consagrar e animar estátuas para obter oráculos*. Baseava-se sobre a convicção de que toda divindade tivesse os seus representantes "simpáticos" no mundo animal, vegetal e mineral e que, agindo sobre eles, fosse possível agir sobre a vontade dos Deuses (VII, 396 s.).

TEMPERANÇA (σωφροσύνη)

A palavra temperança traduz apenas parcialmente o sentido do grego *sophrosyne*, termo intraduzível nas línguas modernas. Nos filósofos antigos significa fundamentalmente *a ordem ou o domínio ou a disciplina dos prazeres e dos desejos*. 1) Sócrates falou de *enkráteia*, que significa *domínio sobre a própria animalidade e liberdade dos instintos animais.* 2) Platão (que, entre outras, dedicou a essa virtude o *Cármides*) na *República* (IV, 430 e-431 b) a define como se segue: "A temperança é uma espécie de ordem e uma continência de certos prazeres e desejos, como ocorre quando dizem [...] que alguém é mais forte do que ele mesmo [...]. Essa frase parece-me querer dizer que no homem e na sua alma há algo que é, respectivamente, parte melhor e parte pior, e este é o significado de 'mais forte do que ele mesmo', o que parece ser um louvor. E quando, por má educação ou má companhia, o melhor, sendo muito pouco, é superado pela quantidade do pior, então torna-se motivo de reprovação e de lástima, e chama-se menor do que si mesmo e intemperante quem é desse modo". (Para o papel da temperança no Estado platônico, cf. III, 247 ss.) 3) Para Aristóteles é *uma das virtudes éticas* e é *o justo meio entre a insensibilidade e a intemperança* (IV, 110). Também para Aristóteles esse "justo meio" consiste no domínio dos prazeres, não de todos os prazeres indiscriminadamente, mas dos que temos em comum com os animais: "[...] a temperança e a intemperança dizem respeito aos prazeres dos quais participam também os animais, pelo que eles parecem servis e bestiais: tais são o tato e o gosto" (*Ética a Nicômaco*, Γ 10, 1118 a 23 ss.). Também para Aristóteles, portanto, a temperança é o domínio sobre a parte pela qual somos animais. 4) Tal é também o significado da *sophrosyne* nas filosofias helenísticas. Cf., por exemplo, a definição estoica em VI, 86 s. e o elenco das virtudes a ela subordinadas (VI, 87 s.). 5) Para a concepção da *sophrosyne* em dois níveis, em Plotino, e em quatro níveis em Porfírio, cf. VIII, 116 s. e 151 s. (Traduzir *sophrosyne* com o termo *sabedoria* é errado, dado que esse termo traduz melhor o grego *phrónesis*; o termo *prudência* é ambíguo e inadequado para traduzir domínio sobre a animalidade humana; *moderação* é demasiado genérico; tanto é verdade que quem traduz por esse termo é constrangido, para traduzir o contrário, a usar o termo *intemperança*.)

TEMPO (χρόνος)

Em todos os filósofos antigos o tempo é estruturalmente conexo com o *movimento*. 1) A elaboração crítica desse conceito ocorreu só depois da sua negação pelos eleatas. Parmênides sustentava que o ser é recolhido no *instante atemporal* ("não *foi* nem *será*, pois *agora* é todo junto"; fr. 8, v. 5); cf. I, 109 s. Melisso falava da eternidade do ser formulando-a como um *sempre era* e *sempre será*, em que o advérbio *sempre* esvazia os verbos que acompanha do seu significado cronológico (cf. I, 125 s.). Negando toda forma de movimento, os eleatas deviam negar necessariamente o tempo. 2) A primeira dedução pontual e justificação do tempo encontra-se em Platão, o qual liga o nascimento do tempo com a do universo físico (*Timeu*, 38 b) e o define como "uma imagem móvel da eternidade", ou seja, como o desenvolvimento do *é* no *era* e no *será*, e, mais precisamente, como "imagem eterna que procede segundo o número" (cf. III, 146 s.). 3) A estreita conexão do tempo com o movimento e a medida é estudada por Aristóteles, que fornece uma definição que se tornou célebre: "o tempo é a medida do movimento segundo o antes e o depois". Aprofundando o conceito de medida, o Estagirita conclui que, dado que só o intelecto e a alma são capazes de medir, "resulta impossível a existência do tempo *sem a existência da alma*", antecipando uma perspectiva que se tornou famosa sobretudo nos desenvolvimentos agostinianos (IV, 72 ss.). 4) Também nas filosofias helenísticas o tempo resulta estruturalmente ligado ao movimento. Particularmente, deve-se assinalar a ligação da problemática do tempo com a do *incorpóreo* nos estoicos (VI, 47). 5) Uma perspectiva inédita assume a concepção do tempo no neoplatonismo. O tempo coincide, segundo Plotino, com a atividade da alma-hipóstase, que produz tudo o que é diferente do Espírito (o qual está na dimensão do eterno). O tempo coincide, portanto, com a saída da alma da unidade e com a *atividade produtora do mundo físico, a qual põe em sucessão de antes e depois o que no Espírito está junto e é simultâneo* (VIII, 95 ss.).

TENSÃO, cf. Tônus.

TEOFANIA (θεοφανία)

Significa *manifestação de Deus*. O termo tornou-se técnico com Escoto Erígena (século IX), mas pode ser usado corretamente para indicar os vários momentos da "processão" neoplatônica, os quais, em última análise, não são mais que "manifestações" hipostáticas do Princípio primeiro ou da sua potência, e, portanto, manifestações do divino.

TEOGONIA (θεογονία)

Com esse termo entendem-se as representações fantástico-poéticas da geração dos Deuses e, consequentemente, de todas as coisas que dependem dos Deuses (à teogonia, portanto, está sempre ligada a cosmogonia). As teogonias têm caráter fundamentalmente mítico. — Sobre a importância da teogonia de Hesíodo e sobre as relações com a filosofia, cf. I, 41 ss. Sobre a teogonia órfica cf. I, Apêndice. Sobre a teogonia hermética, cf. VII, 381 s. e sobre a dos *Oráculos Caldaicos*, cf. VII, 390 ss. A teogonia difere da teologia porque naquela predomina o elemento fantástico, nesta o *Logos* e a razão.

TEOLOGIA (θεολογία)

O termo significa propriamente *pesquisa racional sobre a existência e a natureza do divino*. No contexto da filosofia grega, a teologia coincide com a metafísica, com a ontologia e a física (no sentido antigo do termo) ou, mais precisamente, com uma parte (essencial) delas. 1) Nesse sentido, já os físicos pré-socráticos são "teólogos", enquanto o princípio de todas as coisas por eles buscado era considerado como o "Divino" imortal e indestrutível (cf. o texto apresentado em I, 53). A água, o ar e o fogo dos pré-socráticos não têm nada a ver com os elementos "físicos" em sentido moderno, assim como a "física" dos pré-socráticos não tem nada a ver com a nossa física. Que a ontologia pré-socrática seja uma "teologia" é hoje uma tese estabelecida pela mais atualizada historiografia, e nesse sentido a entendemos (I, 47 ss.). No âmbito dos pré-socráticos destaca-se a crítica cerrada de Xenófanes, já fortalecida pelas posições dos milesianos, sobretudo contra o antropomorfismo (I, 98 ss.). 2) Na sofística desenvolveram-se as primeiras formas de agnosticismo e niilismo teológico (II, 42 ss.; 75) e de hiper-racionalismo tendente a interpretar os Deuses ou como hipóstase do útil (II, 71 ss.), ou (como se diria hoje) como instrumento ideológico do qual os políticos se valem para impor o respeito às leis (II, 71 s.). 3) A teologia está presente também no pensamento de Sócrates, o qual, tentando libertá-la da problemática física, interpreta Deus como inteligência finalizadora e providente (II, 125 ss.), fornecendo até mesmo as primeiras provas da existência de Deus (II, 125). 4) Grandíssimo destaque tem a teologia em Platão, e não só na metafísica e na cosmologia, mas na própria política. Em Platão não só aparece a palavra teologia pela primeira vez (*República*, II, 379 a), mas podemos dizer que não há nenhuma das suas obras que, mais ou menos extensamente, não fale do Divino. Com razão Jaeger escreveu: "Platão é *o* teólogo do mundo clássico. Sem ele não existiria da teologia nem o nome nem a coisa". A sua descoberta da transcendência ("segunda navegação"), com efeito, assinala a maior das conquistas no âmbito da história do discurso racional sobre a natureza do divino (cf. III, 55 ss.; 124 ss.; 223 s.). 5) Aristóteles, por sua vez, até mesmo designou explicitamente a sua pesquisa metafísica como "teologia". (IV, 28 s.), enquanto tal pesquisa começa pondo o problema da existência da substância suprassensível e termina demonstrando, justamente, a sua existência e a sua natureza (IV, 56 ss.). 6) Também os filósofos da era helenística têm uma teologia (que se torna momento da física), de certo relevo, ainda que não essencial, em Epicuro (V, 195 ss.), fundamental, ao invés, no Pórtico, cuja filosofia é essencialmente um monismo panteísta (VI, 45 ss.; cf., ademais, a posição dos neoestoicos, VII, 71 ss.; 102 ss.). 7) O pensamento do divino está presente até mesmo no ceticismo de Pirro (VI, 147 ss.). 8) Com Filo, a teologia racional funde-se com a revelada e assume um papel totalmente novo com relação ao que teve no âmbito da grecidade (VII, 235-248). Mas Filo, nesse ponto, afasta-se do espírito do pensamento antigo (VII, 238 ss.). 9) Na era imperial, a teologia torna-se dominante, particularmente no âmbito do médio-platonismo e do neopitagorismo (VII, 289 ss.; 342 ss.; 360 ss.). 10) Nos neoplatônicos, enfim, o discurso teológico torna-se absolutamente predominante, como os próprios títulos das obras desses filósofos o demonstram. Proclo, o último mais significativo neoplatônico diz, na *Teologia Platônica*, que todos os filósofos foram teólogos "enquanto chamam Deuses os primeiríssimos princípios das coisas e os princípios subsistentes por si; e chamam teologia a ciência que deles se desenvolve". Platão, porém, é muito superior a todos, observa Proclo, justamente pela sua descoberta do suprafísico e do incorpóreo (cf. *Teologia platônica*, I, 3). Cf. o vol. VIII, *passim*.

TEOLOGIA APOFÁTICA, cf. Apófase.

TEOLOGIA NEGATIVA, cf. Apófase.

TEONOMIA

O termo, de cunho moderno, significa legislação divina. Uma ética teônoma é uma ética que se funda sobre uma legislação divina, ou seja, posta e revelada por Deus. A ética dos filósofos gregos não é teônoma. A primeira ética teônoma é a de Filo, que, nesse ponto, depende essencialmente da Bíblia e do conceito de Deus revelador e custódio da lei moral aí expresso.

TEORÉTICO, cf. Contemplação, Ciência.

TEORIA, cf. Contemplação.

TEOSOFIA

Com esse termo entende-se a representação do Divino que nasce da contaminação entre a componente racional e a místico-fantástica, surgida sobretudo na era moderna consistindo, particularmente na transposição em termos ocidentais de crenças orientais. Mas já na antiguidade tardia essa tendência está presente. Cf. sobretudo as doutrinas herméticas (VII, 377 ss.), as dos *Oráculos Caldaicos* (VII, 395 ss.), e, em certa medida, as do tardio neoplatonismo (VIII, 171 s.). Plotino, contudo, está imune a essa tendência (VIII, 25 ss.).

TERCEIRO EXCLUÍDO, Princípio do

É o princípio que afirma *a impossibilidade de que exista um termo médio entre dois contraditórios* (IV, 157). Aristóteles formulou-o da seguinte maneira: "E também não é possível que entre os dois contraditórios exista um termo médio, mas é necessário ou afirmar, ou negar, de um mesmo objeto, só um dos contraditórios, qualquer que ele seja", e o defende com exato *élenchos*, no livro da *Metafísica*, Γ 7, *passim*.

TERCEIRO HOMEM, Argumento do

É um célebre argumento dialético, provavelmente derivado do círculo de Euclides (atribuído por algumas fontes a Polixeno), dirigido contra a teoria das Ideias de Platão. Provavelmente houve diversas variantes dele. A mais eficaz e conhecida pode-se resumir assim: se introduzimos a Ideia de homem para explicar a multiplicidade dos homens empíricos, é necessário postular também um "terceiro homem" que explique a dualidade de Ideia-de-homem, de um lado, e dos homens empíricos de outro. Mas depois, pelas mesmas razões, é necessário introduzir um homem ulterior, e assim ao infinito. Ora, o processo ao infinito, ao qual levaria a teoria das Ideias, demonstraria a sua insensatez (cf. V, 65 s.). — Já Platão conhece a argumentação e a ela responde, como se vê sobretudo no *Parmênides*, 132 a ss. Para um aprofundamento desse tema, cf. Reale, *Arist.*, *Metaf.*, vol. I, p. 194 ss., onde se encontram inclusive indicações bibliográficas essenciais.

TERRA (γῆ)

É o princípio da "física" de Xenófanes, no sentido explicado em I, 103 s. Em Empédocles é um dos quatro elementos constitutivos da realidade (I, 134 s.) e também em Platão, em Aristóteles e na física sucessiva (cf. Elemento).

TEURGIA (θεουργία)

Diferentemente da teologia, que se limita a falar da divindade, *a teurgia se propõe evocar os Deuses e agir sobre eles através do uso de símbolos* (cf. Telestiké) ou de práticas do tipo das que hoje se chama *transe mediúnico*. *a*) Muito antiga, como prática, ela é fixada por escrito por Juliano, o Teurgo, nos *Oráculos Caldaicos*, e, através dessa obra, teve ampla difusão na antiguidade tardia (VII, 388 ss.; 395 ss.). — *b*) Porfírio, com base no princípio da impassibilidade divina e da indiferença dos Deuses a qualquer tipo de ação humana, criticou-a, mas, ao mesmo tempo, admitiu a sua eficácia, embora em nível inferior (VIII, 160). — *c*) Jâmblico, ao invés, fazendo-se intérprete das exigências do último paganismo, defendeu a teurgia porque considerava que graças a ela seria possível, numa dimensão suprarracional, unir-se com os Deuses e beneficiar-se da sua potência. Nessa relação, a Divindade não permaneceria passiva, mas assumiria a iniciativa de descer aos homens, para libertá-los da miséria desse mundo (VIII, 165 ss.). — *d*) Depois de Jâmblico, quase todos os neoplatônicos pagãos tiveram uma atitude de incondicionada confiança nas práticas teúrgicas; assim, por exemplo, Juliano, o Apóstata (VIII, 172 ss.) e Proclo (VIII, 182 s.). Este último, particularmente, falava de uma "virtude teúrgica" superior a todas as outras e capaz de unir-se ao divino (VIII, 192 ss.).

TIMOCRACIA, cf. Governo, Formas de.

TIRANIA, cf. Governo, Formas de.

TÔNUS (τόνος)

Significa *tensão* e é característica do *pneuma* estoico. Consiste numa *força propulsora que vai do centro à periferia do cosmo, para depois retornar ao centro, garantindo desse modo a perfeita unidade do todo* (VI, 65). Cf. von Arnim, *S.V.F.*, II, frs. 439-462. Como complemento apresentamos uma página muito esclarecedora de Pohlenz (*La Stoa*, I, p. 142 s.): "Através das pesquisas dos médicos tinha-se tornado de domínio público a noção de que no corpo animal o movimento parte de um órgão central e dele se difunde até as partes mais distantes, e que, por outro lado, da periferia, por meio da respiração e da percepção sensível, um movimento reflui para o centro. Tal jogo de movimentos já era conhecido por Heráclito, que via em todo o universo um compenetrar-se de contrários e representava essa 'harmonia do cosmo' com o exemplo da tensão das cordas da lira e do arco. Se o próprio Heráclito falou explicitamente de 'tensão', não se pode concluir a partir da nossa tradição, enquanto é certo que ele não se valeu desse conceito para explicar a essência do organismo individual. Em si e por si o conceito de tensão, de *tônus*, estava ao alcance dos gregos: pense-se na ginástica e na música. Mas só o Pórtico lhe deu uma posição precisa no âmbito da cosmologia. Já Zenão viu no *tônus* a força que mantém unido o macrocosmo e as suas partes. Para Cleanto, todo o mundo está cheio de tensão. É precisamente o sol incandescente que golpeia o mundo com os seus raios de luz e de calor, assim como Apolo com a paleta toca as cordas da lira — a imagem nos remete imediatamente a Heráclito —, e com sua tensão dá ao mundo o ritmo estável do tempo e da vida. Ele definiu, portanto, o *tônus* como 'força propulsora (πληγή) do fogo'. Também aqui Crísipo, no lugar do fogo pôs o *pneuma* e, de modo semelhante, transformou a concepção poética de Cleanto num elaborado sistema lógico. Para ele o *tônus* é uma força especial de movimento. O próprio movimento está implícito na existência do princípio informador e na sua relação com a matéria. Todo movimento é, em substância, uma mudança de posição, mesmo a transformação qualitativa, baseando-se numa compenetração da matéria por parte do *pneuma*. Diferente é o movimento tensivo, enquanto retorna a si mesmo. Este, de fato, procede de um centro para a periferia, mas, alcançada a superfície, curva-se e dirige-se novamente ao ponto de partida. É por meio dessa tensão que lhe é própria que o *pneuma* confere ao substrato unidade e coesão. Até mesmo à pedra e à madeira. Porque a sua solidez — e esta é uma descoberta do Pórtico — na realidade é um jogo de movimentos contrapostos, como a aparente imobilidade do pássaro que se mantém no ar. Num nível mais elevado, a tensão do *pneuma* oferece às plantas e aos seres vivos a sua unidade orgânica, vida e força. A própria coesão do cosmo na sua totalidade é devida a esse *tônus*".

TÓPICOS, cf. Lugar.

TOTALIDADE (ὅλον, πᾶν, πάντα)

Sobre a totalidade como objeto do filosofar, cf. II, Apêndice, *passim*. Para as diferentes nuances dos termos gregos acima indicados, cf. Aristóteles,

Metafísica Δ 26, *passim* e o nosso comentário (*Arist., Metaf.*, vol. I, pp. 477 ss.).

TRABALHO

Aos antigos filósofos permanece estranha a concepção do trabalho, entendido na sua acepção moderna e, portanto, na sua relevância social e moral. O trabalho manual é até mesmo desprezado: basta pensar no papel subalterno que a classe dos artesãos e dos comerciantes tem no Estado ideal de Platão (III, 245 ss.), ou na política de Aristóteles, o qual, no esforço de justificar racionalmente o instituto da escravidão, considera o escravo que trabalha manualmente como *instrumento animado* (IV, 126). — Na direção de certa reavaliação do trabalho movem-se alguns sofistas — como, por exemplo, Hípias, que se propõe como fim o alcance de uma *autarquia técnica* (II, 63) —, e, em perspectiva ética, também os cínicos, que consideraram a fadiga, inclusive física, como exercício necessário para alcançar o domínio de si e o desprezo dos prazeres e, portanto, para alcançar a virtude (II, 174 ss.; V, 29 s.). — Uma avaliação decididamente positiva do trabalho encontra-se em Musônio Rufo, que considera o exercício da agricultura o meio mais conveniente ao filósofo para ganhar a vida (VII, 86 ss.). — Também nos céticos (seja nos antigos, seja nos mais recentes) encontram-se traços que interessam ao nosso problema: Pirro realiza com absoluta indiferença os trabalhos servis desprezados pela opinião comum, porque os considera, se não positivos, pelo menos indiferentes como todo o resto, e, em todo caso, desse modo, separa-se do modo comum de sentir (VI, 153 s.). Sexto Empírico, enfim, reconhece a necessidade de aprender e de exercer uma arte, extraindo essa norma da observação da vida comum e das suas concretas exigências (IV, 176).

TRANQUILIDADE, cf. Ataraxía, Eutimia.

TRANSCENDÊNCIA

Com esse termo entende-se *a característica do ser ou dos seres que estão além do sensível e além do físico*. Transcendência indica *não uma simples separação física, mas uma diversidade de estrutura ontológica*. O transcendente é o não físico, não empírico, não corpóreo. 1) A primeira conquista do horizonte da transcendência remete a Platão (cf. Navegação, segunda), o qual tentou demonstrar a existência de um gênero de ser totalmente diferente do sensível, identificado primeiro nas Ideias e depois também nas Ideias-Números. Ele também considerou o Demiurgo e as almas racionais estreitamente afins a esse ser. Antes, Platão não só falou do transcendente, mas, de algum modo, *introduziu uma diversificação de entes na esfera da transcendência*, ordenados hierarquicamente uns aos outros e culminando na Ideia do Bem, da qual se fala na *República*. Tal ideia é qualificada como *além da própria essência*, com a expressão ἐπέκεινα τῆς οὐσίας (509 b), que se tornará técnica nos neoplatônicos. 2) Aristóteles, para indicar a transcendência, usa os termos χωριστὴ οὐσία ou οὐσία κεχωρισμένη τῶν αἰσθητῶν, ou fala também de substâncias subsistentes παρὰ τὰ αἰσθητά. *Choriston* e *kechorisménon* exprimem a ideia de "separação" do sensível. Ora, para o Estagirita, as Ideias platônicas não podem ser "separadas" (transcendentes), mas devem ser as formas imanentes que, determinando a matéria, constituem o sínolo; mas "separado" é o Motor Imóvel, assim como "separadas" são as Inteligências motoras dos céus, e uma "separabilidade" (e, portanto, transcendência) é também reconhecida ao intelecto humano (νοῦς θύραθεν). Como tentamos documentar amplamente, Aristóteles não nega, mas reforma e completa as descobertas da "segunda navegação" platônica. 3) Na era helenística, a transcendência é sistematicamente negada. Epicuro e os estoicos rejeitam de modo categórico as conquistas da "segunda navegação" (V, 143 ss.; 263 ss.) e Pirro tenta inverter a ontologia aristotélica (VI, 142 ss.). O ser é declarado estruturalmente corpóreo e é negado categoricamente um estatuto ontológico ao incorpóreo. A era do helenismo é a era da antitranscendência e da imanência (cf. V-VI, *passim*). 4) A partir dos últimos decênios da era pagã e sobretudo nos primeiros séculos da era cristã, a problemática da transcendência renasce e torna-se vigorosíssima. Filo de Alexandria, combinando platonismo e revelação bíblica, estende a transcendência de Deus também ao nível gnosiológico e semântico. Deus não só é totalmente outro em relação ao corpóreo, mas também está além das nossas possibilidades de conhecimento e expressão (VII, 235 ss.). 5) Os neopitagóricos e os médio-platônicos valorizam de maneira sempre mais consciente as instâncias do incorpóreo (cf. VII, 289 ss.; 342 ss.; 360 ss.). 6) Os neoplatônicos, enfim, fazem da transcendência a cifra do seu filosofar. A terminologia que usam é, naturalmente, a platônica, carregada de novos significados. O primeiro princípio nos neoplatônicos torna-se o *absolutamente transcendente*, enquanto situado além do Ser e do Nous (ἐπέκεινα ὄντος, ἐπέκεινα νοῦ), e, consequentemente, torna-se inefável e inexprimível. Pode-se dizer que os neoplatônicos distinguiram *três graus de transcendência*, correspondentes às três hipóstases de Plotino ou às três esferas nas quais entram as hipóstases multiplicadas pelos seus sucessores: *a*) *a transcendência no nível da alma*, que é transcendente com relação aos corpos, *b*) *a transcendência no nível do Nous*, que é transcendente não só com relação aos corpos, mas também com relação à alma; *c*) *a transcendência do Uno*, que é transcendente com relação a tudo. Escreve Proclo: "A essência da alma está além de todos os corpos, e a natureza intelectual está além de todas as almas, e o Uno está além de todas as hipóstases intelectuais" (*Elementos de Teologia*, 20).

TRANSCENDENTAIS

Assim foram chamadas, na escolástica, as *propriedades que valem para todo o ser* e, portanto, também para o pensar. Assim podem ser designados, consequentemente, os *axiomas* (cf. verbete), em particular *o princípio de não contradição* (IV, 156), sobre o qual cf. Aristóteles, *Metafísica*, Γ 3-8.

TRANSLAÇÃO, cf. Mudança.

TROPO (τρόπος)

Na filosofia neocética, o "tropo" é *o "modo" que indica a razão estrutural pela qual se deve chegar ao reconhecimento da indeterminação das coisas e, portanto, à epoché* (VII, 135 s.). — *a*) Enesídemo redigiu uma tábua de dez *tropos*, interpretando-os como *as supremas categorias da dúvida*, prevalentemente dirigida à crítica da certeza sensível (VII, 135 ss.). A esta fez seguir uma segunda tábua de *tropos* dirigida contra o método científico, enquanto fundado sobre o princípio de causa (VII, 148). — *b*) Agripa reformula de maneira mais concisa e incisiva a tábua dos *tropos* de Enesídemo, resumindo-a em cinco títulos, dirigidos contra o conhecimento sensível e contra o conhecimento racional (VII, 159 s.). — *c*) Uma interessante utilização dos *tropos* de Enesídemo encontra-se em Filo de Alexandria, o qual, através deles, demonstra a impotência da razão que quer a todo custo bastar-se a si própria, e a consequente necessidade de que ela se ancore numa fé transcendente para alcançar a verdade (VII, 220 s.; 261 s.).

TUDO (πᾶν)

Indica, em geral, *o complexo das coisas que são*. Justamente pela sua extensão, que é máxima, o termo pode assumir várias acepções, segundo os contextos, e indicar além do complexo das coisas, também os modos específicos segundo os quais o complexo das coisas é considerado. — *a*) Pode indicar, por exemplo, *a totalidade das coisas na sua unidade ordenada*, e então *tudo* é sinônimo de *cosmo* (cf. verbete). — *b*) Nas refinadas distinções terminológicas do Pórtico, o Todo, em sentido técnico, é diferenciado do cosmo e usado para indicar *o cosmo mais o vazio que o circunda* (VI, 65). — Cf., ao invés, a posição de Epicuro em V, 171. — *c*) O médio-platônico Severo chamou *algo* (τὸ τί) o Todo, entendendo com ele o ser (eterno) junto com o devir, considerados no seu conjunto (VII, 301 s., nota 37). *d*) Em Plotino, o Todo, além do complexo das coisas que são, significa, em sentido pleno, *a hipóstase do Espírito*, a totalidade do ser: "Ora, esse Todo veraz, se quer ser tudo, em sentido real, não deve ser tudo unicamente enquanto é todas as coisas, mas deve ademais conter o todo de tal modo que não lhe falte nada". O Todo, entendido nesse sentido, implica a eternidade: "Portanto, a perfeita e inteira essência do ser, não a que consiste unicamente nas partes, mas até aquela que consiste no fato de que nunca pode desaparecer e que o inexistente não lhe pode ser acrescentado — pois não só o Todo e o Inteiro devem atualmente incluir a totalidade dos seres, mas devem também excluir qualquer coisa que seja não-ser — esse comportamento, portanto, essa propriedade constitutiva do ser é o que podemos chamar de eternidade: *eternidade* deriva, justamente, de *ser sempre* (*dion* = *aei* + *on*)" (*Enéadas*, III, 7, 4).

U

UNIDADE, cf. Uno.

UNIFICAÇÃO, UNIÃO (ἕνωσις)

O conceito de *hénosis*, na filosofia antiga, tem importância seja 1) no nível metafísico-ontológico, seja 2) no nível ético-religioso e místico. 1) No sentido ontológico o conceito já se encontra nos pré-socráticos (cf. Diels-Kranz, 7 B 3; 31 B 29; 44 B 10) e no Pórtico (cf. von Arnim, *S.V.F.*, II, fr. 451 e 475), mas ganha importância sobretudo nas escolas da era imperial e, particularmente, no neoplatonismo (VIII, 11; 112 ss.). 2) No nível ético-religioso coincide com o êxtase (cf. verbete) e com a união mística; cf. VIII, 119 ss.

UNIVERSAL (καθόλου)

Na filosofia antiga, podemos distinguir três significados diferentes do termo: 1) no nível *ontológico-metafísico*; 2) no nível *lógico* e 3) com alcance muito limitado, porém interessante, no nível que, com linguagem moderna, podemos chamar de *estético*. 1) No significado ontológico, o universal é a *arché*. E o princípio ou os princípios primeiros *são universais enquanto fundam e explicam todas as coisas, a totalidade, o todo*. Universais são, sempre nesse sentido, as Ideias platônicas: com efeito, a Ideia, participando de todas as coisas das quais é, justamente, ideia, faz delas um complexo orgânico e unitário. A *identidade na multiplicidade*, da qual Platão fala expressamente, é o universal ontológico do qual estamos falando. Universais *nesse sentido* (ontológico e não lógico) são também as *formas* aristotélicas que fundam a inteligibilidade do real, no sentido explicado em IV, 51 ss. E universais são também as substâncias supremas e Deus, tanto que o Estagirita não hesita em chamar *universal* a ciência que delas se ocupa: de fato, as substâncias primeiras são causa e fundamento de todo o resto. Universais, em sentido ontológico, podem ser ditos, sem dúvida, todos os princípios primeiros nas ontologias posteriores: dos átomos de Epicuro, ao *Logos* estoico, ao Uno neopitagórico, ao Uno plotiniano e às supremas hipóstases neoplatônicas. 2) O universal em sentido lógico foi definido por Aristóteles, de maneira paradigmática, como se segue: "chamo universal o que por natureza *se predica de muitas coisas*, chamo, ao invés, particular o que não se predica de muitas coisas" (*De interpret.*, 7, 17 a 39 ss.). Pedro e Paulo são, por exemplo, nomes que indicam indivíduos particulares; *homem* e *animal* indicam universais porque se predicam de muitos indivíduos e são, respectivamente, uma *espécie* e um *gênero*. O universal nesse sentido é um *abstrato*, ou seja, *um ente de razão que a mente humana cria por abstração*, baseando-se na própria estrutura ontológica do real. — Sobre as relações entre lógica e realidade em Aristóteles, cf. IV, 160 ss.; em Epicuro, cf. V, 161 ss.; nos estoicos, cf. VI, 26 ss. Cf., em VIII, 153 s., a célebre passagem de Porfírio que deu origem à antiga "disputa dos universais" na Idade Média. (Em geral, deve-se notar que, amiúde, os estudiosos afrontaram a questão do universal na filosofia antiga com ótica errada, utilizando categorias conquistadas posteriormente e, portanto, deformando de vários modos o sentido da problemática dos pensadores gregos). 3) O terceiro significado de universal encontra-se na *Poética* aristotélica. O Estagirita sustenta, com efeito, que a arte poética considera seu objeto não enquanto *particular*, mas "sob o aspecto da possibilidade e da verossimilhança", elevando-o, portanto, a um significado mais amplo e universalizando-o. O Estagirita fala de "universais" (τὰ καθόλου). Ulisses e os heróis homéricos são individualidades, mas de modo a elevarem-se a significações universais, como os heróis das tragédias e, em geral, da grande poesia. Trata-se dos universais que, à maneira de Vicco, podemos chamar de *fantásticos*, para distinguir dos universais ontológicos e lógicos. Ver os textos e exegese em IV, 177 ss.

UNIVERSO, cf. Cosmo; Todo.

UNÍVOCO

Este termo tem dois significados fundamentais: 1) um relativo à problemática ontológica e 2) um relativo à lógica. 1) Unívoco é o ser eleático que Parmênides e Melisso qualificam expressamente como ὁμοῖον, todo *igual*, e Aristóteles, usando linguagem própria, dizia ser μοναχῶς λεγόμενον, ou seja, dito ou entendido num único significado, e a ele contrapunha um ser entendido πολλαχῶς, isto é, em múltiplos sentidos redutíveis, porém, a certo tipo de unidade que não excluía a multiplicidade (trata-se de uma espécie de unidade analógica). Para as implicações e os desenvolvimentos dessa problemática, cf. o verbete Igual e I, 107 ss.; 113 ss.; III, 113 ss.; IV, 33 ss. 2) Em sentido lógico, unívoco é *tudo o que é expresso por um só nome entendido no mesmo significado*. Aristóteles chama *sinônimo* esse sentido lógico da univocidade e dá a seguinte definição: "[...] são ditos sinônimos os objetos que têm tanto o nome comum como o mesmo discurso definidor. Por exemplo, tanto o homem como o boi são ditos animais. Na realidade, tanto o homem como o boi são designados com o nome comum de animal, e ademais, o seu discurso definidor é o mesmo; se alguém, de fato, deve definir o que é, para cada um desses objetos, ser animal, dará o mesmo discurso definidor" (*Categ.*, 1, 1 a 6 ss.). — O contrário de unívoco é *equívoco* ou *homônimo*. O intermediário entre unívoco e equívoco é *análogo*.

UNO (ἕν, ἑνάς)

1) O problema do *Uno* nasce com o surgimento da própria pesquisa filosófica, que é, nas suas origens, tentativa de explicar a multiplicidade das coisas em função, justamente, de *um* princípio. Já no âmbito dos pré-socráticos, podemos distinguir duas diferentes concepções do Uno: *a*) a que introduz o Uno sem negar os muitos, antes, para justificá-los (cf. I, 48 ss.; 52 ss.; 67 ss.; 81 ss.); *b*) a eleática que, ao invés, nega os muitos, dissolvendo-os sem resíduo no Uno (I, 107 s.; 121 ss.; 125 ss.). Esta última é uma concepção do Uno absoluto, que se funda sobre uma concepção igualmente absoluta do ser (cf. verbete). Também a Esfera empedocliana concede ainda muito à concepção eleática (I, 137 ss.). O mesmo se diga do Uno-Bem de Euclides e dos megáricos (II, 191 ss.). 2) Em novo plano situa-se a problemática do Uno em Platão. A ideia é a *unidade-de-um-múltiplo* (III, 74 ss.). A unidade da Ideia não só não exclui a multiplicidade abaixo de si, mas não a exclui também junto de si, enquanto existem *muitas Ideias*, cada uma das quais é *una*. A problemática do uno-múltiplo é levantada em todas as suas implicações no *Parmênides* e nos diálogos dialéticos (III, 108 ss.). A conclusão de Platão é que *Uno e muitos se implicam mutuamente*. Numa perspectiva ulterior o problema do Uno emerge nas assim chamadas "doutrinas não escritas". O Uno, acolhendo instâncias pitagóricas, parece ter sido introduzido, junto com a Díade de grande-e-pequeno, como princípio primeiro para poder deduzir todas as Ideias (III, 83 ss.; 141 ss.). 3) Aristóteles traz uma reforma radical, sustentando a multiplicidade (analógica) dos significados do Uno. Não existe um Uno-em-si, mas *tantas formas e modos de unidade, quantas são as formas e modos do ser*. O Uno e o Ser se convertem entre si. Lemos na *Metafísica*: "O Ser e o Uno são a mesma coisa e uma única realidade, enquanto se implicam reciprocamente (assim como se implicam reciprocamente princípio e causa), ainda que não sejam exprimíveis com uma única noção. Mas não mudaria nada se os considerássemos idênticos também na noção" (Γ 2, 1003 b 23 ss.). A doutrina da multiplicidade dos significados do Uno tem o mesmo significado histórico-teorético da doutrina dos múltiplos significados do Ser, sobre a qual cf. IV, 33 ss. 4) Na era helenística deve-se observar sobretudo a posição monista do Pórtico, que concebe todas as coisas como derivando e dissolvendo-se na unidade do *Logos* (VI, 17 ss.; 45 ss.). 5) A temática metafísica da Unidade renasce com o neopitagorismo e com a doutrina da Mônada e da Díade. Antes, nessa época, tende-se até mesmo a deduzir a própria Díade da Mônada, e, portanto, a fazer desta um *princípio absoluto*. Fala-se de um *primeiro Uno* do qual deriva um *segundo*

Uno contraposto à Díade, e tenta-se até mesmo diferenciar terminologicamente as duas unidades, reservando a uma o termo Uno e à outra o termo Mônada, mas com êxitos incertos (VII, 349 ss.). 6) O vértice da problemática do Uno encontra-se em Plotino, o qual o concebe como infinita potência autocriadora, transcendente ao próprio Ser e ao próprio Pensamento. Nasce assim, com Plotino, a *henologia*, com a qual a metafísica antiga alcança as suas colunas de Hércules, e da qual falamos (com aparato de ampla documentação) em VIII, 41 ss. A especulação neoplatônica posterior introduz, além do Uno, também as Hênadas; cf. sobretudo Proclo (VIII, 183 ss.). O último neoplatonismo, ao exasperar a transcendência do Uno, acaba dissolvendo-o (VIII, 197 s.).

USIOLOGIA

Significa *pesquisa sobre a substância*. A metafísica aristotélica, por exemplo, é substancialmente uma usiologia. Para os vários problemas da usiologia aristotélica, cf. IV, 44 ss. Sobre o tema, ver: G. Reale, *Il concetto di filosofia prima…, passim*.

ÚTIL (ὠφέλιμος)

O conceito de útil é normalmente entendido de modo muito ambíguo, sobretudo por não se distinguir as valências que ele tem no pensamento antigo das que tem na filosofia moderna. Útil, para a mentalidade especulativa grega, *é o que beneficia o homem*. Mas pode-se falar de *benefício* em dois níveis: *a*) no nível corpóreo e físico, *b*) no nível espiritual. Consequentemente, dever-se-á falar de útil em dois níveis: *a*) de útil sensível, *b*) de útil espiritual. — A mesma proposição "o útil é o bem", deve ser interpretada em dois níveis, segundo se entenda: *a*) o bem do corpo, ou *b*) o bem da alma. — A mensagem revolucionária de Sócrates, conquista irreversível do pensamento antigo, tem o grande mérito de ter explicado *como e por que o verdadeiro útil e, portanto, o verdadeiro bem é o que se refere à psyché e ao cuidado da psyché* (II, 100 ss.). Cf. Utilitarismo.

UTILITARISMO

É a concepção que põe o útil como fim da ética. Comumente se entende o utilitarismo como uma forma de hedonismo razoável. O hedonismo é a busca indiscriminada dos prazeres como tais, sem distinção; utilitarismo é, ao invés, o ponderado *cálculo dos prazeres*. A distinção é sem dúvida correta. Hedonista é, por exemplo, a última sofística (cujo símbolo é Cálicles; cf. II, 107 ss.), e o cirenaísmo (II, 185 ss.). Utilitarista é, ao contrário, a concepção dos primeiros sofistas (cf., por exemplo, II, 40 ss.), e, particularmente, a perspectiva ética de Pródico (II, 55 ss.). Mas, levando em conta a definição que demos no verbete Útil, poder-se-ia falar também de *uma forma de utilitarismo que não tem em mira o útil sensível, mas o espiritual*. Nesse sentido se explicariam muitos mal-entendidos suscitados pela posição socrática, a partir dos seus contemporâneos. No fundo, o utilitarismo, entendido em diversos níveis e em perspectivas diferentes, é uma característica de toda a ética grega, dado que a ela permaneceram desconhecidos o conceito de ação que se situa no nível de "dom gratuito" e as categorias a ela conexas, que constituem a conquista essencial do cristianismo.

UTOPIA

O termo foi cunhado no século XVI por Thomás More para designar uma ilha que *não se encontra em lugar algum* (este é o significado etimológico), e portanto irreal, antes, imaginária, da qual ele narrou as particulares condições de vida. O termo teve grande sucesso, a ponto de ser assumido como termo técnico para indicar todas as formas de projetos político-sociais, religiosos e culturais historicamente irrealizáveis por razões estruturais. Considerou-se amiúde a *República* platônica como uma Utopia, como a primeira grande Utopia. Mas isso só em parte é verdade, pelo menos na nossa opinião. *Utópico*, com efeito, deve ser distinguido de *ideal*. O utópico é irrealizável, porque a natureza do homem não é estruturalmente capaz de realizá-lo e, portanto, o utópico desemboca frequentemente no mítico. O *ideal* é, ao contrário, um paradigma que se põe como *modelo ou norma a ser realizada*, ainda que não possa ser inteiramente realizado, mas só de modo relativo (assim como, por exemplo, no sistema platônico, as coisas realizam empiricamente o modelo das Ideias). Isso não impede que na *República* platônica exista *também* uma componente utópica, que, porém, toca apenas parcialmente aspectos essenciais. (Cf. especialmente III, 272 ss. e a importante passagem da *República* aí apresentada.)

V

VAIDADE (ματαιότης)

Com este termo se entende, em sentido ontológico, *a falta de valor e de significado das coisas*, a ματαιότης da qual fala a Bíblia, o *nada de novo debaixo do sol* (οὐδὲν καινόν), o monótono repetir-se de tudo, a nulidade das criaturas (οὐδένεια) e do próprio homem. Esse sentimento da vaidade das coisas e do homem só em medida limitada está presente na filosofia arcaica e clássica. Ele se desenvolve na era helenística, a partir de Pirro (VI, 142 ss.), e assume proporções de relevo na era imperial, e também no neoceticismo (VII, 144 ss.), e no âmbito do neoestoicismo, particularmente em Marco Aurélio (VII, 110 ss.). Cf. Nulidade.

VALOR (τὸ ἄξιον)

Uma teoria dos valores, no sentido moderno do termo, tal como é entendido particularmente a partir de Lotze (*Logik*, hrsg. von G. Misch, Leipzig 1912), como *algo que "vale" independentemente do "ser" e da "realidade"*, acha-se totalmente ausente da especulação dos gregos, e só é possível num contexto de pensamento pós-kantiano. De fato, *para o objetivismo tipicamente grego, só o que é, e é real, pode valer, e só o que é maximamente pode ser maximamente "valor", ou seja, bem (belo e bom)*. Consequentemente, podemos dizer que, na dimensão objetivista dos gregos, pode ser dito valor o bem, e o bem é o ser. Nessa acepção, portanto, usamos o termo "valor". A *hierarquia dos valores* coincide, consequentemente, com a *hierarquia do ser*: algo tem tanto mais valor quanto mais ser tem. A tábua dos valores, nos vários sistemas, é, portanto, a tábua das realidades que mais são e têm ser, e que são melhores (cf., por exemplo, II, 100 ss.; III, 206 ss.; V, 210 ss.). — Em sentido específico e técnico, uma doutrina dos "valores" foi elaborada pelas estoicos e pelos pensadores diretamente influenciados por eles. O Pórtico pôs, de fato, entre o bem moral (virtude) e o mal moral (vício), os assim chamados *indiferentes*, ou seja, as coisas intermediárias que por si não são nem bens nem males do ponto de vista estritamente moral. Todavia essas realidades, se em sentido absoluto são indiferentes, porque não aumentam nem diminuem o *Logos* do homem, são, por outras razões, *relativamente* positivas ou negativas, conforme façam bem ou mal, se não no nível do *Logos*, pelo menos no nível físico e biológico. Nessa perspectiva, os indiferentes são objetos de *preferência* e de *estima*, quando fazem bem no nível da vida biológica, ou são objeto de *repulsão* e de *desestima*, quando fazem mal no mesmo nível: no primeiro caso, chamam-se *valores* (ἀξία), no segundo, *desvalores* (ἀπαξία); cf. em VI, 80 ss. textos e exegese. (Uma corrente rigorista do Pórtico negou validez a essa distinção e sustentou a absoluta neutralidade dos indiferentes: cf. o verbete Adiaforia). Em conclusão, poder-se-ia dizer, usando linguagem moderna, que para os estoicos o bem moral é o *valor absoluto*, enquanto os indiferentes "preferidos" são *valores relativos*.

VAZIO (κενός)

Os pitagóricos foram os primeiros a admitir o conceito de vazio. Eles, de fato, conceberam o ilimitado como o vazio circundante ao todo e consideraram o universo como resultado da "inspiração" desse vazio por parte do Uno (I, 83). — Em seguida o conceito foi utilizado, em explícita polêmica com os eleatas (que, identificando-o com o não-ser, negavam a sua existência), por Leucipo, para explicar o movimento dos átomos (I, 151 ss.). — Para Aristóteles, mantendo a sua definição de lugar como limite do continente, um lugar que não contenha nada — isto é, um lugar vazio — não teria sentido. Daqui ele deduz a impossibilidade do vazio (IV, 70 ss.). — O vazio, na física epicurista, constitui, junto com os corpos, um dos dois princípios de toda a realidade. Porquanto não experimentável sensivelmente, a sua existência se pode inferir do fato da existência do movimento (V, 171). Epicuro, devedor do preconceito eleático da não existência do não-ser, define o vazio como "natureza intangível", e não como puro não-ser (cf. V, 178 s.). — Os estoicos o consideraram um incorpóreo (cf. verbete) e o situaram no exterior do cosmo, em polêmica com os epicuristas, que o situavam no interior da estrutura do mundo (cf. VI, 47 ss.).

VEÍCULO (ὄχημα)

É uma doutrina de provável origem oriental, difundida no pensamento pagão tardio, sobretudo a partir dos *Oráculos Caldaicos*. Nesses escritos o termo indica *uma sutil túnica material que reveste a alma durante a sua descida através dos céus e antes ainda de cair nos corpos* (VII, 392 s.). Conceito análogo encontra-se em Numênio (VII, 369) e sobretudo nos neoplatônicos. Porfírio considera que sobre ele, mais do que sobre a alma propriamente dita, seja admissível alguma ação das práticas teúrgicas (VIII, 155). Ver também a posição de Jâmblico, da qual falamos em VIII, 167, nota 23. Proclo desenvolve a ideia do *ochema*, considerando-o como parte essencial da alma, inseparável dela e até mesmo imaterial e eterno (VIII, 193 s.). Como complemento ao que dissemos, vale a pena ler algumas passagens dos *Elementos de Teologia* de Proclo, nas quais o *ochema* é até mesmo hipostasiado e os conceitos acima expostos são levados às extremas consequências: "Toda alma participável vale-se de modo primário de um corpo eterno e guarnecido de uma hipóstase ingênita e incorruptível. Se, de fato, toda alma é essencialmente eterna, e anima de modo primário pelo fato de possuir algum dos corpos, ela o animará sempre. Mas o que existe sempre é eterno. Portanto, o corpo animado e dependente de modo primário de cada uma das almas é eterno [...]" (196). "O veículo de toda alma particular é imaterial e indivisível por essência, e impassível" (208). "O veículo de toda alma particular desce pelo acréscimo de túnicas mais materiais, mas une-se à alma separando-se de todo elemento material e recorrendo à forma própria, análoga à alma que o usa" (209). "Todo veículo conatural à alma conserva sempre a mesma figura e grandeza; mas se o vê maior ou menor e de aspecto dessemelhante, pelos acréscimos e subtrações de outros corpos. Se, de fato, deriva a sua essência de uma causa imóvel, é claro que a figura e a grandeza lhes são definidas pela causa, e cada uma das duas é imutável e invariável, contudo a imagem aparece diferente em diferentes tempos, e a maior aparece menor. Portanto, a causa de outros corpos, acrescentados e novamente subtraídos dos elementos materiais, aparece desse ou daquele modo" (210).

VELADO, Argumento do

É um dos famosos argumentos de Eubúlides. Cf. exposição e interpretação em V, 58 s.

VERBO

1) É termo que traduz a acepção prevalentemente religiosa de λογος. Essa acepção, porém, só está presente na última fase do pensamento antigo e apenas de modo limitado. — Com esse termo pode ser traduzido, por exemplo, certo aspecto do *Logos* de Filo de Alexandria (VII, 248 ss.). — Alguns traduzem por "verbo" o *Logos* hermético, que é Filho primogênito do Deus supremo (VII, 382). 2) No significado lógico-gramatical, é aprofundado na dialética estoica, na qual é entendido como "exprimível elíptico", ou seja, não completo (cf. VI, 33 s.).

VERDADE (ἀλήθεια)

Podemos distinguir dois significados fundamentais de *verdade* no âmbito do pensamento antigo: 1) um *ontológico* e 2) um *gnosiológico*. 1) No primeiro significado, verdade indica *o próprio ser e a realidade*. — *a*) Já os pré-socráticos identificaram *verdade* e *physis*, onde a *physis* é o *ser*, como emerge de modo paradigmático no poema de Parmênides (I, 106 s.) e como é reconfirmado pela polêmica de Górgias, o qual, querendo negar a verdade, nega o ser no seu célebre escrito *Sobre a natureza ou sobre o não-ser* (II, 44 ss.). — *b*) A identificação da verdade com o ser é ainda mais evidente no contexto da ontologia platônica, e é expressa à perfeição por Aristóteles na *Metafísica* (α 2, 993 b 30) do seguinte modo: "*todas as coisas possuem tanto de verdade quanto possuem de ser*". Consequentemente, a causa é mais verdadeira que o causado, porque é mais ser; o suprassensível mais verdadeiro que o sensível porque é mais ser. — *c*) Para as filosofias helenísticas, a verdade é o ser materialisticamente entendido (os Átomos para Epicuro e o *Logos* para os estoicos). — *d*) Para Plotino coincide com o Espírito, que é síntese de ser e de pensamento (cf. *Enéadas*, V, 5, 2). 2) No sentido gnosiológico, a verdade é *a perfeita correspondência e a adequação do pensar ao ser*, como implicitamente já é dito no poema parmenidiano (I, 108) e explicitamente por Platão e por Aristóteles. Este último escreve: "O verdadeiro é a afirmação do que é verdadeiramente unido e a negação do que é realmente dividido" (*Metafísica*, E 4, 1027 b 20 s.). Nesse sentido, o verdadeiro é "uma afecção do pensamento", mas o seu fundamento é sempre e somente a realidade, o ser. — Para a curiosa posição dos estoicos, os quais afirmam que *a verdade* é *um corpo* e que o verdadeiro se distingue da verdade e é incorpóreo, cf. o que dissemos em VI, 26; 34 ss. Deve-se notar que é um traço peculiar da filosofia grega a firme confiança em que a verdade seja acessível ao homem, com a única exceção de alguns sofistas (Górgias em particular) e dos céticos, que constituíram uma exceção que confirma a regra. Ver o que dissemos a respeito em II, Apêndice.

VÍCIO (κακία)

É o contrário da virtude, ou melhor, a privação desta (cf. verbete Areté). Tem-se o vício quando o homem *desenvolve mal e de modo não conveniente a atividade que lhe é própria, ou seja, quando age contra a razão.* — *a*) O termo assume particular nuance utilitarista em Pródico, em cuja a interpretação do significado do célebre mito de "Héracles na encruzilhada", *Kakía* personaliza uma forma de hedonismo irracional em contraste com *Areté*, que representa o utilitarismo razoável (II, 56 ss.). — *b*) Para Sócrates, *o vício é ignorância. Essa tese, com diferentes nuances, foi apropriada por quase todos os filósofos gregos*. Na medida em que é ignorância, o vício é considerado *involuntário* por Sócrates (II, 103 ss.). — *c*) Particular interpretação do vício é a da filosofia do Pórtico. A ética estoica, com efeito, embora aceitando a interpretação socrática do vício e, portanto, definindo o vício como *ignorância dos bens e dos males*, chegou a algumas conclusões paradoxais às quais Sócrates não chegou. Em primeiro lugar, os estoicos, assim como reduziram todas as virtudes à única virtude da ciência, do mesmo modo reduziram todos os vícios ao único vício da ignorância (VI, 85 ss.), sustentando, consequentemente, que *quem tem um vício, tem todos* e que é *impossível admitir alguma graduação hierárquica entre os vícios* (VI, 105 s.).

VIDA (ζωὴ)

É um conceito que, em geral, é considerado pelos filósofos gregos como originário e, portanto, não dedutível de conceitos ulteriores. Os pré-socráticos consideraram a vida como característica estrutural do Princípio (de fato, muitos intérpretes falam de *hilozoísmo* pré-socrático, pretendendo indicar com esse termo a característica concepção desses filósofos, segundo a qual a matéria originária, ou melhor, o princípio originário entendido como matéria, é essencialmente dotado de vida e, portanto, fonte de vida), e, em todo caso, como brotando naturalmente dos princípios (como, por exemplo, os atomistas). *Physis* e ser, em suma, implicam originariamente a vida e, portanto, *tudo é vida*, porque tudo vem do princípio e existe no princípio. O exemplo mais significativo para ilustrar essa mentalidade é, talvez, o paradoxo parmenidiano, segundo o qual mesmo o cadáver, que é frio, percebe o frio, o silêncio e semelhantes e, portanto, tem vida própria (I, 115). A vida é depois conexa não só à *physis* e à *arché*, mas também à *psyché*. O termo *psyché* quer dizer, com efeito, numa acepção antiquíssima (que depois permaneceu estável mesmo quando o termo se estendeu para uma área semântica mais vasta), *vida* e *essência da vida*; e é interessante notar que a *psyché*, nos pré-socráticos, é estreitamente conexa à *arché*. A vida, como já acenamos, não é para os gregos uma característica dos homens e dos animais, mas de tudo o que é: vivos são os astros, vivo é o mundo que, para Platão e depois para a maioria dos filósofos posteriores, é dotado de alma própria; vivo é, enfim, todo o cosmo (III, 148 ss.). — A coincidência entre *alma* e *essência da vida* é temática em Platão, *Fédon*, 102 b-107 b (cf. II, 188 s.). Também a concepção do mundo como *grande ser vivo* é expressa por Platão de modo paradigmático no *Timeu*. — No *De Anima*, Aristóteles, com a doutrina das três formas de alma, vegetativa, sensitiva e racional ou intelectiva, traz notáveis aprofundamentos a essa problemática (IV, 78 ss.). Em função do conceito de vida Aristóteles interpreta, ademais, também o seu supremo princípio (o Motor Imóvel), que é *vida espiritual* e pensamento que pensa a si mesmo (IV, 60 ss.). — O conceito de vida também está no centro do monismo panteísta estoico, segundo o qual Deus, que é *Logos*, alma e, portanto, vida, penetra através da matéria e de toda a realidade, fundindo-se intimamente com a mesma, e assim gerando todas as coisas (VI, 45 ss.). — Mas provavelmente o cume da concepção grega da vida encontre-se em Plotino, o qual, além da vida física, distingue a vida própria da Alma, a vida própria do Espírito e a vida particularíssima, se assim se a pode chamar, do Uno, que é uma Supervida, enquanto fonte de toda outra vida. A vida tem assim tantos graus e formas, quantos são os graus da realidade e quantas são as hipóstases. A doutrina segundo a qual *tudo é vida* ou tem vida é assim levada às extremas consequências (VIII, 49 s.; 64 ss.; 95 s.). Esses conceitos retornam depois em larga medida no neoplatonismo (cf., por exemplo, VIII, 169 s.).

VIRTUDE, cf. Areté.

VITALISMO, cf. Organicismo, Panpsiquismo.

VITORIOSO, Argumento do

É o célebre argumento com o qual o megárico Diodoro Crono tenta demonstrar que *só o que é necessário é possível*; cf. textos e exegese em V, 60 ss.

VONTADE (*voluntas*)

Sobre as valências desse conceito no contexto antigo-pagão, melhor do que todos os outros estudiosos, falou Pohlenz: "A vontade tem para os helenos um significado diferente e muito mais restrito do que para nós, de modo a passar, não só em Sócrates, mas em toda a filosofia grega, absolutamente ao segundo plano, por mais que os modernos historiadores da filosofia se inclinem a transferir para o pensamento grego o seu próprio conceito de vontade e a encontrá-lo no *thymos* de Platão ou na 'escolha' de Aristóteles ou em qualquer outro lugar. Dizendo 'vontade', pensamos [...] numa função psíquica ao mesmo tempo distinta do intelecto e do sentimento, e a sentimos independente também do objeto ao qual ela se dirige. Falamos, por exemplo, de 'força de vontade' e de um 'homem volitivo', sem dar qualquer indicação sobre a direção dessa vontade. Essa palavra foge absolutamente a uma tradução em grego e apenas assim é possível parafraseá-la: 'Fulano é alguém que quer fortemente o que quer'. Isso implica que o homem grego só conhece um querer que se dirige a um propósito, mais ou menos conhecido e entrevisto: um objeto concreto ou uma ação determinada" (*L'uomo greco*, p. 396). Para os gregos, o "conhecer" (νοεῖν, γιγνώσκειν) já inclui, de algum modo, o "querer". Portanto, explica Pohlenz: A mentalidade grega não sente necessidade de um querer particular, independente do intelecto. De fato, da representação do útil ou do bem e da visão da meta pré-fixada desenvolve-se sozinha a vontade de agir" (*ibid.*, p. 399). — Para a posição socrática com relação à vontade, cf. II, 103 ss. e o verbete Intelectualismo ético; para o conceito de *thymos* platônico (alma irascível), cf. III, 249 ss.; para os conceitos aristotélicos de vontade, escolha, deliberação, cf. IV, 119 ss. e os verbetes individuais. — Quanto à substancial permanência do enfoque socrático dessa problemática na era helenística, tanto nos epicuristas como nos estoicos, cf. V, 219 ss.; VI, 85 ss. — A vontade (*voluntas*) tem em Sêneca um relevo inédito, mas não adequadamente fundado do ponto de vista teorético (VII, 78 s.). — Também a *proairesis* de Epicteto (cf. verbete Escolha) é mais intelectualista do que voluntarista (VII, 99 ss.). — Segundo alguns estudiosos, Porfírio teria atribuído à vontade um lugar determinante, antecipando posições agostinianas, mas os textos não confirmam tal exegese (VIII, 153, nota 22). — Antes, essa posição pode ser encontrada em Filo de Alexandria, pelas razões indicadas em VII, 262 s. Mas Filo, nesse caso, vale-se de categorias extraídas da Bíblia, mais que dos filósofos gregos.

Z

ZETÉTICO (ζητητικός)

Com esse termo denominava-se, já na antiguidade, a atitude própria do cético, que é um homem que *investiga e faz pesquisa* (sem nunca encontrar uma verdade definitiva). Cf. a passagem de Diógenes Laércio reportada no verbete Ceticismo.

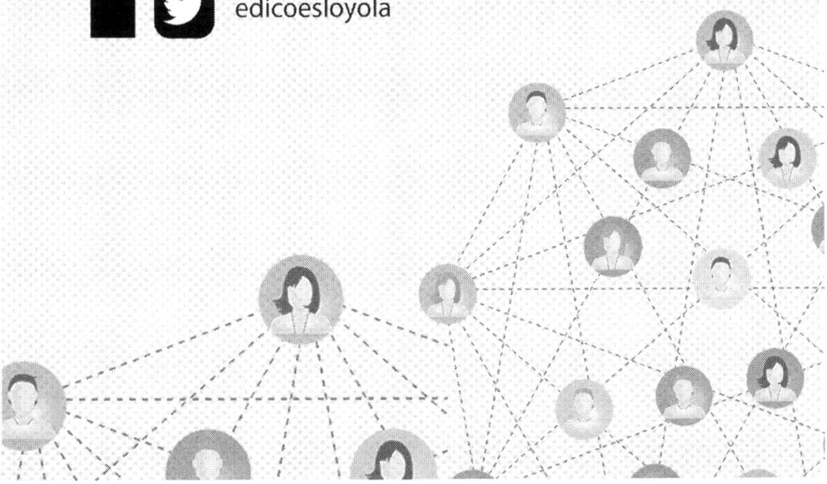

Edições Loyola

editoração impressão acabamento

rua 1822 nº 341
04216-000 são paulo sp
T 55 11 3385 8500/8501 • 2063 4275
www.loyola.com.br